Theory of Police
Personnel Administration

경찰
인사론

김택

박영사

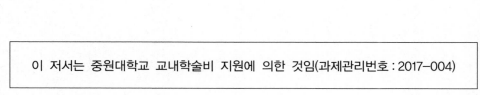
이 저서는 중원대학교 교내학술비 지원에 의한 것임(과제관리번호 : 2017-004)

서문

경찰은 국가의 치안질서를 유지하고 지역주민의 범죄위협으로부터 방지와 예방을 위해 그 책무를 다해야 한다. 경찰이 무너지면 나라도 무너진다. 과거 김신조 등 무장공비의 청와대 습격 시 백척간두의 위기를 누가 지켰는가? 지리산 빨치산을 토벌한 것은 누구인가? 대한민국 경찰이다.

경찰의 역사는 부침과 치욕의 연속이었다. 경찰은 조선 시대 포도청을 거쳐 일제강점기에 통감부가 경찰 역할을 하였다. 1910년 테라우치 통감과 박제순 총리대신이 경찰권을 일본이 위탁한다는 각서에 서명함으로써 대한제국경찰권은 일제에 넘어갔다. 그 후 일본은 헌병경찰제도를 시행하고 고등계 형사를 두어 독립투사를 잡아 고문하고 무고한 주민을 위협하였다. 어린아이가 울 때 일본순사가 온다면 그쳤다고 할 정도로 그 무시무시한 일본도를 차고 한국 사람을 괴롭혔다. 해방 후 한국을 점령한 미군 측은 경무부를 만들어 조병옥을 수장으로 임명하였고 전국 경찰을 그 휘하에 두었다. 일제의 잔재가 남아있는 경찰시스템을 영미식으로 바꿔 새롭게 구축하려고 했지만, 일제앞잡이였던 순사들을 그대로 경찰관으로 유임함으로써 청산의 기회를 놓쳤다. 아직도 경찰문화가 권위주의적 성격을 지니게 된 원인도 여기에 있다고 본다. 미 군정은 경찰업무의 축소를 하는 비경찰화 작업을 하면서, 고문으로 악명높은 고등계를 폐지하고 정보과를 신설하였다. 또한 여자경찰관을 채용하여 여성과 소녀범죄를 취급하게 하는 등 나름대로 그 역할을 다했다고 본다. 1948년 이승만 정부는 고문경찰의 잔재가 남아있는 이들을 일소하지 못하고 국립경찰지휘권을 인수하였다. 이때부터 내무부 장관소속의 2급 치안국장을 두어 그 밑에 경찰을 두게 했다. 1973년 대통령령으로 기념일에 대한 규정을 제정하면서 10월 21일을 경찰의 날로 정했다. 1974년 치안본부와 1991년 경찰청의 창설로 경찰은 새로운 전기를 맞게 됐다.

　우리나라 경찰은 그 역사만큼 국민들로부터 그 과오에 대해 매몰차게 수난받고 있다. 먼저 경찰의 정당한 공무집행을 방해받고 있다. 거리나 파출소, 경찰서 등에서 경찰관에게 폭력을 행사하고, 침을 뱉고, 집기를 내던지고, 욕을 하는 등 경찰관을 향한 인권유린은 말로 표현하기 힘들다. 세계에서 가장 인권을 존중하는 경찰이 한국경찰이라고 소문나서 외국인들도 경찰관에게 공권력 행사에 불응하고 있다고 한다. 공무집행 불응죄 대가도 형편없다. 한 예로 대전에서 술 취한 청년이 경찰관에게 뺨을 때리고 급소를 찔렀는데 법원은 벌금 200만 원을 부과했다. 미국에선 경찰관을 폭행하면 징역형에 가한다. 한 예로 미국 캘리포니아에서 경찰관을 밟고 밀친 사람에게 징역 7년을 가했다. 일본도 경찰관에게 막대기를 휘두른 40대 남성에게 징역 7개월을 선고했다. 이런 원인은 어디서 비롯됐나? 아마도 경찰의 과거 중앙집권적이고 관료적인 경찰문화에 대한 비난을 희석하려는 경찰조직의 자조적인 문화도 한몫한다. 그러나 더 큰 문제는 정치권력이 경찰을 우습게 보고 인사권을 멋대로 휘둘러서 비롯됐다고 본다. 정권에 충성하기보다는 국민에 봉사하는 경찰상을 보여주어야 하는데 정치권력에 빌붙어 아첨했다고 본다. 이젠 이와 같은 적폐를 혁신해야 한다. 경찰의 수사권 부여, 경찰청의 경찰부 승격(장관급), 경찰부적격자의 강한 징계, 경찰청렴교육강화, 범법자에 대한 경찰장구 적극 사용 등이 요구된다.

　경찰은 이제 정의로운 민주경찰로서 그 소임을 다해야 할 것이다. 경찰학자 코헨과 펠드버그는 민주경찰의 바람직한 지향점을 다음과 같이 주장했는데 첫째, 경찰은 사회전체의 필요에 의해서 생겨났기 때문에 법집행의 공정한 접근이 필요하다고 한다. 편파적인 경찰서비스나 친구나 동료에게 특혜를 제공해서는 안 된다고 한다. 둘째, 경찰은 공공의 신뢰를 확보하기 위해서 엄정한 법집행, 공익을 위한 공권력 행사, 부패하지 않고 적법절차를 준수한 최소한의 필요한 공권력을 행사하기를 바란다. 셋째, 국민의 생명과 재산의 안전보호를 위해서 노력해야 하고 협력해야 한다. 대외적으로 검찰과 국회에 협력해야 한다. 검찰은 기소를 위해 수사 자료를, 국회는 법률의 제정 개폐를 위해서 상호 협력해야 한다. 넷째, 경찰은 사회의 일부분이 아닌 전체국민을 위해 경찰업무를 수행해야 한다. 경찰관 개인의 편견, 선입견 선호, 감정적 개입, 무관심과 냉소적 태도는 모두 금지해야 한다. 경찰의 날을 맞아 경찰도 국민을 위한 경찰, 국민의 경찰기관이 되기 위해서 더 한층 쇄신해야 한다.

이를 위한 경찰인사행정의 혁신과 쇄신은 반드시 필요하다고 보며 본서가 경찰 인사정책의 틀을 제시하는데 일조하기를 바란다.

바라건데 다음 판에는 경찰인사론을 더욱 보강하여 인사행정의 초석을 정립하리라 생각하며 본서가 출간되기까지 물심양면 지원하신 박영사 안종만 회장님께 충심으로 감사드리며 마케팅부 김한유 선생님, 편집부 조보나 선생님의 노고에 고마움을 표한다.

2018년 8월

군자산을 바라보며 김택 識

목차

제 3 장   인사행정기구

제 4 장   공직의 분류

제 5 장 직업공무원제

제 6 장 인사관리의 제 문제

제 7 장   제안제도

제 8 장   공무원노조

제 9 장　공무원의 정치적 중립

제10장　사기

<hr>

제11장 동기부여의 내용이론

<hr>

제12장 공무원 책임과 윤리

<hr>

제13장 공무원 부패

경찰인사론

제 1 장

인사행정·인적자원론의 개념

제 1 절 인사행정의 의의 및 중요성

　　인사행정(public personnel administration)은 행정목표를 효율적으로 달성하기 위하여 행정활동에 필요한 인적자원을 동원하고 관리하는 과정이다. 즉, 정부조직에 필요한 인력운영을 지칭한다고 볼 수 있으며, 그 역사는 국가의 성립과 거의 시기를 같이 한다.

　　그러나 현대적 의미의 인사행정은 현대 민주국가에서의 이른바 거대정부(big government)의 출현과 행정의 근대화에 병행하여 전문적 기술이나 과학적 지식을 이용하여 국가목표에 부합되는 인력관리의 적극적인 임무를 수행하는 것을 말한다. 표 1-1을 보면 현대행정국가는 공무원 수의 현저한 증가와 행정사무의 질적인 변화를 특징으로 한다는 것을 알 수 있다. 표 1-2는 경찰공무원의 양적 변화를 나타내고 있다.

〈표 1-1〉 향후 인력운영 변화방향

기능별	비교분석에 따른 인력운영방향	행정환경 변화	비교대상국과의 비교와 행정환경 변화에 따른 인력운영방향
외교	판단유보	세계화 대응 및 글로벌 시장 확보기능 강화	현상유지
국방	-	군의 과학화, 정보화, 첨단화	증가
통일	-	남북관계 및 한반도 정세 변화에 적극대응	증가
치안 질서	현상유지	치안조직의 분권화, 수사의 과학화	현상유지(단기) 또는 감소(장기)
재난 안전	판단유보	장비의 현대화 및 재난구조인력의 전문화	증가(단기) 또는 현상유지(장기)
국정운영 보좌	판단유보	정부기능의 분권화	현상유지(단기) 또는 감소(장기)
정부관리 지원	판단유보	지방화 및 분권화	현상유지(단기) 또는 감소(장기)
사정	감소	시민의식수준 향상 및 NGO 등의 감시활동 강화	현상유지(단기) 또는 감소(장기)
경제 운영	판단유보	민간주도 시장경제활성화	감소
재정 금융	판단유보	규제완화	현상유지(단기) 또는 증가
1차 산업	판단유보	과학화 및 첨단화	현상유지(단기) 또는 증가
2·3차 산업	증가	시장경제 강화 및 정보화	감소(단기) 또는 현상유지(장기)
과학 기술	증가	신기술 개발과 지식융합	증가
서비스 현업	현상유지	자동화 및 효율성 강화	감소
교육	현상유지	경쟁력 강화 및 교육수요 감소 예상	현상유지(단기) 또는 감소(장기)
문화	감소	세계화 및 콘텐츠 개발	현상유지
사회 복지	증가	소외계층 지원 및 복지수요 증가	증가
보건	증가	고령화 가속화 및 보건안전 수요 증가	증가
환경	판단유보	환경규제 증가	증가(단기) 또는 현상유지(장기)

자료: 행정안전부, 2004, 정부인력규모국제비교분석, 한국행정연구원 재인용.

〈표 1-2〉 경찰관 1인당 주민담당 수

연도	01	02	03	04	05	06	07	08	09	10
경찰관 수	90,819	91,592	92,165	93,271	95,336	95,613	96,324	97,732	99,554	101,108
담당인구 수	526	527	523	519	513	–	509	–	–	498

출처: 경찰청, 「경찰백서」, 2001, p.361; 이영남·신현기, 경찰인사관리론, p.313.

표 1－3과 같이 공무원 수의 증가는 인사행정의 관리대상이 되는 인사규모를 크게 하고 있으며, 효율적인 관리를 위해서는 전문화된 과학적 장치가 필요하다. 정부활동의 질적인 변화는 도시화·산업화·기계화 등 사회의 제 변동에서 연유한다. 정부는 변동을 효과적으로 관리하여 국가발전을 가져올 수 있도록 발전관리의 기능을 수행해야 한다.

〈표 1-3〉 국가별 인구 천 명당 전체(국가와 지방) 공무원 수

연도 \ 국가	미국	일본	프랑스	영국	스페인	독일	이탈리아	한국
1990	71.2	31.9	80.5	75.6	46.3	54.2	–	18.7
1991	70.7	31.9	73.6	75.5	46.3	65.2	92.9	19.4
1992	70.7	32.0	73.7	74.8	46.5	64.1	91.9	19.9
1993	70.4	32.1	74.4	70.8	47.5	61.5	88.7	20.0
1994	70.5	32.0	–	67.5	50.4	59.6	86.3	20.0
1995	70.1	31.9	–	67.5	48.9	58.0	83.9	19.7
1996	69.6	28.0	–	–	50.3	–	81.9	19.9
1997	69.4	24.6	–	–	50.8	55.8	80.1	19.9
1998	69.4	24.5	–	–	51.6	56.7	78.6	18.8
1999	69.7	24.5	–	–	52.7	57.3	76.9	18.4
2000	70.4	–	–	–	50.0	–	75.3	18.1
2001	72.0	–	–	–	52.6	–	–	17.9
2002	74.7	–	82.8	–	–	–	–	18.2
2003	–	–	–	–	–	–	–	18.7
평균	70.7	29.3	77.0	73.5	49.5	59.1	83.6	19.1

자료: 각국의 통계청(통계국) 자료 인용. 2002년의 자료는 행정자치부(2004)를 인용.

　　이러한 변화는 인사행정에 대한 역할과 기대에도 변화를 가져오게 하였다. 과거에는 인사행정의 역할이 상식 있는 사람의 소극적인 관리로 충분했을지 모르지만, 오늘날의 종래의 현상유지적인 기능보다는 변동하는 행정상황에 적극적으로 대응하는 발전관리를 강조하고 있다. 특히 개발도상국에 있어서는 쇄신적·발전적 행정의 수행을 위한 인사행정의 역할이 더욱 중요한 것으로 이해되고 있다.

　　인사행정은 민간기업체의 인사관리(personnel management)와 유사한 면도 있지만 통제방법·목적·활동범위·행동규범·권력성 등에서 차이가 있으며, 또 개인적인 행정(personnel administration)과도 실적주의의 적용이라는 점에서 구별이 된다.[1]

　　국가를 운영해 나가는 데 있어서 핵심부분을 차지하는 인사행정은 1980년대를 거쳐 90년대에 들어 많은 변화를 경험하였다. 넓은 의미에서의 단순한 재직공무원 관리를 넘어 공무원의 신규임용 및 퇴직공무원의 관리까지를 포함할 뿐만 아니라 단순한 규정과 법규제정을 통한 공무원의 관리가 아닌, 민간기업과의 경쟁 개념을 도입한 인적자원관리(human resource management)로 변화하게 된 것이 그것이다. 이에 따라 국가의 독점적 지위에 근거한 피동적 채용·관리운영방식은 버려지는 추세이며 공공조직의 효과성 제고와 민간기업과의 인재충원경쟁의 측면까지 고려하는 것이 공공부문 인사행정의 현재이다.[2] 과거에는 인력관리(personal management)라고 하였지만, 최근에는 인적자원관리(human resource management)라고 하여 인사행정이 조직의 성과를 좌우하는 중요한 요소임을 강조하고 있다. 통제지향적 인력관리의 개념에 비해 인적자원관리는 성과, 동기부여, 신축성의 의미가 강조된다.

　　특히 P. Drucker는 '미래의 조직'이라는 책에서 "과거 산업사회에서는 know-how의 시대이었다가 정보사회의 know-where의 시대를 거쳐 이제는 know-who의 시대이다"라고 하여 인적 요소의 중요성을 강조한 바 있다.[3]

---

1) Felix a. Nigro, Public Personnel Administration(Henry Holt and Co., Inc., 1959), pp.38~39; Glenn Stahl, Public Personnel Administration, 6th ed.(Harper & Row, Publishers, 1971), pp.10~12 참조.

2) Felix a. Nigro & Lloyd G. Nigro, The New Public Personnel Administration 4th ed.(Itasca, Illinois: F. E. Peacock Publishers, Inc., 1994), pp.48~49.

3) 이원희, 「열린행정학」(서울: 고시연구사, 2001), p.447.

제 2 절 인사행정의 접근방법

인사행정에 관한 접근방법에는 두 가지 상반된 조류가 있다. 하나는 과학적 관리방법에 바탕을 둔 능률적 접근방법(efficiency approach)이고, 다른 하나는 인간관계적 접근방법(human relations approach)이다. 전자는 인사행정의 이념을 능률화에 두어 주로 외재적 통제에 중점을 두는 방법이고, 후자는 인사행정의 이념을 민주화에 두어 주로 인간의 내재적 심정에 중점을 두는 방법이다. 따라서 인간관계적 접근방법은 감정을 가진 인간으로 파악하고 있다.

한편 미국행정에 있어서는 능률성과 민주성이 일찍부터 행정의 2대 지도이념으로 확립되어 왔다. 해밀턴주의(Hamiltonianism)는 능률적 행정, 제퍼슨주의(Jeffer-sonism)와 잭슨주의(Jacksonianism)는 민주적 행정의 사상적 배경이 되었다. 그러나 과학적 관리법의 한계가 노출되고 기계적 능률관이 비판됨에 따라 정치·행정일원론과 인간관계론이 주창되게 되었고 행정의 사회적 효용을 기준으로 능률을 평가하여야 한다는 사회적 능률이론(social efficiency)이 제기되었으며, 이로 인하여 능률성의 이념은 수정이 불가피해졌다.

이러한 새로운 능률적 접근법은 ① 인사행정의 효율적인 활용(utilization)을 강구하고, ② 정부조직의 목적과 거기에 참여하는 개인의 목적을 조화시키며 조직참여자들 사이의 원만한 업무관계를 형성할 것, 그리고 ③ 정부조직에 참여하는 개인의 발전을 도모할 것 등을 주요 내용[4]으로 하고 있다(그림 1-1 참조).[5]

〈그림 1-1〉 공무원인사관리 체계도

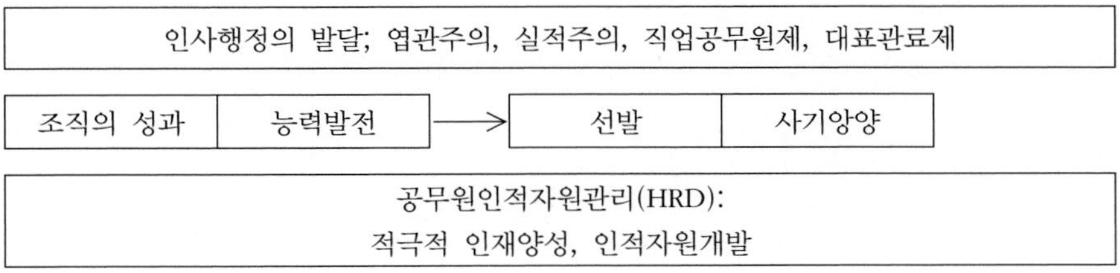

인사행정의 발달; 엽관주의, 실적주의, 직업공무원제, 대표관료제			
조직의 성과	능력발전 ⟶	선발	사기앙양
공무원인적자원관리(HRD): 적극적 인재양성, 인적자원개발			

자료: 이원희, 「열린행정학」 참조.

---

4) 이에 관한 좀 더 세부적인 내용은, 오석홍, 「인사행정」(서울: 박영사, 1975), pp.20~22; F. A. Nigro, ibid, pp.36~37 참조.

5) 김택·유종해(2010), 「공무원 인사행정론」, 한국학술정보, p.16.

제 2 장

인사행정의 발전

제 1 절   인사행정관의 변천

현대적인 인사행정관이 성립되기까지에는 많은 관념적인 변화가 있었다. 그러나 여기서는 근대자유주의국가 이후에 나타났던 몇 가지 인사행정관을 시대 순으로 살펴보기로 한다.

1. 엽관주의(정실주의)

(1) 의의

엽관주의와 정실주의는 거의 같은 뜻으로 사용되는 것으로,[1] 공직의 임면을 개인의 능력에 두는 것이 아니고 정단관계 내지 인사권자와의 개인적 충성(personal royalty), 혈연, 지연 및 학벌관계 등을 기준으로 하는 제도를 말한다.[2]

엽관(spoils)이란 미국에서 나온 말로서 본래 전리품을 의미한다. 즉 선거에서

---

1) 엽관주의(spoils system)와 정실주의(patronage)는 공직의 임용이 실적 이외의 요소에 의하여 행해졌다는 점에서는 다를 바가 없다. 그러나 엽관주의가 잭슨(Jackson) 대통령 이후 주로 미국에서, 정실주의는 1688년의 명예혁명 이후 주로 영국에서 각기 다른 문화적 배경을 가지고 성숙되었다는 점과, 또 하나는 전자는 순전히 당파적인 관계로 임면되는 대량 송제인데 비하여, 정실주의는 당파적 이외의 다른 요소까지 포함하는 폭넓은 개념이라는 데 차이가 있다. O. Glenn Stahl, Publish Personnel Administration(Harper & Row, 1962), p.26 참조.

2) Pual P. Van Riper, History of The United States Civil Service(Evanston, Ill.: Row Peterson and Co., 1958), p.8.

승리한 정당은 모든 관직을 마음대로 처분할 수 있는 전리품으로 본다는 것이다. 따라서 승리한 정당은 선거에 패배한 정당의 소속원을 행정부에서 몰아내고 자기 정당의 당원 등을 임명할 수 있다는 것이다. 엽관제는 정당정치가 시작됨에 따라 종래에는 국왕의 사용자(royal servant)였던 관리에 대하여 새로 대두한 의회가 지배권을 행사하려는 민주적 목적을 위하여 전개되었다. 그러나 시간이 흐름에 따라 엽관주의를 정상화했던 여건도 달라져 엽관주의는 당초의 참신한 민주적 의의를 잃게 되었다.

(2) 성립요건

19세기 초에 영·미에서 자유주의시대가 열리자 종래에는 군주의 사용인이었던 관료가 이제는 국민의 대표기관인 의회의 지배하에 놓이게 되어 관료는 정당의 사용인(party servant)으로 전환하게 되었다.3) 이와 같이 엽관주의가 지배적인 인사행정 원리로 성립하게 된 중요한 이유는 다음과 같다.

가. 민주정치의 발전

민주정치의 발전에 따른 평등적(equalitarian) 사조는 공직을 새로운 대중에게 개방하는 것이 행정을 민주화한다고 믿었다.

나. 정당정치의 발달

엽관주의와 정당정치의 관계는 국가마다 그 관련성의 정도에 따라 의견이 다르나, 새로 집권하는 사람들은 그들의 추종자 등에게 봉사의 대가로 관직을 제공해야 할 필요에 쫓기게 되어 엽관주의는 정당제도의 유지에 기여하였다.

다. 행정사무의 단순성

당시의 정부의 기능은 법질서의 유지에 국한된 단순한 것이었다. 따라서 이러한 기능을 담당하는 공무원의 자격은 전문가가 아닌 아마추어로서 충분하다.

(3) 폐해

민주주의의 승리로 찬양되고 행정의 민주화로서 파악되었던 엽관제도는 국가의 기능이 행정국가화함에 따라 많은 폐단이 노정되기에 이르렀다.

---

3) 관료의 이와 같은 위치를 가리켜 파이너(Herman Finer)는 "관직은 입법부와 군주 사이의 싸움에 낀 물건과 같다"라고 표현하고 있다. Herman Finer, The British Civil Service (London: The Fabian Society, 1927), p.15.

가. 행정능률의 저하

정권이 교차될 때마다 이에 따른 공무원의 대량경질과 무능한 자의 임명은 행정사무의 계속성과 능률을 침해한다.

나. 공평한 임무수행의 저해

관료들이 국민을 위하여 봉사하는 것이 아니라 정당을 위하여 봉사하며, 공익보다는 개인적인 일에 몰두하는 경우가 많게 되었다.

다. 불필요한 직위의 남발과 예산의 낭비

정당의 추종자들을 임용하기 위하여 불필요한 관직을 많이 증설하였으며, 이것은 결국 정부재정의 낭비를 초래하게 되었다.

라. 불확실한 신분보장

공무원의 신분이 보장되지 않기 때문에 공무원이 직무에 전념할 수 없으며, 장기적인 안목의 행정이 이루어지지 못한다.

2. 실적주의

(1) 의의

실적주의(merit system)는 공무원을 임용함에 있어서 개인의 자격·능력·실적을 기준으로 하는 제도를 말한다. 이 용어는 처음에는 엽관주의에 대한 반대의 의미로서 객관적인 공채, 공무원의 신분보장, 정치적 중립 등의 소극적인 견해이었으나, 세월이 경과함에 따라 실적기준의 상용 확대와 이를 뒷받침하는 인사행정의 적극성 및 기능 확대를 의미하게 되어 내용확대를 겪어온 개념이라고 할 수 있다.[4]

(2) 성립요인

가. 행정국가의 성립

자유주의(자본주의)의 폐단에 19세기 후반부터 국가의 기능은 행정국가로 변질되어 시민생활의 모든 부분에 개입하게 되었다. 이러한 행정기능의 질적 전환과 양적 증대는 전문적인 능력을 갖춘 관료를 불가피하게 요청하게 되었다.

---

4) O. Glenn Stahl, Public Personnel Administration, 6th ed.(Harper & Publishers, 1971), p.28 참조.

나. 정당의 변질

정당의 규모가 커지고 국민의 정치의식수준이 향상됨에 따라 금권 또는 정당의 구속으로부터 공무원의 지위보장을 요구하게 되었다.

다. 엽관주의의 폐해

전술한 엽관주의로 인한 폐단을 극복하기 위해서 실적주의의 채택은 불가피하였다.

(3) 내용

가. 임용상의 기회균등

공직은 모든 사람에게 개방되어야 하며, 성별·종교·사회적 신분 등을 이유로 어떠한 차별도 받을 수 없다.

나. 능력·자격·실적에 의한 인사관리

인사행정의 기준은 실정이나 인연에 의하지 않고 개인의 능력·자격 및 실적에 기인되어야 한다.

다. 정치적 중립

어떠한 정당이 집권하더라도 공무원은 당파성을 떠나서 공평히 공익을 위하여 봉사해야 한다.

라. 공무원의 신분보장

공무원은 법령의 규정에 의하지 아니하고서는 신분을 위협받는 일이 없어야 한다.

(4) 실적제의 한계

실적주의는 본래 엽관주의에 대한 반동으로 주장되었던 것이나, 지나친 실적주의의 강조는 공무원들로 하여금 의무나 권리나 물질적 보수에 더 관심을 가지게 하며 적극적으로 창의성을 발휘하려는 의욕을 저해한다는 데 비판이 가해지게 되었다.

따라서 실적주의는 공무원의 당파적 편향을 방지한다는 소극적 기능이 아니라, 공무원의 능력을 최대로 발휘할 수 있도록 동기를 부여하고 적극적인 유인을 제공해야한다는 적극적·발전적 인사행정으로 변모하게 되었다. 이를 위한 인사행정의 중요한 내용으로는 적극적 모집, 재직자훈련의 강화, 합리적인 승진 및 전직제도의 수립, 근무환경의 개선 등이 있다.

한편 현대의 인사행정에서도 엽관주의를 완전히 배제한 철저한 실적주의보다는 실적주의가 부적합한 경우에 엽관주의를 적절히 활용함으로써 조화적 발달을 모색하고 있음을 주의해야 한다.[5]

3. 적극적 인사행정

(1) 의의

실적주의인사행정은 엽관주의의 제동에만 역점을 둔 까닭에 인사행정의 비융통성·소극성·경직성·집권성·독립성 등의 폐단을 노출시켰다.

이러한 실적주의인사행정의 원칙을 적극적·분권적·신축성 있는 인사원칙을 확대·발전시켜 나가기 위하여 실적주의와 능률주의인사행정으로부터 엽관주의적 요소의 신축성 있는 가미와 인간관계론적 인사행정의 상호보완적 균형에 의해 인사행정의 인간화를 기하려는 것이 적극적(발전적) 인사행정(positive 'developmental' personnel administration)이다.

(2) 실적주의의 비판

실적주의인사행정은 다음과 같은 결점을 내포하고 있다고 비판되었다.

① 소극성, 즉 실적의 배제에만 몰두한 나머지 유능한 인재를 확보하고 근무케 하기 위한 적극적인 방법으로 고려하지 않았다.

② 독립성, 즉 관료제 외부에 대하여 항상 방어적이었으므로 불신과 비협조의 분위기가 조장되었다.

③ 경직성, 즉 능률적이고 합리적인 인사행정을 요구함으로써 융통성이 없으며, 표준화된 서식과 경직한 법규의 준수는 인사행정을 형식화·경직화시켰다.

④ 집권화 즉, 인사행정의 실질적인 권한이 중앙인사기관에 집중되어 하부기관의 실정에 접합하지 않은 인사행정이 시행되었다.

⑤ 비인간화, 즉 실적주의인사행정의 소극성을 수정·보완하고 실적주의의 내용을 확대·발전시키려는 능률주의는 인간에게 기계적 능률을 강요함으로써 인간적

---

5) 오석홍, 교수는 현대의 바람직한 인사행정관을 균형주의(balanced approach)라 부르고 있다. 그 내용은 다원적 접근방법으로 반엽관주의·능률주의·인간관계주의 등이 상호보완적으로 포함되어 있는 것을 말하며, 조직론의 구조적 접근방법과 유사하다. 오석홍, 「인사행정」(서울: 박영사, 1975), pp.28~37 참조.

요인을 무시한 인사행정의 비인간화를 초래하였다.

(3) 적극적 인사행정의 방안[6]

적극적 인사행정을 실현하는 방안은 다음과 같다.

① 적극적 모집, 즉 가장 유능하고 의욕적인 인재를 공직에 확보하여 오랫동안 근무할 수 있도록 하는 적극적인 모집활동이 의도적으로 실시되어야 한다.

② 능력발전, 즉 행정능력과 기술의 발전과 잠재력의 개발을 위하여 재직자의 교육·훈련을 강화하고 합리적인 승진·전직·근무평정제도를 확립하여 능력발전과 공동의식을 고취하여야 한다.

③ 인간관계의 개선, 즉 공직의 안정감을 확보하고 의욕적인 근무를 하기 위하여 근무환경의 개선·고정처리제도·인사상담제도·제안제도·동기유발·커뮤니케이션관리 등을 개선하여 행정의 인간화를 발전시킨다.

④ 공무원단체를 인정하고 그의 건전한 활동을 조장한다.

⑤ 인사권의 공권화, 즉 중안인사기관의 인사권을 분권화하여 각 부처의 인사기능을 강화한다.

⑥ 정실주의 요소의 가미, 즉 고위정책결정권자와 행정수반과의 정치적 이념이 일치하게 됨으로써 정책구현의 실효를 거둘 수 있으므로 고위직위의 정치적 임명이 가능하도록 신축성을 부여한다.

제 2 절 미국인사행정의 발달

미국의 인사행정의 엽관주의의 확립기와 실적주의의 확립기, 그리고 실적주의의 확대기로 구분하여 고찰할 수 있다.[7]

---

6) 유종해 외 공저,「현대행정학연습」(서울: 박영사, 1979), p.222.

7) 나이그로(F. A. Nigro)는 미국인사행정의 근간을 이루는 사실들로 ① 반엽관주의운동, ② 능률접근법, ③ 인간관계접근법을 들고 있으며, 이 중 능률접근법과 인간관계접근법은 실적주의의 확대에 해당된다고 볼 수 있다. F. A. Nigro, Public personnel Administration(Henry Hort and Co., Inc., 1959), pp.1~36.

1. 엽관주의의 확립기

미국의 초대대통령 워싱턴(George Washington)은 적재적소의 원칙을 천명하였으나 시간이 지날수록 당파적 색채를 띠지 않을 수 없게 되었고, 제3대 대통령에 제퍼슨(Thomas Jefferson)이 당선되면서 공직자 중에서 대통령 임명관직(persidential office)의 25%를 파면하였다. 이후 잭슨(Andrew Jackson)에 의해 본격화된 엽관주의는 폴크(James Polk)가 대통령에 취임한 1845년부터 남북전쟁이 끝나는 1865년까지 그 절정을 이루었다.

2. 실적주의의 확립기

미국에 있어서 반엽관주의운동이 전개된 것은 1860년대 후반부터이며, 1883년 펜들턴법(pendleton act)이 제정됨으로써 실적주의는 일단 확립되었다. 그러나 그 이전의 엽관주의의 개혁과정을 살펴보면 다음과 같다.

1871년에 미국역사상 최초의 인사위원회인 그랜트위원회(Grant Commission)가 구성되어 공무원제도의 개혁을 담당하였다. 그러나 이 위원회는 제대로 기능을 발휘하지 못하고 엽관제도옹호자들의 압력에 의해 1875년에 해체되었다.8) 그 후 1880년에는 영국의 공무원제도를 연구한 이튼(Dorman B. Eaton) 보고서가 출판되어 실적제의 수립에 광범한 영향을 미쳤다. 1881년에는 공무원제도개혁론자인 커티스(G. W. Curits)를 총재로 하는 전국공무원제도개혁연맹(National Civil Service Reform League)이 조직되어 강력한 힘을 발휘하였다. 같은 해에 가필드(James A. Garfield) 대통령이 엽관운동에 실패한 청년에게 암살당한 사건은 공무원제도의 개혁에 직접적인 계기를 마련해 주어 의회는 펜들턴법을 통과시켰고, 동법은 1883년 1월 16일에 공표되기에 이르렀다.

3. 실적주의의 확대기

과학적 관리론의 영향으로 행정(行政)에 도입된 능률주의는 이후 인사행정분야에도 큰 영향을 미쳤으나, 이는 지나친 비인간화를 초래하게 되어 인간관계론의 입장을 받아들이면서 인사행정의 적극화를 추진하게 되었다.

---

8) Paul P. Van Riper, History of The United States Civil Service(Evanton, Row, Peterson and Co., 1958), pp.68~71.

4. 최근 인사제도의 개혁[9]

그동안 미국은 280만 명의 연방정부공무원의 인사문제를 전담하는 기관으로 인사위원회(civil service commission)가 존재하여 실적제에 입각한 인사관리를 맡아 왔으나, 인사위원회는 여러 가지 사유로[10] 존속시키기가 곤란하다는 판단하에 1978년의 인사제도개혁법(the civil reform act; 1978)에 따라 인사위원회를 폐지하고 대신 중앙인사행정기능을 인사관리처(OPM: Office of Personnel Management)와 실적제도보호위원회(MSPB: Merit System Protection Board)그리고 연방노사관계청(Federal Labor Relations Authority)을 분리하여 수행하게 되었다.[11]

동법은 이외에도 새로운 성과평가제도(new performance appraisal systems)를 도입하는 등의 몇 가지 인사제도의 개혁을 마련하였다.

제 3 절 영국인사행정의 발달

1. 정실주의의 성립기

전통적으로 영국의 국왕은 자기가 좋아하는 총신이나 자기 편이 되는 의원에게 높은 관직과 하급관리의 임명권을 은혜적으로 부여하는 정실주의를 사용하였다. 특히 스튜어트(Stuwart)왕조시대에는 정실주의가 철저하던 시기였다.

1688년 명예혁명(glorious revolution)의 결과 국왕에 대한 의회의 우위성이 확고해지고, 1714년 의원내각제가 발전됨에 따라 공직에 대한 실권은 의회와 그 다수당이 장악하게 되었다. 이후부터 유력한 정치가들이 선거운동이나 선거자금의 조달방법으로 공직을 제공하는 정치적 정실주의가 확립되기 시작하였다.

---

9) James W. Fesler, Public Administration: Theory and Practice(Englewood Cliffs, New Jersey: Prentice－Hall, 1980), p.91.

10) 네 가지 이유는 ① 방대한 업무량, ② 공평성의 유지, ③ 의회와 대통령의 요구, ④ 인사제도 개혁운동의 일환이다. James Fesler, ibid, pp.89~90.

11) Nicholas Henry, Public Administration and Public Affairs, 2nd ed.(Englewood Cliffs, New Jersey: Prentice－Hall, 1980), p.291.

2. 실적주의의 확립기

영국의 실적주의는 1870년의 추밀원령이 제정됨으로써 확립되었지만, 1850년 대부터 정실주의의 폐해를 극복하려는 움직임이 있었다. 1853년에 트리블리안(Charles E. Trevelyan)과 노스코트(Stafford Northcote)의 보고서를 토대로 1855년에 추밀원령에 의해 인사위원회가 구성되었으며,12) 1870년에 글래드스턴(Gladstone) 수상에 의해 추밀원령이 제정·공포됨으로써 실적주의가 확립되기에 이르렀다.

3. 최근의 인사개혁

최근 풀톤(Fulton)위원회에 의해 인사행정이 전면적으로 재검토되고 있는데, 그 주요 내용은 인사부의 설치, 계급제의 폐지 및 적극적 인사행정의 모색13) 등이다. 표 2-1은 영국의 인사기구 변천 내용이다.

〈표 2-1〉 영국의 중앙인사기구 변천

18C~19C 초	1855	1870	1968	1981	1987
재무성	① 재무성 ② 인사위원회 : 시험관리	재무성 권한 강화	① 재무성 ② 인사부	① 재무성 ② 인사관리청	① 재무성 ② 공무원장관실

자료: 이원희, 「열린행정학」, p.452 재인용.

제 4 절 일본인사행정의 발달

일본의 중앙인사기관은 제2차 세계대전 후 연합군 최고사령부의 지도하에 1948년 제정된 국가공무원법상의 인사원과, 1965년 국가공무원법의 일부 개정으로 설치된 내각총리대신 소속의 인사국이 개편되어 1984년에 설치된 내각총리대신 소

---

12) Hiram M. Stout, Public Service in Great Britain(University of North Carolina Press, 1938), pp.39~43.

13) Richard A. Chapman, "The Fulton Report: A Summary," Public Administration(UK), Vol. 46(Winter 1968), pp.443~451; 박동, "최근의 행정개혁," 행정론(서울대학교 행정대학원) 제10권 제2호(1972), pp.16~29 참조.

속 총무청의 인사국으로 이원화되어 있다.

일본의 인사원은 내각의 관할 하에 있으면서도 실질적으로 내각과 각 성(省)에서 독립되어 있는 합의제 집행기관이다. 그리하여, 인사원의 인사관은 국가공무원법이 규정하는 특별한 경우를 제외하고 강력한 신분 보장을 받을 뿐만 아니라, 회계의 독립 및 국가 행정조직과 정원에 관한 법률의 적용을 받지 않는다.[14)]

제 5 절   우리나라 인사행정의 발달

1. 미군정시대

해방 이후 들어선 미군정은 한국사회에 대한 예비지식의 부족, 문화적 공통성의 결여, 유능한 한국인 고위관리의 부족 등으로 혼란과 비능률만 초래하였다. 이 시대에는 직위구분제(직위분류제)를 비롯한 미국의 인사제도를 도입·적용하였으나 실패하였다. 또한 한국인이 민정장관으로 임명되어 있으면서도 결정권은 미군정장관이 행사함으로써 인사조직이 이중적 구조를 띠고 있었다.

2. 대한민국의 공무원제

(1) 제1기(1948~1952)

제1기에 있어서는 1948년의 헌법과 1949년의 국가공무원법에 의하여, ① 독립된 고시위원회가 설치되었고, ② 임용상의 기회균등이 보장되었으며, ③ 공무원의 정치적 중립성과 신분이 보장되었다. 즉 법제면으로는 실적주의가 확립되어 있었지만, 별로 실효성이 없었으며, 오히려 정실임용이 자행되었다.

(2) 제2기(1952~1961)

자유당과 민주당의 집권시기로 공무원의 정당관료로서 엽관주의화 현상이 나타났다. 그러나 우리나라의 엽관주의는 미국의 그것과 다르며, 정권연장을 위한 방편으로 기도되었다.

---

14) 이원희, 전게서, p.452 참조.

(3) 제3기(1961~1972)

5·16혁명 이후 대폭적인 사회개혁과 더불어 다음과 같은 광범한 인사제도가 채택되었다. 즉 ① 국가공무원법의 대폭적인 개정, ② 직위분류제의 채택, ③ 연금 제도의 개선, ④ 교육훈련의 강화 등이다.

(4) 제4기(1972~현재)

70년대에 들어와서 비교적 적극적인 인사제도가 모색되고 있다. 중요한 내용으로는 ① 공무원임용의 학력제한 철폐, ② 자격증 소지자·학위소유자의 특별요건의 완화, ③ 계약공무원제의 도입, ④ 계급구분제로의 환원, ⑤ 승진에 있어서의 교육·훈련의 비중강화 등이 있다.

그러나 아직도 인사행정전문가의 부족, 보수의 비현실정, 공무원단체에 대한 소극적 인식, 고급공무원의 지나친 외부인사의 등용, 공무원의 정치적 중립성 등 많은 문제점이 있으며, 앞으로의 계속적인 발전이 요망된다.

제 3 장

인사행정기구[1]

제 1 절   인사행정의 기구

인사행정을 수행하기 위해서는 그것을 전문적으로 담당할 기관을 필요로 한다. 인사행정기관이란 인사행정을 실제로 주관하는 정부기구를 말하며, 중앙인사기관과 각부처 인사행정기관으로 대별된다.

1. 중앙인사기관

중앙인사기관은 정부의 인사행정을 전문적으로 연구하고 정책을 수립하며 그 집행을 총괄하는 중앙관리기관을 말한다. 중앙인사관리의 설치는 행정기능이 확대·강화되고 공무원 수가 증가함에 따라 오늘날 대부분의 국가에서 공통적으로 볼 수 있는 경향이다. 일반적으로 중앙인사기관은 각 부처에서 의적으로 인사처리를 할 경우에 일어나는 폐단과 할거주의(parochialism)를 제거하고 인사행정의 공정성·중립성을 확보할 수 있다는 데 그 필요성이 있다.

1999년 5월 국가공무원법 개정을 통해 중앙인사기관은 중앙인사위원회와 행정자치부로 이원화되었다. 중앙인사위원회는 인사정책 및 인사행정운영의 기본 방침, 공무원 인사 관련 법령의 제정 또는 개폐, 3급 이상 공무원의 채용과 승진에 있어서의 기준·절차 등에 관한 사항을 심의·의결하는 기능을 담당하도록 하였으며, 부

---

1) 김택·유종해, 전게서, p.32.

서로는 기획총괄과, 인사정책과, 급여정책과, 직무분석과를 두도록 하였다.[2]

　　현재 중앙인사위원회는 소청심사위원회와 중앙공무원교육원의 이관을 통해 명실상부한 중앙인사기관으로서 그 역할을 다하고 있다.

2. 각 부처인사행정기관

　　각 부처인사행정기관은 관료성격을 띤 기관으로 부처의 장을 보좌하여 인사상의 반집행기능을 담당함이 보통이다.[3] 각 부처인사행정기관의 역사는 비교적 짧아 실적주의가 일찍이 확립된 국가에서도 이에 해당되는 기관이 별도로 없었다. 인사행정이 양적으로 확대되고 엽관주의의 위험성이 해소됨에 따라 중앙인사기관의 기능이 분화됨으로써 각 부처에 인사행정기관을 설치하게 되었다.

3. 경찰인사기관

　　표 3-1은 경찰의 인사권 내용을 살펴보았는데 현재 총경 이상과 경정의 신규채용 등은 대통령이 하고 있으며 경정 이하는 경찰청장이 하고 있다.

〈표 3-1〉 경찰청 소속 경찰공무원의 인사권자

인사권자	내용
대통령	• 총경 이상의 임용 • 경정에의 신규채용, 승진임용 및 면직
경찰청장	• 경정 이하 임용 • 총경의 전보, 휴직, 직위해제, 정직, 복직
지방경찰청장 경찰대학장 경찰교육원장 중앙경찰학교장 경찰수사연수원장 경찰병원장 운전면허시험관리단장	경찰청장의 권한을 위임받아 소속경찰관 중 • 경정의 전보, 파견, 휴직, 직위해제 및 복직에 대한 권한 • 경감 이하의 임용권
경찰서장	지방경찰청장의 권한을 위임받아 소속경찰관 중 경감 이하의 승급, 전보

출처: 강용길, 「경찰학개론」(서울: 경찰공제회, 2009), p.270.

---

2) 이원희, 전게서, p.453.
3) 우리나라의 경우에는 총무과가 이에 해당된다고 하겠다.

제 2 절 인사행정기관의 조직유형

중앙인사기관의 기능과 유형은 나라와 시대에 따라 다르나, 독립성, 합의제와 단독제, 집권화와 분권화를 기존으로 대체로 다음과 같이 분류될 수 있다.

① 독립성과 합의성이 있는 경우: 미국(연방인사관리처와 실적제보호위원회)·일본(인사원)·필리핀(인사위원회)이 좋은 예이다.

② 독립성은 있으나 합의성이 없는 경우: 영국(인사성: civil service department)과 같이 중앙인사기관이 없는 경우도 있다. 영국의 경우, 인사위원회는 공무원의 선발에 관한 한정된 권한을 가지며, 대부분의 중요한 기능을 대장성인사부에서 수행한다.[4]

③ 독립성과 합의성이 없는 단독제인사기관인 경우: 프랑스(인사국: direction personnel)·소련(재무성)·한국(총무처) 등을 들 수 있다.

일반적으로 중앙인사기관의 조직에 있어서는 독립성, 합의제와 단독제, 집권화와 분권화의 문제가 제기되고 있으며, 이를 간추려 보면 다음과 같다.

(1) 독립성

중앙인사관리의 독립성은 임원의 신분보장이 되어 있고 자주적인 조직권이 있으며, 예산의 자주성이 확보되어 있는 기관을 말한다. 그러나 이 경우 독립성은 보통 입법부 또는 사법부에 대한 것이 아니라 정치적 기초를 가지고 있는 행정부에 대한 상대적인 독립성을 말한다. 대체로 일찍이 엽관주의가 발달했던 나라에서는 독립성이 있는 중앙인사기관을 수립하였다. 독립성의 장점에 관해서는 보호주의의 입장과 관리주의의 견해가 있는데, 전자는 엽관주의에 따른 위험을 예방한다고 하여 옹호하는 입장을 취하며, 후자는 중앙인사기관의 독립성이 적극적 인사행정에 방해가 된다는 부정적인 견해를 보이고 있다.[5]

---

4) 그러나 영국도 최근에 civil service department를 신설하고 종래의 대장성의 인사기능을 통합하고 있다. B. C. Smith and J. Stanyer, "Administrative in 1968," Public Administration, Vol. 47(Autumn 1969), p.333.

5) L. W. Koening, "Regulating," in L. I. Salmon(ed.), The Independent Federal Regulatory Agencies(New York: H. W. Wilson, 1959), pp.47~48.

(2) 합의성

합의제인사기관은 인사위원이 다수로 구성되고 정치적 중립성을 보장하기 위한 여러 가지 조치가 강구된다. 인사위원은 비전문가인 경우가 많으며, 능률보다는 민주성에 중점을 둔 조직형태이다. 합의제는 신중한 결정을 내릴 수 있고 여러 이해관계인의 의사를 골고루 반영시킬 수 있는 장점이 있으나, 행정사무의 지연, 책임소재의 불분명, 효율적인 통제의 곤란 등의 결점도 있다.

〈그림 3-1〉 경찰위원회 조직도

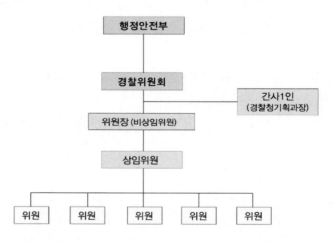

출처: 신현기 외,「새경찰학개론」(서울: 우공출판사, 2011), p.127; 이영남·신현기,「경찰조직관리론」(서울: 법문사, 2003), p.290.

그림 3-1은 경찰위원회 조직도를 나타내고 있는데 행정안전부소속으로 위원장, 상임위원, 위원이 구성되었다.

(3) 집권화와 분권화

대체로 중앙인사기관이 처음 수립되었을 때에는 실적주의의 확립과 인사행정의 통일성을 기하기 위하여 인사권을 중앙인사기관에 집권화하였다. 그러나 집권화함으로써 적극적 인사관리를 할 수 없고 능률의 저하를 가져온다는 비판이 나오게 되었다. 원래 집권화는 반엽관주의사상에 그 근거를 두고 있으므로 실적주의의 확립과 행정능률의 향상을 위해서는 점차 분권화가 요청된다. 그러나 지나친 분권화는 중앙인사기관의 무용론을 불러일으킬 우려가 있다.

제 3 절   중앙인사기관의 기능

일반적으로 중앙인사기관의 기능으로는 준입법기능, 준사법기능, 집행기능 및 감사기능을 들고 있다.

(1) 준입법기능

의회에서 제정한 법률의 범위 안에서 인사에 관한 기준·규칙을 제정하는 기능으로 일종의 위임입법이다.

(2) 준사법기능

공무원에 대하여 부당한 처분이 행하여진 경우, 처분받은 공무원이 소청을 하면 이에 대한 판결을 할 수 있다.

(3) 집행기능

인사행정에 관한 구체적 사무의 처리를 말하며, 임용·훈련·승임·직위구분 등이 바로 그것이다.

(4) 감사기능

인사업무에 대해서 관련된 기관을 감사하는 기능을 말하며, 중앙인사기능의 설립목적에 따라 당연히 요청되고 인사행정이 분권화됨에 따라 그 중요성이 더욱 증대되고 있다.

제 4 절   우리나라 인사행정기관

우리나라의 중앙인사기관은 1948년 정부수립 당시에는 비교적 합리성 있는 조직체로 출발하였으나, 1955년의 기구개혁으로 그 권한이 크게 약화되었다. 그러다가 1960년 이후부터 다시 강화되고 있다. 현재 우리나라의 인사행정업무를 담당하는 기관으로는 중앙인사위원회와 소청심사위원회, 그리고 중앙징계위원회가 있다.

1. 중앙인사위원회

① 독립성이 없는 합의제중앙인사기관으로서 역할을 한다.

② 중앙인사위원회는 준입법기능과 집행기능, 그리고 감사기능을 담당한다.

③ 중앙인사위원회는 다음 사항에 대한 심의·의결한다.[6]

- 공무원 인사정책 및 인사행정운영의 기본방침
- 공무원의 임용 및 보수 등 인사관계법령의 제정 또는 개폐
- 3급 이상 공무원 중 계약직 공무원(재계약을 포함)의 채용과 3급 이상 공무원으로의 승진임용에 있어서의 기준 및 절차 등에 관한 사항

중앙인사위원회는 김대중정부에서 제정됐는데 이명박정부에서는 폐지되고 행정안전부에서 인사업무를 하고 있다.

2. 소청심사위원회

① 인사행정의 공정을 기하고 공무원의 신문 및 권익을 보장하며 정치적 중립성을 기하기 위하여 설치된 상설합의제의결기관이다.

② 위원회의 결정은 처분행정청을 기속하며, 공무원의 징계처분 기타 의사에 반하는 불리한 처분에 대한 소청을 심사한다.

3. 중앙징계위원회

① 5급 이상의 공무원의 징계처분을 의결하기 위하여 구성된 합의제의결기관이다.

② 징계의 종류는 파면·감봉·유책으로 구분되며, 의결은 구체적으로 잘못의 정도에 따라야 한다.

---

6) 이원희, 전게서, p.453.

제 4 장

공직의 분류

제 1 절   경력직과 특수경력직

종래에는 공무원을 분류하기 위한 기준으로서 국가공무원법의 적용을 받는지의 여부에 따라 일반직과 별정직의 구분이 행해지고 있었는데, 1981년 4월에 개정된 국가공무원법에 의하면 경력직공무원과 특수경력직공무원의 구분이 채택되고 있다. 그 구체적인 내용을 살펴보면 다음과 같다.[1]

1. 경력직

경력직이란 실적과 자격에 의하여 임용되고 그 신분이 보장되는 공무원으로서 평생토록 공무원으로 근무할 것이 예정되는 공무원을 말하며 그 종류는 다음과 같다.

(1) 일반직공무원

일반공무원이란 종래 사용되었던 구분으로 기술연구 또는 행정일반에 대한 업무를 담당하는 공무원으로서 직군·직렬별로 분류되는 공무원을 말한다.

행정기술직군으로 분류되어 9개 계급으로 구성되며, 특수업무분야에 종사하는 공무원은 전문경력관이 있다. 연구지도·특수기술 직렬의 공무원은 연구지도 의무

---

1) 총무처, 국가공무원법 중 개정법률안(1981. 3), pp.7~9 참조.

약무 수의 간호에 해당한다.

임기제공무원은 가에서 마급의 전문임기제 한시임기인 5호에서 9호가 있다.

(2) 특정직공무원

법관·검사·외무공무원·경찰공무원·소방공무원·교육공무원·군인·군무원 및 국가정보원의 직원과 헌법재판소 헌법연구관, 경호공무원 등 특수분야의 업무를 담당하는 공무원으로서 다른 법률에 의하여 특정공무원으로 지정하는 공무원을 특정직공무원이라고 부른다. 표 4-1은 경찰계급 구성도이다.

〈표 4-1〉 경찰계급별 인력구성(2010년)

치안총감	1	
치안정감	4	
치안감	27	0.5%
경무관	31	
총경	469	
경정	1,574	
경감	3,668	
경위	11,531	99.5%
경사	20,431	
경장	29,568	
순경	33,804	

출처: 경찰청, 「2011 경찰백서」, 2011, p.362; 신현기, 「경찰인사행정론」, p.277 재인용.

2. 특수경력직공무원

특수경력직공무원이란 경력직 이외의 공무원으로서 실적제와 직업공무원제의 적용을 받지 않는다. 그 종류는 다음과 같다(표 4-2 참조).

(1) 정무직공무원

① 선거에 의하여 취임하거나, 임명에 있어서 국회의 동의를 요하는 공무원

② 감사원의 원장·감사위원 및 사무총장, 국회의 사무총장 및 차장, 헌법재판소 사무처장 및 사무차장

③ 국무총리, 국무조정실장 차장, 대통령 비서실장, 국가안보실장, 경호실장, 처의 처장, 각원·장·처의 차관·청장(중앙행정기관이 아닌 청을 제외), 서울특별시장, 부산시장, 도지사, 차관급 상당 이상의 보수를 받는 비서관

④ 국가정보원 차장

⑤ 기타 다른 법령이 정무직으로 지정하는 공무원

(2) 별정직공무원

① 국회수석전문위원

② 감사원 사무차장 및 서울특별시·부산시·도선거관리위원회 상임위원

③ 국가정보원 기획조정실장, 장관정책보좌관, 정무부지사

④ 비서관, 비서, 기타 다른 법령이 별정직으로 지정하는 공무원

⑤ 중앙 지방해양안전심판원의 원장 및 심판관

〈표 4-2〉 특수경력직

특수경력직	정무직	정치적 판단이나 정책결정을 요함. ㉠ 선거에 의해 취임, ㉡ 감사원장·위원·사무총장, 국회사무총장·차장, 헌법재판소의 재판관, 선관위 사무총장, ㉢ 국무총리, 국무위원, ㉣ 국가정보원 원장 및 차장, ㉤ 특별시 부시장, ㉥ 처의 처장, 각부 차관, 청장(통계청, 기상청, 경찰청, 해양경찰청 제외), ㉦ 국무조정실장
	별정직	일반직 공무원과는 다른 절차에 의해 임용. ㉠ 국회 수석전문위원, ㉡ 감사원의 사무차장, ㉢ 국가정보원 기획조정실장, ㉣ 노동위원회 상임위원, ㉤ 비서관·비서, ㉥ 차관보는 1급 상당의 별정직, ㉦ 광역시의 정무부시장과 도의 정무부시장

자료: 이원희, 「열린행정학」 재인용.

제 2 절 국가공무원과 지방공무원

표 4-3은 국가공무원과 지방공무원의 분류도이다.

〈표 4-3〉 국가공무원과 지방공무원

구분	국가공무원		지방공무원	
법적 근거	국가공무원법, 정부조직법 등		지방공무원법, 지방자치법, 조례	
임용권자	• 3급 이상－대통령 • 4급 이하－소속장관 또는 • 6급 이하－소속장관 또는 위임된 자		지방자치단체의 장	
보수재원	국세		지방세	
공무원 구분	일반직 국가공무원	1~9계급(고위공무원단 제외), 2직군 31직렬	일반직 지방공무원	1~9급 2직군 21직렬
				연구 · 지도직: 2계급
		연구 · 지도직: 2계급		38직렬
				73직류
	특정직 국가공무원	**경찰공무원**, 법관, 검사, 소방공무원, 군인, 군무원, 헌법재판소 헌법연구관, 국가정보원 직원 등	특정직 지방공무원	**자치경찰공무원**, 공립·전문대학에 근무하는 교육공무원, 지방소방공무원
	정무직 국가공무원	• 국회의 동의 • 법률이나 대통령령에서 지정	정무직 지방공무원	• 지방의회의 동의 • 법령 또는 조례에서 지정
	계약직 국가공무원	국가와 채용계약	계약직 지방공무원	지방자치단체와의 채용계약
채용시험	• 5급 이상 행정직렬 등 16개 직렬은 행정안전부 장관 • 기타 시험은 소속 장관		• 5급 이상은 행정안전부 장관 • 6급 이하는 시 · 도 인사위원회	
인사교류	• 국가기관 간 교류 • 지방자치단체와의 교류		• 지방자치단체 간 교류 • 국가기관과의 교류 • 경력경쟁채용	
승진심사	• 보통승진심의위원회(임용권자 내지 임용제청권자별) • 중앙인사위원회(1~3급　일반직 · 별정직 · 계약직 공무원)		인사위원회	

출처: 강성철 외, 「새인사행정론(개정3판)」(서울: 대영문화사, 2011), p.137; 강성철 외, 「새인사행정론(개정3판)」(서울: 대영문화사, 2002), p.148 참조; 신현기, 「경찰인사행정론」(서울: 법문사), p.41.

제 3 절 직위분류제

1. 의의

인사행정에 있어서 다수의 공무원을 개별적으로 다룬다면, 혼란과 무질서를 초래하게 된다. 따라서 어떠한 일정한 기준이 필요하게 되는데, 이 기준으로는 직위(position)에 기초를 둔 직위분류제(position classification)와 계급(rank)에 기초를 둔 계급제가 있다.

직위분류제는 공직을 각 직위에 존재하는 직무의 종류와 곤란성, 책임도의 차이에 따라 횡적으로는 직종별로 종적으로는 등급별로 구분·정리하는 제도를 말한다. 반면에 계급제는 사람을 중심으로 개개 공무원의 신분상의 자격·학력·능력을 기준해서 계급으로 분류하는 제도를 말한다. 직위분류제는 1909년 미국의 시카고시에서 처음으로 시작되었으며, 1949년에 새로운 분류법이 제정됨으로써 연방정부수준에서도 널리 사용하게 되었다.[2] 직위분류제의 올바른 수립을 위해서는 직위와점(재)직자를 구별하여 생각해야 한다. 즉 직위분류제에서 말하는 직위는 의무와 책임의 단위이며, 그것을 담당하는 사람과는 관념적으로 구별된다.

각국의 공무원분류제도를 보면, 계급제의 원리와 직위분류제의 원리를 약간씩 절충하고 있다. 직위분류제는 주로 미국의 영향을 많이 받은 캐나다·파나마·필리핀 등에서 채택하고 있으며, 계급제는 유럽 제국의 영향을 많이 받았고 농업사회의 전통이 강한 국가에서 채택하고 있다.

계급제의 역사는 매우 오래되었으며, 오늘날 대다수의 공무원제도는 계급제를 주축으로 하고 있다. 우리나라는 양 제도가 절충·혼합된 상태라고 할 수 있다.

2. 직위분류제의 효용과 장·단점

(1) 장점

가. 보수체제의 합리화

직위분류제는 동일한 직급의 직위에 대해 공통된 보수표를 적용할 수 있게 함으로써 보수제도의 합리적 기준을 제공한다.

---

2) Daniel F. Halloran, "Why Position Classification?" Public Personnel Review, Vol. 28, No. 2(April 1967), p.89.

나. 인사행정의 기준제공

직위가 요구하는 직무의 성질이나 내용에 따라 공무원을 임용·배치함으로써 그 직위가 알맞은 사람을 선발할 수 있게 한다.

다. 근무성적평정의 기준제공

공무원의 직무수행능력에 대한 정확한 평가를 위해서는 직무의 내용이 구체적으로 명시되어 있어야 하므로 직위분류제는 공무원의 근무능력을 정확히 파악하는데 도움이 된다.

라. 권한 책임한계의 명백화

직위분류제는 모든 직위를 분석·평가함으로써 권한과 책임의 한계를 명백히 하여 행정능률의 합리화에 공헌한다.

마. 행정의 전문화

공무원의 승진이 동일한 직종에 따라 이루어지므로 특정분야에 관한 전문가를 양성하게 한다.

바. 예산절차의 간소화

직위분류제에 있어서는 필요한 직위를 예산상의 과정에서 파악할 수 있으므로 능률적인 예산편성을 할 수 있으며, 국민은 정부의 인건비에 관한 예산을 통제하기 쉽다.

사. 정원관리·작업연구

직무분석을 통해 계속적인 작업연구가 가능하며, 직원의 업무분담은 합리화하여 효율적인 정원관리를 할 수 있다.

(2) 단점

직위분류제의 단점은 계급제의 장점이 되기도 한다.

① 일반적 교양과 능력 있는 자를 채용하지 못하며, 직위가 요구하는 특수한 능력을 가진 자에 치중한다.

② 직급별로 인사배치를 하므로 배치상의 융통성이 없어진다.

③ 직위분류제에서는 행정의 전문화가 이루어져 있으므로 다른 직원이나 기관과의 협조와 조정이 어려울 수 있다.

④ 융통성이 적은 인사상의 경직성은 직업공무원제의 확립을 저해한다.

⑤ 공무원의 신분이 직책에 따라 영향을 받으므로 기구개편의 영향을 크게 받아 행정의 안정성이 저해된다.

3. 직위분류제의 구조

직위분류제는 다음과 같은 요소가 종·횡적으로 얽혀서 구성되어 있다.

(1) 직위

한 사람의 공무원에게 부여할 수 있는 직위와 책임을 말하며, 그것을 담당하는 사람과는 엄격히 구분된다. 원칙적으로 행정조직의 구성원 수는 직위의 수와 일치한다.

(2) 직급

직위가 내포하는 직무의 종류·곤란성·책임성·자격요건 등이 상당히 유사하여 채용·보수 등 인사행정상 동일하게 다룰 수 있는 직위의 집단을 말한다.

(3) 직렬

직무의 종류는 유사하지만 곤란도·책임도가 상이한 직급의 군을 말한다. 이 직급들은 그 곤란성·책임도에 따라 종적으로 배열된다.

(4) 직군

직무의 종류가 광범위하게 유사한 직렬의 군을 말한다.

(5) 등급

직무의 종류는 상이하지만 직무의 곤란성·책임도와 자격요건이 유사하여 동일한 보수를 줄 수 있는 모든 직위를 말한다.

4. 직위분류제의 수립절차

직위분류제를 수립하는 절차는 복잡하며, 거기에 사용되는 기법도 다양하다. 기획은 인사기관이 단독으로 행하기도 하고 외부기관의 도움을 얻는 경우도 있지만, 위원회를 조직하는 것이 효과적이다.

(1) 준비작업

분류작업을 시작하기에 앞서 그 기초를 마련하는 준비단계이며 기본정책의 결정, 필요한 법령의 제정, 주관할 기관의 결정, 분류기술자의 확보와 작업절차의 입안, 분류될 직위의 범위결정, 공보활동 등이 이 단계의 주요내용이 된다.

(2) 직무조사

분류대상이 된 직위들의 직무에 관한 자료수집단계이다. 여기서 필요로 하는 중요한 자료는 직위에 배정된 일의 내용, 책임과 권한 및 직무수행에 필요한 자격요건 등이다. 이 단계에서는 먼저 조직구성의 전반적인 관계와 해당 조직단위의 업무관계 등 일반적인 사항을 예비적으로 조사해야 한다. 자료수집의 가장 중요한 수단은 직무에 관한 조사표인 직무기술자이며, 주무기관이 직무기술자를 점직자들에게 배포하면 점직자들은 자기가 담당하고 있는 일에 관하여 기입한다.

(3) 직무분석과 평가

직무분석은 각 직위의 직무종류를 구별하여 직군과 직렬을 종적으로 구분하는 작업이다. 직무분석에서는 직군·직렬의 수를 몇 개로 할 것인가가 문제된다. 직무평가는 각 직위의 상대적 가치 또는 비중을 측정하여 횡적으로 등급을 결정하는 작업이다. 따라서 직무평가는 보수수준의 결정과 깊은 관련을 가지고 있다.[3] 이 두가지 작업이 끝나면, 직급이 규정되고 직급의 배열에 의한 분류구조가 형성된다.

가. 서열법

개별 직무의 공헌도를 총체적으로 판단하여 순위를 매기는 방법이다.

나. 분류법

등급 분류 기준을 상세히 정의한 후 개별 직무가 어느 등급에 속하는지 판단하는 방법이다(표 4-4 참조).

---

3) Paul Pigors and Charles A. Myers, Personnel Administration(New York: McGraw-Hill, 1956), p.278.

〈표 4-4〉 등급기준표

1급	단순 보조업무
2급	약간의 훈련을 요하는 정규적 업무
3급	컴퓨터·회계 등 전문적 훈련을 요하는 업무
4급	전문적 지식을 요하는 업무
5급	감독을 요하는 업무
6급	전문적이며 비밀을 요하는 업무

자료: 이원희, 전게서, p.789 재인용.

다. 점수법

공통적인 평가요소를 도출하고, 각 직무의 평가요소별 평가결과를 직무값으로 환산하는 방법이다.

라. 요소비교법

기준 직무의 요소별 평가결과를 기준으로 요소비교표를 만들어 이를 해당 개별직무에 적용하는 방법이다.

표 4-5는 직무평가법을 나타내고 있다.

〈표 4-5〉 직무평가방법

비교 기준	직무평가의 방법			
	서열법	분류법	점수법	요소비교법
사용 빈도	가장 적음	둘째나 셋째	가장 많음	둘째나 셋째
비교방법	직무와 직무	직무와 기준표	직무와 기준표	직무와 직무
요소의 수(數)	없음	없음	평균 11개	5~7개
척도의 형태	서열	등급	점수, 요소	점수, 대표직위
다른 방법과의 관계	요소비교법의 조잡한 형태	점수법의 조잡한 형태	분류법의 발전된 형태	서열법의 발전된 형태
평가방법	비계량적방법	비계량적 방법	계량적 방법	계량적 방법
평가대상	직무 전체	직무 전체	직무 구성요소	직무 구성요소

자료: 이원희, 전게서, p.490 재인용.

〈표 4-6〉 직무평가기법 비교

기법	장점	단점	비고
서열법	단순하고 실시 용이하여 여력이 없거나 대상직위가 동질적인 경우 활용	순위 판단의 근거가 불명확하여 공정성 시비 우려	
분류법	점수법에 비하여 실시가 용이	상이한 직군 간의 직무 비교 불가능	직무등급과 직무기술서가 잘 정비되어 있어야 가능
점수법	가장 보편적으로 사용 편견 최소화	척도 개발의 어려움	− Hay Method − Watson Wyatt의 EPFC Method − Towers Perrin
요소비교법	점수법의 발달된 형태	과정이 복잡하고 보편성 부족	

자료: 중앙인사위원회, 2006.

표 4-6은 직무평가기법을 비교한 것이다. 위 도표에서 1950년대 미국의 Edward Hay가 개발하여 만든 헤이기법(Hay Method)은 점수법의 척도에 해당하는 것으로 계량적인 척도의 활용과 이로 인한 평가의 명료성 등으로 세계적으로 가장 많이 사용되는 기법이라고 할 수 있다.

헤이기법의 특징은 투입−과정−산출의 8가지 평가요소를 적용한다. 표 4-7은 평가요소도이다.

〈표 4-7〉 평가요소

평가요소			구체적 내용
투입요소	노하우	기술적 노하우	직무담당자에게 사전적으로 요구되는 전문적 기술과 실무적 지식
		관리적 노하우	직무담당자 자신이 직접적으로 관리하는 조직, 부하직원의 특성과 규모, 담당기능의 범위에 따라 달라지는 관리 지식 혹은 기술
		대인관계기술	타인과의 관계 속에서 실제 경험함으로써 습득되는 인간특성과 행태에 관한 지식

과정 요소	문제해결	사고의 환경	직무수행과정에서 요구되는 판단 준거의 명확성
		사고의 도전도	직무와 관련된 문제를 해결하기 위해 요구되는 창조성과 독창성의 정도
산출 요소	책임	행동의 자유도	직무담당자가 독자적으로 결정을 할 수 있는 수준. 직무수행과정에 이루어지는 개인적·절차적 통제와 감독의 정도 → 재량권
		직무의 규모	구체적으로 직무수행을 통해 나타나는 효과가 미치는 범위와 강도
		영향력의 특성	직무의 성과가 조직 부문에 미치는 영향력의 직접성과 책임성 수준

자료: 중앙인사위원회, 2006.

현재 헤이기법을 활용하는 국가는 캐나다·호주·뉴질랜드 정부 등이고 각 국의 사정에 맞게 평가기법의 일부를 수정하여 사용하고 있다. 세계적으로 5,000여개 민간기업, 미국 500대 기업 중 130개 기업이 적용하고 있는 실정이다. 우리나라도 2000년에 외교통상부가 직무분석으로 사용하여 직무등급제를 도입하였으며, 2000부터 2002년까지 기상청, 국세청, 건설교통부, 중앙인사위원회가 직무분석으로 사용하였지만 법적 기반 미비로 직무등급제로 도입을 못하고 있다.

지난 2003년 정부는 고위직 직무분석으로 고위공무원단에 직무등급제를 도입하여 시행하고 있다.

(4) 직급명세서의 작성

직급·직렬·등급이 결정되면 직급렬로 직급명세서를 작성한다. 직급명세서는 직위분규의 기본이 되는 문서이며, 여기에는 직급의 명칭, 직무의 내용, 책임의 범위, 자격요건, 채용방법, 보수액 등을 명시해야 한다.

(5) 채택과 관리

직급명세서의 작성이 끝나면 완성된 분류안을 채택하여 운영하는 단계로 넘어간다. 이 과정은 일시적으로 끝나는 일이 아니며 계속적인 과정이 된다. 여기서는 직위의 신설·개폐 등과 같이 변동에 대응하여 분류구조를 수정하는 일이 주된 과제가 된다.

5. 직위분류제의 도입상 문제점

우리나라는 계급분류제도에 의하여 공직분류가 되어 있으며, 거기에 직위분류제는 보완적 지위에 있다. 1960년대에 급격히 고조되었던 직위분류제의 도입은 우리나라의 실질적인 사정에 의하여 크게 후퇴하여 1973년의 법개정은 "일반직에 대한 직위분류제의 실시는 대통령령이 정하는 바에 의하여 그 실시가 용이한 것부터 단계적으로 실시할 수 있다."고 규정하여 제도의 점진적 개혁의 방향을 제시하고 있다.

우리나라에 있어서 직위분류제 도입상의 문제점을 요약하여 보면 다음과 같다.

(1) 가치관의 차이

행정기능이 고도로 전문화되고 기술화되어 있는 미국의 경우와 달리 우리나라의 행정에 있어서는 직위분류의 정도를 어느 정도로 하여야 할 것인가의 문제가 있다. 또한 전통적인 계급제의 기반을 가지고 있는 우리나라 공무원사회의 환경에서 충분한 성과를 기대하기 어려운 현실이다.

(2) 분류대상직위의 범위

직위분류제에 따라 직무를 지나치게 세분화·전문화하였을 경우에는 일반행정관리자의 양성과 인사행정상의 융통성을 저해하므로 직위분류의 정도를 어떻게 하느냐의 문제가 있다.

(3) 혼합직의 처리

하나의 직위에서 현저하게 다른 직무를 혼합하여 수행하고 있는 현실에서 직위의 세분이 곤란하다.

(4) 기술의 미숙

분류경험의 미숙 또는 분류기술의 부족으로 인한 점직자의 기피 현상은 객관성 있는 직무분석과 평가를 곤란하게 한다.

(5) 직무급의 곤란성

직업분류제의 이점의 하나는 동일직무에 대한 동일급여의 실현에 있다. 그러나 우리나라의 현실은 이러한 직무급의 실현이 곤란한 상태이므로 실익이 적다.

제 4 절 계급제

1. 의의

계급제란 이미 언급한 바와 같이 사람의 자격·능력을 기준으로 하여 계를 만드는 것으로서, 우리나라의 경우만 보더라도 타국(독·일)의 농업사회하의 관료제와 마찬가지로 계급제의 전통을 고대로부터 가지고 왔던 것이다.

이러한 여러 나라의 계급제가 가지고 있는 주요 특징을 고찰하면 다음과 같다.

(1) 4대계급제

계급제를 가지고 있는 여러 나라의 경우를 비교고찰하면 그 중 대부분(영·독·프·전전일본)의 나라가 4대계급으로 분류하고 있다. 이의 주요 원인은 교육제의 계층과 일치시키려는데 있다. 표 4-8은 경찰의 계급제 형태의 변천과정을 보여주고 있다.

〈표 4-8〉 우리나라 경찰계급의 변천도

45. 10.21	46. 1.16	46. 4.11	46. 9.17	49. 1.7	50. 7.27	66.	69. 1.7	74. 8.22	80. 9	83.	91. 7.31 이후
										의경	의경
순사	순경	순경	순경	순경	순경	순경	순경	순경	순경	순경	순경
							경장	경장	경장	경장	경장
순사 부장	경사	경사	경사	경사	경사	경사	경사	경사	경사	경사	경사
경부보	경위	경위	경위	경위	경위	경위	경위	경위	경위	경위	경위
경부	경감	경감	경감	경감	경감	경감	경감	경감	경감	경감	경감
경시	감찰관	감찰관	감찰관				경정	경정	경정	경정	경정
	총경	총경	총경	총경	총경	총경	총경	총경	총경	총경	총경
도경찰 부장	도경찰 부차장	(관구) 경찰 부청장	(관구) 경찰 부청장	경무관	경무관	경무관	경무관	경무관	경무관	경무관	경무관
		(관구) 경찰 청장	(관구) 경찰 청장								

			경무총감			치안감	치안감	치안감	치안감	치안감
경무부차장	경무부차장	경무부차장		치안부국장	치안감			치안정감	치안정감	치안정감
경무부장(장관)	경무부장(장관)	경무부장(장관)	경무부장(장관)	치안국장(치안이사관)	치안국장(치안이사관)	치안국장(치안이사관)	치안국장(치안이사관)	치안본부장(차관급)	치안본부장(치안총감/차관급)	치안본부장(치안총감/차관급)	경찰청장(차관급)

출처: 신현기, "경찰계급단계의 개선방안에 관한 연구", 한·독 사회과학회, 「한·독 사회과학논총」, 제 14권, 제1호, 2004, p.253; 경찰청, 박물관 역사자료 참고, 2006.

(2) 계급 간의 차별

일반적으로 계급제를 채택하고 있는 나라는 각 계급공무원의 사회적 평가·보수·성분·교육상의 차이가 크며, 따라서 계급 간의 승진을 특별히 어렵게 하고 있어 원칙적으로 일단 어떤 하나의 계급에 임용되면 일생 동일계급에 머물거나, 또는 일계급 밖에 승진 못하는 것이 통례이다. 우리나라의 경우는 해방 후 계급제를 채택하여 왔지만 유럽의 제국과 달리 계급 간의 차이가 별로 큰 것 같지 않다.

(3) 고급계급의 엘리트(elite)화

계급 간의 차이가 심한 국가에서는 고급공무원의 수는 적게 하고 있으나 이들에 대해서는 교육·대우면에서 특별한 고려를 하고 있으며, 마치 군대장교급 중의 정규사관학교 출신의 위치와 유사한 성격을 가지고 있다. 종래 이러한 데 반대하여 오던 미국에서도 점차적으로 전환하여 특별히 우수한 고급공무원의 양성에 주력하고 있다. 그러나 우리의 경우에는 이러한 면을 찾아볼 수 없는 것 같다.

(4) 폐쇄형(closed career)

계급제를 채택하고 있는 나라는 대체로 폐쇄형을 쓰고 있다. 여기의 폐쇄형이란 신규임용되는 자는 누구나 원칙적으로 당해 계급의 최하위로부터 승진하여 올라가야 하며, 따라서 동일계급 내의 중간위치에 외부로부터 뛰어드는 것이 금지되어 있다. 폐쇄형의 장점은 공무원의 사기앙양과 행정의 안정을 기할 수 있는 데 비하여, 질의 저하와 신기풍을 불어넣는 것이 부족하여 자칫하면 관료주의화할 우려성이 있다.

2. 장·단점

계급제란 일반적으로 산업이 별로 발달하지 못하고 분업화가 많이 이루어지지 못한 농업사회에서 발달한 것이며, 사회생활이 점차적으로 산업화와 분업화의 영향을 받게 됨에 따라 직위분류제를 도입하는 경향을 볼 수 있다. 이러한 사회에서는 으레 계급제의 결점만을 지적하는 데에 바빠 이것이 지니고 있는 장점을 등한시하는 수가 많으며, 직위분류제를 수립하고 행정의 과학화와 능률화를 과신하는 데서 지나칠 정도로 이의 효과를 믿는 미국 같은 나라에서도 역설같이 들리지만, 계급제의 장점이 논의되고 있다는 것이다.

① 공무원을 채용하는 데 있어서 직위분류제하에 있어서는 바로 공석이 되어 있는 직위가 요구하는 특수한 능력을 가진 인물을 물색하게 된다. 그러나 계급제하에서는 직급의 분류가 그렇게 되어 있지 않으므로 보다 넓은 일반적 교양·능력을 가진 사람을 채용할 수 있다고 하는 것이다.

② 이러한 공무원을 채용한 후 계급제하에서는 장기간에 걸쳐 능력이 넓게 키워지므로 공무원의 능력이 보다 신축성·적응성을 가질 수 있고, 따라서 직업분류제의 수립에 큰 공헌을 하게 된다.

③ 이러한 성격·능력을 가지고 있으므로 어떠한 하나의 특수직책에만 종사하게 되는 직위분류제하의 공무원은 시야와 이해력이 좁아 타직원·타기관과의 횡적 협조가 어려운 데 반하여 계급제하의 공무원은 이것이 용이하다는 것이다.

④ 직위가 있음으로써 공무원이 임용되고 그것에 따라 직책을 배당받는 직위분류제하의 경우보다 계급제하에서는 사람이 직책과 관계없이 신분을 유지하므로 공무원의 신분보장에 있어 더 강하고 안정감을 줄 수 있다. 즉 조직체의 기구변혁에 직위분류제하에서와 같은 영향을 받지 않기 때문이다.

⑤ 직위분류제하에서는 승진·전직·전보 등에 있어서 동일직위·직급에 따라서만 움직이게 되어 있기 때문에 인사배치상의 기회가 제약되어 있는데 반하여, 계급제하에서는 이러한 심한 제약을 받지 않으므로 인사권자는 물론 대상이 되는 당사자도 배치될 수 있는 기회가 증대하여 적재적소배치상의 편의를 볼 수 있다. 그러나 이것은 어디까지나 인사권자나 당사자가 올바른 주관적 판단을 한다는 것을 전제로 하는 경우에만 가능한 것이다. 단점은 직위분류제의 장점의 반대이므로 재론을 한다.

3. 직위분류제와 계급제의 관계

얼마 전까지만 해도 양 제도는 별로 상대방의 성격·장점에 대하여 고려를 하지 않았으나 사회의 분화와 이에 따른 인사행정상의 새로운 요구로 인하여 우선 계급제 국가에서 직위분류제의 장점을 인식하고 이를 도입해 나가기 시작했으며, 다음 직위분류제 국가에서도 이것만으로는 행정국가가 요구하는 행정의 수요(예: 공무원능력의 신축성)를 충족시킬 수 없음을 깨닫고 점차적으로 계급제의 도입이 논의·건의되고 있는 실정이다. 이와 같이 양 제도는 처음에는 각자 평행의 길을 걸어 왔으나 점차 상대방의 장점을 받아들여 채용·보수·훈련·전보 등의 인사행정상의 여러 부문에서 서로 혼합타협된 제도를 제각기 나라마다 꾸며 나가고 있다.

① 미국은 1978년 공무원제도개혁법에 의거하여 고급관리자단(Senior Execu-tive Service)을 설치·시행함으로써 직위분류제에 계급제적인 요소를 도입하고 있다. 고급관리자단(SES)은 일반직(general schedule) 등급 중 GS 16~18에 해당하는 고급공무원과 고위직(executive level)의 5개 레벨 중 레벨 Ⅳ와 Ⅴ에 해당하는 고급공무원들로 구성된다. 고급관리자단제도의 고급관리자를 육성·개발하기 위한 것이라고 할 수 있다. 이 제도 내의 공무원은 실적에 따라 보상을 받을 수 있고, 실적이 저조한 경우에는 제재를 가할 수 있도록 했다. 또한 기관 간의 공무원전보도 가능하게 되었다.[4]

② 계급제의 전통이 강했던 영국에서도 직위분류제적인 요소를 도입하려는 노력이 있다. 1968년 풀턴(Fulton) 보고서는 계급제의 폐지와 직무평가제의 도입 등을 건의하였다. 이러한 건의에 따라 1971년 행정·집행·서기 계급이 단일 행정그룹(administrative group)으로 통합되었고 외부로부터의 임용(late entry)이 보다 확대되었다.[5]

③ 한국의 경우 아직 계급제가 공무원제도의 근간을 이루고 있다. 1973년 직위분류법이 폐지되었으나 아직도 직위분류제적인 요소가 많이 남아 있다.[6] 또한 1981년 4월 국가공무원법 개정에서 직군에 대한 정의를 신설하고 직류를 신설한

---

4) Felix A. Nigro and Lloyd G. Nigro, The New Public Personnel Administration, 2nd ed.(Itasca: F. E. Peacock, 1981), pp.128~130; O. Glen Stahl, Public Personnel Administration. 8th ed.(New York: Harper & Row, 1983), pp.59~62.
5) Nigro and Nigro, op. cit., pp.116~117.
6) 국가공무원법 제14조~제21조 참조.

것 등은 직위분류제 도입을 위한 노력의 일환으로 생각된다.

제5절 폐쇄형과 개방형

1. 의의

공무원제도에 신규채용 및 승진과 관련하여 대조적인 두 제도가 있다.

폐쇄형 공무원제(closed career system)는 공무원의 신규채용이 원칙적으로 당해 계급의 최하위계급에서만 이루어지고 상위계급의 충원은 내부승진에 의해서 행해진다. 이에 반해서 개방형 공무원제(open career system)에서는 공무원의 신규채용이 각 계층의 어느 계급에서나 허용된다.

전통적으로 서구제국에서는 폐쇄형을 채택해 왔고, 미국에서는 개방형을 채택하여 왔다. 그러나 오늘날 대부분의 국가에서는 정도의 차이가 있긴 하지만, 양 제도를 절충하여 사용하고 있는 것이 일반적인 경향이다. 개방형 인사는 1978년 미국의 카터대통령 때 고급공무원단(Senior Executive Service)의 개념에서 발달하였다. 그러나 문화적 배경이 다른 우리나라에 접목함에 있어서 여건의 성숙과 더불어 논의되어야 할 것이다. 특히 1999년 5월의 정부조직개편으로 중앙인사위원회가 설치되었는바, 이 기관의 중립적 독립적 인사를 통해 개방형을 우리의 문화에 적합하게 토착시키고,[7] 양 제도를 병용하고 있다고 볼 수 있다.

2. 양 제도의 장·단점

(1) 폐쇄형

① 재직자의 승진기회가 많으므로 공무원의 사기가 높아진다.

② 공무원의 신분보장이 강화됨으로써 행정의 안정성을 유지할 수 있다.

③ 젊은 사람이 공직을 평생의 직업으로 삼고 발전해 갈 수 있도록 하는데 유리하므로 직업공무원제도의 확립에 유리하다.

④ 조직에 대한 소속감이 높고 경험을 이용할 수 있으므로 행정능률의 향상에 도움이 된다.

---

7) 이원희, 전게서, p.485.

(2) 개방형

① 외부로부터 유능한 인재를 등용·확보할 수 있다.

② 활발한 신진대사로 관료제의 침체 및 경직화방지에 도움이 된다.

③ 임용에 있어서 직무수행능력을 강조함으로써 행정의 질적 수준을 제고시킬 수 있다.

④ 행정에 대한 민주통제가 보다 용이하다.

제 6 절 한국의 개방형직위제도[8]와 공모제

1. 한국의 개방형직위제도

(1) 의의

개방형직위제도는 공직사회의 경쟁력 제고를 위하여 전문성이 특히 요구되거나 효율적인 정책수립을 위하여 필요하다고 판단되는 직위에 공직내외를 불문하고 공개모집에 의한 선발시험을 거쳐 직무수행 요건을 갖춘 최적격자를 선발하여 임용하는 제도라고 볼 수 있다.

(2) 도입배경 및 추진경과

그간 공직은 신분이 보장되고 연공서열에 의한 인사운영 등 경쟁시스템이 미흡하여 민간부문에 비해 경쟁력이 떨어지고 생산성이 낮다는 지적을 받게 되었다. 따라서, 정부에서는 외부전문가 유치를 통해 행정의 전문성을 강화하고, 부처 간 인사교류를 활성화하며, 경쟁에 따른 공무원의 자질향상을 통해 정부의 생산성을 제고하기 위하여 개방형직위제도를 도입하게 된 것이다.

개방형직위제도에 대하여 그동안 학자들에 의해 지속적으로 개방형직위제도 도입의 필요성이 제기되어 왔으며, 「국민의 정부」도 그 출범과 함께 국정 100대 과제의 하나로서 공직사회에 경쟁체제 도입과 함께 외부 전문가 채용확대를 천명하게 되었다.

중앙인사위원회가 발족되기 이전에 기획예산위원회(기획예산처의 전신)는 1998

---

8) 주요업무계획, 중앙인사위원회, 2006 참조.

년 11월부터 1999년 3월까지 실시한 정부경영진단 결과를 바탕으로 161개의 개방
가능직위를 선정하여 발표한 바 있고, 1999년 5월 24일 국가공무원법과 정부조직
법의 개정으로 개방형직위제도의 근거가 마련됨과 함께 공무원 인사정책의 개혁을
추진하는 중앙인사위원회가 발족되어 개방형직위제도를 관장하게 되었다.

중앙인사위원회는 기획예산위원회 경영진단결과를 토대로 관계부처 협의와 학
계·언론계·시민단체·관계공무원 등 전문가가 참여한 패널회의는 물론 관계부처의
의견수렴 등을 거쳐 1999년 11월 15일 38개 부처 129개 직위를 개방형직위로 지정
하였다.

그 후 중앙인사위원회에서는 기획예산위원회에서 「경영진단조정위원회」의 심
의와 공청회 등을 통해서 정리한 의견, 각 부처의 의견 및 시민단체의 의견 등을
참고하여 개방형직위의 시행에 필요한 '개방형직위의운영등에관한규정(대통령령)'을
마련하였다. 동 규정은 학계 및 민간의 인사전문가들로 구성되어 있는 중앙인사위
원회 인사정책자문회의의 심의, 입법예고, 중앙인사위원회의 심의, 국무회의 의결
등의 절차를 거쳐 2000년 2월 28일 제정·시행되었다.

〈표 4-9〉 추진경과

1995.8	세계화추진위원회에서 범정부적인 직무분석 건의
1996.1	직무분석기획단을 구성하고 직무분석 작업 실시
1996.12.20	201개 전문직위 선정
1998.2	정부조직개편으로 개방형전문직위 수가 183개로 감소
1998.8	30개 직위 추가 지정(213개 직위)
1998.10.26	고위직의 개방방침을 대통령께 보고(실·국장급 직위의 30% 수준을 개방)
1998.11~1999.3	기획예산위원회에서 정부업무 경영진단 실시
1999.5.24	정부조직법 및 국가공무원법 개정으로 개방형직위제도 도입근거 마련
1999.7.28	161개 개방가능 직위 발표
1999.8.31.~11.30	'개방형임용제도의 발전방안' 연구용역 실시(정부개혁연구소)
1999.11.15	38개 기관 129개 개방형직위 확정발표
1999.11.23	'개방형직위의운영등에관한규정' 관계부처 협의
1999.12.23	'개방형직위의운영등에관한규정' 입법예고
1999.12.27	국방부 정보화기획관 개방형직위 추가지정(38개 부처 130개 직위)
2000.1.19	'개방형직위의운영등에관한규정' 중앙인사위원회 의결

2000.2.28	'개방형직위의운영등에관한규정' 공포·시행
2000.3.16	'개방형직위 운영지침' 제정·시행
2001.1.17	여성부 대회협력국장 개방형직위 신규지정(39개 부처 131개 직위)
2001.7.21.~11.20	'개방형직위제도 운영실태 조사·평가' 연구용역 실시
2002.1.30	국가인권위원회 인권정책국장 개방형직위 신규지정 * 40개 부처 132개 직위
2002.4.15	'개방형직위의운영등에관한규정' 개정
2003.7.21	외부임용률 활성화를 위한 '개방형직위조정지침' 시행
2005.3.24	국방부 인사국장, 법무관리관 개방형직위 신규지정 * 43개 부처 152개 직위
2005.4	* 43개 부처 151개 직위(문화관광부 청소년업무 → 청소년위원회로 이관)
2005.6	* 43개 부처 152개 직위(경찰청 치안정책연구소장 신규추가)
2005.11	* 44개 부처 153개 직위(행정복합도시건설청 도시계획본부장 신규추가)
2005.12	* 45개 부처 156개 직위(방위사업청 3개 직위 신규추가) — 획득기획국장, 방산진흥국장, 계약관리본부장
2005.12	* 44개 부처 157개 직위(행정자치부 자치인력개발원 혁신연구개발센터장 신규)
2006.1	* 45개 부처 158개 직위(국가청렴위원회 심사본부장 직위 신규추가)

(3) 평가와 전망

표 4−9를 보면, 1999.11.15 도입당시 38개 부처 129개 직위에 불과하던 개방
형직위는 2006년 4월 기준으로 45개 부처 158개 직위로 확대 운영되고 있고, 그중
충원이 완료된 146개 직위의 민간인 및 타 부처 공무원 외부임용률이 42.5%에 이
르고 있는 등 제도시행 5년여 만에 개방형직위제도가 안정적으로 정착되고 있다.

그동안 폐쇄적으로 운영되던 공직에 개방형직위제도가 도입된 이후 공직사회
에는 경쟁과 변화의 물결이 급속히 확산되고 있고 각 부처에서도 성과중심의 운영
체제도입을 경쟁적으로 추진하고 있음을 볼 때, 동 제도가 우리나라의 행정 패러다
임을 변화시키는 촉매제 역할에 크게 기여하고 있다.

그러나, 아직도 일부 직위에 있어서는 민간수준과의 보수격차, 임기만료 후의
신분불안, 노동시장의 낮은 직업 이동성 등으로 인해 민간 우수 인재의 응모율이
저조한 경우가 있으나, 이는 앞으로 정부에서 직무성과급제도의 도입, 성과가 우수
한 자에 대한 경력경쟁채용 확대 등을 통해 장기적인 안목에서 자연스럽게 극복해

나갈 수 있을 것이다.

2. 공모직위제도[9]

정부 내 인력을 효율적으로 활용하기 위하여 결원 발생 시 정부 내 공개모집을 통하여 적격자를 선발하는 제도로서 지난 2000년 대통령훈령으로 제정되었다. 적용대상은 1~3급까지이다. 기존의 인사운영은 공무원의 보직부여 등 임용에 전문성·경력 등 자격요건을 갖춘 적격자를 선발·배치하여야함에도 불구하고 실제로는 연공서열 등 순환보직 관행 위주로 인사운영이 되고 있어 적재적소의 인력배치가 미흡하였다.

이러한 문제점을 극복하고 정부 내 우수인력의 효율적으로 활용하고 행정의 전문성을 제고하고자 직위공모제도가 도입('00. 11월)되었다.

그러나 제도의 취지에 맞게 3급 이상 직위에 대하여는 부처 간 공모직위가 활성화되어야 함에도 부처 내, 하위직 위주로 소극적으로 운영되는 것이 제도 운영상 가장 큰 문제로 나타났고, 법적으로도 대통령 훈령으로 되어 있어 법적 구속력이 없어 전적으로 부처의 자율적인 의지에 따라 운영되고 있다. 이에 정부에서는 부처 간 인사교류계획에 의해 국장급 직위 10개 직위를 각각 타 부처 공무원을 직위공모로 임용하여 현재 2년여째 운영하고 있으며 나름대로 제도 취지를 잘 살리고 있다.

그리고 금년 들어 정부부처 중 팀제를 운영하는 경우 주요직위를 직위공모를 통하여 임용하고 있으며 하위직까지 확대운영하고 있다.

다만, 직위공모제도의 취지에 맞게 좀 더 전문성과 타 부처와의 교류 등 대외적인 개방의지 및 임기를 두어 안정적인 직위보장 등 제도안착에 적극적인 노력이 더 필요하다고 보고 있다. 향후 직위공모제도는 고위공무원단도입을 위하여 기존의 훈령에서 국가공무원법에 그 근거를 상향하여 현재 입법추진 중에 있으며 고위공무원단의 30%를 공모직위가 차지하게 될 것이다.

---

9) 중앙인사위, 정책자료참조, 2006.

제 5 장

직업공무원제

제 1 절   의의

실적주의와 더불어 현대인사행정의 중요한 문제로는 직업공무원제(career system)가 있다. 이 제도는 유럽에서는 비교적 일찍부터 발전되어 왔으나, 미국·캐나다 등에서는 등한시되어 왔다.

미국은 1883년 펜들턴법(pendletion act)이 제정됨으로써 실적주의가 확립되었으나 직업공무원제의 필요성이 강조된 것은 1935년 이후부터이다.

실적주의는 간혹 직업공무원제를 의미하는 것으로 오해되고 있으나 실적제도는 직업공무원제의 기반을 닦아 놓은 것에 불과하며, 또한 직업공무원제는 단순한 종신직과도 구별되어야 한다.

미국의 공무원제도조사위원회가 1935년에 제출한 보고서에 의하면 직업공무원제란 공직이 유능하고 인품 있는 젊은 남녀에게 개방되고 매력적인 것으로 여겨지며, 또한 업적에 따라 명예로운 높은 지위에 올라갈 수 있는 기회가 보장되어 공직을 생애를 바칠 만한 보람 있는 일로 생각될 만한 조치가 마련되어 있는 제도를 의미한다는 것이다.

따라서 근대공무원제도의 특색은 원칙적으로 직업공무원제를 채택하는 데 있다.

제 2 절 실적주의와의 비교

실적주의와 직업공무원제는 서로 대치되는 개념은 아니나 실적주의가 곧 직업
공무원제는 아니며, 직업공무원제는 종신직과도 다른 것이다. 직업공무원제와 실적
주의가 다르다는 것은 다음의 예로서 지적할 수 있다.

① 미국의 실적주의는 1883년에 이미 확립되었으나 직업공무원제의 필요성이
강조된 것은 1935년부터이다.

② 실적주의는 반드시 공직이 유능하고 인품 있는 젊은 남녀에게 개방될 것을
필요로 하지 않으나 직업공무원제는 이를 요건으로 한다.

③ 유럽 제국에서는 일찍부터 직업공무원제가 발전되었으나 실적주의의 도입
은 근래의 일이었다.

④ 실적주의가 확립되었다는 미국에서는 매년 20% 이상의 공직이탈자가 발생
하고 있다.

⑤ 실적주의는 외부로부터의 임명을 배제하지 않으므로 실적주의에 의하여 공
무원의 신분이 보장되어 있다 할지라도 외부인이 공직에 임명될 경우에는 직업공
무원제의 확립이 어렵다.

제 3 절 직업공무원제의 확립요건

직업공무원제의 확립요건은 다음과 같다.

(1) 공직에 대한 높은 사회적 평가
정부는 고용주로서의 높은 위신을 지켜 공직이 매력적인 것으로 평가되도록
하여야 한다. 또한 공무원은 공직을 치부의 방법이나 특권향유의 수단으로 생각하
는 비민주적 공직관으로부터 공공봉사정신에 의한 민주적 공직관으로 바꾸어야
한다.

(2) 채용시험제 확립
유능하고 인품 있는 젊은이들을 채용할 수 있는 제도로 마련되어 가급적이면

학교를 졸업한 후 즉시 공직에 임용될 수 있도록 하여야 한다.

(3) 보수의 적정화

보수가 적어도 생활의 안정을 보장할 수 있을 정도로 적정화되어 있어야 하며, 일반적 원칙에도 적합하도록 제도화되어 있어야 한다.

(4) 연금제도의 확립

공무원이 퇴직 후의 생활에 불안을 느끼지 않고 공직에 봉사할 수 있도록 연금 제도가 적절히 확립되어 있어야 한다.

(5) 공무원 교육훈련제도의 확립

재직공무원의 채용 시의 유능한 자질을 계속 유지·발전시키고 잠재력 능력을 개발·신장시켜 새로운 기술과 능력을 습득시키며 새로운 의욕에의 동기부여를 할 수 있는 교육훈련제도가 확립되어야 한다.

(6) 인력수급계획의 수립

발전지향적인 인력의 수급을 원활히 하고 인사행정의 불공평·침체를 방지하기 위하여 장기적 인력수급계획이 수립되어야 한다.

제 4 절   직업공무원제의 결함

직업공무원제의 유용성 또는 결함 그것은 처해 있는 구체적인 여건에 따라 달라지는 바, 그 장·단점을 획일적으로 판단하기는 어렵다. 다만 민주주의질서를 기본으로 하는 산업사회를 배경으로 하여 볼 때 지적되고 있는 직업공무원제의 결함은 다음과 같다.

(1) 공무원집단의 특권화

공무원집단이 환경적인 요청에 민감하지 못한 특권집단화할 염려가 있다. 이러한 정부관료제의 특권집권화는 민주적 통제를 어렵게 하는 민주주의적 이념에 배치되는 것이다.

(2) 기회의 불균등

학력과 연령에 관한 요건을 엄격히 규정하여 모집대상의 범위를 제한하는 것은 공직취임의 기회를 균등하게 해야 한다는 민주적 요청에 어긋나는 것이다.

(3) 공직사회의 침체

공직의 중간계층에 외부의 이질적인 요소, 즉 다른 분야의 경험을 가진 인재가 흡수되지 못함으로써 공직이 침체될 염려가 있다.

(4) 행정의 전문화 저해

일반능력자주의에 치중하는 폐단적 인력운용은 정부활동의 분야별 전문화와 행정기술의 발전에 지장을 초래한다.

제 5 절 직업공무원제의 현실과 방향

전통적으로 직업공무원제를 채택하고 있던 유럽 각국에서는 시대의 변천에 따라 나타나는 직업공무원제의 단점을 보완하기 위해 미국식제도의 제요소를 점차 도입하려고 노력해 왔으며, 한편 미국에서는 직업공무원제의 이점을 기존 인사제도에 가미하고 있어 양 제도는 상당히 서로 접근해 가고 있음을 볼 수 있다.[1]

---

1) 제4장 제3절. 직위분류제와 계급제의 관계 참조.

제 6 장

인사관리의 제 문제[1)]

제 1 절 모집

1. 의의

모집은 공직에의 임용을 위하여 적절한 지원자를 공직에 임명하기 위한 경쟁에 유치하는 과정을 말한다. 인사행정의 성공 여부는 효율적인 모집방법에 달려 있으며, 처음부터 유능하고 적절한 인재가 응시하게 함으로써 수준 높은 공무원제도의 확립을 기하려는 것이다.

현대정부의 공무원모집은 공직지원자 중에서 단순히 무자격자를 제거하는 소극적인 과정이 아니라 보다 유능한 인재를 민간 기업이나 다른 조직에 빼앗기지 않고 적극적으로 공직에 유치하려는 행정활동이다. 이와 같은 모집방법을 적극적 모집(positive recruitment)이라고 한다.

2. 모집방법

적극적 모집방법은 크게 두 가지로 나누어 생각할 수 있다. 그 하나는 적극적인 모집을 위한 여건의 조성이며, 다른 하나는 모집활동을 확대·강화하는 방법이다. 그 구체적인 요건으로는 다음과 같은 것이 있다.

---

1) 김택·유종해, 전게서, p.70.

(1) 공직의 사회적 신망의 제고

국민일반이 가지고 있는 공직에의 평가를 제고하는 일은 적극적 모집의 기본적인 요건이다. 공직신망의 정도는 국가마다 상이할 것이나 전통적 사회로부터 산업사회로 변천함에 따라 공직에 대한 평가가 저하되고 있다. 따라서 공직신망의 제고를 위해서는 공무원의 신분보장, 공공적 공직관의 확립, 처우의 개선, 적극적인 공보활동, 임용절차의 개선 등이 이루어져야 한다.

(2) 수험절차의 간소화

시험의 주기적 시행, 시험방법의 개선, 제출서류의 간소화, 시험실시기능의 분산화, 임용절차의 신속화 등이 이루어져야 한다.

(3) 인재육성계획의 수립

장기적인 관점에서 인력수급계획을 세워 인재육성에 노력해야 한다. 인력수급계획은 모집의 전제조건이다.

(4) 모집결과에 대한 사후평가

보다 효과적인 모집계획을 수립하기 위하여 모집결과에 대한 사후평가가 필요하며 직업선택의 요인을 분석할 필요가 있다.

(5) 모집방법의 적극화

모집방법의 적극화란 적격한 인재를 가급적 많이 끌어들이는 활동이다. 무능력하거나 부적격자의 수적 확대는 도리어 노력과 경비의 낭비를 가져올 뿐이다. 모집방법의 적극화방법으로는 다음과 같은 것이 있다.

가. 인적자원의 개척

정부는 유관인재양성기관과의 지속적 관계를 맺음으로써 능동적으로 유능한 인재의 양성과 확보를 위한 방법을 강구하여야 한다.

나. 모집공고의 개선

모집공고의 방법이 적극적으로 공무취임을 희망하는 모든 사람에게 효과적으로 전달될 수 있도록 창의적으로 개발되어야 한다. 동원가능한 대중전달매체가 효과적으로 활용되어야 함은 물론 모집대상자의 개별접촉이나 양성기관(교육기관)의 교육지도방법도 동원되어야 한다.

3. 모집요건

공직에의 취임은 원칙적으로 모든 국민에게 개방되어야 한다. 그러나 적극적 모집방법은 유능한 적격자를 공직에 유지하는 것을 목적으로 하므로 지망자의 자격을 일정하게 제한하고 있다.

현대국가에서 일반적으로 제한의 기준으로 문제가 되고 있는 것에는 국적·교육·연령·성별·거주지·경력·가치관·기술 등이 있다.

(1) 국적요건

거의 모든 국가에서 외국인은 공직에 임용하지 않고 있다. 국적은 모집제한의 일반적 기준이 되고 있다.

(2) 교육요건

넓은 뜻의 교육요건이라 함은 공직의 수행에 필요한 지식과 기술에 대한 교육훈련이나 경력의 수준을 말하고 있으나, 좁은 의미에서는 정규학교교육의 학력요건을 의미한다. 일반적으로 계급제의 공무원제도에 있어서는 공무원모집에 학력요건을 엄격하게 규정하고 있으나, 직위분류제의 경우에는 획일적인 규정을 하고 있지 않다. 우리나라의 경우는 공무원의 모집에 학력요건을 철폐할 방침으로 1971년에는 7·9급 공채에, 1972년에는 5급 이상의 공채에 학력요건을 폐지하였다. 표 6 — 1은 경찰관의 학력분포를 나타내고 있다.

〈표 6-1〉 공채순경 학력분포

연도	4년제 대졸	2년제 전문대졸	기타
1995	36.2%	21%	42.8%
1996	20.8%	35.4%	43.8%
1997	21.7%	35.2%	43.1%
1998	66.1%	24.9%	9%
1999	57%	29%	14%
2000	53.2%	37.2%	9.6%
2001	55.4%	36.1%	8.5%

| 2002 | 66.2% | 21% | 12.8% |
| 2006 | 97.8% | | |

자료: 조선일보, 2006.3.10; 2003.1.25, p.23.

〈표 6-2〉 경찰공무원의 응시연령 기준(경찰공무원임용령 제39조 제1항 관련)

계급별	공개경쟁채용시험	경력경쟁채용시험 등
경정 이상	25세 이상 40세 이하	27세 이상 40세 이하
경감·경위		23세 이상 40세 이하(정보통신 및 항공분야는 23세 이상 45세 이하)
경사·경장		20세 이상 40세 이하
순경	18세 이상 40세 이하	20세 이상 40세 이하(함정요원은 18세 이상 40세 이하, 의무경찰로 임용되어 정해진 복무를 마친 것을 요건으로 경력경쟁채용 등을 하는 경우에는 21세 이상 30세 이하)

출처: 경찰청.

(3) 연령요건

구체적인 연령요건을 어떻게 규정하느냐 하는 것은 나라마다 상이하나 어느 국가이든 공무원의 선발에 연령적 제한을 하지 않는 나라는 거의 없다. 우리나라도 연령을 자격요건으로 하고 있으며 계급제로 획일적인 규정을 하고 있다(표 6-2 참조).

(4) 성별 및 거주지요건

현대국가의 공무원모집에 있어서 남녀의 차별이나 거주지에 대한 제한을 법제화하고 있는 일은 거의 없다. 성별에 의한 모집상의 차별은 사실상의 이유로 실제로 나타나는 경우가 있다. 직무의 성질 또는 관행상 여성만이 할 수 있는 직무의 남성모집은 사실상 규제되며, 반대로 사회통념상 남성만이 할 수 있다고 생각되는 직무분야에 여성의 응모가 제한되는 수가 있다. 주거지요건은 원래 지방자치제도에서 유래한 것이나 인구의 지역적 교류나 직무의 전문화경향에 따라 그 중요성이 희박해졌으며 법규도 이를 제한하지 않고 있다.

(5) 기타의 요건

가. 가치관과 충성도

모집상의 형식적 자격요건은 아니지만 현대인사행정에 있어서 직무수행의 지식과 기술뿐만 아니라 공무원의 가치관이나 충성도 등에 의하여 행정목표달성 여부가 좌우된다는 것을 인식하게 됨에 따라 이러한 행동성향을 구비한 인재가 응모되기를 바라고 있음은 물론이다. 그러나 가치관이나 충성도의 측정은 객관적인 방법이 불비하므로 임용요건으로서의 정도는 매우 낮다.

나. 제대군인우대제도

제대군인을 비롯해 군사원호대상자에게 모집상의 우대를 하는 것은 인도적 내지 정치적 요청에 의한 것이나, 우리나라의 경우 7·9급 공채의 필기시험에 그 시험만점의 5~10%의 가산을 하여 우대하고 있다.

(6) 결격사유

법률에 의하여 공직에 취임할 수 없는 사유를 따로 정하고 있는 것이 일반적인 예이다. 이른바 결격사유로서 이에 해당되는 자는 공무원이 될 수 없다. 우리나라의 국가공무원법이 정한 결격사유는 다음과 같다.

① 피성년후견인 또는 피한정후견인
② 파산선고를 받고 복권되지 아니한 자
③ 금고 이상의 실형을 선고받고 그 집행이 종료되거나 집행을 받지 아니하기로 확정된 후 5년이 지나지 아니한 자
④ 금고 이상의 형을 선고받고 그 집행유예 기간이 끝난 날부터 2년이 지나지 아니한 자
⑤ 금고 이상의 형의 선고유예를 받은 경우에 그 선고유예 기간 중에 있는 자
⑥ 법원의 판결 또는 다른 법률에 따라 자격이 상실되거나 정지된 자
⑦ 공무원으로 재직기간 중 직무와 관련하여 형법 제355조 및 제356조에 규정된 죄를 범한 자로서 300만 원 이상의 벌금형을 선고받고 그 형이 확정된 후 2년이 지나지 아니한 자
⑧ 형법 제303조 또는 성폭력범죄의 처벌 등에 관한 특례법 제10조에 규정된

죄를 범한 사람으로서 300만 원 이상의 벌금형을 선고받고 그 형이 확정된
후 2년이 지나지 아니한 사람

⑨ 징계로 파면처분을 받은 때부터 5년이 지나지 아니한 자

⑩ 징계로 해임처분을 받은 때부터 3년이 지나지 아니한 자

이와 같은 일반적 결격사유 이외에 외무직의 경우 대한민국 국적을 가지지 아
니한 사람은 외무공무원으로 임용될 수 없다.

제 2 절 시험

1. 효용성과 한계

모집을 해서 지원자들이 모이면 이들 중 적격자를 선발해야 하는데, 선발의 도
구가 되는 것이 시험(test)이다. 실적제하에서의 공개경쟁시험은 공직에의 기회균등
이라는 민주주의이념과 행정능률을 동시에 실현시킨다는 의미가 깊다(표 6-3 참조).

시험의 목적은 응시자가 직위에 대한 직무수행능력을 가지고 있는가의 여부를
판단하는 데 있다. 따라서 시험은 응시자의 잠재력 능력을 측정할 수 있어야 하고,
시험에 합격한 후의 응시자의 행동을 예측하여야 하며, 장래에 있어서는 근무능력
의 발전가능성도 알아낼 수 있어야 한다. 그러나 대부분의 시험이란 절대적인 것이
못되며, 판단을 보충하는데 불과하다. 시험의 효용성에는 한계가 있는 것이며, 아무
리 시험기술이 고도로 발달했다 하더라도 그 목적을 완전히 달성할 수는 없다.

〈표 6-3〉 경찰공무원(순경)의 시험과목 변경과정

연도	필기시험과목		비고
	2차	3차	
1969.1.9	국어, 국사, 일반상식	법제대의, 경찰법규, 경제대의	
1972.10.30	국사, 일반상식	법제대의	
1976.6.11	국사, 법제대의	논문	
1981.7.18	국어(한문포함)	정치경제 및 국민윤리	

1987.12.31	국어 I · II (한문포함), 국사, 영어	국민윤리, 사회 I · II	
1993.8.23		국어, 국사, 영어, 전자계산 일반 4차-국민윤리, 사회	
1994.12.31		국어, 국사, 영어, 국민윤리, 사회	
1998.12.31		국어, 국사, 영어, 형법, 형사소송법	
2000.5.25		경찰학개론, 수사 I , 영어, 형법, 형사소송법	
2010.10.25 개편안		경찰학개론, 한국사(2012년 시행예정), 영어, 형법, 형사소송법	순경급 영어시험은 국가인증영어 시험(교과부, 2012년 시행)
2018.		(필수) 한국사, 영어 (선택 3) 형법, 형사소송법, 경찰학개론, 국어, 수학, 사회, 과학	

자료: 석청호, "경찰채용시험의 개선방안,"「한국경찰학회보」, 12(1), pp.71~115; 신현기, "경찰시험제도의 개편에 대한 고찰," 한국치안행정학회,「한국치안행정논집」, 제8권 제1호, 2011, pp.35~46.

2. 효용성의 측정기준

(1) 타당성

타당도(validity)란 그 시험이 측정하려고 하는 것을 얼마나 정확하게 측정할 수 있는가 하는 것이다. 이러한 측정은 채용시험성적과 채용 후의 근무성적을 비교해 봄으로써 알 수 있다.

(2) 신뢰성

신뢰도(reliability)란 시험측정수단의 일관성을 의미하며, 동일한 시험을 동일한 사람이 시간을 달리해서 치러도 동일한 결과가 나타나는 것을 말한다.

(3) 객관도

채점기준의 객관화를 의미하며, 성적이 채점자에 따라 심한 차이가 없는 것을 말한다. 일반적으로 주관식시험보다는 객관식시험이 객관도(objectivity)가 높으며,

객관도가 낮으면 신뢰도도 낮게 된다.

(4) 난이도

시험을 실시하는 목적의 하나가 응시자를 적절히 분별하는 데 있으므로 너무 어렵다거나 쉬우면 안 되고 응시자의 득점이 적절히 분포되어야 한다. 난이도(difficulty)가 적당한 시험은 응시자의 득점차가 적당히 분포된 것이다.

(5) 실용도

실용도(availability)는 그 시험이 현실적으로 얼마만한 실용성을 지니고 있는가를 말하는 것이다. 여기서 고려되는 사항으로는 시험의 간결성, 비용의 효과, 노동시장의 상태, 이용가치의 고도성 등이 있다.

3. 시험의 종류

시험의 종류는 상당히 많으며 그 구분의 기준도 일정하지 않지만, 보통 형식에 의한 구분과 목적에 따른 구분으로 설명하고 있다.

(1) 형식에 의한 구분

가. 필기시험

필기시험은 가장 오래되고 보편적인 시험방법이다. 필기시험의 이점은 ① 시험을 관리하기가 쉬우며 일시에 다수의 응시자에게 실시할 수 있으며, ② 시간과 경비가 절약되고, ③ 비교적 객관적인 평가가 용이하며, ④ 다른 시험에 비하여 공정히 다루어진다는 인상을 주므로 공공관계에도 유리하다. 필기시험은 문제의 형식 또는 답안작성방법에 따라 주관식과 객관식으로 구분된다(표 6-4, 6-5 참조).

〈표 6-4〉 경찰공무원 공개경쟁채용시험의 필기시험과목(제41조 관련)

시험별		경과별 분야별	일반 일반(보안)	항공 항공	정보통신 전산·정보통신
경정공개경 쟁채용시험	제3차		한국사, 영어, 민법개론	한국사, 영어, 행정법, 항공법규	한국사, 영어, 전기통론
	제4차	필수	행정법, 형법, 형사소송법	비행이론, 관제이론	행정법, 형법, 형사소송법
		선택	범죄학, 국제법, 민사소송법 중 1과목	항공역학, 기관학, 형법 중 1과목	전자공학, 통신이론, 프로그래밍언어론 중 1과목
순경공개경 쟁채용시험	제3차	필수	한국사, 영어	한국사, 항공영어, 항공법규, 비행이론	한국사, 영어, 컴퓨터일반
		선택	형법, 형사소송법, 경찰학개론, 국어, 수학, 사회, 과학 중 3과목		통신이론, 정보관리론 중 1과목

비고
1. 항공분야 공개경쟁채용시험의 제3차시험 중 항공법규과목은 항공법과 같은 법 시행령 및 시행규칙을 말한다.
2. 경정 공개경쟁채용시험 중 제3차시험의 영어과목은 경찰청장이 지정하는 국내외 외국어 시험전문기관에서 실시하는 영어시험 또는 별표 5에 따른 영어능력 검정시험으로 대체할 수 있다.
3. 순경 공개경쟁채용시험 제3차시험의 선택과목 중 국어, 수학, 사회 및 과학의 세부과목 및 출제범위는 다음 각 목과 같다.
   가. 국어: 한문 포함
   나. 수학: 수학(고교 1학년 과정), 수학Ⅰ, 미적분과 통계 기본
   다. 사회: 법과 정치, 경제, 사회·문화
   라. 과학: 물리Ⅰ, 화학Ⅰ, 생명과학Ⅰ, 지구과학Ⅰ

〈표 6-5〉 경찰간부후보생 공개경쟁선발시험의 필기시험과목(제41조 관련)

경과별 분야별 시험별		일반		
		일반(보안)	세무·회계	사이버
제3차 시험	필수	한국사, 영어, 형법, 행정학, 경찰학개론	한국사, 영어, 형법, 형사소송법, 세법개론	한국사, 영어, 형법, 형사소송법, 정보보호론
제4차 시험	필수	형사소송법	회계학	시스템·네트워크 보안
	선택	행정법, 경제학, 민법총칙, 형사정책 중 1과목	상법총칙, 경제학, 통계학, 재정학 중 1과목	데이터베이스론, 통신이론, 소프트웨어공학 중 1과목

비고: 모든 분야별 제3차시험 필수과목인 영어는 별표 5의 기준 점수 이상인 경우 합격한 것으로 보되, 필기시험 성적 산정에는 반영하지 않는다.

표 6-6은 경찰공무원시험의 모집인원과 경쟁률을 나타내고 있다.

〈표 6-6〉 최근 경찰공무원 채용

연도	계	공채(여경포함)		특채		여경	
		모집인원	경쟁률	모집인원	경쟁률	모집인원	경쟁률
2010	2,865	2,320	35.7:1	423	21.5:1	380	45.3:1
2009	2,865	2,200	33.9:1	665	27.4:1	87	182.2:1
2008	3,784	3,611	31.6:1	173	11.2:1	681	36.1:1

출처: 경찰청, 「2011 경찰백서」, 2011, p.385.

나. 면접시험

면접시험은 필기시험이나 기타 시험방법에 의하여 측정하기 어려운 사람의 창의성·협조성·지도성·성격 등을 알아보려는 데 목적이 있다. 그러나 면접시험에는 시험관의 편견이 개입될 가능성이 크다. 따라서 수시험관제도, 질문의 사전준비의 훈련 등을 통하여 가능한 한 효용도를 높일 필요가 있다. 면접시험에는 개인면접과 집단면접이 있는데, 집단면접이 보다 효과적인 것으로 알려져 있다.

다. 실기시험

실기시험은 직무수행에 필요한 지식과 기술을 말이나 글이 아닌 실기의 방법에 의하여 평가하는 시험이다. 따라서 어떤 시험방법보다 높은 타당성을 기대할 수 있지만, 비용이 많이 들며 객관도가 떨어질 우려가 있고 또 한꺼번에 많은 사람을 다루기 곤란하다.

라. 서류심사

응시자가 제출한 서류에 의하여 적용성을 심사하는 방법이다. 서류심사는 다른 시험방법에 비하여 간소하고 용이한 방법이며, 응시자에 관한 상세한 정보를 얻을 수 있는 이점이 있지만, 평정의 표준화가 곤란하다.

(2) 목적에 의한 구분

가. 일반지능검사

일반지능검사는 인간의 일반적인 지능이나 정신적인 능력을 측정하는 시험방법이다. 이 방법은 심리검사(psychological test)의 일종으로, 알아보고자 하는 내용은 대체로 새로운 상황에 대처하는 능력·습득능력·사고력 등으로 집약된다.

나. 적성검사

적성이란 어떤 지식이나 기술을 현재는 가지고 있지는 않지만 앞으로의 훈련과 경험을 통해서 발전시킬 수 있는 소질을 말하며, 적성검사는 이러한 잠재능력을 측정하는 방법이다.

다. 업적검사

업적검사는 응시자가 후천적으로 교육이나 경험을 통하여 얻은 지능·기술 등을 알아보는 방법이다. 대체로 학력검사·기술검사·실기검사 등으로 구분된다. 업적검사는 응시자의 잠재능력을 알아보는 방법이 아니므로 주로 하급직으로 채용에 유용성을 보이고 있다.

4. 우리나라의 시험제도

일반직공무원의 신규채용이나 승진·전직에 있어서는 일정한 시험을 거치도록 되어 있는 것이 우리나라의 시험제도이다. 시험의 방법으로서는 필기시험·면접시험·실기시험·서류심사 등이 있으나, 필기시험 위주로 실시되고 있다.

우리나라의 시험제도는 다음 몇 가지 점에서 개선의 필요성이 있다.

① 시험과목이 지나치게 법률과목 위주로 되어 있으므로 국가목표인 개발행정을 담당해야 할 공무원을 선발하는 데 부적하다.

② 행정환경의 변화와 이에 대한 적응능력을 필요로 하는 현대공무원의 특질상 가치관과 태도를 측정할 수 있는 방법이 강구되어야 한다.

③ 합리적인 인사계획에 의한 시험운영이 되도록 하여야 한다.

제 3 절   신규임명

1. 공개경쟁채용

(1) 임용후보자명부

시험의 합격자가 결정되면 임명되기 전에 시험시행기관은 임용후보자명부 (eligible list)에 등록하게 되어 있다. 임용후보자명부는 직급별로 따로 만들며, 시험성적·훈련성적·기타 필요한 사항이 기재된다. 여기에는 제대군인에 대한 우대 등 성적 이외의 요인들도 고려된다.

임용후보자명부의 작성은 시험의 공고로부터 명부의 확정까지 시간이 너무 길면 안되며, 또 명부의 확정에서 후보자의 임명도 너무 길면 안 된다. 또한 정부의 업무와 개인의 능력은 시간이 지남에 따라 변하기 마련이므로 명부의 유효기간을 정하는 것이 보통이며, 유효기간은 1년 정도인 것이 대체적인 관례이다.

(2) 임용후보자의 추천

임용후보자명부가 작성되며, 시험시행기관은 이를 토대로 하여 임용권자의 요구기 있으면 후보자를 추천하게 된다. 후보자를 추천할 때에는 시험성적 등 참고자료를 함께 보내며, 추천을 받은 기관에서는 이를 검토하고 후보자를 면접하여 임명하거나 임용을 거부하는 결정을 한다.[2] 1인의 임용에는 보통 3인을 추천하는 것이

---

2) 우리나라에서는 추천요구 없이 총무처에서 후보자들을 임의로 배정하는 것이 보통이며, 임용

당례(3배수)이며, 추천을 의뢰한 임용제청권자는 그 결과를 신속히 시험시행기관의 장에게 통보해야 한다.

2. 경력경쟁채용

(1) 경력경쟁채용의 의의

공무원의 채용은 원칙상 공개경쟁에 의해서 채용되어야 한다. 그러나 이러한 원칙에 대한 예외가 현실적으로 불가피하다. 경력경쟁채용은 일반적으로 공개경쟁 시험에 의한 채용이 부적당하거나 곤란한 경우, 그리고 특별한 자격을 가지고 있는 사람을 채용하고자 하는 경우에 한하게 된다.

우리나라의 경우에도 신규채용은 원칙상으로 공개경쟁시험에 의하며, 위와 같은 특수한 경우에 한하여 경력경쟁채용을 인정하고 있다(표 6-7, 6-8 참조).

〈표 6-7〉 경력경쟁채용 요건 및 시험방법

경력경쟁채용 요건(법 제28조 제2항)		시험방법
직권면직자는 3년 이내 원직급에 재임용 다른 종류의 공무원이 되기 위해 퇴직한 경력직공무원의 원직급 재임용	1호	서류전형, 면접시험
임용예정직에 관련된 자격증 소지자	2호	서류전형, 면접시험, 제한경쟁채용시험
근무 실적 또는 연구경력이 3년 이상인 자 * 동일 직급 경력자의 경우 2년 이상	3호	필기·면접시험, * 3년 이내 원직급 임용, 서류전형, 면접시험
철도전문대학, 세무대학 등 특수학교 졸업자	4호	서류전형, 면접시험
1급공무원 임용(중앙승진심사위원회 심사)	5호	서류전형
특수직무분야, 특수환경, 도서·벽지 근무 등 필기·면접시험 특수지역 근무예정자	6호	필기·면접시험 제한경쟁채용시험
지방직 → 국가직, 기능직 ↔ 일반직	7호	필기·면접시험
외국어 능통자	8호	필기·면접시험 제한경쟁채용시험

의 거부도 후보자의 부적격성보다는 당해 기관의 결원 등 내부사정에 의한 것이 대부분이다.

실업계, 예능계, 사학계의 학교 졸업자	9호	필기·면접시험 제한경쟁채용시험
과학기술 및 특수전문분야 연구, 근무경력자	10호	서류전형, 면접시험 제한경쟁채용시험
국비장학생	11호	필기·면접시험
연고지 및 일정 지역 거주자의 한지채용	12호	필기·면접시험, 제한경쟁채용시험
국적법 제4조 및 제8조에 따라 대한민국 국적을 취득한 사람 또는 북한이탈주민의 보호 및 정착지원에 관한 법률 제2조 제1호에 따른 북한이탈주민 임용	13호	서류전형, 면접시험

자료: 국가공무원법.

〈표 6-8〉 2004년도 국가공무원 채용 현황(일반직 공무원)

구분		계	채용방법	
			공채	특채
계		4,180	3,081	1,099
4급 이상		62	–	62
5급	행정직군	244	232	12
	기술직군	215	50	165
6급		68	–	68
7급		822	648	174
8급		260	5	255
9급		2,509	2,146	363

자료: 5급 특채인원은 직군별로 분류자료: 중앙인사위원회 내부자료.

(2) 경력경쟁채용의 이점

경력경쟁채용은 인력조달에 융통성을 주는 채용제도이다. 즉 일반 공개경쟁채용으로는 채용하기 어려운 직위 및 지역에의 채용을 가능케 하고, 또한 공개경쟁채용으로는 얻기 어려운 인재를 조달할 수 있게 한다.

(3) 경력경쟁채용의 문제점

경력경쟁채용은 그 운용에 따라서는 악용되어 정실에 채용이 되기 쉬운 면도 많이 있다. 공개채용으로 하는 것보다 더 유능한 인재를 얻을 수 있는 데도 이것을 경력경쟁채용으로 하여 임명권자와 연고가 있는 사람을 채용하게 되는 사례가 많다. 악용되는 경우에는, ① 공직취임의 기회균등을 파괴하는 계기가 된다. 임명권자와 개인적으로나 정치적으로 이해관계가 있는 사람은 공직취임에 유리하게 된다, ② 유능한 인재의 등용이 어렵게 된다, ③ 정실주의의 온상이 된다.

따라서 경력경쟁채용이라는 특수 경우가 악용되지 못하게끔 응시자격, 임용직위, 시험의 실시, 그리고 경력경쟁채용된 자의 승진과 전직 등에 관하여 엄격한 규제가 필요하다(표 6-9 참조).

〈표 6-9〉 경력경쟁채용 활성화의 장애요인에 대한 인식

- 전문자격증 소지자의 특기나 전문성이 공직생활에서 활용되지 못함
- 민간경력 인정에 대한 부처의 소극적 자세
- 경력경쟁채용에 대한 공무원들의 비우호적 태도와 반대
- 일회성이 아닌 장기적 경력경쟁채용 계획의 부재
- 채용 요건의 엄격성과 복잡한 임용 절차
- 경력관리 차원에서 경력경쟁채용을 활용함으로써 직무에 대한 소명감 또는 공무원으로서의 국가관 미흡
- 경력경쟁채용직위 부족과 경력경쟁채용 의지 결여
- 경력경쟁채용의 범주가 너무 편향(기술 등 특수직종에 초점)되어 있기 때문에 상대적으로 선호도 저하
- 경력경쟁채용인력이 승진분야 제한 등으로 성취 동기 부족
- 경력경쟁채용 대상의 직렬과 직급의 한정
- 경력경쟁채용에 대한 홍보 부족
- 선발 절차의 공정성과 투명성에 대한 불신
- 경력경쟁채용 인재의 공직 기여도가 낮음
- 전문성 업무의 경우 아웃소싱 등으로 해결 가능하여 경력경쟁채용의 필요성 적음
- 중앙인사위원회의 5급 이상 경력경쟁채용 권한 집중

3. 시보임용

추천을 받은 사람 중에서 선발되었다고 바로 정규공무원으로 임명되는 것이

아니고, 시보로 임용하여 일정한 기간을 거치게 하며, 이를 시보임용(probation)이
라 한다. 시보임용의 목적은 정규공무원으로 임명하기 전에 시험으로 알아내지 못
하였던 점을 검토해 보고 직무를 감당할 능력이 있는가를 알아보는 데 있다. 따라
서 시보임용기간 중에 있는 공무원은 신분보장이 없으며, 임명권자는 언제든지 인
사조치를 취할 수 있다.

시보기간은 국가에 따라 혹은 직종·직급에 따라 차이가 있다. 미국의 경우는
주정부나 지방자치단체에서는 대개 6개월~1년이며, 연방정부는 1년이다.[3] 영국의
경우는 1년에서 2년이며, 우리나라는 5급 공무원의 경우에는 1년, 6급 이하 공무원
및 기술직공무원의 경우에는 6개월로 하고 있다.

제 4 절　교육훈련

1. 의의

교육(education)이란 특정직책과는 직접 관련되어 있지 않은 각 개인의 일반적
인 능력을 종합적으로 개발하는 것을 말하며, 훈련(training)은 전문지식이나 기술
등을 포함하여 직무와 관계된 능력을 발전시키는 것을 가리킨다. 따라서 인사행정
에서 말하는 공무원의 교육훈련이란 공무원의 일반능력을 개발하고 직무수행에 필
요한 지식과 기술을 연마하며 태도의 발전적 변화를 촉진하는 활동이라고 할 수 있
겠다(그림 6-1 참조).

〈그림 6-1〉 핵심역량을 갖춘 인재육성기능의 강화방향

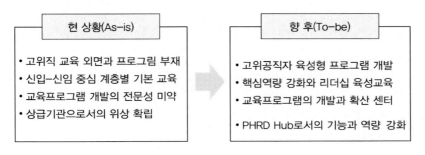

---

3) F. A. Nigro, Public Personnel Administration(Henry Holt and Co., Inc., 1959), p.223.

2. 교육훈련의 목적

훈련의 필요는 현재 가지고 있는 직무수행능력이 직책이 요구하는 자격조건 (job requirement)에 미달할 때 나타나며, 다음과 같은 목적을 가지고 있다.[4]

표 6-10은 교육훈련을 설문조사한 결과인데 능력개발과 승진이 대다수를 차지하고 있다.

〈표 6-10〉 교육을 받는 이유에 대한 설문조사 결과

항목	빈도	백분율
승진에 대비하기 위해서	83	33.9%
나 자신의 능력개발을 위해서	114	46.5%
부서에서 내가 받을 순서가 되어서	10	4.1%
업무나 직급과 관련해 자동적으로	29	11.8%
기타	9	3.7%
합계	245	100.0%

자료: 홍길표·공선표·임효창(2003).

표 6-11과 그림 6-2는 교육훈련 예산과 정원변동추이를 나타내고 있다. 과거에 비해 교육훈련예산이 증가하고 있는 것으로 보여진다.

〈표 6-11〉 연도별 재정규모, 교육훈련예산 및 정원 변동 추이 　　　　　(단위: 백만 원, 명)

구분		1997	1998	1999	2000	2001	2002	2003
예산	재정규모	63,692,100	73,225,982	80,509,887	88,736,300	99,180,065	10,962,9790	118,356,045
	교육훈련예산	76,330	60,719	60,681	57,601	77,303	89,246	88,693
정원		2,230	1,747	1,535	1,688	1,615	1,615	1,609

자료: 중앙인사위원회.

---

4) Edwin B. Flippo, Principles of Personnel Management(McGraw－Hill Book CO., 1971), p.197.

〈그림 6-2〉 재정규모와 교육훈련예산 증액 추이, 교육훈련기관 정원 감소 추이

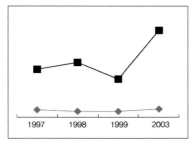
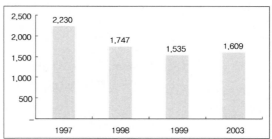

(1) 생산성의 향상

훈련을 통하여 공무원의 지식과 기술이 향상되면 직무수행의 생산성(능률)도 올라간다.

(2) 사기제고

훈련은 공무원을 직무에 자신을 갖게 만들며, 근무의욕이 향상된다.

(3) 통제와 조정에 대한 필요의 감소

훈련을 잘 받은 공무원은 스스로의 일을 잘 담당하므로 통제와 조정의 필요가 감소된다.

(4) 행정발전

훈련의 가장 포괄적인 목적이며, 훈련은 행정의 침체를 막고 개혁을 가져오는 수단이 된다.

(5) 유능한 국민의 양성

정부에서 공무원에게 실시하는 훈련은 모든 국민을 인재로 성장시켜 인간다운 생활을 영위하게 해야 한다는 사회적 요청에 부합된다.

(6) 조직의 안정성과 융통성 향상

훈련된 인력이 있으면 직원의 상실과 소모에도 불구하고 어느 정도 안정성과 융통성이 확보된다.

3. 교육훈련의 종류

중요한 교육훈련의 종류로는 다음과 같은 것이 있다.

(1) 신규채용자훈련(orientation training)

신규채용자훈련은 신규채용된 공무원이 어떤 직책을 담당하기 전에 앞으로 담당할 직무에 적극하기 위해서 하는 훈련이다.

(2) 일반직훈련(refresher and extension course)

일반직훈련은 재직공무원을 대상으로 새로운 지식 또는 규칙이나 법령의 내용을 습득시키기 위하여 정기적으로나 수시로 실시하는 훈련을 말한다.

(3) 감독자훈련(supervisory training)

감독자훈련은 한 사람 이상의 부하의 직무수행을 지휘하고 이에 대한 책임을 지는 감독자의 감독능력의 향상을 위한 훈련이다. 이 방법에서는 인간관계개선에 관한 기법이 강조된다.

(4) 관리자훈련(executive training)

관리자는 전술한 감독자보다 계층이 높고 주로 정책결정과 지휘를 하는 공무원을 말한다. 오늘날 고위직 행정관료의 정책결정역할이 점차 강조됨에 따라 이 훈련은 매우 중요한 것으로 여겨지고 있다. 관리자훈련의 내용은 주로 정책결정과 관련된 전체관리를 위하여 필요한 광범한 것이 보통이다.

4. 교육훈련의 방법

훈련의 방법은 여러 가지가 있으나, 이 중 ① 훈련의 목적, ② 피훈련자의 특징, ③ 훈련에 요구되는 시설 및 기재 등을 고려하여 적당한 방법이 사용되어야 한다.

(1) 강의(lecture)

피훈련자를 일정한 장소에 모아놓고 훈련관이 일방적으로 강의를 하며, 피훈련자는 이것을 듣는 방법이다. 강의는 가장 많이 쓰이고 있는 훈련방법인데, 충분한 효과를 거두기 위해서는 가끔 시험을 실시하고 수강자로 하여금 질문을 하도록 유도해야 한다.

(2) 사례연구(case study)

이것은 토론방법의 하나이지만, 구체적인 사례를 가지고 토론하는데 특징이 있다. 사례연구는 보통 집단적으로 실시되며, 피훈련자들은 사례의 내용을 먼저 파악한 후 토론집단에 참가하여 자유스럽게 토론한다.

(3) 토론방법

대집단을 대상으로 1인 혹은 수인의 연사가 발표·토론을 하거나 청중의 참여를 허용하는 방법으로 피훈련자의 아이디어와 정보를 교환하는 데 가장 좋다. 이러한 토론방법으로는 포럼(forum)과 패널(panel), 대담(dialogue), 심포지엄(symposium)이 있다.

(4) 연기방법(role playing)

이 방법에서는 어떤 사례를 피훈련자들이 여러 사람 앞에서 실제의 행동으로 연기하는 방법을 쓴다. 주로 인간관계 혹은 상하관계의 경우에 자주 사용된다.

(5) 현장훈련(on the job training)

현장훈련은 피훈련자가 일정한 직위에 앉아 일을 보면서 상관으로부터 새로운 훈련을 받는 방법이다. 이 방법은 특히 기술의 연습에 주목적이 있으며, 영국에서 많이 사용되었다.

(6) 감수성훈련(sensitivity training)

감수성훈련은 10명 내외의 피훈련자들이 이전의 모든 집단과 관계를 차단하고 인간관계를 매개로 하여 자유로운 토론을 함으로써 자기 자신과 다른 사람의 태도에 대한 자각과 감수성을 기르는 훈련방법이다.[5] 이 방법의 특징은 피훈련자에게 집단형성과 집단기능의 본질을 깨닫게 하여 인격의 재구성을 통한 관리능력의 향상을 기하는 데 있다.[6]

---

5) 감수성훈련은 Laboratory Training, T-Groups, Encounter Groups, Diagnostic Training Group 등의 명칭으로 불리며, 이른바 조직발전(OD)에서 자주 사용되는 방법이다. Warren G. Bennis, Organization Development(Addison-Wesley Pub. Co., 1969) 참조.

6) 감수성훈련에 관해서는, Alfred J. Marrow, Behind the Executive Mask: Greater Managerial Competence through Deeper Self-Understanding(New York: American Management Association, 1964) 참조.

(7) 분임연구(syndicate)

분임연구란 피훈련자를 몇 개의 균형 잡힌 분단으로 편성한 것을 말하며, 신디케이트를 중심으로 연구·훈련시키는 방법이다. 이는 피훈련자 사이의 개인적 접촉을 극대화하며, 관리자훈련의 효과적인 방법으로 높이 평가되고 있다. 신디케이트 방법은 미국의 국방대학원(national war college)과 영국의 행정관리자학교(the administrative staff college)에서 전형적으로 사용하고 있다.[7]

(8) 전직(transfer)·순환보직(rotation)

전직과 순환보직은 일정한 시일을 두고 피훈련자의 근무처를 옮기면서 훈련시키는 방법이다. 따라서 피훈련자의 경험과 시야를 넓혀 주므로 고급공무원이나 일반행정가의 훈련에 매우 효과적이다.

표 6-12는 민간기업의 인적자원의 훈련과 개발 전략의 변화를 보여주고 있는데 과거에는 교육훈련에 초점을 두었지만 최근에는 리더십, 경영개발전략, 가치관 등에 중점을 두고 있다.

〈표 6-12〉 삼성그룹의 인적자원개발 전략의 변화 추세

1957-1982	1982-1991	1991-2000	2000-현재
경영마인드 management	교육과 훈련 education & training	변화와 성과 change & performance	리더육성과 경영개발 global leader & management development
• 입문교육 • 계층별 교육	• 종합연수기능 강화 • 계층별, 기능별 교육 • '인재의 삼성' (호암관 개관, 1982)	• 기업문화 창조의 메카 (HRD 선도, 리드) • 계층별, 기능별 교육 +전문영역 교육 (창조관 개관, 1991)	• 글로벌 인력양성을 위한 삼성사관학교 • 가치공유+ 성과창출센터 • 인적자원개발, 육성

자료: 홍길표·공선표·조경호(2004).

---

7) Marshall E, Dimock, "The Administrative Staff College: Executive Development in Government and Industry," American Political Science Review, Vol. 1, No. 1(March 1956), pp.166~176.

5. 훈련계획의 운영

(1) 훈련계획의 절차

훈련계획의 주도적 역할은 중앙인사기관이 담당해야 한다. 그러나 현실적으로 중앙인사기관이 모든 정부부처의 재직자훈련까지 담당해야 한다는 것은 불합리하므로 중앙인사기관은 훈련에 관한 기본정책을 수립하고 각 부처의 훈련기관이 소관업무의 특성에 따라 필요한 훈련을 담당한다.

훈련계획의 수립절차는 다음과 같다.
- 제1단계: 훈련계획수립의 준비
- 제2단계: 훈련계획의 입안
- 제3단계: 훈련의 실시
- 제4단계: 훈련의 평가

(2) 훈련에 대한 저항

훈련의 효과를 부인하기는 어렵지만 실제로 훈련을 시행하는 데는 많은 저항과 반대가 있다. 이러한 저항은 외부로부터 오는 경우도 있고 훈련을 받게 된 집단 내부에서 올 때가 있다. 외부의 저항은 훈련이 국비의 손실이라는 이유로 주로 일반국민이나 입법기관 등으로부터 온다.

공무원집단 내의 저항은 일반관리자나 감독자가 부하들이 훈련받는 것을 꺼려하는 경우도 있으며, 피훈련자의 훈련에 대한 그릇된 인식에서 나오는 경우도 있다. 특히 피훈련자로부터의 저항은 훈련계획에 가장 큰 장애가 된다.

저항과 반대를 극복하고 훈련을 성공적인 것으로 이끄는 방법으로는 다음을 지적할 수 있다.
① 훈련에 관한 공공관계를 강화한다.
② 가능한 한 훈련의 성과를 객관적으로 제시한다.
③ 공무원들이 훈련의 중요성과 필요성으로 수용할 수 있는 환경을 조성한다.
④ 훈련계획의 입안과 수립에 피훈련자나 그들의 상관의 의견을 반영한다.
⑤ 훈련을 받으려는 유인을 제공하고 훈련의 결과, 습득된 피훈련자의 능력을 활용할 수 있는 절차가 마련되어야 한다.

⑥ 훈련의 목적과 결과가 피훈련자에게 도움이 된다는 것을 스스로 깨닫도록 한다.

6. 교육훈련의 사후평가

(1) 훈련평가의 의의

훈련이 끝난 후 훈련의 목적과 비교하여 어느 정도 달성되었는가를 분석·평가함을 뜻한다. 평가의 결과는 새로운 훈련계획의 입안에 반영되어야 하며 훈련업무 개선의 자료로 활용되어야 한다.

(2) 훈련평가의 기준

훈련성과를 평가하는 기준으로는 ① 훈련목적의 인식, ② 훈련동기의 부여, ③ 훈련수요의 조사, ④ 교과내용, ⑤ 훈련방법, ⑥ 훈련의 효용성, ⑦ 피훈련자의 변화도 등이 있다.

(3) 훈련평가의 방법

훈련평가의 일반적인 방법은 ① 시험의 실시, ② 감독자나 훈련관으로 평가위원회를 구성하여 평가하는 방법, ③ 훈련수료자의 의견을 질문하는 방법 등이 있다. 상술한 방법은 각기의 장·단점이 있으므로 한 가지의 방법만으로 평가할 것이 아니라 복수의 방법을 활용하는 것이 효과적이다.

제 5 절 근무성적평정

1. 의의

근무성적평정이란 공무원의 근무성적, 근무수행능력, 태도, 성격 및 적성 등을 체계적·정기적·객관적으로 파악·평가하는 것을 말한다. 이와 같은 근무성적평정에서 얻는 자료는 피훈련자의 발전은 물론 조직운영상의 문제해결과 조직계획의 개선에 쓰이게 되므로 인사관리의 합리화와 객관화를 기하게 된다. 과거에는 근무성적평정이 주된 목적이 공무원에 대한 직무수행의 통제와 행정의 표준화를 위한 장치로 이해되었다. 그러나 오늘날에는 종래의 징벌적 측면이 아닌 공무원의 능력발전과 업무능률의 향상이라는 임상적 측면이 더욱 강조되고 있다.

2. 근무성적평정의 용도 및 효용[8]

(1) 상벌의 목적

근무성적의 여하는 공무원의 승진·승급 및 면직·강임·감원의 기준이 된다. 그러나 평정의 결과를 공무원에 대한 불이익처분의 기준으로 이용하는 경향은 점차 없어지고 있다.

또한 근무성적평정은 공무원이 현재 담당하고 있는 직무에 대한 성적을 평정하는 데 지나지 않으므로 아무리 평정이 공정히 이루어진다 하더라도 현직에서의 근무성적의 결과만 가지고는 앞으로 담당하게 될 직책도 성공적으로 수행하리라는 보장은 없다. 따라서 근무성적평정이 승진 등에 큰 영향을 미치는 것은 바람직하지 못하며, 승진결정에 참고로 할 정도에 그쳐야 한다는 주장도 나오고 있다(그림 6-3 참조).

〈그림 6-3〉 직무성과관리제도의 기본 절차

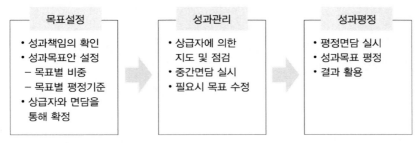

자료: www.css.go.kr.

(2) 인사기술의 평가기준제공

근무성적평정은 시험의 타당성측정, 배치, 훈련수요의 측정 등 각종 인사기술의 타당성평가에 필요한 자료를 제공한다. 예컨대 채용시험의 타당성을 측정하려면 시험성적과 임용 후 근무성적의 상관관계가 비교의 기준이 된다.

---

8) Felix A. Nigro, Public Personnel Administration(New York: Holt, Rinehart and Winston, 1959), pp.295~297.

(3) 공무원의 능력발전과 능률향상

근무성적평정은 공무원 개인의 근무능률을 향상시키고 발전가능성을 측정하는 데 이용된다. 평정의 과정에서 밝혀지고 평가되는 장·단점은 이를 시정하고 극복하는 방법의 길잡이가 된다.

근무성적평정이 공무원의 능력발전과 능률향상에 가장 잘 기여하려면 평정의 전과정이 평정자나 피평정자에게 다 같이 만족스럽도록 원만하게 유지되어야 한다.

3. 평정의 대상

근무성적평정제도가 평정의 대상으로 하고 있는 요인들은 근무실적과 개인적 특성으로 대별된다.[9)]

(1) 근무실적

근무실적은 공무원이 직무를 수행한 과거의 실적을 말하며, 직무수행의 성과, 직무수행의 방법, 직무수행의 태도 등이 포함된다.

근무실적은 과거의 사실과 행동이 집적된 것이기 때문에 평정자에 따라 평정의 판단이 크게 달라질 가능성이 적으므로 비교적 안정성이 높은 평정대상이라 할 수 있다.

(2) 개인의 잠재적 특성

개인의 잠재적 특성(potential traits)은 근무실적과 직접적인 관계없이 파악될 수도 있는 개인의 잠재적 특성을 말한다. 주요평정대상으로 삼는 개인적 특성은 능력·성격·적성 등이 있으며, 대체로 이러한 특성은 근무실적에 직접·간접으로 영향을 미칠 경우가 많다.

그러나 개인적 특성은 파악이 매우 어렵고 근무실적에 비하여 평정대상으로서의 안정성이 비교적 약하므로 평정의 구체적인 목적에 따른 고도의 평정기술이 요구된다.

4. 평정의 방법

지금까지 알려진 근무성적평정의 방법은 대단히 많으며 또 앞으로도 새로운

---

9) 오석홍, 「인사행정론」(서울: 박영사, 1975), pp.326~328.

방법이 개발되겠지만, 그 중 주요한 몇 가지를 소개하면 다음과 같다.

(1) 도표식(graphic rating scale)

이 방법은 가장 오래되었으며 공무원성적평정에 가장 널리 사용되고 있는 방법으로서 평가요소마다 주어진 척도에 따라 피평정자의 특성 및 평가를 표시하는 방법이다. 척도는 보통 3~5단계로 이루어지며, 척도에 점수를 배정하여 결과를 수치로 표시할 수 있기 때문에 평정요소와 척도단계에 대한 평가자의 공통된 이해를 증진시킴으로써 평정결과의 정확도와 신뢰도를 높일 수 있다.

(2) 강제배분식(forced distribution)

근무성적평정에 있어서 흔히 나타나는 집중화·관대화경향을 배제하기 위하여 근무성적을 강제로 배분하는 방법이다. 예를 들면 등급의 수가 5개인 경우 10, 20, 40, 2, 10%의 비율로 성적을 배분하는 것이며, 정상분포제 혹은 제한분포제라고도 한다.

우리나라에서도 이 방법을 사용하고 있으며, 그 분포비율은 직급제로 수(1), 우(3), 양(5), 가(1)로 되어 있다.

강제배분식은 피평정자의 수가 많을 때에는 관대화경향에 따른 평정오차를 방지할 수 있는 이점이 있으나, 피평정자의 수가 적거나 특별히 우수하거나 열등한 자로 구성된 집단에 대해서는 불합리한 단점을 지니고 있다.

(3) 산출기록법(production records)

공무원이 단위시간에 달성한 일의 양, 또는 일정한 일을 달성하는 데 소요된 시간을 기준으로 평가하는 방법이다.

(4) 대인비교법(man-to-man comparsion method)

이 방법은 모든 피평정자 중에서 지식·능력·태도 등의 특성 중 가장 우수한 자, 가장 뒤떨어진 사람, 보통인 사람 등 몇 단계의 피평정자를 선정하고 이 중 표준적 인물을 각 특성의 평정기준으로 삼는 방법이다.

(5) 순위법(ranking scales method)

가장 초보적인 방법으로 등급법이라고도 부르며, 평정자가 자기 감독하에 있는 직원을 그 업적에 따라 순위를 매겨 평정하는 방법이다.

(6) 체크리스트법(check-list method)

평정자가 직접 평정점수를 산출하지 않고, 다만 피평정자의 일상직무 수행상태를 보고 체크하는 방법이다. 평정은 평정자가 체크한 자료에 의하여 중앙인사기관에서 한다.

(7) 성과보고법(performance report method)

평정자가 피평정자의 근무성적을 서술적인 문장으로 기록하는 방법이다. 이 방법은 엄격하게 짜인 평정표를 사용할 때에 간과하게 되는 요소를 포착하는 데는 유용하지만, 여러 사람을 비교하는 방법으로는 부적당하다.[10] (표 6-13 참조)

〈표 6-13〉 근무성적 평정방법의 선택 기준

평가기준	도표식 평정 척도법	강제 배분법	서열법	MBO	가중 체크리스트법	강제 선택법	중요 사건 기록법	BARS	BOS
승진결정의 기준	○	○	○	○		○		○	○
보상의 결정 기준	○	○	×	○				○	○
상대평가	○	○	○	×	○	○	×	○	○
능력개발	△	×	×	○			○	○	○
개발비용	M	L	L	M	M	H	M	H	H
운영비용	L	L	L	H	L	L	H	L	L
평정자 활용 용이성	쉽다	쉽다	쉽다	중간	쉽다	중간	어렵다	쉽다	쉽다

범례: ○＝양호, ×＝불량, △＝중간, H＝높음, M＝중간, L＝낮음.
자료: 유민봉, 「인사행정론」, 문영사, 1997, p.532.

5. 운영상의 유의점

근무성적평정제도는 실적주의인사행정에서는 꼭 필요한 것이기는 하지만, 작성기술상의 문제와 평정의 주관화로 인하여 비판을 받는다.

10) O. Glenn Stahl, Public Personnel Administration(Harper & Row, 1962), p.270.

(1) 작성상의 주의점

가. 평정요소의 선택

평정요소는 평정제의 용도와 피평정자의 직급에 따라 달라져야 하며, 각 요소 사이의 중첩이 없어야 하며, 또한 추상적·일반적인 문구보다는 구체적인 업적·결과를 표현하도록 해야 하며, 평정표는 가능한 한 분권화할수록 좋다.

나. 평정요소의 수

평정요소의 수는 될 수 있는 대로 많지 않은 것이 좋다.[11] 이 수는 직종·직급에 따라 다르겠지만 대체로 말단노무직의 경우가 8개, 일반사무직·서기직 9개, 감독자·행정관 12개가 평균치라고 한다.

다. 평정요소의 비중

각 평정요소는 요소 사이의 중요성을 고려하여 비중을 달리하여 웨이트를 붙이는 것이 효과적이다. 평정요소의 웨이트(weight)는 직무의 상대적 중요성에 따라 신중히 결정해야 한다.

(2) 이용상의 주의점

가. 평정계열

평정에는 수직적 평정과 수평적 평정이 있다. 전자는 감독자가 부하를 평정하는 방법이고, 후자는 부하직원 상호 간 혹은 감독자 상호 간에 서로 평정하는 방법이다. 공무원의 근무성적평정은 전자의 방법에 의해야 한다.

나. 평정자의 수

평정자가 한 사람인 경우보다는 수인이 평정하여 평균치를 구하는 것이 평정의 공정을 기하는 데 유리하다.

다. 평정결과의 공개

평정결과의 공개는 평정결과를 본인에게만 알려주는 것을 의미한다. 여기에는 찬반양론이 있지만, 평정의 목적이 상벌에만 있는 것이 아니라 개인의 능력발전에도 있으므로 공개주의의 원칙이 점차 강조되고 있다. 우리나라에서는 비공개주의로 하고 있다.

---

11) W. R. Mahler, "Some Common Errers in Employee Merit Rating," Personnel Journal, Vol. 20, No. 2(June 1947), p.69.

라. 소청

공무원이 자기의 근무성적평정을 부당하다고 여기는 경우 이에 대한 소청을 할 수 있는가의 문제는 평정결과의 공개를 전제로 한다. 소청을 인정하는 경우, 평정자는 공정한 평정을 해야 한다는 심리적 압박을 받게 되지만, 평정의 관대화경향이 촉진될 우려도 있다.

6. 비판과 개선방향

(1) 비판

① 평정자의 주관을 배제하기 어렵다.

② 과거의 평정에만 치우치며 미래의 평가를 소홀히 할 가능성이 있다.

③ 여러 가지 목적에 적합하다는 단일한 평정방법이 없다.

④ 평정의 타당도와 신뢰도가 낮으며 자격 있는 평정자를 확보하기가 어렵다.

⑤ 평정을 위한 평정이 되는 경우가 많다.

⑥ 형식적이고 통제위주의 평정이 잦으면 평정대상에만 치중하는 목표왜곡의 현상과 저항이 일어난다.

(2) 개선방향

① 평정자나 피평정자가 이 제도의 중요성을 충분히 인식하여 원활한 운영을 할 수 있도록 납득시킨다.

② 근무실적에만 치중하지 말고 개인적 특성도 정확히 측정하여 장래예측 기술을 발전시킨다.

③ 평정의 결과가 한 사람의 전체를 설명해 주는 것은 아니므로 결과의 활용에 치중해야 한다.

④ 평정의 구체적 목적에 따라 평정방법을 달리하는 것이 좋다.

⑤ 근무성적평정은 피평정자에 대한 징벌적 목적이 아닌 능력발전과 공직의 능률향상에 기여하도록 이용되어야 한다.

제 6 절   보수 및 편익

1. 의의

보수란 공무원이 근무의 대가로 받는 금전적인 보상을 말한다. 보수는 공무원의 생계와 이익에 직결되는 문제이기 때문에 공무원의 근무의욕과 행정능률에 깊은 관련이 있으며, 불합리한 보수수준은 공무원에게 민주적 공복으로서의 근무자세를 기대할 수 없게 하므로 국가발전을 저해하는 중요한 요인이 되고 있다.

보수행정은 금전적인 보상을 취급한다는 점에서 민간기업의 임금관리와 공통점을 가지고 있으나 다음의 특징을 가지고 있다.

① 공무원의 보수는 대부분 국민의 세금에서 충당되므로 정치적 통제의 대상이며 기업의 임금보다 경직성이 강하다.

② 공직은 노동 가치에 대한 기여도의 산출이 어려우며 사회적·윤리적 의무가 강한 반면 경제적 고려는 간접적이게 되어 기업에 비하여 보수수준이 낮은 것이 일반적이다.

③ 방대한 공무원 수와 직무내용 및 근무조건의 특이성으로 인하여 보수체계나 관리기술 등에 있어 기업과 다른 면을 지니고 있으며, 보수수준결정에 관한 공무원의 단결권이 제약되는 이유도 여기에 있다.

보수행정은 공무원보수를 계획적으로 관리하는 제도이므로 공무원보수의 일반적 수준의 결정과 보수의 계획수립과 운영, 정해진 보수의 지급절차 등을 대상으로 신속한 적응력과 기술적 정확성을 기해야 한다.

2. 보수수준의 결정

보수수준을 결정할 때에는 먼저 보수의 일반수준을 결정하고, 다음에 조직 내의 상대적 관계를 고려하여 차별수준을 결정해야 한다.

보수의 일반수준의 결정에서 고려되는 요인은 다음과 같다.

(1) 경제적 요인

가. 민간의 임금수준

공무원보수의 일반수준은 민간기업의 임금과 상대적인 균형을 지녀야 한다. 왜냐하면 이렇게 함으로써 보수의 대외적인 공평성이 확보되며, 민간기업과 경쟁하여 노동시장에서 유능한 인재를 확보할 수 있기 때문이다.

나. 정부의 지불능력

납세자인 국민의 소득수준과 납세능력은 공무원의 보수수준을 제약한다. 신생국의 경우, 정부의 재원이 부족하여 보수수준을 향상시키지 못하는 경우가 허다하다.

다. 정부의 경제정책

정부의 경제정책은 정부가 동원한 자원을 배분하는 정책을 규제하고 자원배분 정책은 정부의 재원 가운데서 보수가 차지할 수 있는 몫을 규정하게 된다.

(2) 사회적·논리적 요인(생계비)

전술한 바와 같이 현대정부는 모범고용주로서 국민 전체를 위한 봉사자인 공무원에게 생계비를 지급하여야 할 사회적·윤리적 의무가 있다.

가. 생활수준

고용주로서의 정부는 공무원이 일정한 생활수준(standard of living)을 누리도록 생계비를 지급해야 한다. 생계비의 수준을 결정하는 데에는 생활수준이 문제가 된다. 생활수준은 국가마다 다르며, 빈곤수준(poverty level), 최저생활수준(minimum subsistence level), 건강·체면유지수준(health and decency level), 안락수준(comfort level), 문화수준(cultural level) 등 여러 가지를 생각할 수 있다.

나. 인원 수

생계비를 결정하는 데 있어서 한 사람을 기준으로 할 것인가 아니면 수인을 기준으로 할 것인가의 문제이다. 이 문제는 국가마다 다르며, 한 사람을 기준으로 생계비를 결정하고 부양가족 수에 따라 수당을 지급하는 가족수당제도(family allowance system)도 하나의 방편이 된다.

(3) 부가적·정책적 요인

가. 부가적 요인

부가적 요인은 공무원이 보수 이외에 받게 되는 편익과 특혜를 말한다. 공무원은 일반적으로 민간 기업체의 종업원에 비하여 신분보장·연금제도·근무시간·환경 등에 있어 유리한 조건에 있으므로 이러한 유리한 원인은 공직의 선택과 보수수준에 영향을 미치고 있다.

나. 정책적 요인

공무원의 보수는 단순히 노동에 대한 반대급부의 성격보다는 적극적으로 근무
의욕과 행정능률을 향상시킬 수 있는 방향에서 정책적으로 검토되어야 한다.

3. 보수표의 작성

일반적으로 공무원의 보수체계는 직무급과 생활급, 그리고 기본급과 부가급으
로 이루어져 있다.

보수표를 작성하는 데 고려해야 할 점으로는 다음과 같은 것이 있다.

(1) 등급의 수

보수의 등급은 보수결정의 기준에 따라 다르다. 등급의 수를 세분하면 동일직
무·동일보수의 원칙을 실시하기가 쉽지만, 지나치게 많으면 보수관리가 복잡해지
고 등급 사이의 차액이 적어 무의미하게 된다.

(2) 등급의 폭

각 등급에는 단일액이 책정되어 있는 것이 아니라 보수의 일정한 폭(range)이
있다. 이처럼 각 등급을 단일하게 하지 않고 보수의 호봉으로 나누면 근무연한에
따른 차등대우를 할 수 있어 장기근무를 장려하고 승급에 따른 능률의 향상을 기할
수 있게 된다.

(3) 등급 사이의 중첩

등급 사이의 중첩이란 한 등급의 보수액이 상위등급의 보수액과 부분적으로
겹치는 것을 말한다. 이처럼 등급 사이의 중첩을 인정하게 되면, 승진이 어려운 장
기근속자의 봉급을 올려 줄 수 있는 이점이 있다.

(4) 보수곡선

보수곡선(pay curve)은 보수액을 등급에 따라 도표상에 표시하면 직선이 되지
않고 고위직에 올라갈수록 급경사가 되는 곡선이 되어야 한다는 것이다. 따라서 행
정활동의 중추를 담당하는 고급공무원일수록 보수액이 급증되어야 한다.

4. 우리나라의 보수체계

우리나라의 공무원보수체계는 일반직의 경우 본봉과 직책수당과 근속수당으로 구성되어 있다.

본봉과 직책수당은 계급마다 단일봉급으로 정하고 호봉의 구분을 하지 않고 있으며, 직책수당은 근무연수에 따른 승급을 실시하도록 하였고, 승급기간은 1년으로 획일화하여 계급에 불구하고 최고호봉까지 승급할 수 있도록 하였다.

우리나라 공무원의 보수는 생계비에 미달하는 박봉을 면하지 못하고 있다는 점에서 근본적인 문제를 지니고 있다. 평균생활수준을 유지할 수 없는 보수의 수준은 공무원의 근무의욕의 저하와 환경변동에 대하여 소극적인 태도를 가져올 뿐만 아니라 아무리 윤리의식과 가치관이 강조되어도 부정의 유인을 방지할 수 없다.

따라서 생계비에 충족한 보수의 지급과 더불어 정부는 공무원의 사용자적 입장에서 노사대등의 원칙이 실질적으로 실현되도록 제도적인 개선을 해야 할 것이다.

5. 편익의 종류

보수 이외에 공무원이 받게 되는 주요한 편익으로는 연금(pension), 근무시간, 휴가, 보건 및 안전, 복리후생 등이 있다.

(1) 연금

공무원연금제도는 공무원이 스스로 대비할 수 없는 노령·질병·사망 등에 대하여 사회연체에 의하여 보전하여 줌으로써 공무원의 생활안정과 복지향상을 기하려는 제도이다(표 6-14 참조).

연금제도의 목적에는 사회보장적 목적과 인사관리상의 목적이 있다.[12]

연금의 종류는 여러 기준에 따라 다양하다. 지급대상자에 따라 노령연금·장애연금·유족연금으로 구분되며, 근무기간에 따라 장래 근무에 대한 연금, 현직근무에 대한 연금, 과거근무에 대한 연금으로 구분된다.

---

12) 우리나라 공무원연금법 제1조에 의하면 연금제도의 목적을 사회보장·경제생활안정·복지향상으로 규정하고 있다.

〈표 6-14〉 우리나라 공적 연금제도의 비교

구분	공무원연금	군인연금	사립학교 교직원연금	국민연금
근거법	공무원연금법 시행: 1960.1.1.	군인연금법 시행: 1963.1.1.	사립학교 교권연금법 시행: 1975.1.1.	국민연금법 시행: 1988.1.1.
대상	국가 및 지방공무원 (국립학교 교원 포함)	장기복무 하사관 및 장교	사립학교 교·직원	5인 이상 사업체, 자영업자 등
비용부담	본인 기여금: 보수월액의 8~9% 국가 부담금: 보수예산의 8~9%	좌동	개인 부담금: 보수월액의 8~9% 법인 부담금: 개인부담금 합계액의 45/75 국가 부담금: 개인부담금 합계액의 30/75 (사무직원의 경우는 국가부담금 없고, 법 인에서 8~9% 부담	개인 기여금: 표준보수 월액의 4.5% 사용자 부담금: 표준보수 월액의 4.5%
관장기관	행정안전부	국방부	교육부	보건복지부
집행기관	공무원연금공단	군인연금	사립학교교직원연금 공단	국민연금관리공단

자료: 강성철 외, 「인사행정론」, 대영문화사, 1999 활용.

(2) 근무시간

공무원이 원칙적으로 근무해야 할 시간이 근무시간이다. 근무시간에는 기본근무시간이 정해져야 하며, 초과근무에 대해서는 수당이 지급되어야 한다. 또한 근무시간 틈틈이 휴식시간을 두는 것이 바람직하다.

우리나라의 경우 공무원의 기본근무시간은 계절에 따라 주당 39~44시간 정도이며, 초과근무와 휴식시간에 대한 공식적인 대책은 없다.

(3) 휴가

공무원에게 주어지는 유급휴가로는 연가·병가·공가 및 특별휴가가 있다. 우리나라의 경우 이상의 휴가제도가 모두 시행되고 있으나, 공무의 성질상 어느 정도의 제한된 통제를 받고 있다.

(4) 보건 및 안전

공무원의 생산력을 계속적으로 유지하고 보존하기 위해서는 보건 및 안전을 위한 적절한 설비와 활동이 필요하다. 이를 위해서는 작업환경의 적정화는 물론 질병의 예방과 치료에 관한 보건관리, 사고의 경우에 대비한 안전관리가 시행되어야 한다.

(5) 복리후생

모범적 고용주로서의 정부는 공무원의 복리와 후생을 돌보아야 한다. 복리후생은 넓게 해석하면 공직의 모든 근무조건이 포함되지만, 보통은 직접적으로 공무원의 물질적 및 정신적 생활을 안정·향상시키는 활동을 뜻한다.13) 복리후생사업의 주요내용으로는 주택관계·생활원조·공제금융관계·문화·레크레이션시설 등이 있다.

제 7 절   승진

1. 의의

승진은 직위분류제에 있어서는 하위계급에서 상위직급으로, 계급제에 있어서는 하위계급에서 상위계급으로 종적·수직적인 이동을 하는 것을 의미하며, 이에 따라 보수가 올라가고 직무의 곤란성 및 책임의 증대를 수반한다.

승진은 동일한 등급 내에서 보수만 증액되는 승급(salary increment)과는 구별되며, 횡적인 인사이동을 의미하는 전직이나 전보와도 구별된다. 전직은 직렬이 달라지는 것이며, 전보란 동일한 직렬·직급 내에서의 보직변경을 말한다.

공무원은 승진에 의하여 높은 지위와 위신을 누리게 되고 심리적인 만족감을 얻으므로 승진은 사기제고와 행정의 능률화를 위한 가장 중요한 요소가 된다. 또한 승진제도는 유능한 인재를 공직에 확보하여 계속 유치할 수 있는 수단이 되기도 한다.14) 따라서 합리적인 승진제도가 확립되어 있지 아니하면, 실적주의의 확립이나 직업공무원제도의 발전은 어렵게 된다(표 6-15, 6-16 참조).

---

13) O. Glenn Stahl, op. cit., p.318 참조.
14) Leonard D. White, Introduction to the Study of Public Administration, 4th ed.(New York: Macmillan, 1955), p.379.

〈표 6-15〉 경찰공무원의 승진방법 현황

구분	승진	경찰공무원 승진제도 현황			
	최저소요년수	심사승진	시험승진	특별승진	근속승진
경무관	4년	o			
총경	3년	o			
경정		o	o		
경감		o	o	o	
경위	2년	o	o	o	
경사·경장	경사 2년, 경장 1년	o	o	o	o

출처: 경찰청, 전게서, p.327; 신현기, 전게서 재인용, p.234.

〈표 6-16〉 경찰공무원 승진시험 과목표(2010년)

구분	분야별 시험별	일반경찰(수사경과 및 보안경과 포함)		정보통신경찰		항공경찰		일반경찰(교관)		경비경찰(특공대, 전투경찰, 거동경찰)	
		과목	배점비율	과목	배점비율	과목	배점비율	과목	배점비율	과목	배점비율
경정	제1차 시험	헌법 경찰행정학	30 30	헌법 경찰행정학	30 30	헌법 경찰행정학	30 30	경찰실무(종합) 경찰행정학	30 30	경찰실무(종합) 경찰행정학 형사소송법	30 30 40
	제2차 시험	형사소송법	40	정보체계론	40	항공법	40	형사소송법	40	체력검정 사격	70 30
경감	제1차 시험	경찰실무(종합) 형법	30 30	경찰실무(종합) 형법	30 30	경찰실무(종합) 형법	30 30	경찰실무(종합) 형법	30 30	경찰실무(종합) 형법 경찰행정법	30 30 40
	제2차 시험	경찰행정법	40	정보통신시스템	40	항공법	40	경찰행정법	40	체력검정 사격	70 30
경위	제1차 시험	형법 형사소송법 실무종합	35 35 35	형법 형사소송법	35 35	형법 형사소송법	35 35	형법 형사소송법	35 35	형법 형사소송법 경찰실무(종합)	35 35 30

선택		정보통신기기론/컴퓨터일반 중 택1	30	항공법/항공역학 중 택1	30	경찰실무(1) 경찰실무(2) 경찰실무(3) 중 택1	30	체력검정 사격	70 30

출처: 경찰청, 「경찰백서」, 2006, p.491.

구분	분야별	일반경찰(수사경과 및 보안경과 포함)		정보통신경찰		항공경찰		일반경찰 (교관)		경비경찰(특공대, 전투경찰, 거동경찰)	
	시험별	과목	배점비율	과목	배점비율	과목	배점비율	과목	배점비율	과목	배점비율
경사	제1차 시험	형법 형사소송법	35 35	형법 형사소송법	35 35	형법 형사소송법	35 35			형법 형사소송법 경찰실무	35 35 30
	선택	경찰실무(1) 경찰실무(2) 경찰실무(3) 중 택1	40	정보통신기기론 컴퓨터일반 중 택1	30	항공기체 항공발동기 중 택1	30			체력검정 사격	70 30
경장	제1차 시험	형사 형사소송법	35 35	형법 형사소송법	35 35	형법 형사소송법	35 35			형법 형사소송법 경찰실무 1	35 35 30
	선택	경찰실무(1) 경찰실무(2) 경찰실무(3) 중 택1	30	정보통신기기론 컴퓨터일반 중 택1	30	항공기체 항공발동기 중 택1	30			체력검정 사격	70 30

※ 경찰청, 「2011 경찰백서」, 2011, p.387; 신현기, 전게서 재인용, p.253.

2. 승진의 범위

(1) 승진의 한계

일반공무원은 승진할 수 있는 한계가 있다. 그 한계는 각국에 따라 일정하지 않으며, 주로 ① 각국의 직업공무원제도의 발전 정도, ② 공무원의 채용정책, ③ 고급공무원의 능력, ④ 민주통제의 수준과 전통 등에 의존하고 있다. 대체로 영국과 독일·일본·공산제국은 일반직공무원의 승진한계가 높으며, 그 다음이 우리나라·프랑스 등이고, 승진한계가 가장 낮은 나라는 미국이다.

승진의 한계가 높으면 공무원의 사기앙양, 행정능률 및 기술의 향상, 직업공무원제의 확립 등을 기할 수 있는 반면, 민주통제가 곤란해지며 관료주의화할 우려가 있다.

(2) 신규채용과의 관계

행정기관에 사람을 충원하는 데는 주로 신규채용과 승진임용의 방법이 사용된다. 승진임용에 있어서는 공무원의 사기 증진은 물론 행정능률의 문제까지 검토하고 신규채용과의 비율을 조정하여 결정할 것이 요구된다.

일반적으로 폐쇄체제의 공무원제에서는 승진임용을 높이고 있으며, 개방제에서는 신규채용을 위주로 한다. 전자의 경우에는 유능한 인재의 등용이 곤란하고 행정의 질이 저하되며 관료주의화할 우려가 있는데 반하여, 후자의 경우에는 승진기회의 감소로 인하여 사기가 저하되고 행정능률이 낮아지며 직업공무원제를 확립하기 어려운 단점이 있다.

(3) 재직자 사이의 경쟁

승진임용의 또 하나의 단점은 경쟁범위를 동일부처 내에 한정할 것인지 아니면 다른 부처의 공무원도 포함시킬 것인지 하는 문제이다. 대부분의 국가에서는 경쟁대상자의 범위를 동일부처에 한정하고 있으며, 우리나라의 경우도 7급에서 5급으로의 공개경쟁승진을 제외하고는 이 방법에 따르고 있다. 이러한 이유로는 행정능률과 사기앙양, 승진에 대한 당해 부처공무원의 기득권존중 등으로 해석할 수 있다.

3. 승진의 기준

승진의 기준에는 실적과 경력이 있다. 일반적으로 선진국에 있어서는 경력보다 실적이 중시되고 있으나 후진국에서는 경력에 보다 큰 비중을 두고 있다. 그러나 정도의 차이는 있으나 대부분의 국가는 경력보다는 실적에 중점을 두고 있다. 대체로 승진을 결정함에 있어서는 단일한 기준을 사용하는 경우가 드물며 여러 개의 기준을 동시에 적용한다. 보수의 기준을 사용하는 경우에는 기준의 선택과 배합비율을 어떻게 할 것인가의 문제가 제기되며, 각 기준의 성격과 일반적인 용도를 충분히 검토하여 결정해야 할 것이다(표 6-17 참조).

〈표 6-17〉 승진소용연수

	1급	2급	3급	4급	5급	6급	7급	8급
법정 최저 승진 소요 연수	3	3	5	5	4	3	2	2
실제 평균 승진소요 연수	4.01	3.09	7.05	9.01	9.05	6.11	6.05	4.02
	동결	3.77	7.35	9.26	10.15	7.66	6.91	3.84

자료: 이원희, 전게서, 참조.

(1) 경력

경력은 객관적 성격을 지니는 근무연한·학력·경험 등을 의미하며, 이것을 승진의 기준으로 할 때에는 계급과 직책에 따라 비중을 다르게 할 필요가 있다.

경력을 평정하는 데 있어서 고려해야 할 원칙은 다음과 같다.

가. 근시성의 원칙

과거의 경력보다는 최근의 경력을 중요시한다.

나. 친근성의 원칙

승진예정직무와 친근성 또는 유사성이 있는 경력은 보다 높은 가치를 부여할 수 있다.

다. 숙련성의 원칙

숙련도와 곤란도와 책임도가 높은 직무의 경력에는 가벼운 직무경력보다 높은 가치를 부여해야 하며, 직무수행능력은 경험연수에 비례하여 증대되므로 경력연수가 적은 자보다는 오랜 연수가 유효하다. 그러나 경력연수와 직무수행능력의 향상은 한계가 있다.

라. 발전성의 원칙

발전성 있는 잠재능력을 평가할 수 있는 학력이나 교육훈련의 경력을 참작해야 한다.

경력평정의 장점은 ① 고도의 객관성을 유지할 수 있으며, ② 정실을 배제하고, ③ 행정의 안정성을 유지할 수 있다. 반면 단점으로서는 ① 경력이 짧은 유능한 인재의 등용이 어렵고, ② 행정의 침체되어 비능률적이며, ③ 유능한 인재의 이직률이 높다는 점이다.

(2) 실적

실적이란 주관적인 것으로 인사권자의 판단, 승진심사위원회의 결정, 근무성적평정 등의 방법과 시험 등이 있다.

객관적 방법인 시험을 제외하고는 일반적으로 인사권자의 주관적 판단에 의하므로 정실개입의 가능성이 강하므로 합리적인 운영이 요청되는 바이나, 침체성을 방지하고 적응력·근면성·협동성·충성심 등을 평가하는 데 유용하다.

4. 우리나라의 승진제도[15]

동일직렬의 바로 하위직에 재직하는 공무원 중에서 근무성적평정과 훈련평정·경력평정에 따라 임용제청토록 되어 있으며 다음의 승진임용방법에 의한다.

(1) 특별승진임용

6급공무원을 5급공무원으로 승진임용할 경우에 승진후보자명단순위에 따라 임용제청권자의 5배수의 추천범위 안에서 비공개경쟁시험을 치루고 승진임용되는 방법이다.

(2) 공개경쟁승진임용

소속부처의 구분 없이 동일직무범위 안에서 일정한 최저경력자를 대상으로 공개경쟁시험을 치루게 하는 방법이다.

(3) 승진기준의 배점비율

우리나라의 승진임용에 있어서 승진기준의 배점비율은 근무성적평정점 40%, 경력평정점 35%, 훈련평정점 25%의 비율로 하고 있다.

5. 경찰공무원 승진임용

① 총경 이하의 경찰공무원에 대해서는 매년 근무성적을 평정하여야 하며 근무성적평정의 결과는 승진 등 인사관리에 반영하여야 한다(승진규정 제7조).

② 근무성적은 다음 각호의 평정요소에 의하여 평정한다. 다만 총경의 근무성적은 제2평정요소로만 평정한다.

---

15) 유종해 외, 「현대행정학연습」(서울: 박영사, 1979), p.251 참조.

• 제1평정요소－경찰업무 발전에 대한 기여도, 포상실적, 그 밖에 행정안전부령 또는 해양수산부령으로 정하는 평정요소

• 제2평정요소－ 근무성적, 직무수행능력, 직무수행태도

제2평정요소에 따른 근무성적평정은 평정대상자의 계급별로 평정결과가 다음 각호의 분포비율에 맞도록 하여야 한다. 다만, 평정결과 제4호에 해당하는 사람이 없는 경우에는 제4호의 비율을 제3호의 비율에 가산하여 적용한다.

1. 수: 20%
2. 우: 40%
3. 양: 30%
4. 가: 10%

제 8 절   승급

1. 의의

여기의 승급이란 승진과 구별되는 것으로서 우리나라의 인사관계법령이나 또는 인사행정상으로 볼 때 승진은 직급이 위로 올라가는 것을 의미한다고 해석하여야 할 것으로 생각된다. 이러한 의미에서 공무원은 동일직책을 담당하고 있는 한 몇 년 그 직위에 머물러 있든 승급이란 생각할 수 없다. 따라서 승급이란 직위분류제의 원칙과 일치하는 것은 아니고 다분히 계급제와 인간관계의 문제라고 하겠다. 즉 동일한 직책을 담당하고 있다 하더라도 근무연한 수에 따라 그 근무능력이 향상된다고 생각되며, 따라서 그 업적이 향상된다는 가정과 또 하나의 사람이 누구나 갖는 성공에 대한 기대감을 충족시켜 줌으로써 사기를 앙양해보자는 데 있다고 생각한다.

2. 기준

승급의 기준은 근무성적과 근무기간을 고려하여 결정하기로 되어 있다. 그러나 사실상 근무성적평정에 있어서 불량을 받을 경우는 거의 없고 절대다수가 양·우를 받고 있을 뿐만 아니라, 호봉이 올라감에 따라 증액되는 봉급액도 적으므로

근무성적의 요소는 거의 망각되고 근무기간에 의하여서만 승급되는 것이 일반적인 예이다.

그러나 근자에 이르러 승급에도 근무성적 또는 업적을 고려하는 경우가 생기면서 승급제도를 공무원의 능력발전을 위한 동기부여의 차원에서 활용하는 예를 찾아볼 수 있다. 가령 특별한 업적을 올려 근무성적에 있어 최고등급을 받으면 2호봉 승급케 하는 반면, 최하위등급을 받으면 승급기간을 지연시키는 것과 같으며, 경우에 따라서는 이를 보수상 상여금과 같은 형식으로 반영할 수 있도록 인사권자에게 일정한 범위 내에 재량권을 부여하게 하는 경우도 있으며,[16] 우리나라의 행정의 경우도 이미 일부 기업체에서 하는 식으로 정책전환을 시도해 볼 때가 오지 않았나 생각한다.

3. 승급기간

보통 하위직의 경우 승급에 소요되는 기간이 짧고 고위직의 경우 길게 된다. 그 기간은 보통 1년 미만에서 2년 미만으로 되어 있다. 그러나 이 기간을 결정하는 데 있어서는 다음과 같은 문제를 고려하여야 할 것으로 생각한다.

여기서의 문제는 총 승급기간을 얼마로 하며 호봉 간의 승급기간에 차이를 두느냐 또는 획일적으로 동일하게 하느냐 하는 문제이다. 우선 호봉 간의 기간에 있어 합리적인 것은 획기적으로 동일하게 할 것이 아니라 차이를 두는 것이다. 이는 승급액하고 밀접히 관련된 문제이나 요는 호봉 간에 소요기간으로 또는 승급액으로 차별할 것이냐의 문제인 것이다.

차별을 하는 것이 바람직한 것은 직급에 따라 능력발전의 정도도 다르고 이직률도 다르며, 또한 실적주의·능력발전·신진대사라는 점에서 승진에 소요되는 동일직급 평균체재연한수를 초과한 자에게도 계속 동일한 대우를 할 필요가 없기 때문이다.

우리나라의 경우는 직급별 호봉제를 없앴는데 금후 이러한 제도의 부활이 고려될 것으로 믿으며, 이를 합리적으로 하기 위하여 직급별로 거기에 종사하는 직원의 연도별 능력발전의 정도, 연도별 이직률, 승진에 소요되는 평균연한 수, 연금제 등을 고려하여 원칙적으로 세 개로 구분하는 것이 바람직하다.

---

16) L. H. Halcomb, Jr., "A Study of Management Manpower Requirments," Public Personnel Review, Vol. 27, No. 1(January, 1969), p.49.

　　다음은 총 승급기간의 문제로서 역시 평균승급소요연수, 등급의 수, 연금제·직업공무원제·실적주의·신진대사 등의 문제를 고려하여 결정될 것이다. 연금이 20년으로 되어 있는 경우, 아무리 승진소요연수가 길다 하더라도 20년 이상을 허용함은 지나치게 실적주의를 경시하는 것이라고 생각되며, 이와 반대로 평균승진소요연수가 5년인 경우에도 20년까지 인정하느냐 하는 것은 지나치게 그 조직의 구성원의 능력을 저하시키는 것이라고 생각된다.

　　그러나 이러한 문제는 직원에게 주는 영향이 지대하므로 획일성을 피하고, 직급별로 전술한 여러 가지 변수의 고려·실태파악·연구가 이루어진 후 결정되어야 할 것이다.

4. 승급액

　　여기서도 문제는 승급기간의 경우와 같이 단일호봉 승급액과 동일직급 내의 총 승급액을 결정하는 것이다. 이는 우선 기본적으로, 등급 수에 반비례한다는 것이다. 즉 등급의 수가 많으면 총 승급액이 적어진다. 여기서 직급의 수가 많다는 것은 곧 승진에 소요되는 기간이 평균적으로 짧다는 것을 의미한다. 그러므로 이 기간이 짧은 경우 총 승급액도 적어진다. 따라서 직급별 평균체제연수의 조사파악이 선행되어야 하며, 대체로 등급수가 적은 계급제의 경우 총 승급액은 엄청나게 많아지며, 따라서 직급 간에 보수액의 심한 중첩 현상을 보게 된다. 이의 전형적인 예를 우리는 영국에서 보며 우리의 경우는 과거에 이 점에 있어서 잘못되어 있어 각 직급에서 장기근무하게 되는, 가령 경찰직의 경우 가장 심하게 불리한 위치에 있었다. 이러한 경우 흔히 구제하기 위하여 상위직위를 증가시켜 승진시키거나 또는 별정직으로 빠져 나가려고 하는 방향으로 움직여 온 것을 여러 번 보았으며, 경찰은 별정직화했고, 기능직(철도·체신)의 경우는 보수표만 별도로 작성하기에 이르고 있다.

　　이러한 경우의 동일직급 내의 구체적인 액수를 계산하는 방식은 있을 수 없으나 최소한도 승급의 취지에 비추어 근무연한에 따라 생활수준의 저하가 있어서는 안 되며 조금이라도 성공감을 갖도록 하는 것이 바람직하다.

　　다음은 단일호봉액인데 이는 지금 논한 총승급액·호봉액·기간과 밀접한 관계가 있어 이에 따라 구체적으로 결정될 것이나, 추상적으로 말하면 승급의 취지에 비추어 승급에 기대를 걸 수 있는 정도의 액수이어야만 한다.

제 9 절 전직 및 전보

1. 의의

전직(transfer)이라는 것은 직종을 서로 달리하는 직급의 직위로 횡적 이동하는 경우를 말한다. 우리나라의 국가공무원법에 의하면 전직은 직렬을 달리하는 임명이라고 규정되고 있다. 직렬을 달리하는 임명이므로 직종이 서로 상이한 직위로 옮겨가는 것이다. 행정의 능률화와 전문화를 위해선 전직의 경우 그 자격을 고려하는 것이 필요하다.

전보(reassignment)라는 것은 동일한 직급에 속하는 직위에서 직위로 횡적 이동하는 경우이다.

전직과 전보는 다 같이 동일한 계급 또는 등급 내에서 단지 횡적으로만 이동하는 것이기 때문에 이동의 전과 후에 직무의 난이도에 있어서 변동이 없고, 따라서 보수상 변화가 없다. 전직과 전보는 부처 간의 이동일 수도 있고, 같은 부처 내에서 한 조직단위에서 다른 조직단위로의 이동일 수도 있다.

2. 전직·전보의 용도

(1) 적극적 용도

가. 직원 간의 마찰의 해소

조직에서는 감독자와 부하, 그리고 동료 간에 감정 및 성격이 서로 맞지 않아 상호관계가 악화되는 경우가 있다. 이 문제를 해결하는 하나의 방법은 문제의 공무원을 다른 곳으로 이동시키는 것이다.

나. 긴급사태의 발생 및 조직상의 변동으로 인한 인원보충

긴급사태가 발생하여 어떤 부처가 갑자기 인원을 필요로 하는 경우, 다른 부처의 공무원을 보직·전보를 통하여 충원할 수 있다.

다. 교육훈련의 수단

전직과 보직은 재직자의 훈련계획, 특히 간부급 공무원의 훈련(executive development)에 유용한 방편이 된다.

라. 직원의 적정배치(adjustment development)

배치가 적정하지 못한 경우에는 그들의 성격·능력에 알맞은 직무에 재배치하는 전직·전보가 필요하다.

마. 근무의욕의 자극

자기 직무에 대한 권태감과 단조로움을 느껴 직무에 대한 의욕을 상실하게 되는 경우, 직무를 적절히 변경시켜 공무원의 의욕과 흥미를 자극할 수 있다.

바. 부처 간 협력의 조성과 행정의 활력화

전직과 전보는 인적 교류의 폐쇄에서 오는 폐단을 제거하고 부처 간의 협력을 위한 기반을 조성하며 행정에 활력을 불어넣어 준다.

사. 개인적 욕구의 충족

공무원의 생활근거지와 근무지가 멀리 떨어져 통근이 불편할 경우 가까운 곳으로의 전출 등 공무원의 개인적 요구를 충족시켜 주는 방편으로 이용할 수 있다.

(2) 소극적 용도

가. 징계의 수단

공무원이 규칙을 위반하거나 또는 취업상 필요한 규율을 준수하지 않을 때 공식적인 징계절차에 의하여 징계하는 것이 원칙이다. 그러나 지금까지 같이 있었다는 정리를 생각하거나 또는 본인의 체면을 생각하여 공식적 징계절차에 의하는 것이 곤란하여 대신에 탐탁하지 못한 자리, 즉 한직이나 지방으로 좌천시킨다.

나. 고용의 방편

전직과 보직이 때로는 사직을 강요하기 위한 방편으로 이용되는 경우가 있다.

다. 개인적 특혜의 제공

인사권자가 특정한 공무원에게 혜택을 주기 위하여 소위 '좋은 자리'로 전출케 하는 경우이다.

제10절   징계

1. 징계의 의의

공무원의 위법행위에 대하여 공무원관계의 목적을 달성하기 위해서는 국가나 자치단체가 사용자의 위치에서 과하는 행정상의 제재를 말하므로 내부적 제재수단 이라고 볼 수 있다.

2. 강제퇴직(파면)

보통 파면이라고 불리는 강제퇴직은 공무원에 대한 징계처분 중에서 가장 강력한 것으로 공무원의 의사에 반하여 강제로 공직에서 퇴직시키는 처분이다.

현대국가에서 쓰고 있는 징계처분의 종류는 다양하며, 유책·배치전환(전보)· 감봉·정직·강임·파면 등이 있는데, 우리나라의 국가공무원법에서 규정하는 징계 처분은 파면·해임·강등·정직·감봉·견책이다. 이 중 파면과 비슷한 인사처분에는 직위해제와 권고사직이 있다. 직위해제는 흔히 대기발령이라고 불리며, 공무원에게 일정기간 직위를 부여하지 않고 처분으로 그 기간 중 별다른 조치가 없을 때에는 징계위원회의 동의를 얻어 퇴직된다.[17] 권고사직은 실정법상의 제도는 아니며, 자 발적 형식을 갖춘 사실상의 강제퇴직이다. 이는 파면시켜야 할 사람의 체면보호나 파면처분에서에서 생기는 가혹한 결과를 방지하려는 의도로 자주 사용된다.

파면 등의 징계처분을 받은 자가 처분에 불만이 있을 때에는 소청을 제기할 수 있으며, 소청심사위원회의 결정은 패속적인 것이 보통이다.

표 6-18은 경찰의 징계자 현황을 나타내고 있는데 해마다 줄어들고 있지 않다는 것을 보여준다.

---

17) 국가공무원법(제2447호, 1981.4.20 개정) 참조.

〈표 6-18〉 경찰계급별 징계자 현황(단위: 명)

연도	계	계급별							조치별						유형별				
		총경이상	경정	경감	경위	경사	경장	순경	파면	해임	강등	정직	감봉	견책	금품수수	부당처리	직무태만	품위손상	규율위반
08년	801	5	18	37	201	387	117	36	67	127	–	165	168	274	72	8	251	140	330
09년	1,169	6	32	44	384	511	155	37	150	174	–	209	237	397	178	12	236	282	461
10년	1,154	7	15	56	339	500	181	56	104	101	7	171	246	525	94	5	319	256	480

출처: 경찰청, 「경찰백서」, 2011, p.436; 신현기·신인봉 외 18인, 상게서, p.289; 신현기, 전게서, 재인용, p.330.

(1) 징계사유

국가공무원법 제78조에 의하면 이 법 및 법에 따른 명령을 위반한 경우

직무상의 의무를 위반하거나 직무를 태만히 한 때, 직무의 내외를 불문하고 그 체면 또는 위신을 손상하는 행위를 한 때

(2) 직위해제사유

직무수행 능력이 부족하거나 근무성적이 극히 나쁜 자, 파면·해임·강등 또는 정직에 해당하는 징계의결이 요구중인 자, 형사사건으로 기소된 자(약식명령이 청구된 자는 제외한다), 고위공무원단에 속하는 일반직공무원으로서 제70조의2 제1항 제2호 및 제3호의 사유로 적격심사를 요구받은 자

(3) 징계의 종류

징계는 파면, 행임, 강등, 정직, 감봉, 견책으로 구분한다.

(4) 징계의 효력

① 파면: 신분 박탈 5년간 공직 임용X, 재직기간 5년 이상일 시 퇴직수당 2분의 1, 재직기간 5년 미만일 시 4분의 1 감액

② 해임: 신분 박탈 3년간 공직 임용X, 퇴직수당 급여 전액 지급

③ 강등: 1개 직급 아래 내리는 경우, 공무원 신분이 부여되나 3개월간 직무정

지＋보수 3분의 2를 감액

　④ 정직: 1개월~3개월간 직무정지, 보수 3분의 3 감액

　⑤ 감봉: 1개월~3개월, 보수 3분의 1 감액

　⑥ 견책: 훈계, 회계징계처분

(5) 징계위원회

① 국무총리 소속 징계위원회 → 경무관 이상 징계 의결

② 경찰공무원 중앙징계위원회 → 총경, 경정

③ 경찰 보통징계위원회 → 경감 이하

(6) 징계권자

① 임용권자

② 경징계(징계 위원회 의결을 거쳐 징계위원회 설치된 소속기관장)

③ 중징계(대통령 → 치안정감~경무관까지 파면, 해임, 정직, 강등)

(총경, 경정－파면/해임 → 경찰청장 → 행정안정부장관 → 국무총리 → 대통령)

3. 정년퇴직

　정년제도는 공무원이 재직 중 범법행위나 특별한 과오는 없지만, 노령이나 장기근속으로 인하여 직무수행능력이 저하가 추정되는 사람들을 객관적으로 정한 연한에 따라 공직에서 물러나게 하는 제도이다. 정년제도의 목적은 발전 없는 사람을 공직에서 도태시킴으로써 행정의 능률을 도모하고 인력의 유동성과 신진대사를 가져오며, 그 결과 공무원의 사기를 높이는 데 있다.

　정년제도에는 연령정년제도와 근속정년, 그리고 계급정년의 세 가지 유형이 있다. 연령정년제도는 노령정년 혹은 은퇴라고 부른 것으로 일정한 연령에 이르면 법령에 정한 연령에 따라 일률적으로 퇴직시키는 제도이며, 근속정년은 공직에 들어간 이후의 연수를 통산하여 일정한 기간이 지나면 자발적으로 퇴직시키는 제도를 말한다. 그러므로 근속제도는 공직의 유동성을 높이는 것 이외에는 정당성의 근거가 약하다고 할 수 있다. 계급정년제도는 공무원이 일정기간 승진하지 못하고 동일한 계급에 머물러 있으면, 그 기간이 만료된 때에 그 사람을 자동적으로 퇴직시키는 제도이다.

우리나라의 경우, 일반직공무원에게는 연령정년제만을 적용하고 있으며,[18] 경찰공무원에게는 연령정년제와 계급정년제, 그리고 군인에게는 세 가지를 모두 적용하고 있다.

4. 감원제도

고용주로서의 정부는 정부운영의 과정에서 불가피하게 공무원의 수를 줄이지 않으면 안될 때가 있다. 감원은 이와 같이 정부조직의 사정 때문에 공무원을 퇴직시키는 제도를 말한다. 대부분의 국가에서는 대규모의 정부조직의 운영상 감원제도를 인정하고 있으며, 우리나라에서도 임명권자의 직권으로 불필요한 인원을 감원시킬 수 있는 제도를 인정하고 있다.[19]

감원은 해직의 사유가 정부 측에 있다는 점에서 전술한 파면과 구별된다. 따라서 공무원의 신분보장에 정면으로 대립되는 제도이므로 정부는 감원의 발생을 최소한으로 줄여야 한다. 불가피하게 감원을 하는 경우에는 감원된 공무원의 이익을 보장하기 위한 제반방안을 마련해야 한다. 이러한 방안으로는 감원된 자는 우선적으로 복직(재임용), 일정기간 보수액의 일부를 지급하는 방법, 다른 직장에의 알선과 실업보험금의 지급 등을 생각할 수 있다. 우리나라의 경우는 이러한 감원된 공무원의 이익보호를 위한 방안을 채택하지 않고 있다.

5. 고충제도

공무원은 근무조건, 인사관리 신상문제 등에 고충심사제도를 실시하고 있으며 이를 인사전보 등에 반영하고 있다. 표 6-19와 20은 고충심사 내용과 고충심사기관을 보여주고 있다.

---

18) 국가공무원법 제74조는 일반직공무원의 정년퇴직연령을 다른 법률에 특별한 규정이 있는 경우를 제외하고는 60세로 한다.
19) 국가공무원법 제70조 참조.

〈표 6-19〉 고충심사의 대상

구분	심사 내용
근무조건	• 봉급, 수당 등 보수에 관한 사항 • 근무시간, 휴식, 휴가에 관한 사항 • 업무량, 작업도구, 시설안전, 보건위생 등 근무환경에 관한 사항 • 주거, 교통 및 식사편의 제공 등 후생복지에 관한 사항
인사관리	• 승진, 전직, 전보 등 임용에 관한 사항으로 재량권자의 재량행위에 속하는 사항 • 근무성적평정, 경력평정, 교육훈련, 복무 등 인사행정의 기준에 관한 사항 • 상훈, 제안 등 업적성취에 관한 사항
신상문제	• 성별, 종교별, 연령별 등에 관한 차별 대우 • 기타 개인의 정신적, 심리적, 신체적 장애로 인하여 발생되는 직무수행과 관련된 사항

출처: 강용길, 「경찰학개론」(서울: 경찰공제회, 2009), p.274.

〈표 6-20〉 고충심사 설치기관

위원회별	설치기관	관할내용
중앙고충심사위원회	중앙인사관장기관(행정안전부 소청심사위원회에서 기능을 관장	• 보통 고충심사위원회의 심사를 거친 재심청구 • 경정 이상의 경찰공무원
경찰공무원 고충심사위원회	경찰청, 지방경찰청 및 대통령령이 정하는 경찰기관	• 경감 이하의 경찰공무원 • 불복 경우: 중앙고충심사위원회에 재심 청구

출처: 강용길, 「경찰학개론」(서울: 경찰공제회, 2009), p.274; 신현기, 전게서 재인용, p.26.

제 7 장

제안제도

제 1 절 의의

제안제도(suggestion system)란 공무원으로 하여금 행정업무의 개선이나 창의성을 제안케 하고, 이를 심사하여 행정의 능률과 합리화에 도움이 된다고 인정될 때에는 응문의 보상을 하는 제도이다.

제안제도는 1880년의 영국의 데니(William Denny)에 의하여 창시된 이래 민간기업에서 먼저 보급되었으며, 우리나라에서는 1973년 제안규정이 제정됨으로써 전공무원을 대상으로 이의 실시를 보게 되었다.

제 2 절 제안제도의 효용성

제안제도의 유형이 단일한 것이 아니므로 유형에 따라 효용도 다를 것이지만, 기본적인 효용은 행정업무의 개선과 공무원의 사기를 제고하는 데 있다.

장·단점을 비교하면 다음과 같다.

1. 장점

(1) 행정의 합리화와 능률화

우수한 제안에 의하여 행정의 능률화를 촉진하고 경제적인 절약을 기함으로써 업무개선에 이바지할 수 있다.

(2) 사기제고

제안제도는 공무원의 귀속감과 안정감을 높여 줌으로써 직무에 대한 관심이 증대되어 근무의욕을 향상시키고 사기를 제고시켜 준다.

(3) 창의력 개발

공무원의 창의력을 배양해서 자기발전적 노력을 자극하며 문제해결능력을 향상시켜 준다.

(4) 환류통로(feedback channel)

가치 있는 제안은 조직 내의 문제성을 간접적으로 추정하는 자료로 활용하여 조직관리의 정보반환의 통로로서 이용될 수 있다.

2. 단점

(1) 인간관계에 악영향

지나치게 경쟁심을 자극함으로써 인간관계를 악화시킬 우려가 있으며, 상사와 대립되는 의견을 제안할 때에는 상하 간의 긴장과 갈등의 우려가 있다.

(2) 공정한 심사의 곤란

객관적인 공정한 심사가 어렵다. 특히 비계량적인 제안은 심사자의 주관과 편견이 개입할 여지가 크다.

제 3 절 제안제도의 요건

제안제도가 성공적으로 운영될 수 있으려면 다음과 같은 요건이 구비되어야 한다.

① 정책결정권자와 감독자의 이해와 협조와 제안을 장려하는 분위기가 이루어
져야 한다.

② 용이하게 제안할 수 있는 절차가 수립되고 이를 널리 주지시켜야 한다.

③ 일반직원의 적극적인 참여가 있어야 한다.

④ 제안제도실시에 필요한 지식과 기술과 경비가 확보되어야 한다.

⑤ 제안의 신속하고 공정한 처리가 보장되어야 한다.

⑥ 채택된 제안은 적정한 경제상의 보상과 아울러 인사상의 특혜도 주어야 한다.

⑦ 채택된 제안은 실시하여야 한다.

제 4 절   제안제도의 운영

1. 제안대상

제안의 대상과 범위는 경비의 절약, 행정능률의 향상, 사기앙양방안, 공동관계
의 개선, 사고 및 재해의 방지 등에 관한 것이며, 그 종류에는 대상선정을 자유롭게
할 수 있는 자유제안, 정부가 문제를 지정해 주는 지정제안, 직무수행의 과정에서
개선효과를 거두어 소속기관장에 의하여 추천된 직무제안의 세 가지가 있다.

2. 제안자의 자격

일반적으로 정책결정과정이나 업무의 기획관리에 참여하지 않는 하위직공무원
에게만 자격을 부여하고 있다. 제안은 단독으로도 가능하나 공동제안도 무방하다.

3. 제안방법

자유제안과 지정제안은 제안자가 직접 제출하고 직무제안은 소속장이 일괄하
여 제출한다.

제안을 제출하는 통로는 ① 공식적인 직제를 통하여 제출하는 방법, ② 제안처
를 설치하고 투입케 하는 방법, ③ 직접제출의 방법이 있다.

4. 제안의 심사

제안의 심사를 담당하는 기관은 ① 직제상의 전문기구, ② 외부의 전문가로 구성되는 제안심사위원회, ③ 관리층과 공무원대표로서 구성하는 협의회, ④ 구성원의 배합을 절충하여 구성하는 기구 등이 있다. 우리나라는 총무처에 제안심사위원회를 두고 행정 각부의 차관과 외부의 전문가로 구성하고 있다.

심사에서 고려되어야 할 평가기준은 ① 제안으로서의 요건을 구비하였는가의 여부, ② 제안을 실시할 경우 얻을 수 있는 경제적·능률적 효과의 정도, ③ 착안점에 대한 독창성의 정도, ④ 조사연구 및 노력의 정도, ⑤ 활용범위와 계속성의 여부 등이다.

5. 제안의 실시와 포상

채택된 제안은 실제 업무수행에 활용되도록 하여야 한다. 또한 채택된 제안에 대해서는 훈 또는 표창을 하며 적정한 범위 내의 경제적 포상을 실시하여야 한다. 따라서 인사행정상의 특전이 보장되어야 한다는 것이다.[1]

---

1) 유종해 외, 「현대행정학연습」(서울: 박영사, 1979), pp.278~280 참조.

제 8 장

공무원노조[1]

제 1 절   의의

공무원단체란 공무원의 근로조건을 유지·향상시키기 위하여 조직하는 단체를 말한다. 공무원단체는 광의로 이해하면 비공식·자생단체까지를 포함하는 개념이지만, 일반적으로 노동조합의 형태를 갖추는 공식적 집단만을 다루고 있다.

공무원집단은 기업의 노동조합운동에 크게 영향을 받은 것으로 공무원은 기업의 근로자와는 본질적 역할을 달리하고 있지만, 공무원의 집단이익을 표시하여 복지증진을 도모하고, 사기를 앙양하며, 관리층과의 협상과정에서 상호 이해를 증진하여 조직 내의 민주화와 인간관계의 개선을 기하고, 행정발전에 기여할 수 있다는 필요성에 의하여 단체의 인정을 주장하고 있다.

오늘날 대부분의 국가에 있어서는 공직의 특수성에 비추어 공무원단체의 조직과 활동은 원칙적으로 인정하되 다소 간 제약을 가하고 있다(표 8-1 참조).

---

1) 김택·유종해, 전게서, p.126.

〈표 8-1〉 각국 공무원의 노동기본권 허용 현황

구분	분류	단결권	단체교섭권	단체행동권
일본	일반공무원	○	○**	×
	경찰	×	×	×
	현업기관	○	○	×
독일	일반직 노무자, 직원	○	○	○
	일반직 관리	○	○**	×
	경찰	○	○**	×
프랑스	일반공무원	○	○	○
	경찰	○	○	○
영국	일반공무원	○	○	×
	경찰	○*	○	×
미국	연방공무원	○	○	×
	주·지방공무원	각 주·지방정부마다 다양한 규정 존재		

· 자료: 서원석, 「ILO 회원국의 공무원 단체활동 비교연구」, (KIPA연구보고 94-03).
· 주: *단일 단체에만 가입 가능
　　**협의권만 인정

제2절　공무원단체의 활동유형

공무원의 단체행동의 내용은 단체구성·단체교섭·단체행동으로 구분할 수 있다.

1. 단체구성권

공무원단체의 결성이 허용되는 경우에도 공무원단체에 관한 법규는 일반노동법규와는 따로 정하고, 단체를 구성할 수 있는 공무원의 범위를 한정하는 수가 많다. 공무원단체는 노동조합에 있어서 클로즈드 숍(closed shop)이나 유니온 숍(union shop)은 인정되지 않는다.

2. 단체교섭권

단체교섭권이란 공무원에게 영향을 주게 될 중요한 인사행정상의 문제, 즉 보수·근무조건 등의 개선에 관하여 관리층과 공무원조합이 단체적으로 협의하고 양자의 협정에 따라 그 문제를 해결하는 것이다.

3. 단체행동권

단체행동권이라 함은 파업 또는 태업 등 의사관철을 위한 실력행사를 말하는데, 공직의 특수성과 공익침해의 우려가 크므로 일반적으로 금지 또는 극히 제한하고 있다.

제 3 절   공무원단체의 확립요건

공무원단체가 결성되고 그 기능을 발휘하여 발전할 수 있으려면 행정의 내외에 걸친 조건이 갖추어 있지 않으면 안 된다. 공무원단체의 활동이 확립되기 위한 요건은 다음과 같이 생각할 수 있다.

① 국가의 기본체계가 결사의 자유를 보장하고 민주적 참여가 생활화되어 있는 자유사회의 기반이 형성되어 있어야 한다.

② 법률계의 구조와 원리가 공무원단체의 성립을 허용하는 것이어야 한다.

③ 정부와 공무원단체 사이에 보완적이고 협조적인 관계가 형성되어야만 한다.

제 4 절   우리나라의 공무원단체

"헌법과 국가공무원법에 의하여 우리나라의 공무원은 노동운동 기타 공무 이외의 일을 위한 집단적 행위를 하여서는 안 되도록 규제하고 있다." 다만 대통령령으로 정하는 사실상 노무에 종사하는 공무원은 예외로 노동조합을 결성할 수 있도록 하였다. 대통령령에 의한 공무원의 노동조합은 철도노동조합·체신노동조합·전매노동조합·중앙의료원노동조합이며, 이들 노동조합에 대하여 특별한 규제가 없으

므로 일반근로자의 노동법규에 의한 제활동(단결권·단체교섭권·단체행동권)이 보장
되는 것으로 이해된다.

사실상 노무에 종사하는 이들 공무원 가운데서도 ① 서무·인사·기밀업무, ②
경리·물품출납업무, ③ 노무자의 감독업무, ④ 안보목표시설의 경비업무, ⑤ 중용
자동차의 운전업무에 종사하는 자는 가입을 금지하고 있다.[2]

---

2) 유종해 외, 「현대행정학연습」(서울: 박영사, 1979), pp.284~286.

제 9 장

공무원의 정치적 중립

제 1 절   의의

공무원의 정치적 중립이란 공무원이 정당적 목적에 이용되지 않고 공무원의
본분을 유지하고 공무원집단을 정치로부터의 중립적인 세력권으로 하여 민주체제
의 균형과 정권교체에 동요되지 않고 행정의 전문성과 공평성과 계속성을 유지하
려는 것이다.

공무원의 정치적 중립성의 문제는 군주국이나 일당독재 또는 엽관주의 인사행
정을 하는 국가에서는 논의의 여지가 없다. 실적주의인사행정을 하는 국가에 있어
서만 문제로 되고 있는 것이다.

복수정당의 의회정치국가에서 공무원의 정치적 중립을 요구하는 이유는 다음
과 같다.

① 공무원은 정당의 봉사자가 아니며 국민전체의 봉사자로서 공익을 추구해야
할 본질적인 사명에서 불편부당한 입장을 지켜야 한다는 행동규범이 요구된다.

② 행정에 대한 정치의 개입은 행정능률의 저하와 부패와 낭비를 조장하므로
이를 방지하고 행정의 안정성을 확보하고자 하는 것이다.

③ 정권의 변동에도 불구하고 전문적인 계속적인 행정의 수행을 확보하기 위
해서는 중립적인 공무원집단이 필요하다.

④ 정치체제 내의 세력균형을 유지하여 조정자적 역할을 하게 하기 위해서도
필요하다.

제 2 절 정치적 중립의 내용

공무원의 정치적 중립을 요구하는 내용과 정도는 국가마다 사정에 따라 다르다. 대체로 실적주의인사행정이 일찍이 확립되고 엽관주의인사행정의 폐단을 크게 경험하지 않은 국가는 공무원의 정치활동에 관대한 편이나 엽관주의나 정실주의의 폐단을 경험한 미국이나 이런 영향을 받은 국가에 있어서는 공무원의 정치적 중립 요청이 강력하다.

일반적으로 공무원의 정치적 중립을 요구하는 국가는 공무원을 외부의 정치적 간섭으로부터 보호하고 공무원의 정치참여를 금지하는 조치를 법제화하는 경향이 있다.

우리나라의 국가공무원법과 공무원복무규정에 정해진 공무원의 정치활동금지 조항은 다음과 같다.

① 공무원은 정당이나 그 밖의 정치단체의 결성에 관여하거나 이에 가입할 수 없다.

② 공무원은 선거에서 특정 정당 또는 특정인을 지지 또는 반대하기 위한 다음의 행위를 하여서는 아니 된다.

- 투표를 하거나 하지 아니하도록 권유운동을 하는 것
- 서명운동을 기도·주재하거나 권유하는 것
- 문서나 도서를 공공시설 등에 게시하거나 게시하게 하는 것
- 기부금을 모집 또는 모집하게 하거나, 공동자금을 이용 또는 이용하게 하는 것
- 타인에게 정당이나 그 밖의 정치단체에 가입하게 하거나 가입하지 아니하도록 권유운동을 하는 것 등이다.

③ 공무원은 다른 공무원에게 위의 금지사항에 위배되는 행위를 하도록 요구하거나, 정치적 행위의 보상 또는 보복으로서 이익 또는 불이익을 약속하여서는 안 된다.

④ 이 밖에도 각종선거에 입후보하거나 선거에 의하여 취임하는 등 공직을 겸임할 수 없도록 금지하고 있다.

제3절   정치적 중립의 문제점

1. 기본권과의 관계

공무원은 헌법과 법률의 기본적 이념에 따라 시민으로서의 기본권은 물론 공무원으로서의 직업에 따르는 이익을 추구할 수 있어야 한다. 그러나 대부분의 국가에서는 공무원의 본질상의 이유로 이를 금지 또는 제한하고 중립적 입장을 지키도록 요구하고 있다. 이러한 현장은 민주정치의 원칙에 위배되는 것으로 비판을 받고 있으며, 개인의 기본권보장과 정치적 중립의 조화를 어떻게 하여야 할 것인가는 국가마다 다르다.

2. 정치성과의 관계

정치와 행정은 분리될 수 없다는 정치·행정일원론의 입장은 공무원의 정치적 중립을 부정하고 있다. 현대행정은 정치성을 띠고 있으며 행정은 정치적 환경 속에서 수행되고 있는 점을 감안할 때, 공무원의 정치적 중립은 절충적 입장에서 부당한 정당적 정실개입으로부터의 독립성을 의미하는 것으로 이해되어야 한다.

제4절   정치적 중립의 확립요건

공무원의 정치적 중립을 확립하기 위한 기본적 요건은 다음과 같다.

① 정치적 중립성이 공무원의 직업논리로 확립되어 있어야 한다.

② 공무원은 정치적 중립을 가능케 하는 정치적·사회적 환경이 조성되어야 한다. 정권의 평화적 교체가 가능한 정치적 여건구성과 정치인들의 민주적 정치논리가 확립되어 공무원을 정치에 이용하려는 풍토의 개선이 이루어져야 한다.

③ 국민의 정치의식이 높아져 공무원의 정치적 중립을 적극적으로 뒷받침해 주여야 한다.[1]

---

1) 유종해 외, 「현대행정학연습」(서울: 박영사, 1979), pp.281~283 참조.

제10장

사기

제 1 절 사기의 개념

1. 의의

사기(morale)가 무엇인가에 대해서는 여러 학자들이 정의를 내리고 있으나, 화이트(L.D.White)에 의하면 사기란 "자신이 종사하고 있는 일에 자발적으로 전력을 다하고자 하는 정신자세 또는 심리상태"[1]라고 하고 있으며, 레이턴(A. H. Leighton)은 "공동목적을 추구하는 데 있어서 계속해서 서로 일관성 있게 힘을 합칠 수 있는 집단의 능력"[2]이라고 정의하고 있다.

2. 사기의 특질

사기는 개인적·집단적·사회적 성격을 띠고 있다. 이를 간추려 보면 다음과 같다.

(1) 개인적 성격

사기는 개인의 근무의욕을 의미하며, 자발성과 계속성을 그 특징으로 한다. 즉

---

[1] Leonard D. White, Introduction to the Study of Public Administration(New York: Macmillan, 1955), p.450.

[2] A. H. Leighton, "Improving Human Relations, Applied Science of Human Relation," Personnel Administration, Vol. 19, No. 6(July 1947), p.5.

타율을 배제한 개인의 자발적·자주적·자체적인 근무의욕이다.

(2) 집단성

사기는 조직체의 공동목적달성이라는 점에서 집단적 성격을 지닌다. 집단 내의 원만한 관계와 신뢰성 및 작업집단의 규모는 사기의 집단성과 직접적으로 연관된다.

(3) 사회성

사기는 개인과 집단의 범위에 국한되지 않고 그 이상의 사회적 가치와 결부된다. 즉 자기의 직무에 대한 사회적 자부심을 토대로 한 근무의욕만이 사기이며, 반사회성을 띨 때에는 참다운 사기가 될 수 없다.

제 2 절 사기의 요인

사기는 전체로서 파악되어야 하며, 사기의 수준은 단순한 어떤 특정요인이나 유인의 결과가 아니다. 전체적인 근무상황과 직책에 대한 사회적 평가, 인간관계, 개인목표 등의 중복적·동태적 요인이 사기의 결정요인이 된다.

사기의 본질에 관한 최근의 견해는 사회심리학적인 인간의 기본적 욕구와 결부해서 생각한다.3) 학자마다 인간의 기본적 욕구에 관한 견해는 다양하지만, 매슬로우는 ① 생리적인 것, ② 안전에 관한 것, ③ 사회적 욕구, ④ 주체적 욕구, ⑤ 자기완성 등으로 나눌 수 있다.4) 이에 따라 사기를 형성하는 요인을 열거하면 다음과 같다.

① 생리적인 것: 물질적인 보수, 휴양제도

② 안전적인 것: 신분보장, 연금제도

---

3) 스탈(O. G. Stahl)은 사기의 사회심리적 요소에 착안하여 사기의 본질은 ① 안정감, ② 성취감, ③ 인식감, ④ 귀속감에 있다고 주장한다. O. Glenn Stahl, Public Personnel Administration(New York: Harper & Row, 1962), pp.201~202.

4) Abraham H. Maslow, Motivation and Personnel(New York: Harper & Row, 1954); 유종해·송영달, 「조직이론」(연세대학교 출판부, 1974), pp.111~113; Fremont J. Lyden, "What Motivates Manager," Public Administration Review, Vol. 27, No. 3(September 1967), p.281 참조.

③ 사회적인 것: 인간관계, 상담 및 고충처리

④ 주체적인 것: 참여확대, 제안제도, 포상제도

⑤ 자기완성적인 것: 승진, 공무원단체 등

〈그림 10-1〉 매슬로우의 이론과 허즈버그의 2요인이론

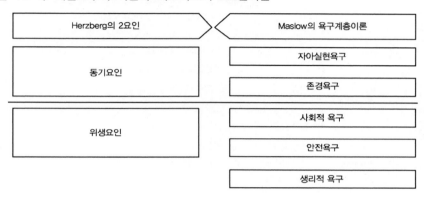

* 매슬로우의 욕구단계 중 각각의 욕구의 강도에 따라서 그 높낮이가 달라질 수 있다.

자료: 이학종·박헌준, 「조직행동론」, 법문사 재인용.

또한 허즈버그는 직무만족도에 따라 위생요인과 동기요인으로 나누고 위생요인으로는 동료와의 관계, 부하와의 관계, 신분, 안전이 주요인이라 지적하였고 동기요인으로는 승진, 책임, 성취감, 안정감 등이 매우 중요한 만족 기여도를 나타낸다고 보았다.

〈그림 10-2〉 허즈버그의 2요인이론의 위생요인과 동기요인

위생요인	동기요인
불만족기여도	만족기여도

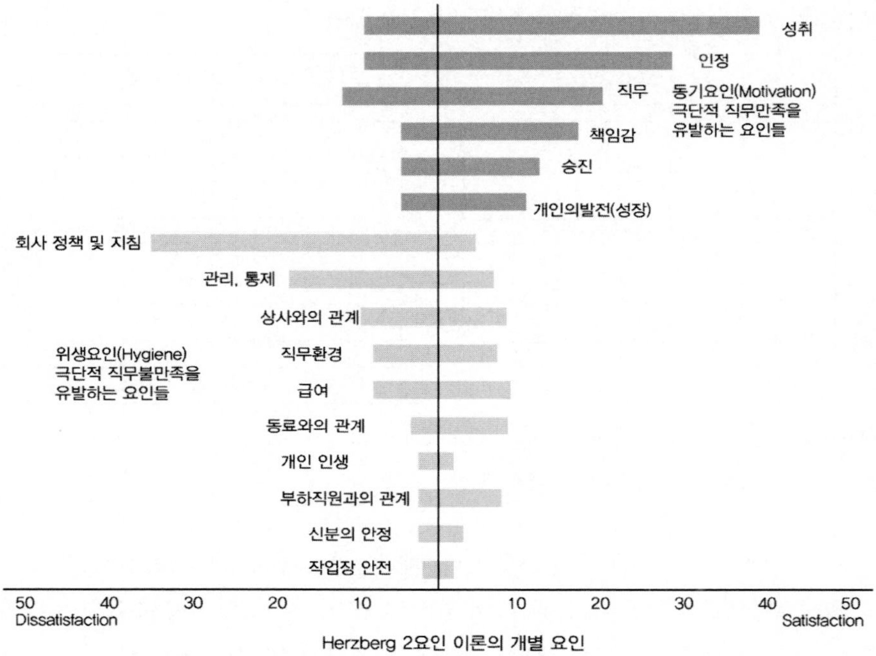

Herzberg 2요인 이론의 개별 요인

자료: Frederick Herzberg, "One More Time: How Do You Motivate Employees," Harvard Business Review, vol. 46, No. 1(Hanuary/February 1968), p.58; 강성철 외, 「인사행정론」; 신현기, 전게서 재인용, p.38.

제 3 절 사기의 조사

사기는 행정의 능률과 직결되는 문제이다. 따라서 행정관리층은 직원이 높은 사기를 유지하는 데 노력해야 하며, 이를 위해서는 사기를 정확히 측정·조사해야 한다.

사기조사의 중요한 방법으로는 다음과 같은 것이 있다.

1. 태도조사

태도조사란 작업조건·환경·봉급·노동시간·및 상급자·동료에 대한 인식 등과 같은 직무와 관계된 여러 요소들에 대한 각 구성원들의 태도를 조사하여 그들의 불평·불만사항을 파악하여 그 중 사기저하요인을 분석·제거시킴으로써 조직목표 달성에 유리한 방향으로 구성원의 태도를 변화시키고자 하는 조사를 말한다.

태도조사(attitude survey)에 동원되는 방법으로는 면접법과 질문서사용법, 일상적인 관찰에 의한 정보수집법, 사회측정법(sociometry)5) 등이 있다.

2. 근무연한기록법

각종의 근무와 관련되는 기록을 검토하여 사기를 측정하는 방법이다.

(1) 생산성에 관한 기록

업무의 생산성은 사기에 좌우되는 경향이 있다. 정부업무의 생산성은 비교적 계량화가 곤란하지만, 어느 정도는 업무수행상태로서 파악할 수 있다.

(2) 이직에 관한 기록

공무원의 자발적 퇴직상황을 조사하여 분석하는 방법으로 일반적으로 사기가 저하되었을 때에는 이직률이 높아진다.

(3) 근태에 관한 기록

공무원은 결근·조퇴·무단이석 등의 근태에 관한 기록은 사기수집의 측정에 참고가 된다.

제 4 절 사기의 앙양방법

공무원의 사기를 앙양시키는 근본적인 방법은 전술한 사기를 형성하는 요인을 모두 충족시켜 주는 방법이겠지만, 현실적으로 어려운 문제가 많으므로 여기서는

---

5) 사회측정법(sociometry)은 모레노(J. Moreno)가 개발한 방법으로 집단 내 구성원 사이의 감정관계를 조사하여 사기를 측정하는 방법이다. Jocob L. Moreno, Who Shall Survive (Washington: Nervous and Disease Publishing Co., 1934) 참조.

실용성 있는 몇 가지 제도만을 검토해 보기로 한다.

1. 사기제고훈련

공무원이 민주적 공직관을 갖도록 고안된 태도변화에 중점을 둔 훈련은 사기 확립에 기초가 된다. 이와 병행하여 공직에 대한 올바른 사회적 평가가 이루어질 수 있는 사회풍토가 조성되어야 한다.

2. 인사상담 및 제안제도

인사상담제도는 욕구불만·갈등·정서적 혼란 등을 가진 공무원들을 전문가가 조언 등으로 도와주는 제도이며, 제안제도는 공무원의 의견·착상 등을 제안받아 심사·채택하고 제안자에게 포상 혹은 표창하는 제도를 말한다. 이러한 제도는 불평처리와 함께 사기의 심리적 기초에서 유래한 불만을 해소해 줌으로써 사기의 제고에 기여하게 된다.

3. 공무원단체의 육성

공무원단체란 공무원들이 근무조건의 유지·개선을 위하여 조직하는 단체 또는 결합체를 말한다. 공무원단체는 구성원의 귀속감·일체감을 높이고 그들의 이익을 위한 조직적 행동권을 부여함으로써 사기를 앙양시킬 수 있다. 그러나 공무원단체의 조직적 행동권은 공무원의 국민전체에 대한 봉사자로서의 신분상 어느 정도 제한을 받는 것이 보통이다.

4. 인간관계관리의 개선

행정의 관리층공무원은 부하들이 인간적 상황에 관한 진단기술을 도입하여 효과적인 인간관계관리를 도모해야 한다. 이를 위한 주요방편으로는 배치전환을 통한 부적응의 해결 등은 물론 때로는 정신의학적 진단과 치료도 수반할 필요가 있다.

5. 보수의 적정화

공무원의 보수가 건강과 품위를 유지할 수 있는 수준이 되지 못하면 부정과 부패의 유혹을 배제할 수 없으며, 공직의 신망과 능률이 저하된다. 따라서 보수의 적정화가 이루어져야 한다.

제11장

동기부여의 내용이론

제 1 절 내용이론[1]

동기부여의 내용이론이란 조직행동에 있어서 업무를 수행하는 동기의 주된 요인을 개인의 욕구에 두는 이론으로서, 여기서는 마슬로우의 욕구계층이론, 알더퍼의 E·R·G이론, 허쯔버그의 동기－위생 두 요인이론, 그리고 맥클리랜드의 성취동기이론을 살펴보기로 한다.

1. 매슬로우(A. Maslow)의 욕구이론

매슬로우에 의하면 인간의 행동은 욕구에 의하여 동기가 유발되는 것이며, 이러한 인간의 욕구는 일련의 단계 내지 계층제로 배열할 수 있다고 한다. 즉 인간의 욕구는 최하위 단계의 생리적 욕구(the physiological need)로부터 안전욕구(the safety need), 소속과 사랑의 욕구(the belongingness and love need), 존중욕구(the esteem need) 및 최상위 단계인 자기실현의 욕구(the need for self－actualization)에 이르기까지 순차적인 계층제를 이루고 있다는 것이다. 하위 단계의 욕구가 어느 정도 충족되면 다음 단계의 욕구를 추구하게 되는 것이며, 이미 충족된 욕구는 인간의 행동을 유발하는 동기가 아니라는 것이다. 이와 같은 각 단계별 욕구의 의의와 특성을 살펴보면 다음과 같다.[2]

---

1) 유종해, 「현대조직관리」(박영사, 2006), p.97.
2) Abraham H. Maslow, *Motivation and Personality*, 2nd ed.(New York: Harper & Row,

(1) 생리적 욕구[3]

생리적 욕구는 인간의 생명을 유지하기 위한 가장 기본적인 욕구로서 동기부여의 출발점으로 여겨지는 욕구이다. 이는 혈액순환이 정상적으로 유지될 수 있게 하는 자동조절기능으로서의 항상성(homeostasis)과 인간의 신체유지에 실제 필요한 것이나 부족한 것을 표시해 주는 지표를 의미하는 식욕(appetite)의 작용과 관계된다.

이러한 의미의 생리적 욕구는 욕구체계의 최하위에 위치하며, 이것이 어느 정도 충족될 때까지는 가장 강한 욕구로서 존재한다. 따라서 생리적 욕구는 의·식·주와 같은 인간의 생명을 유지하기 위한 항상성(homeostasis)의 기능과 관계되며, 동시에 필요한 것이나 부족한 것을 표시해 주는 지표를 나타내는 식욕(appetite)의 작용에 따르는 욕구체계인 것이다.

인간생활에 가장 기본적인 생리적 욕구가 어느 정도 충족되고 난 다음에 그보다 높은 다른 욕구, 즉 안전욕구를 추구하게 되며, 이러한 단계에서 행동을 지배하는 주된 요인은 안전욕구이다.

(2) 안전욕구[4]

안전욕구는 생리적 욕구가 만족되었을 때 바로 그 다음에 나타나는 욕구로서 정신적·육체적 안전을 얻고 싶어 하는 욕구이다. 즉 육체적 위험으로부터의 보호, 경제적 안정, 질서 있고 예측할 수 있는 환경의 선호 등으로 나타나는 욕구이다. 안전욕구도 어느 정도 충족되면 다음 단계의 욕구를 추구하게 된다.

(3) 소속과 사랑의 욕구[5]

이는 생리적 욕구와 안전욕구가 어느 정도 충족되었을 때 나타나는 욕구로서, 소외감이나 고독을 극복하고 어떤 집단에 가입하고자 하는 욕구를 말한다. 즉 동료집단에 소속되고 싶어하고, 그들 동료들과 우의와 애정을 나누고자 하는 욕구이다. 소속과 사랑의 욕구가 충족되면 다음 단계의 욕구로서 존중욕구가 나타나게 된다.

Publishers, 1970), pp.35~47.

3) *Ibid.*, pp.35~38.

4) *Ibid.*, pp.39~43.

5) *Ibid.*, pp.43~45.

(4) 존중욕구[6]

존중욕구란 다른 사람들로부터 높은 평가와 존경을 받고자 하는 욕구이다. 이는 본인이 스스로 중요하다고 느낄 뿐만 아니라 타인으로부터 인정을 받고자 하는 욕구이다. 이러한 존중욕구에는 힘, 업적, 지배능력, 어려운 상황에서 요구되는 용기, 독립심이나 자유에 대한 욕구, 명성, 위신, 지위, 영광, 위엄 등이 포함된다.

(5) 자기실현의 욕구[7]

자기실현의 욕구는 욕구단계의 최정상에 위치하는 욕구로서 인간이 할 수 있는 한 모든 것을 해 보려는 욕구이다. 이는 개인이 자신의 잠재력을 최대한으로 발휘해 보려고 노력하여 계속적인 자기발전과 창조적인 생활을 꾀하려는 욕구이다. 즉 자기발전과 창조성과 관계되며 성취감과 자기만족을 부여하는 욕구이다.[8]

2. 앨더퍼(Alderfer)의 E·R·G이론

이 이론은 전술한 매슬로우의 욕구계층이론을 수정한 이론이라고 할 수 있지만, 이론의 기반을 조직의 실제를 다룬 현장연구에 두었다는 점에서 중요한 의의를 가진다고 하겠다. 앨더퍼는 주로 설문지기법을 사용하여 직장이나 대학 등의 조직생활에 직결된 욕구체계를 상관연구 방법을 사용하여 실증적으로 연구했다.

이러한 연구결과를 기반으로 해서 그는 매슬로우의 5단계 욕구수준을 3단계로 수정한 E·R·G이론을 제시했는데, 이 3단계 욕구란 생존욕구(existence need)·관계욕구(relatedness need)·성장욕구(growth need)를 말하는 것으로서, 각 욕구의 첫머리 글자를 따서 이를 E·R·G이론이라고 부른다.[9]

---

6) *Ibid.*, pp.45~46.
7) *Ibid.*, pp.46~47.
8) 매슬로우의 5단계 기본욕구
   - 1단계: 생리적 욕구(가장 기본적·강력한 욕구·의식주·보수·휴양제도)
   - 2단계: 안전의 욕구(장래의 안전과 신분보장·연금제도)
   - 3단계: 사회적 욕구(인간관계 개선·소속감의 충족·귀속감·고충)
   - 4단계: 존경의 욕구(포상·권한의 위임·제안·제도·참여)
   - 5단계: 자아실현 (승진·공무원단체활동)
   ※ 생리적 욕구 충족이 없이는 존경의 욕구의 충족이란 있을 수 없다. 상위 단계로 올라갈수록 조직과 갈등은 커진다.
   공병인, 전게서, p.121.
9) C. P. Alderfer, "An Empirical Test of a New Theory of Human Needs," *Organizational*

매슬로우의 이론은 이미 다룬바 있으므로 여기서는 E·R·G이론을 매슬로우의 이론과 비교함으로써 이에 대한 이해를 돕기로 하겠으며, 다음의 표 11-1은 두 이론에서의 욕구수준을 비교한 것이다.

첫째, 매슬로우의 이론에서는 한 수준의 욕구로부터 다음 수준의 욕구로 나아가기 위해서는 낮은 수준의 욕구가 충족되어야 한다고 주장한다. 즉 낮은 수준의 욕구충족에 이해서 다음 수준으로의 진전이 이루어진다고 봄으로써 낮은 수준의 욕구로부터 높은 수준의 욕구만족 진행과정이 욕구과정의 핵심이었다. 그러나 앨더퍼는 이와 대조적으로 이러한 과정에 덧붙여서 욕구만족의 좌절 및 퇴행과정도 있다고 보는 것이다.

둘째, 매슬로우의 이론에서는 5가지 욕구 중에서 우세한 욕구가 지배적으로 활성화 된다고 주장한다. 물론 다른 욕구들이 전혀 영향을 미치지 못하는 것은 아니지만 우세한 욕구의 기능을 강조했다. 그러나 앨더퍼는 일정한 시점에서 세 욕구의 강도가 상이하긴 하지만, 하나 이상의 욕구가 동시에 작용되거나 활성화 될 수 있다고 본다.[10]

셋째, 욕구는 의식적으로 인식될 수 있는 것이다. 특히 우세한 욕구는 인간 자신에 의해서 잘 인식된다. 이러한 측면이 있기 때문에 앨더퍼는 설문지나 면접 등을 통해서 욕구를 연구할 수 있다고 주장하였다. 이러한 주장을 배경으로 해서 앨더퍼는 인간의 욕구를 무의식 수준에서 다루어야 한다는 매슬로우의 주장과는 달리 조직에서의 인간의 욕구를 의식수준에서 다루었다.

Behavior and Human Performance, Vol. 4(1969), pp.142~175; 유종해, 전게서, p.99.
10) C. P. Alderfer, *Existence, Relatedness and Growth: Human Needs in Organizational Setting*(New York: The Free Press, 1972), p.12; 유종해, 전게서, p.101.

〈표 11-1〉 매슬로우와 앨더퍼의 욕구수준비교

매슬로우	앨더퍼
생리적 욕구	생존 (existence)
물리적 안전욕구	생존 (existence)
대인관계의 안전욕구	관계 (relatedness)
소속 및 사람의 욕구	관계 (relatedness)
대인관계의 자존심	관계 (relatedness)
자기확신의 자존심	성장 (growth)
자기실현	성장 (growth)

3. 허즈버그(Herzberg)의 두 요인이론[11](위생요인과 동기부여요인)

인간에게는 상호독립된 두 종류의 상이한 욕구의 범주가 있으며, 이것은 각기 다른 방법으로 인간행동에 영향을 준다. 인간은 자신의 직무에 불만이 있을 경우 직무환경에 관심을 갖게 된다. 환경에 대한 욕구는 곧 직무에 대한 욕구불만을 예방하는 기능을 담당한다. 이와 같이 직무에 대한 불만을 예방하는 기능을 담당하는 요인을 위생요인 또는 불만요인이라고 하였다.

한편 인간이 자신의 직무에 만족할 경우, 그 만족도는 직무와 관련된다. 직무수행과 관련된 이 같은 욕구는 인간으로 하여금 보다 우수한 직무수행을 하도록 동기부여 하는 데 효과적이므로 이것을 동기부여요인 또는 만족요인이라고 하였다.

위생요인에는 ① 정책, ② 감독, ③ 보수, ④ 대인관계, ⑤ 작업조건 등이 있다. 이러한 제요인은 모두 직무 자체의 본질적인 것이 아니라, 직무수행상의 작업환경 및 작업조건에 관계되는 요인들이다. 그러므로 위생요인은 생산능력을 증대시킬 수 있는 것은 아니며, 단지 작업제약요인에 의한 작업수행상의 손실을 막을 수 있을 뿐이다. 만일 위생요인이 충족되지 못하면 불만이 생긴다. 그러나 위생요인이 충족되었다고 하더라고 그것은 불만이 없거나 직무의 수행에 중립적인 태도를 취할 뿐이지 그것이 곧 만족을 가져오지는 못한다.

11) Fredrick Herzberg, *Work and the Nature of Man*(New York? World Publishing Co., 1966); Hersey & Blanchard, op. cit., pp.64~71; Herzberg, Manser and Synderman, *The Motivation to Work*(New York: John Wiley & Sons, Inc., 1959), p.ix.

동기부여요인에는 ① 직무상의 성취감, ② 직무성취에 대한 인정감, ③ 보람 있는 직무(직무내용), ④ 책임감, ⑤ 성장 및 발전 등이 있다. 이러한 동기부여요인은 직무에 대한 만족감을 주고, 그 결과 생산능력의 증대에 기여한다. 즉 이러한 동기부여요인이 충족되면 만족감을 갖게 되고 동기부여를 하게 되어 생산성이 증대한다.

따라서 위생요인 또는 불만요인을 충족시켜 줌으로써 불만을 해소하고, 동기부여요인 또는 만족요인을 충족시켜 줌으로써 만족감을 부여하며, 사기를 높여 생산성을 높일 수 있도록 하여야 할 것이다.

4. 맥클리랜드(McClelland)의 성취동기이론

맥클리랜드는 학습개념(learning concept)에 기초한 동기부여이론을 제시했다. 그는 개인이 갖는 욕구들은 사회문화적인 환경에서 학습을 통해 습득되는 것이라 하면서, 이들 욕구를 ① 성취욕구(need for achievement: nAch), ② 친교욕구(need for affiliation: nAff), 그리고 ③ 권력욕구(need for power: nPow)의 3가지로 구분하였다.[12]

(1) 성취욕구[13]

성취욕구란 해결하기 어려운 도전적인 일을 성취하려는 욕구, 물자와 인간, 그리고 사상을 지배하고 관리하려는 욕구, 이와 같은 욕구를 신속히 수행하려는 욕구, 모든 장애요인을 스스로 극복함으로써 높은 수준을 달성하려는 욕구, 능력을 개발하고 발휘함으로써 자신을 탁월한 존재로 만들고 싶은 욕구를 말하는 것으로, 이러한 욕구를 가진 자는 이를 위해 일정한 표준(standards)을 설정, 달성하고 나아가 표준을 능가하려는 성향을 보인다.

맥클리랜드는 그의 연구결과를 토대로 다음과 같은 가정에 입각할 경우, 인간은 높은 성취욕구를 보인다고 하였다. 첫째로, 인간은 문제해결을 위해 적극적으로 책임지기를 원한다. 둘째로, 인간은 적당한 성취목표를 설정하며, 한편으로 계산된

---

12) David D. McClelland, "Business Drive and National Achievement," *Harvard Business Review* 40, July－August 1962, pp.99~112; David D. McClelland, *The Achieving Society*(New York: van Nostrand, 1961), pp.7~8.

13) J. L. Gibson, J. M. Ivancevich and J. H. Donnelly, Jr., *Organizations*(Plano Texas: Business Publications, Inc., 1976), p.126.

모험(calculated risks)을 추구하는 경향이 있다. 셋째로, 인간은 자기가 달성한 업적에 대해 명확한 피드백(feedback)이 있기를 원한다.

(2) 친교욕구[14]

친교욕구란 다른 사람들과 사회적으로 친근하고 밀접한 관계를 맺고자 하는 욕구를 말하는 것으로 높은 친교욕구를 가진 사람들은 인간관계의 질에 관해 많은 관심을 보인다. 따라서 이들에게 사회적 관계는 업무의 성취보다 우선적인 것이다.

(3) 권력욕구[15]

권력욕구란 타인에게 영향력과 통제력을 행사하고자 하는 욕구를 말하는 것으로 높은 권력욕구를 가진 사람은 권력과 권위를 취득하고 행사하는 데 초점을 두고 있다. 맥클리랜드에 의하면 권력은 두 가지 상이한 정향성을 갖는바, 즉 그것을 행사하는 인간이 우월성과 복종을 강조한다는 점에서는 부정적이며, 설득력 있고 고무적인 행태를 반영한다는 점에서는 긍정적이라 한다.

맥클리랜드의 주장은 이상과 같은 욕구들은 개인의 환경에 대처하는 가운데 학습된다는 것으로, 즉 욕구는 학습을 통해 형성되는 것이기 때문에 보상이 따르는 행위는 그 발생수가 매우 빈번하며, 업적에 대해 보상을 받는 관리자들은 어느 정도의 위험성을 감내하고 목표성취에 매진하게 된다 한다. 이렇게 볼 때 개개인은 학습과정의 결과로서 그들의 행태와 업무성취에 영향을 주는 고유한 욕구의 형태를 형성하게 되는 것이다.[16]

---

14) *Ibid.*, p.126.
15) *Ibid.*, pp.126~127.
16) *Ibid.*, p.127; 유종해, 전게서, pp.102~103.

제12장

공무원 책임과 윤리[1]

제1절 서론

행정책임과 윤리가 지향하는 점은 행정의 가치 선악을 내포하고 있다는 점에서 행정인이 지켜야 할 의무라고 본다. 문제는 행정이라는 것이 가치지향적인 면보다는 가치배제적인 사실행위에 중점을 두기 때문에 행정윤리의 정립이나 제고를 쉽게 논의하기가 힘들다고 본다. 그러나 행정인이 국민의 대리인적 업무를 수행하기 때문에 그 윤리적 책임과 의무는 매우 중요하다고 본다.

인간은 본성적으로 이상가치의 실현을 추구한다. 구체적인 행동의 기획에서 인간은 의식적·무의식적으로 이상과 실제를 연관시킴으로써 구체적인 행동의 형성과 집행을 통하여 계획한 목표의 달성, 상위목적의 실현, 그리고 궁극적으로 이상가치의 구현을 지향한다.

그런데 공공정책을 형성·집행하는 공공행정가는 자신의 업무가 공익을 추구하므로 자기의 이익욕구를 억제하여야 한다. 그리고 공무원들이 형성·집행하는 정책은 개념상 행동의 지침이지만, 그것이 포함하는 행동은 결코 우연히 봉착하거나 단순히 반복되는 행동이 아니라, 어떤 주체가 바람직한 소망을 의도적으로 탐색하고 이것을 실현하기 위하여 강구하는 행동이다. 이런 관점에서 볼 때, 정책결정은 미래의 탐색과 행동의 설계를 통합하는 지침이지만, 그 행동은 단순히 경험적 분석을

---

1) 김택·유종해, 전게서, p.146.

통하여 설계된 행동이 아니라 바람직한 미래를 탐색하려는 철학적 사고와 윤리적 분석을 거쳐서 모색하는 행동이다.

이런 의미에서 정책결정은 철학과 행동의 통합이고, 공공행정은 행동하는 철학이다.[2] 즉 공공행정가(공무원)는 공익을 추구하며, 또한 국민 전체에 대한 봉사자이며, 국민 전체에 영향을 주는 정책을 결정하기 때문에 공공행정에서의 윤리성에 대한 요구는 다른 일반조직에 비해 높은 편이다. 그리고 공공행정은 공권력을 토대로 해서 가치배분의 기능까지 수행하기 때문에 윤리성을 더욱더 강조하는 것이다.

우리나라의 행정도 과거의 권위주의적 행정문화에서 다원화된 문화로 변화하는 마당에 다양한 요구와 시민대응서비스가 개발하여 응답적 책무의 윤리의식을 고양하여야 한다고 본다.

과거 미국에서 유행했던 신행정론시대의 윤리적 책무는 행정의 민주주의나 행정의 서비스가 원숙했던 시기였기에 가능했다고 본다. 최근 우리나라도 행정의 민주성이나 서비스는 상당히 높아졌지만 이에 걸맞는 행정인의 윤리성 책임성은 뒤따르지 못하는 행정의 문화적 지체 현상이 만연하고 있다는 것이 문제라고 본다.

참여정부가 혁신행정을 강조하는 것도 행정의 변화에 능동적으로 대처하지 못하고 있는 것이며 이것은 행정인의 윤리적 가치관이 무장되지 못했다는 것을 반증한다. 결국 혁신은 윤리적 변화 가치관을 수용하라는 의미라고 본다면, 참여정부 출범 후 수년 동안 외쳤던 혁신문화는 윤리적 사고와 가치관 함양에 얼마나 성공이었는가 하는 회의가 든다.

행정인의 윤리관이 제도적으로 어떻게 형성할 수 있을까 하는 물음을 가지면서 이러한 행정책임과 윤리의 제고를 위한 방편으로 문제점과 전략을 중심으로 고찰하기로 한다.

제 2 절 윤리실태

공무원 부패의 양태는 상당하게 조직화 구조화되어 있다고 본다. 공무원 부패가 발전과정상의 부산물, 공무원의 의식구조, 미분화된 권력문화, 행정통제의 미비,

---

2) Christopher Hodgkinsion, *Towards a Philosophy of Administration*(New York: St. Martin's Press, 1978), p.3.

정치문화의 미성숙, 건전한 시민문화의 미비, 정경유착의 문제 등과 연계되어 있어 공무원 윤리의 저해요인으로 나타나고 있는데,[3] 한국사회가 윤리적이기 위해서는 무엇보다 공직윤리가 확립되어야 한다.

현재 한국의 공직사회의 윤리 현황에 대하여는 다음의 조사결과가 설명해준다. 2002년 2월에 행정자치부(현 행정안전부) 공무원직장협의회가 4급 이하 행정자치부(현 행정안전부) 직원을 대상으로 설문조사를 실시하여 308명이 응답한 내용을 분석한 결과에 따르면 응답자의 84.7%는 '공직사회에 부패가 존재한다'고 답하였다. 그리고 그 원인에 있어서는 공무원들의 넓은 재량권(28.6%) 등의 구조적 요인을 지적하고 있다.

〈표 12-1〉 공무원직장협의회 설문조사분석

질문: 우리 공직사회에 부패가 존재한다고 보는가?	
존재한다	84.7%
존재하지 않는다	15.3%
질문: 공직사회의 부패원인은?	
개인의 욕심	11.1%
부정을 용인하는 사회적 풍토	13.8%
공무원의 넓은 재량권	28.6%
편의를 바라는 구조적 모순점	20.0%
공직사회의 구조적 모순점	17.5%
불필요한 행정규제	8.9%

자료: 행정자치부 공무원직장협의회, 2002 설문조사 결과 분석현황(2002년 3월).

그리고 2002년 9월 전국공무원노조와 여론조사전문기관인 한길리서치가 전국 성인 남녀 20세 이상 남녀 1,000명과 공무원 3,176명을 대상으로 실시한 여론조사 결과 국민의 88.6%가 공직사회의 부정부패가 심각하다고 생각하는 것으로 나타났다. 또한 80.6%는 금품·향응 제공이 민원처리에 영향을 준다고 생각하는 것으로 나타났다. 한편 공무원노조 조합원들은 「상급자의 부당한 업무지시 명령에 대하여 어떻게 하는가?」는 질문에 대하여 「상급자 명령대로 처리한다」는 응답이 전체의

---

3) 김영종, 「부패학」(1996), pp.39~42.

67.9%를 차지하고 있어 대다수의 공무원이 자신의 가치판단에 따라 행동할 수 없는 관료조직의 풍토가 형성되어 있는 것으로 나타났다. 공무원의 신분이 보장되어 있다는 점을 고려할 때, 한국사회에서 일반인이 주관에 충실하게 행동하기는 어려운 현실이며, 이는 한국 문화에 자리 잡고 있는 어두운 측면이다.

우리나라의 부패인식도 지수를 보더라도 1998년 이후 40위에서 50위 사이를 맴돌고 있는데, 이와 같은 순위는 OECD에 가입한 다른 선진국에 비해서 매우 낮은 수준이다(표 12-2).

국제비교에 있어서 2003년 기준으로 우리나라의 경제규모는 세계 13위권이나, 부패인식도 지수는 50위로 일반적으로 부패수준과 경제수준이 높은 상관관계가 있는 점을 감안한다면 우리나라의 경우 경제수준에 비해 부패인식도 지수가 매우 낮게 평가되고 있는 상황이다. 우리나라의 경제수준을 고려할 때 구매력평가기준(ppp) 1인당 GDP $15,000에 상응하는 부패인식도 지수는 25위 수준이다.

〈표 12-2〉 국제투명성기구(TI)의 우리나라 부패인식도 지수 순위추이

연도	1997	1998	1999	2000	2001	2002	2003	2004	2006	2007	2008	2009	2010	2011
부패지수 (점)	4.29	4.2	3.8	4.0	4.2	4.5	4.3	4.5	5.83	5.1	5.6	5.5	5.4	5.4
국별순위	34	43	50	48	42	40	50	47	21	43	40	39	39	43
조사대상 국가 수 (개)	52	85	99	90	91	102	133	146	30	180	180	180	178	183

출처: TI가 발표한 지수, http://www.transparency.org/surveys/index.html#cpi.

이처럼 공무원 부패나 정치부패가 심각하여 개선되지 않고 있으며 이와 같은 상황에서 공무원의 윤리나 책임성을 기대한다는 것은 나무에서 물고기를 찾는 격이라고 생각하지 않을 수 없다.

제 3 절 행정책임과 윤리성의 저해요인

행정책임과 윤리가 추상화되고 형식화되어서 행정윤리를 확립하기보다는 오히

려 행정윤리의 내용을 흐리게 하거나 행정윤리에 대한 불신을 조성하는 결과를 초래한 것이 행정윤리의 근본적인 문제라고 볼 수 있다.

행정이 양적으로 성장하고 질적으로 고도화된 오늘날의 행정 국가 혹은 복지국가에 있어서 정치·경제·사회·문화의 모든 영역에 걸쳐서 행정의 역할과 책임이 강화될수록 행정윤리를 확립하기 위한 지속적인 노력이 다각적으로 이루어져 온 것이다. 그럼에도 불구하고 적극적으로 행정윤리를 확립하는 것은 말할 것도 없고 소극적으로 행정의 비윤리를 제거하지도 못한 이유는 무엇인가? 근본적인 이유는 행정과 환경의 두 가지 차원을 염두에 두면서 그 주요한 이유를 살펴보면 다음과 같다.

첫째, 공직충원의 비윤리성과 무원칙성을 들 수 있다. 건국 초기에 반민족적 친일협력자를 대거 공직에 등용한 것으로부터, 4공화국에서 노태우 정부까지 존속해 왔던 소위 유신사무관제도와 행정고시 선발인원이 사법고시의 선발인원보다도 상당하게 적은 것은 이를 단적으로 말해 주는 것이다. 현재 시행하고 있는 9·7급 공채나 행정고시 등도 암기위주로 선발하기 때문에 가치관이나 인성 도덕성을 평가하기에는 무리라고 볼 수 있다. 작금 중앙인사위원회에서 공직자 적격시험으로 전환하여 인성과 윤리관을 검사하는 방향으로 나아가는 것은 바람직한 측면이라고 보지만 시험제도에 의존하다보니 행정윤리성을 수용하기에는 매우 어렵다고 본다.

둘째, 행정부나 행정인에 대한 의회나 언론 등의 외부통제기능의 약화를 들 수 있다. 최근까지의 사정은 행정이 의회나 언론의 통제를 받는 것이 아니라 오히려 의회나 언론을 통제를 하는 상황이었다. 국회의 국정감사나 국정조사는 행정감사가 아니라 오히려 건수 위주의 적발이나 개개 국회의원의 인사위주의 폭로에 그치고 있으며 언론도 사회적 환경감시기능을 충실하게 하지 못하는 측면이 있다.

셋째, 전통문화의 해체와 새로운 가치관의 미정립 및 혼재를 들 수 있다. 전통문화 속에 서구문화가 밀려오면서 일어나고 있는 가치관의 혼돈 중에서 이중적인 가치구조와 행동양식이 보편화되고 이것이 행정윤리에도 그대로 반영되어 민주적인 형식에 권위주의적인 내용을 담고 있는가 하면 권위주의적인 가치가 합리적인 행동으로 위장되기도 한다. 오랫동안의 군사문화가 한국의 행정문화와 결합하여 이질적인 혼동의 행정문화가 재생산되고 있다고 본다.

넷째, 공무원의 낮은 보수수준이 행정윤리확립의 저해요인으로 흔히 지적되고 있다. 부정부패추방 또는 부패척결 등의 노력은 늘 공무원의 처우개선과 함께 논의되어 왔다. 그러나 낮은 보수가 비윤리를 정당화하는 근거가 될 수는 없다. 역대정부가 부패척결을 외치면서 공직자처우개선을 약속하였지만 성사되지 못한 점은 말단 행정인들이 부패와 뇌물에 쉽사리 물들게 하는 한 요인이 되고 있다는 사실이 이를 대변한다.

다섯째, 정부 및 사회전체의 도덕적인 분위기의 타락을 들 수 있다. 정치분야에서 근본적인 정권의 정당성과 도덕성이 의심 되는 상황 하에서는 행정도, 경제도 그리고 기타 사회문화의 문제도 타락의 연장선상에서만 존속할 수 있을 뿐이기 때문이다. 그리하여 급기야는 도덕의 최후의 보루인 종교집단에서도 비도덕적인 현상을 나타내게 되었던 것이다. 정치지도자나 행정부 리더 등의 권력부패와 비리가 판치는 마당에 행정인들만 자정하라고 요구하는 것은 무리라고 볼 수 있다.

오늘날 우리는 정치·경제·사회·문화 등 모든 영역에서 대규모조직의 지도자들이 비윤리적인 행위를 하는 것을 너무 많이 목격하고 있다. 이러한 비윤리의 세계에서 오직 행정에만 윤리를 강조하는 것은 이중적인 기준을 적용하는 것과 같은 것이다. 그러나 행정이 국가발전을 주도하여 온 우리나라에서는 이러한 비리가 모두 다 행정의 문제라고 해도 과언이 아닐 것이다. 회사가 상품을 제조하면서 공해를 배출하듯이 행정도 발전을 제조하면서 비리를 배출하였던 것이다.[4]

행정의 차원에서 윤리를 확립하는 방안을 살펴보면, 이는 근본적으로 바람직한 행동을 유도하기 위한 제도와 교육의 문제가 된다. 그런데 제도에 관해서는 앞에서 살펴본 바대로 불비가 문제가 아니라 형식화가 더욱 문제가 되고 있다. 따라서 새로운 제도의 도입이나 개선보다는 제도의 축소 조정을 통하여 형식과 실제를 일치해 나가는 방향이 강구되어야 할 것이다. 윤리교육도 부족한 것이 문제가 아니라, 오히려 형식적인 정신교육이나 윤리교육이 많은 데 문제가 있다. 따라서 기존의 형식적인 교육을 폐지하고 행동에 일치하는 실질적인 교육을 강화해 나아가야 할 것이다.

이와 같은 행정윤리의 문제들은 이미 그 자체가 해결책을 암시하고 있거니와 이를 다음에서 살펴보겠다.

---

4) 유종해·김택, 「행정의 윤리」, 2006.

제 4 절 행정책임과 윤리의 확립방안

1. 행정책임

책임 있는 행위, 특히 행정책임성은 개인이 갖고 있는 태도·속성·가치들, 행위규범으로 구성된 조직문화, 참여 수준, 회답성 수준에 따른 조직구조와 사회적 기대 등에 의해 책임성 수준이 영향을 받게 된다. 이를 그림으로 나타내면 그림 12-1과 같다.

〈그림 12-1〉 행정책임성에 영향을 미치는 요소들

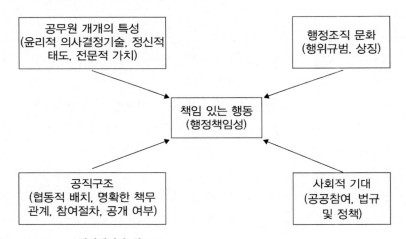

자료: Terry L.Cooper, 책임행정가 참조.

따라서 책임 있는 행위를 구성하는 요소 내지 개별적 수준에서 윤리적 자율성을 구성하는 요소들은 구체적으로 책임 있는 행정행위들을 제시하면서 살펴보겠다.

표 12-3을 통해서도 알 수 있듯이 개인적 및 조직적 수준에서의 책임성을 확보하는 데는 개인, 조직 그리고 이를 둘러싼 환경 간의 상호영향성을 고려하면서 고찰해야 할 것이다.

〈표 12-3〉 책임 있는 행위를 구성하는 요소

책임 있는 행위의 구성요소	개인적인 윤리적 자율성의 구성요소
• 개인적 특성 • 조직구조 • 조직문화 • 사회적 기대	• 조직경계결정과 초월 • 조직력을 제약하기 위한 법적·제도적 기제 • 자의식
책임 있는 행정행위	
• 현 법전 및 윤리법규의 규정 내에서 실행 • 전문분야체계의 지식을 관리, 고양 • 조직·조직목표·정책분야에 대한 지식을 관리 및 개발 • 조직의 업무와 목적을 위해 노력 • 법적으로 위임받은 조직사명과 일관된 결정 • 조직의 위계 구조에 회답성을 인정 • 최상의 기술적 판단을 실행 • 조직의 비공식적 규범과 절차 • 특수화된 조직구조 내에서 작업	• 정치적 공동체 및 개인적 양심의 가치 내에서 행위 • 현 사회·정치·경제체제에 대한 지식을 관리 및 고양 • 자신의 가치, 신념, 확신, 세계관 그리고 삶의 우위권에 대한 지식을 관리 및 개발·가족, 사회, 공동체관계를 관리 및 개발 • 공적 선호, 수요 및 이익에 근거하여 조직사명 내 법적 변화에 대한 제안제공 • 조직가치, 정치적 양심의 가치와 일관되지 않은 법규에 의문, 저항, 도전 • 규칙적이고 접근 가능한 공적 참여제공 • 공적 선호, 요구 및 이익에 기초한 절차 규범, 규칙, 규율에서의 변화를 제안 • 다른 조직들, 선출된 관료 및 공공과의 단위들 사이에 협동을 고양

공공조직 내에서 책임 있는 행동을 하도록 하는 두 가지 일반적인 접근에는 외적 통제와 내적 통제가 있다. 그런데 이 두 가지 접근은 프리드리히(Carl Friedrich)와 파이너(Herman Finer)의 역사적 논쟁과 연관되어 아직도 행정실무자는 물론 학자들에 의해서도 논의되어 오고 있다.

프리드리히[5]는 책임성은 객관적인 외부적 책임성 차원뿐만 아니라 심리적 요인이 있다고 하면서 내적 통제의 중요성을 주장하였다. 그리고 그 이후의 글에서 프리드리히는 여전히 내적 통제의 중요성에 부가하여 행정가의 전통적인 정치적 책임성의 중요성을 강조함으로써, 책임 있는 공공정책에는 '이중적 기준'이 필요하다고 주장한다. 즉 행정책임성은 결코 완벽한 정도로 달성될 수 없으므로, 정치적 통제가 기술적 수준과 대중의 여론의 영향을 보충해야만 한다는 것이다.

---

5) Carl Friedrich, "Problem of the American Public Service," *Commision Inquiry on Public Service Personnel*, 유종해·김택, 「행정의 윤리」에서 재인용.

이러한 견해는 가우스(John M. Gaus)에게서도 발견할 수 있는데, 그는 1930년 중반 미국의 정부체계에서 책임성 확보의 중요한 수단의 하나로 그의 직업적 기준에 기인한 것으로서 개별적 공무원들이 인지하는 것이 있다고 하면서, 그것이 바로 내적 제재라고 하였다. 이후 비슷한 시기에 마르크스(Fritz Morstein Marx) 또한 프리드리히와 유사한 견해를 피력하였다.6) 그리고 이러한 프리드리히의 주장은 1960년 후반부터 행정학에 대두된 신행정학 운동에 의해 새로운 자극을 받게 되었다. 이에 따라 신행정학에서는 사회적 형평성 가치를 획득하기 위해 행정가는 고객지향성이어야 한다는 것을 중요한 행정책임성이 내포된 철학으로 여겼다.

이상의 논의와 대조적인 흐름의 시작으로 1936년 파이너(H. Finer)의 주장을 들 수 있다. 즉 책임성의 주관적 요소를 강조하는 프리드리히에 대항해 파이너는 "윤리법전, 내부규율 그리고 이러한 것들을 효과적이게 하는 장치들이 내실 있는 행정을 확보하게 하는 길이며, 오늘날 정치적 통제 또는 정치적 책임성의 근본 가능성보다 더 중요한 것은 없다"7)고 하면서 법적·제도적 통제 체계만이 책임성 확보의 유일한 방법이라고 주장하였다. 이상의 행정책임성 확보를 위한 방법으로 프리드리히와 파이너의 주된 논쟁을 통해, 이들을 근간으로 한 수단들을 범주화하여 살펴보면 다음과 같다. 내부적·공식적, 내부적·비공식적, 외부적·공식적 그리고 외부적·비공식적인 확보방안으로 나눌 수 있다. 그런데 이러한 네 가지 범주 중 어느 하나 혹은 각 범주에 속하는 하나하나의 요소만을 고집하는 학자는 없다. 아래의 표는 길버트(Gilbert)8)의 견해를 약간 수정하여 적용한 것이다.

물론 위와 같은 네 가지 서술적인 범주를 사용하는 데에는 규정상·분류상의 어려움이 따르겠지만 각 요소간의 균형을 유지한다고 했을 때, 이는 행정책임성을 강화하기 위한 다양한 제도적 접근들과 견해들을 분석하는 유용한 수단이 될 것이다. 공식적 범주와 비공식적 범주를 구분하기는 쉽지 않으나, 비공식적 관계들은 헌법에 명시되고 있지 않다는 점에서 대강의 구분이 가능하다. 내부적인 확보방안과 외부적인 확보방안간의 차이는 전자가 정부의 집행체계와 그것을 책임지는 최고집행가를 의미하는 반면 후자는 그것을 제외한 사회적 요소와 정치적 장치들이라는 점에서 구분된다. 여기서는 이들 범주들 중에서 사법부, 시민참여, 공무원 윤

---

6) F. M. Marx, *Public Management in the New Democracy*(1940), p.237.
7) 파이너는 막스 베버에 뿌리를 두고 있는 행정역할의 전통적 관점을 재확인하였다.
8) C. E. Gilbert, The Framework of administrative responsibility, p.382.

리 강령, 대표관료제, 공익 그리고 윤리분석 등을 다루겠다(표 12-4 참조).

〈표 12-4〉 행정책임 확보방안

구분	내부적	외부적
공식적	행정수반	입법부, 사법부
비공식적	직업윤리강령 대표관료제 공공이익 윤리분석	이익집단 대표 시민참여 여론

자유민주주의 실천의 전제가 되는 행정부의 민주성 확립은 행정환경, 조직구조, 관리기법 등의 개혁을 필요로 한다. 그러나 이에 못지않게 행정부를 구성하고 이를 움직이는 공무원의 태도 변화가 중요한데, 이는 행정국가화 현상으로 더욱 강화되었다.9)

2. 의무

(1) 공무원의 의무

가. 일반적인 의무

국가공무원법 → 선서의 의무, 성실의 의무

나. 직무상의 의무

① 국가공무원법: 종교중립, 법령준수, 친절공정, 복종, 직무전념(직장이탈, 영리업무는 금지)

② 경찰공무원법: 제복 착용의 의무, 거짓보고 및 직무유기 금지, 지휘권 남용 금지

(2) 경찰공무원 복무규정

① 지정 장소 외에서 직무 수행 금지

② 근무시간 중 음주 금지

---

9) 표시열, "공무원의 윤리적 의무와 법적 의무-헌법정신의 준수를 중심으로," 「작은 정부를 위한 관료제-소정 이문영 교수 정년기념논문집」(서울: 법문사, 1990), p.409; 행정국가에서 개인의 지위는 자아가 침해받는 사회 속의 개인, 정책결정에 속수무책인 정치체제 속의 개인, 경제생활이 더욱 정부에 의존하는 경제 속의 개인으로 특징지어진다.

③ 민사분쟁에 개입 금지

④ 여행 제한

⑤ 신분상 의무

- 청렴 의무, 영예제한, 비밀엄수 의무, 정치참여 금지, 품위유지, 집단행동 금지
- 공직자 의무: 재산등록공개 의무, 선물신고, 취업 금지 업무

3. 행정윤리

(1) 행정문화의 쇄신

한 국가의 일반문화는 민족성이나 국민성으로 그 유형을 설명하게 되는데 구체적 관점에서 보면 한 국가의 고유한 민족성이나 국민성은 상위체제인 전체사회의 문화이고, 사회구성원 개개인에 의해서 소속되어 있는 하위체제 속으로 침투되어 그 체제의 활동과 현상 속에서 표출되어 존재하게 된다. 따라서 일반문화가 행정체제 또는 행정조직에 투영되어 행정현장과 행정행태에 내재되어 있는 문화가 독자적인 행정문화인 것이다. 또 반대로 행정조직 자체가 문화의 개체로서 일반문화의 일부로서 존재하게 된다.

이러한 행정문화를 행정인들이 지니고 있는 지배적이고 보편화된 가치관 또는 행정 관료들의 의식구조, 사고방식, 가치관, 태도와 일반국민의 행정에 대한 가치의식의 총합으로 규정하거나[10] 행정체제 속에서 활동하고 있는 모든 사람들 사이의 바람직스럽고 적절하며 요구되고 허용되거나 금지된 행위로[11] 정의하기도 한다.

관료제의 병리중의 하나가 번문욕례(red tape)를 들고 있듯이 행정절차의 복잡화로 인한 불만은 누구에 의해서도 지적되고 있는 문제이다. 따라서 행정절차를 전산화 및 편리화 함으로써 시민들의 불편을 없애 주고 공무원들은 보다 건전한 행정기능수행에 좀 더 할애되었으면 한다. 그리고 이를 통해 업무의 신속한 처리를 '급행료', '기름치기' 등에 의한 뇌물수수 및 부정부패행위를 근절시킬 소지를 줄여 나가는 조직관리의 개혁이 요구된다.

이외에도 각종 관료제의 병폐들―선례의 맹목적 답습, 구태의연, 법규만능, 창

---

10) 조석준, 「한국행정학」(서울: 박영사, 1980), p.130.

11) Jose V. Abueva, "Administrative Culture and Behavior and Middle Civil Servants in the Philippines," in Edward W. Weidner(ed.), *Development Adminstration in Asia*(Durham, North Carolina: Duke University Press, 1970), p.135.

의력 결여, 비밀주의, 무사안일, 태만, 책임전가, 아첨, 획일주의-도 행정 절차의
간소화를 통해 어느 정도 해결될 수 있을 것으로 생각된다.

위의 정의 모두를 포괄하여 행정문화를 정의했을 때, 행정윤리의 확립을 위해
서는 민주적이고 합리적인 행정문화로의 변화에 힘써야 한다.

(2) 제도적 방안

가. 행정제도

인사행정은 환경적 여건의 변화에 대응하여 개선되어야 한다. 현재 우리사회는
정치적·경제적·사회적 제 측면에 있어서 변화를 하고 있다. 따라서 이에 적절한
인사관리가 마련되어야 할 것이다. 적절한 인사관리가 이루어지고 신분보장을 확립
함으로써 공무원의 소신 있는 행정을 기대할 수 있을 것이다.

우리나라 공무원의 보수는 민간기업체는 물론 국영기업체에 비하여도 현저히
낮은 수준이다. 그리고 이는 공무원들을 대상으로 설문조사한 바에 의해서도 여실
히 드러나고 있다. 과거 하급 공무원의 부정부패의 원인을 묻는 응답으로 가장 많
은 비율을 차지한 것이 기본생계비의 부족 때문이라는 것이다. 따라서 보수의 현실
화 없이는 건전한 공직윤리의 확립은 불가능하다. 따라서 정부는 과감하게 인식을
전환하여 공무원의 보수수준을 민간수준에 의거하여 결정하여야 하며, 정치적 고려
에 의한 흥정대상으로 삼아서는 안 될 것이다.

공무원이 자신들의 이익을 옹호하기 위하여 단체를 결정하는 것이 부분적으로
위법으로 인정되고 있는 상황에서 이들에 대한 객관적인 보건마저 제대로 되어 있
지 않고 그 이상의 산출을 기대하고 있는 것이 현재의 우리나라의 공직현실이다.
공무원의 전문직업인으로서의 윤리의식을 담보하기 위해서는 공무원단체를 인정하
여 자율적인 통제를 도모하는 방안을 긍정적으로 고려해야 할 것이다. 바람직하지
못한 행정윤리의 원천인 관료제의 병폐를 해결하는 또 다른 방법으로 규제중심의
행정탈피를 들 수 있다. 행정기능의 하부기관 또는 지역 간 서로의 과감한 이양, 행
정업무의 처리 방식은 대면접촉방식에서 벗어난 우편 등의 간접접촉방식의 사용
등이 세부사항이 될 수 있는데, 행정업무상의 인·허가 등 행정규제의 수준과 행정
의 부패·부조리는 높은 상관관계를 지니고 있는 것으로 연구·발표되고 있다.[12] 즉

---

12) 김번웅, "행정부조리, 조직의 민주화 및 간접유도형행정,"「조직과 복지사회-유종해 교수 화
갑기념논문집」(서울: 박영사, 1991), p.70.

국민의 사회경제생활에 대한 행정규제의 영향 및 파급효과에 대한 분석은 간접유도형체제13)로의 전환뿐만 아니라, 하위직공무원의 생계형부조리 적결 및 감소를 위해서도 절실히 요청된다. 그리고 우리나라도 이러한 역할을 담당할 "규제개혁청"의 신설 및 운영할 필요가 있다.14)

나. 사법적 제재

미국의 3대 대통령 토마스 제퍼슨은 "공공서비스는 공공의 신뢰를 전제로 한다"는 말을 하였는데 이는 공무원은 국민의 세금을 징수하고 사용하며 국민으로부터 위임받은 권력을 사용하기 때문에 그들에게 보다 높은 윤리적 기준이 요구된다고 볼 수 있다.

1992년 미 연방정부의 윤리국에 의해서 제정된 '공무원윤리규범'에서는 "행정서비스는 공공의 신뢰에 대한 책임으로써 공무원에게 헌법과 법률과 윤리적 원칙에 대한 충성을 요구한다"라고 규정하고 있다.

하나는 공공서비스를 수행함에 있어서 최상의 윤리적기준의 설정과 다른 하나는 최소한의 윤리적 기준을 충족시킬 수 있는 책임성을 보장할 수 있는 제도적인 통제 메커니즘이다. 먼저 윤리성 제고를 위해서는 법의 지배원칙이 필요하다고 볼 수 있다. 공무원이 그들의 직위를 남용하지 않고 법에 순응하는 것은 그들의 권력을 통제하는 수단이 된다. 윤리적 의무로써 법률에의 순응은 공무원들에게 진실을 밝히며 약속을 지키며 직무에 충실하도록 한다. 자연의 법칙이 자체 질서의 유지와 만유의 충돌을 소통시키기 위해서 있다면, 인간이 만든 법률도 국가사회가 존립하고 거기에 담긴 모든 것들의 의지활동이 순기능을 하도록 만들어진 것이라고 본다. 자연법칙이 박후(博厚) 고명(高明) 유구(悠久)를 상도로 한다면 사회법칙은 신의 공명정대를 생명으로 한다. 공무원 부패를 저지를 사람에게 관대한 처벌을 하는 것은 공무원 범죄가 계속해서 발생할 여지가 된다는 점에서 경계해야 한다. 법을 엄정하게 구현하여 아무도 면제받을 수 없도록 법의 형량이나 양형의 준수가 필요하고 공무원부패의 잘못을 인식할 수 있도록 하여야 한다. 공무원 부패를 절대해악으로 보지 않고 상대적 치부대상 정도로 인식한다면 사법적 단죄와 처벌이 갖는 예방과 교

---

13) 간접유도형이란 행정이 만능적 규제자도 아니고 독점적 가치창조자도 아닌 봉사자 또는 유도자의 기능·역할을 수행하는 입장을 말한다. 따라서 김번웅 교수는 공무원의 대민부조리감소 및 적결문제와 관련하여 정부의 사회경제적 개입은 직접규제방식 에서 탈피하여 간접유도형 방식으로의 과감한 전환이 절실히 요청된다고 주장한다. 상계서, p.70.

14) 상계서, p.72.

정의 의미는 구할 수 없다고 본다. 빚은 갚으면 없어지지만 죄는 벌을 받아도 지워지지 않는 절대악이라는 인식의 전환이 필요하다.15) 최근 대법원장이나 법무장관 등 법조계수뇌부가 화이트컬러범죄에 대하여 엄중한 심판을 요구한 것은 공무원부패를 줄이려는 하나의 계기가 될 수 있다고 본다.

다. 공무원 행동강령의 실효성

우리나라 사회에서 높은 기대감과 더불어 강한 상징성이 부여되는 공무원들에게는 사회적 영향력이 매우 크다는 점에서 공직윤리의 중요성과 공무원행동강령의 필요성이 대두된다.16) 또한, 우리사회는 현재 급격한 변동의 시대를 살고 있고 다양한 가치관이 상호충돌하며 혼재해 있다. 더 나아가 공공부분과 민간부분 간 접촉이 늘어나면서 기존 공적가치의 중요성이 크게 흔들리는 등 문제가 표출되고 있다. 따라서 바람직한 공적가치의 유지와 공직윤리의 확립을 위해서는 공무원에게 기대되는 바람직한 행동의 방향과 원칙에 대한 명확한 기준이 제시되어야 하겠다.17) 비록 강령자체가 공직윤리와 정부의 신뢰성을 직접적으로 확보해주는 것은 아니지만, 이것의 확보를 위한 필요조건 중의 하나라 할 수 있다.

'공무원 행동강령'은 국무총리 지시사항으로 발령된 '공직자 10대 준수사항'이 유명무실해짐에 따라 기존의 윤리규정과 달리 부패방지법 제8조에 근거한 대통령령으로 제정하여 법적 구속력을 갖추도록 하였다(표 12-5 참조).

---

15) 김충렬, 「동양윤리의 인간학적회귀」, pp.50~51.
16) 일반국민들에게는 보편적으로 '균등한 사생활의 원칙'이 적용된다. 즉, 국민들은 신분이나 경제적 능력의 고하 등을 불문하고 사생활이 균등하게 보장된다는 원칙이다. 그러나 공직자들에게는 이들의 가치관, 의사결정 등이 국민에게 큰 반향효과를 가져올 것으로 기대됨에 따라 '축소된 사생활의 원칙(a principle of diminished privacy)'이 적용된다(Thompson, 1987: 125).
17) 공무원은 다양한 이해관계와 사회적 갈등의 조정자 내지는 해결자로서 자신의 위상에 대한 갈등을 경험하게 된다. '더러운 손(dirty hands)'은 부도덕한 의사결정이라도 공리주의적 관점에서 다수의 이익을 위한 것이라면 책임이 면제되어야 한다는 관점으로, 공무원은 '선'의 목적을 위하여 '악'의 수단을 선택할 수밖에 없다는 것이다(Thompson, 1987: 11-39; Walzer, 1973: 161). 이러한 논리가 수용된다면 도덕적 비판은 물론 법적 책임성 부과에 어려움을 겪을 것이다. 따라서 공정한 조정자로서 공정성, 청렴성 면에서 엄격한 윤리적 기준이 요구된다. 행동강령은 부도덕한 행위나 부패문제를 야기할 가능성이 있는 특정한 문제의 상황이나 영역을 미리 제시해 준다.

⟨표 12-5⟩ 공직자 10대 준수사항과 공무원 행동강령

구분	공직자 10대 준수사항	공무원 행동강령
선물, 향응 수수	• 직무관련자로부터 향응, 골프접대 받는 행위 금지 • 직무관련 선물 수수금지 및 5만원 초과 직무관련 없는 선물수수 금지	• 직무관련자로부터 금전, 선물, 향응을 받는 행위 금지(제14조 제1항) • 직무관련 없는 자로부터는 제한 없음
경조사 통지, 경조금품 접수	• 직위를 이용한 경조사 고지, 축·조의금 접수 금지 • 직무관련자에게는 일체 통지 금지 • 직무관련자로부터 경조금품 접수 금지 • 공무원 간에는 3만원 초과 수수 금지	• 직무관련성 유무 및 직급에 관계없이 중앙행정기관장이 정하는 기준을 초과한 경조금품 수수 금지(제17조)
화환, 화분 수수	• 경조사, 이취임 시 화환, 화분 수수 금지	• 별도의 규정이 없이 금품 수수제한규정 또는 경조금품 수수제한규정을 적용
전별금, 촌지 수수	• 퇴직, 전근 시 전별금, 촌지 접수 금지	• 직무관련공무원으로로부터 금품 등 접수 금지(제14조 제2항)
공용물 사용	• 본인의 가족 등의 관용차 사용 금지	• 관용차량, 선박, 항공기의 사적 사용 금지(제13조)
품위유지	• 호화시설이용 결혼 금지 • 호화유흥업소 출입 금지 • 공직자 부인모임 해체 • 정당 등에 후원금 기부 금지	• 별도규정 없음 • 정치관련법 적용

자료: 부패방지위원회, 2003: 9.

공무원 행동강령은 단순한 지시가 아니라 부패방지법에 행동강령을 대통령령으로 정하도록 의무화하고 있다. 행동강령에는 구체적이며 종합적인 내용을 담고 있음은 물론 위반사항에 대하여 징계 등 실효성 확보장치도 포함되어 있다.

(3) 환경적 측면

행정윤리를 확보하는 데는 행정 못지않게 행정환경도 중요하다. 즉 행정은 진공상태에서는 존재하지 않으며 개방체계로서 환경과 밀접한 관련성을 지니고 있으므로 행정을 둘러싸고 있는 환경의 특성은 행정윤리의 제고에 중요한 역할을 할 것이다.

정치가 부패하면 행정은 정치의 시녀로 전락하고 공무원의 신분불안과 정치적 중립을 저해한다. 따라서 정치의 민주화는 행정풍토의 쇄신과 공직윤리확립의 전제

조건이 된다.

사회 전체의 도덕적 분위기의 타락이나 가치관의 혼란은 각계의 협력으로 극복되어야 할 우리 전체사회의 과제이다. 즉 공무원의 궤도이탈에 대한 최후 보루는 국민의 눈 밝은 감시기능이다. 따라서 국민들과 사회 전체의 윤리의식이 제고되어야 한다.

이에 행정은 교육·언론·문화·종교 등의 자율적인 국민윤리의 향상을 위해 노력을 해야 할 것이며, 종래와 같이 행정이 국민윤리를 일방적으로 주도하는 방법을 지양해야 할 것이다. 그리고 정치·경제 등 각 분야의 발전이 자율적으로 이루어지도록 종래와 같은 간섭을 배제하여 이들 사회 각 분야가 책임 있게 자율성 확보를 기하도록 하여야 한다.

헌법을 비롯한 기타 법규를 통한 공식적 통제도 중요하지만 추상적이고 형식적일 우려가 있으므로, 행정기관에 예속되지 않은 이익집단과 시민의 참여를 확보할 제도적 경로를 갖추어야 한다. 따라서 행정이 항시 유리병 안의 행태들로 외부에서 항시 감시 가능하게 하는 장치가 고려되어야 할 것이다.

민원인을 포함한 시민들로 하여금 공무원의 부정부패의 사례를 전화, 팩시밀리를 비롯한 빠른 통신수단을 이용하여 고발하도록 하는 시스템이다. 한 예로 미국의 회계감사원(GAO)이 1979년 부정조사특명반을 설치하고 운영한 부정고발 핫라인제도는 성공적인 모형으로 평가되고 있다.

이 핫라인은 첫째, 공무원의 권한남용 및 오용, 부정에 대한 전신전화신고를 접수하고, 둘째, 이를 관계기관의 자체감사관이나 연방수사국 등에 조사를 의뢰하며, 셋째, 의회는 물론 중앙정부와 지방정부가 의뢰해 온 공무원의 부정과 예산낭비 등에 관하여 의견을 제시하고 자문하며, 넷째 신고내용에 관한 관계기관의 조사결과를 확인 또는 분석하는 기능을 지닌다. 이 고발시스템은 상당히 효과적으로 운영되었으며 예산을 낭비한 사실이 밝혀지고 당해 공무원들에게 징계 등의 인사조치가 가해지고 범죄사실이 들어난 관계자들에게 벌금형의 사법적인 조치가 내려진바 있다.

국제반부패대회 제8차 회의 리마선언(Lima Declaration, 1997)에서도 내부고발자의 보호를 위한 법제화[18] 노력에 각국 정부들이 적극적으로 나서 줄 것을 권고

---

18) Brooks은 내부고발자를 보호하고 고무하는 법을 제정할 명백한 이유를 두 가지로 든다 (Brooks, 1993: 20). 첫째, 보호법은 내부고발자로 하여금 내부의 비리에 관한 정보를 가지고

하였고, 국제적 협력체제의 이러한 권고와 더불어 내부고발정책은 이제 각국에 있어 하나의 중요한 의제가 되고 있다. 내부고발정책은 부패에 대한 것뿐만 아니라 공익침해가 일어날 수 있는 다양한 분야에서 고발의 특수한 위치를 법적으로 보호한다는 의미를 가지고 있기 때문에 우리나라도 부패방지법을 통하여 '내부고발자보호제도'를 도입하고 있다. 내부고발은 부패행위를 목격하거나 직접 가담했던 국민 또는 조직구성원이 자신의 자율적 의지에 따라 부패통제에 참여할 수 있도록 유도할 수 있다는 점에서 적은 비용으로 높은 효율을 낼 수 있는 부패방지 수단이자, 민주적·참여적 행정문화 이끌어 내는 유력한 방안이 되고 있다. 부패방지법상 부패행위 신고자 보호보상제도의 현황과 내용은 신고의 주체 및 보호대상, 적용범위, 신고의 대상, 신고채널(신고방법), 신고의 처리절차, 신분보장, 포상 및 보상, 책임의 감면, 보호의 예외 등을 중심으로 입법화되어 있다.

(4) 행정인

개인적 차원에서의 윤리성 확보는 다양한 각도에서 접근될 수 있지만 무엇보다도 중요한 것은 개인이 갖추어야 할 윤리적 덕목을 찾아내고 이들의 정당성·타당성을 논리적으로 부여하는 일이며, 이를 공무원 개개인에게 내재화시키는 일이다. 그러나 이러한 윤리적 덕목은 개인의 욕구체계를 고려하지 않는다면 비현실적인 것이 되며 불만과 좌절을 경험하게 되어 결과적으로 윤리적 가치관을 손상시키게 된다. 그리고 욕구를 논리적으로 충족시킬 수 없을 때 윤리성을 훼손하게 된다. 즉 아무리 합리적인 정책결정과 계획이 수립되고 능률적인 조직이 존재하고 있다 하더라도 조직 속에서 정책과 계획을 집행하는 관료들의 가치관, 태도 즉 의식구조가 공익성과 윤리성을 외면한다면 행정은 소기의 목적을 성취할 수 없다. 이러한 윤리성은 우리의 의식구조에 내재되어 있어 필요한 결정 또는 행동에 영향을 미치게 된다. 따라서 윤리성의 확립은 의식구조의 개혁을 통해서만 가능해진다.[19] 누구나 윤리성의 확립을 위해서는 새로운 가치관이 확립되어야 한다고 말한다. 그리고 소극적으로 부정부패해소라는 차원에서 나아가 보다 적극적으로 행정윤리를 확립하고자 하는 가치지향으로 개조하려는 노력이 행정인 개인뿐만 아니라 조직, 환경

밖으로 나오도록 유인한다. 둘째, 잠재적 비리자(potential wrongdoers)로 하여금 밖에 알려질 가능성이 높아 그러한 행위를 단념하도록 하는 효과가 있다는 것이다.

19) 박응격, "공무원 윤리관 확립과 의식개혁,"「행정문제논집」, 제3집(한양대학교 행정문제연구소, 1982.12), p.141.

측면에도 요청된다.

(5) 구조적 차원

관료제의 대표적 병리 중의 하나로 번문욕례(red tape)가 지적되듯이 행정절차의 복잡화로 인한 불만은 누구에게서나 지적되는 문제이다. 이에 행정절차의 간소화는 건전한 행정윤리확보를 위해 필수적인 문제이다. 행정절차의 전산화 및 간소화를 통하여 시민편의 확보와 이른바 '급행료'나 '기름치기'가 없는 건전한 행정기능 수행이 이루어질 수 있을 것이다. 이외에도 각종 관료제의 병폐들－선례의 맹목적 답습, 구태의연, 법규만능, 창의력 결여, 비밀주의, 무사안일, 태만, 책임전가, 아첨, 획일주의－도 행정 절차의 간소화를 통해 어느 정도 해결될 수 있을 것으로 생각된다.

바람직하지 못한 행정윤리의 원천인 관료제의 병폐를 해결하는 또 다른 방법으로 규제중심의 행정탈피를 들 수 있다. 행정기능의 하부기관 또는 지역 간 서로의 과감한 이양, 행정업무의 처리 방식은 대면접촉방식에서 벗어난 우편 등의 간접접촉방식의 사용 등이 세부사항이 될 수 있는데, 사실 행정업무상 인허가 등 행정규제의 수준과 행정의 부패부조리는 높은 상관관계를 지니고 있음으로, 이에 대한 보다 적극적인 태도가 검토되어야 할 것이다.

4. 결론

지금까지 행정책임과 윤리의 가치와 저해요인 그리고 확립방안을 고찰하였다. 행정책임은 공직자가 지켜야 할 외적 성실성이라고 본다면 윤리는 내면의 도덕적 가치라고 본다. 행정의 다원화와 무한한 가치이념의 증대로 현대사회는 공직자의 책무는 그 어느 때 보다도 중요하고 수기치인의 자세로서 대두되고 있는 것이 현실이다. 그러나 책임과 윤리의 저해요인으로 말미암아 공직자의 비리와 비합리적 가치가 전도되었고 한탕주의적 습성이 만연하여 그 책임을 다하지 못한 것이 사실이다.

국민이 바라는 것은 행정인이 행정의 봉사자로서 책임과 윤리의 재무장이고 행정서비스의 극대화 창출이다. 최근 한국행정이 혁신문화와 혁신정책이 국가정책 아젠다로 자리 잡고 참여를 강요하고 있다. 행정혁신도 현대적 행정흐름에 행정의 책임을 가지고 신사고와 신가치, 신가치관을 학습화하는 것이라고 본다면, 행정책임과 윤리의 내면 외적 성숙의 가치가 더 한층 요구된다고 본다.

유학의 아버지 주희는 인간의 인성과 자질을 차등적 사회와 밀접하게 관련시키는 재주를 발휘했는데 그는 "기질의 차이가 있으므로 사람은 나쁜 짓을 저지를 수 있고 착한 짓에 예민하지 않을 수 있다"고 한다. 그렇지만 이 기질의 차이는 후천적 노력에 의해 변화, 극복된다고 본다. 예컨대 성격이 바뀌고 가치관도 바뀔 수 있듯이 공직자들도 부정과 부패라는 악행을 하지 않고 선행과 가치있는 일에 전념하면 할수록 행정책임과 윤리성의 확립도 이루어진다고 확신한다.

결론적으로 행정에 대한 시민의 통제와 함께 책임성을 확보하고 윤리를 확립하기위해서는 행정인들의 보다 확고한 주체의식이 필요하며 이는 행정인들의 가치관이나 도덕적 윤리성을 고양하는 첩경이 된다고 본다. 또한 행정인은 가슴에 내면화, 체화된 윤리성을 발현할 수 있는 행태나 행동의 양심이 필요하며 시민적 자유를 수호하고 보장하는 것이 중요한 행정과제요 관건이라 할 것이다.

제13장

공무원 부패

제 1 절 부패의 개념

특정한 문제의 연구나 조사에 있어 주요한 요소의 개념화는 연구하고자 하는 목적을 달성함에 있어서 가장 중요한 일의 하나이다.[1] 명확한 개념 정의는 용어의 논리성이나 타당성을 높여 주는 중요한 역할을 하기 때문이다. 따라서 개념을 규정하는 일이 연구의 출발점임은 말할 필요도 없다.[2] 관료 부패(bureaucratic corruption)의 부패 현상이 특정 국가·사회의 정치제도, 국민의 가치관 내지는 도덕성 그리고 사회적 경향을 반영하는 것이므로[3] 부패의 개념에 대한 학자들의 견해는 매우 다양하며, 통일적인 개념 정의가 이루어지지 못하여 왔다. 부패, 뇌물의 역사는 구약시대부터 시작되어 창녀와 함께 가장 오랜 역사를 지닌다고 한다. 로마 제국 시 'Corrupt(부패시키다. 타락하다)'라는 말은 「여인을 유혹해 육체를 탐하다」와 「관료에게 돈을 바치다」의 두 가지 뜻으로 개념 지워졌다. 부패의 영어 어원 'Corruption'은 라틴어 Cor(함께)라는 단어와 Rupt(파멸하다)라는 단어로 이루어졌

---

[1] Thomas D. Cook(1979), et al. C, *Quasi Experimentation*(Chicago: Rand McNally College Publishing CO.), pp.1~30 재인용; 김해동, "체제부패와 공공정책의 관계에 대한 연구," 「서울대 행정대학원 행정논총」, 제29권 제1호, 1991, 6월호, p.64.

[2] 김광웅, 「사회과학 연구방법론」(서울: 박영사, 1987).

[3] James C. Scott(1972), *Comparative political Corruption*(Englewood Cliffs, N.T.: Prentice-Hall), p.3.

는데 즉 '공멸한다'라는 의미를 내포하고 있다고 볼 수 있다. 결국 부패라는 개념은 깨끗지 못하고 더럽고 추악한 것으로 결국은 파멸에 이른다고 정의할 수 있다. 그러면 부패학자들의 견해는 어떠한지 살펴보기 위해 행정부패의 실체(reality)를 보는 대표적인 학설을 소개하고자 한다.

첫째는 사적 부문이 배제된 공직 중심적(public office centered)인 관점에서 정의한 것이다. 이는 금전이나 지위 획득 혹은 영향력의 확대나 사적 이득을 위해 법적·공공의 의무 규범에서 일탈하는 것을 말하는 것으로서 Bayley, McMullan, Nye 등이 주장하고 있다. 이와 관련하여 Bayley는 부패를 특히 뇌물 수수 행위와 관련해서 이익에 치중한 나머지 공권력을 오용(misuse)하는 행위를 총칭하는 개념으로 파악하였다.[4] 다시 말하면 관료가 주어진 권한을 남용하여 개인적으로 뇌물을 수수하는 행위라고 볼 수 있다.

둘째, 부패 경제학의 관점에서 본 시장중심(market centered)의 정의라고 볼 수 있다. 시장이론을 기초로 한 경제학자들은 관료제가 경제에 대하여 광범위한 조정자의 역할을 수행하면서 공공의 이익을 분배함에 있어서[5] 부패 공무원이 자신의 지위를 개인의 이익을 극대화하는 수단으로 생각할 때 부패가 발생한다고 본다. 이러한 견해에는 Robert Tilman, Nathaniel H. Leff, Jacob Van Kleveren 등이 여기에 속한다.[6]

---

[4] David H. Bayley(1966), "The Effects of corruption in a Developing Nations," *Western political Quarterly*, Vol. 12, No. 4, p.719.
유종해, 1992, 전게서, p.187.
Daniel H. Lowenstein은 "Legal effort to Define Political Bribery"에서 부패라는 용어는 다음과 같은 네가지 조건을 포함하여야 한다고 주장한다. ① 부정한 행위를 하고자 하는 자의적 의향이 있어야 하고 ② 공무원에게 이익이라는 가치가 생겨야 하며 ③ 공무원의 행위와 가치 있는 사물 간에는 관계가 있어야 하고 ④ 그 관계에는 공무를 수행함에 있어 영향을 주고 또는 받는 의향이 포함되어 있어야 한다고 주장했다. 김해동 외 공저, 「관료 부패와 통제」(서울: 집문당, 1994), p.24.

[5] Nathaniel H. Leff, "Economic Dervelopment through Bureaucratic Corruption" in Heidenheimer, pp.510~512.

[6] Tilman은 부패를 강제적 가격모형에서 → 자유시장모형으로 Klaveren은 "The concept of corruption"에서 부패한 공무원은 자신의 직책수행을 하나의 사업으로 보고 그곳에서의 수입을 극대화하려고 한다고 주장하였다. Jacob Van Klaveren, "The concept of corruption" in Heidenheimer.
Robert O. Tilman(1968), "Bureaucracy: Administration, Development and corruption in the New states", Public Administration Review Vol. 28, No. 5, pp.440~442.

셋째, 국가나 사회에 있어 공익 중심(public interest centered)의 개념이다. Carl Friedrich, Arnold A. Rogow, H. D. Lasswell이 대표적인 학자로, 공익 개념이야말로 가장 폭넓게 부패 개념의 본질을 파악하는 척도라고 생각되는데, 부패행위는 적어도 공공질서 체제에 대한 책임을 위반한 것이고 특수이익을 공동이익에 우선시킴으로써 실제로 그러한 체제와 양립할 수 없게 한다. 여기서 말하는 특수이익은 관료자신의 이익을 국가의 공적임무보다 우선시하여 이득을 탐하는 행위라고 볼 수 있다.

넷째, 제도적 접근설로서 부패 현상을 특히 개발도상국이나 후진국에 있어서 제도적 취약성과 사회적 기강의 해이에서 기인된 연성국가(soft state)의 결과적 부산물로 보는 입장이다. 이것은 Goulder, Huntington, Roy, Myrdal 등이 주장하고 있다.

다섯째, 권력관계적 접근방법으로서 부패 현상은 관료들이 권력남용적 병폐와 역기능의 결과적 부산물로 보는 입장인데 Riggs, Werlin, Scott 등이 주장하고 있다.

여섯째, 기능주의적 시각으로서 부패 현상을 행위의 결과와 효과의 차원에서 순기능과 역기능의 역할로 보며, 특히 개발도상국에서는 부패를 발전과정에서 순기능과 역기능의 역할로 보며, 필연적으로 발생하는 부산물(byproducts)로 보는 입장이다. 이것은 Leff, Nye, Hoselitz 등이 주장하고 있다.

일곱째, 후기기능주의(post-functionalism)적 시각으로서 이것은 부패현상은 선진국이나 후진국이나 할 것 없이 발생하는 보편적 현상으로서 자기영속성(self-perpetuation)의 성격을 가진 것으로 보는 입장이다. S. Werner가 대표적이다.

여덟째, 사회문화적 규범의 일탈행위로 보는 입장으로서 부패 현상은 사회문화적 환경과 역사적 전통의 부산물로 보는 입장이다. 이러한 시각에 의하면 부패 현상은 주변 사회의 비난을 받으며 부패되었다고 보는 것이다. Wraith와 Simpkins가 이러한 입장을 주장하고 있다. 1960년대의 구조기능주의 학파가 주장한 기능주의설은 개발도상국들의 정치, 경제적 발전에 대한 정치적, 관료적 부패의 기능적인 기여에 매우 관심을 가졌으며 부패를, 성장-부패 사이클(growth-decay life cycle)에 내재된 요소로 간주하였다(표 13-1 참조).

〈표 13-1〉 행정부패의 개념정립에 관한 이론

접근방법	주요내용	분석단위	대표학자
윤리 및 도덕설 (moral approach)	공직의 비윤리적, 비도덕적 이용	관료와 사회 (관료의 행위)	E. C. Banfield J. T. C. Liu
제도적 접근 (institutional)	제도적 취약성, 사회적 기강의 해이	후진국이나 개발도상국의 관료제도	S. P. Huntington G. Myrdal: E. V. Roy
시장/교환설 (market/exchange)	시장교환관계	관료와 고객집단	R. Tilman: H. Simon A. Heidenheimer
공익설 (public interest)	공익위반의 결과	관료의 형태, 의사결정과정	R. W. Friedrich H. D. Lasswell
가능주의설 (functional)	발전과정의 부산물	관료제도, 기업가, 사회	N. H. Leff J. S. Nye
후기기능주의설(post– functionalism)	보편적 현상과 자기영속성의 현상	선·후진국의 관료제도	S. B. Werner
권력관계설(power– relations approach)	관료의 권력남용과 역기능의 부산물	관료제의 권력	F. W. Riggs J. C. Scott
사회문화적 규범설(socio– cultural approach)	사회문화적 환경과 전통의 부산물	사회문화적 환경, 관료제의 역사성	E. Simpsons
통합설(integrated approach)	복합적 행정 현상: 선진 국과 후진국의 공통성과 특수성, 부패의 제변수 의 복합적, 다면적 현상	• 선·후진국의 관료제도 비교 • 관료제도, 행태, 그리 고 사회문화적 환경의 주요 변수 통합적 분석	김영종
탐재·탐욕설(covet for property approach)	• 관료의 부정한 행태 • 탐재·탐욕, 가치관의 아노미	• 관료제의 병리 현상 • 역기능, 관료문화	김택

출처: 김영종(1988), "민주사회발전을 향한 행정부패와 방지전략", 「민주사회의 성숙을 위한 공공행
정」, 한국행정학회 발간, p.401.

상기와 같이 부패의 개념을 분석하는 접근방법이 다양하다. 우리는 여기에서
부패 현상에 대한 실체분석은 보다 포괄적이고 통합적이 되지 않으면 안 된다고 보
게 된다. 왜냐하면 부패 현상은 원래 실체를 정확하게 알기 어려운 괴물(monster)적
존재이므로 보다 논리적이고 객관적 분석이 필요하되, 모든 행정 현상이 인간의 내

면과 의식, 그리고 가치의 세계에서 표출된 현상이므로 주관적 내면의 세계를 결코 무시할 수도 없다고 하겠다. 이러한 논거에서 부패 현상은 보다 통합적 시각에서 개념정립화 되어야 한다고 보게 된다. 따라서 이 통합적 시각에 의하면 행정부패는 공직자가 사회규범과 관계법규의 위반은 물론 공익(public interests)을 추구하기를 바라는 국민들의 기대 가능성을 저버리고 사익을 추구하거나 특정이익을 도모하는 행정형태라고 할 수 있다.7) 결론적으로 부패는 "법을 집행하는 관료들이 법규를 남용하거나 재량권을 일탈하여 부정한 방법으로 재화 가치를 획득하거나 수수하는 행태"이며, "관료의 개인적 이득을 얻기 위해 탐욕스런 의식과 행태가 표출된 것"으로 정의하고자 한다. 그리고 이와 같은 부정부패가 성립되기 위한 요건으로는 권한의 남용이 의도적이고 비합리적이어야 하며, 특정인에 귀속되는 사적 이익 또는 불이익이 있어야 하고, 특정한 사적 이익 또는 불이익이 권한의 활용과 직·간접적으로 연결되어야 한다.8)

---

7) 김영종 교수는 부패 현상과 경제발전과의 관계를 경제학의 도움을 정치과정에서 부패 문제가 어떠한 영향을 미치는가는 정치학을, 부패 현상이 사회구조와 변동에서 차지하는 의미는 사회학의 지원을, 심리적 갈등이나 상태에서 도출되는 것으로 파악할 때는 심리학적 연구의 지원이, 부패 문제를 사회 규범을 일탈한 범죄의 행위로 보는 차원에서는 범죄학적 접근이, 그리고 부패 현상을 법률적인 규범학과의 접목을 고려하여서는 법학인 지원도 필요하다고 보았다. 그리고 부패의 실체를 종교적 차원의 죄(sin)까지 취급하게 될 경우는 종교학적 지원도 필요하다고 보면서 심층적으로 체계화, 분석화, 종합화되어야 하며 이런 의미에서 Corrup-tionology의 성립을 가능하다고 주장한다.
김영종 "민주사회발전을 향한 행정 부패의 방지 전략", 「민주사회의 성숙을 위한 공공 행정」, 한국행정학회 제1차 국제학술대회, 1988, p.400.

8) 보통 부정행위와 부패를 합쳐서 부정부패 또는 부정부패행위로 사용한다. 엄격하게 말하면 부패란 부정행위의 결과인 상태를 말한다. 정부의 기관들이 녹이 쓸고 부식하여 제기능을 정상적으로 발휘하지 못하는 상태를 말한다. 즉 부정은 동적인 측면을, 부패는 정적인 측면을 의미한다고 김해동 교수는 설명하고 있다.
그러면 정경유착은 무엇인가 이에 대해 전철환 교수는 다음과 같이 설명한다. 부정부패·정경유착 등은 거의 모두 위법 또는 가장된 합법성에 의하여 권력을 이용한 경제적 이익의 사적 내지 집단적 취득을 의미하지만 매우 유사한 성격을 지닌다. 그러나 특혜의 정치경제 혹은 정격유착이란 개념은 부정부패의 개념보다도 더욱 모호하다. 유착이란 말속에 「직접, 간접의 특혜」가 포함되는 것으로 이해하고 유착을 자전의 의미에서 일단 「한 기관이 생리적으로 보면 아무런 관계가 없는 다른 기관에 대하여 조직적으로 결합하는 것」의 유기체적 의의를 원용하여 정치·경제의 상호관계 변화를 중심으로 논의한다. 전교수는 정경 유착이 발생하기 위해서 특혜의 수수 집단 또는 개체 간에는 반드시 어떤 행위와 양자에 대하여 다 같이 이익을 주거나 손해를 끼칠 수 있어야 한다고 보았다. 전철환, "정경유착과 민주화의 과제", 「계간경향」 봄호, 1988, p.132.

제 2 절 부패의 폐해

관료부패가 미치는 영향에 대해서 학자들 간에는 크게 두 가지 논의가 진행되어 왔다. 그것은 곧 부패의 순기능과 역기능에 관한 것이다 부패는 다양한 사회 현상의 산물이기 때문에 관점에 따라 인식도 상이하다. 일반적으로 부패는 정치적·경제적·사회문화적 환경의 측면에서 역기능적 역할을 하는 것으로 인식되고 있다. 그러나 다른 한편으로는 순기능적 역할도 한다고 주장하는 경우도 있다. 예를 들면, 근대화 과정에서 나타나는 문제의 해결책으로 부패를 보는 경우가 있다(Merton 1968, 126 – 136; Tilman 1968). 최근에 Werner는 관료부패의 연구방법에 대한 논의를 하면서, 1960년대의 연구경향을 기능주의라 하고, 1970년대의 그것을 후기기능주의(post functionalism)라 하여, 관료부패가 갖는 영향 또는 기능에 대해 논하였다.[9] 여기서 그는 기능주의자들에 있어서의 부패는 국가의 성숙과정에 있어서의 자기파괴적(self destruction) 현상으로 파악하여, 이들이 갖는 순기능과 역기능을 지적하였다.[10]

1. 부패의 순기능적인 측면

먼저 순기능의 면을 보자. 개발도상국가의 부패행태를 규범적·역사적 맥락에서 분석한 Expo는, 개발도상국의 권력은 특정 시점에 있어 정치권력을 장악한 극소수의 독점물인데, 이러한 나라에서의 관료부패는 국가발전에 기여할 수도 있다고 보았다. 즉 그는 관료부패는 관료적 red – tape나 경직성을 줄이는 기능을 담당한다고 주장하였다.[11] 그리고 Nye는 관료부패의 순기능과 역기능을 비용 – 편익의 분석 시각에서 논하면서, 부패가 국민통합과 정부의 능력분야에서는 긍정적인 역할을 한다고 주장하였다.[12] 그 외에 특히 개발도상국가에서의 관료부패의 순기능적 역할로 지적되는 것으로서, 경제적 선택의 폭을 넓히는 경제적 시장의 형성과 시민과

---

9) Simcha B. Werner, "New Directions in the Study of Administrative Corruption", *PAR*, Vol. 43, No. 2, 1983, p.146.

10) *Ibid.*, pp.149~152.

11) Monday V. Expo, *Bureaucratic in Subsaharan Africa*(Washington, D.C.: Univ. Press of American, Inc., 1979), pp.1~222.

12) J. S. Nye, "Corruption and Political Development: A Cost – Benefit Analysis" *APSR*, Vol. LXII, No. 2(June, 1967), pp.411~433.

관료를 통합시키는 기능[13], 정당형성과 제도화[14], 행정부의 경직성 완화[15], 자발적 단체나 이익집단의 존속[16] 등이 지적되었다. 우리나라의 경우에도 해방 후 자본축적과정에서 관료의 부패는 일시적인 도움을 주었다고 평가하는 사람들도 있다. 이와 관련 Tilman은 "부패는 저개발 국가나 발전 도상 국가들의 경제발전에 기여한다. 따라서 이 나라들에서는 정부의 통제로 인해 시장이 자유롭게 작동될 수 없게 되어 있기 때문에 경제적 생산성이 서구에 비해 상당히 낮다"고 하면서 "부정부패는 정부주도 경제체제하에서도 시장 메커니즘이 작동할 수 있게 해 주는 역할을 한다"고 주장하였다.

2. 부패의 역기능적인 측면

이제 역기능의 측면을 보자. 위와 같은 순기능적 주장에 대해서 가장 신랄한 비판을 한 학자는 Myrdal이다. 스웨덴의 군나르 뮈르달은 남아시아의 빈곤에 대한 10년간의 연구결과를 담은 '아시아 드라마'로 1974년 노벨 경제학상을 받았다. 이 연구에서 뮈르달은 빈곤의 원인으로 인구과잉이나 자원 부족 등 지금까지 논의되어오던 경제적 요인 말고도 부패가 경제발전에 미치는 영향을 경제학자로서는 처음으로 깊고 심각하게 다뤘다. 그는 경제개발에 있어서 경제적이고 수량적인 접근도 중요하지만 이에 못지않게 발전을 저해하며 저지하고 있는 비경제적인 요인에 대한 연구도 중요하다고 갈파했다. 그는 기능론자들의 증명되지 않는 가정들은 오류라고 지적하고 오히려 국가발전의 저해요소라고 주장한다. 그는 아시아 지역 국가 저발전의 원인으로서 관료부패를 첫 번째로 꼽고 있다. 부정부패의 효과를 이처럼 기본적으로 규범적 관점에서 이해하는 것과는 달리, Carino(1986: 170-191)는 도덕적 판단을 배제한 상태에서 부정부패가 현실에 야기하는 부정적인 효과들을 검토·제시하는 실증적 관점을 피력하고 있다. 그녀는 아시아 7개 국가들의 부정부패에 관한 실증적 연구에서 부패는 부정부패를 행한 개인에게는 경제적 부를 가져다주며, 신분 상승의 기회를 갖게 하지만, 발각되는 경우 유형, 무형의 큰 비용을

---

13) Scott, *Comparative Political Corruption*(N. Y: Prentice-Hall, 1972), p.11.
14) R. Braibanti "Public Bureaucracy and Judiciary in Pakistan." in J. LaPalombara(ed.), *Bureaucracy and Political Development*(Princeton: Princeton Univ. Press, 1963).
15) Nye, op. cit., p.417.
16) O. P. Dwivedi, "Bureaucratic Corruption in Developing Countries", *Asian Survey*, F/4 (1966~1967), p.246.

물어야 하는 부담을 갖게 한다고 하였다. 그녀는 부정부패한 행위를 한 사람과 경쟁적 관계에 있으면서 부정부패에 가담하지 않은 다른 개인들에게는 상대적 불공평성으로 인한 유형, 무형의 비용을 부담케 한다. 조직에 대해 부정부패는 조직의 공식적인 권한−복종 구조를 왜곡시키는 결과를 초래하며, 부패하지 않은 유능한 인재들이 조직을 떠나게 만듦으로써 조직의 인적 역량의 질적 수준을 약화시키고, 수입과 지출 모두에 있어 조직의 물적 자원이 비효율적으로 운영되게 만들어서 결국 능률성적인 면과 효과성적인 면 모두에 있어 조직의 성능을 저하시킨다며, 부패는 정부의 세입 감소, 해외 자본에의 의존도 상승, 법규 해석의 모호성 증대 및 법규의 형식화, 그리고 이로 인한 정부 정책의 왜곡 및 혼선을 초래함으로써 사회 전체에 존재하는 유형, 무형의 모든 자원이 비효율적으로 생산, 사용되도록 만든다고 주장하였다.

또한 David H. Bayley는 부패의 역기능으로서 ① 다양한 계층에 대한 객관적 정치지도가 불가능하게 되고, ② 생산적 노력의 상실과 공신력의 감퇴, ③ 개인의 이기심을 채우기 위한 부정한 방법의 횡행, ④ 정부의 신뢰성과 권위의 추락과 국가들의 불신감 증대, ⑤ 도덕적 윤리적 기준의 쇠퇴, ⑥ 행정업무(administrative services)의 부진과 행정가격(price of administration)의 상승, ⑦ 행정의 업무가 인간의 필요에 의한 결정대신 화폐에 의하여 결정되므로 불공정한 행정공급의 성립이 되기 쉽다고 하였다. 이와 같이 부패가 초래하는 또 하나의 해악은 그것이 정책목표를 왜곡 또는 축소시킨다는 사실이다. 이것은 전항의 해독과 중복되는 것이며 아마 전형적인 경우가 부실공사이다. 이러한 현상은 검은 거래에 대한 관심 때문에 야기되는 것이기는 하나 관료들의 저항이나 권태에서 오는 경우도 있다는 것에 주의하여야 할 것이다. 그리하여 정책목표는 용두사미가 되어 버리거나 그 목표와는 다른 결과가 초래된다는 것이다.

제 3 절 경찰부패의 논리

에드윈 델라트르는 경찰부패의 원인을 전체사회가설, 구조적 원인, 썩은 사과 이론, 윤리적 냉소주의가 있다고 주장한다. 조철옥의 연구(2012)를 중심으로 살펴보면 다음과 같다.

먼저 전체사회가설이다. 사회전체가 부패를 용인한다거나 부패문화로 인하여 사회전체가 부패하게 되며 부패를 묵인한다든지 조장할 때 자연스럽게 부패행위를 하게 된다고 한다. 1960년대 시카고 경찰국장 윌슨은 시민들이 작은 대가를 치르고 받는 대우는 범죄인들과 조직들이 더 큰 액수를 주고서 사는 특별한 대우와 마찬가지로 나쁜 것이라고 하면서 작은 호의가 부패 현상으로 발전한다고 주장했다.[17] 전체사회가설과 유사한 것으로서 "미끄러지기 쉬운 경사로" 논증이 있는데 사소한 행위가 점차적으로 큰 부패로 이어지며 작은 호의의 수용은 경사로 위에 행위자를 올려놓는 것과 같이 미끄러지듯 빠진다는 이론이다.[18]

구조적 원인으로 대표적인 학자는 니더호퍼(Niederhoffer)와, 뢰벅(Roebuck)바커(Barker)가 있다. 니더호퍼는 신참 경관이 나이든 경찰관의 뇌물부패에 세뇌된다고 보았고, 뢰벅은 경찰부패는 각 경관이 저지르는 것이 아니라 조직의 모순과 규범의 일탈로 비롯된다고 보았다.[19] 그리고 썩은 사과가설은 자질이 부족한 경찰관이 경찰이 됨으로써 부패를 저지르게 되며, 이러한 자질을 가진 경찰관은 모집과정에서부터 배제되어야 한다고 주장한다. 이 이론은 개인에게만 부패원인을 찾으려는 문제점이 있다.[20] 점진적 흑화가설은 경찰조직부패의 특징인 의리주의나, 정리주의가 지나쳐 경찰부패 발생 시 경찰징계가 경징계나, 사면 복권 등으로 다시 비리경찰관이 조직에 복귀하게 되어 경찰부패가 내부통제의 문제점과 사면제도 탓으로 인하여 모든 경찰이 점진적으로 검은 부패 고리를 나타난다고 보았다(조철옥, 2005: 397-412).[21]

그런데 연성진의 연구에 의하면(1999), 경찰의 부패는 경찰조직 및 업무의 특수성에서 비롯된다고 인식되고 있다고 한다. 문제는 이러한 부패문제를 개인적 특성의 문제로 파악할 것인가 하는 점이다. 1970년 뉴욕경찰부패를 조사한 「Knapp 위원회」는 부패문제를 소위 '썩은 사과이론'으로 설명하려는 것은 잘못이었다고 결론지었다. 부패는 도덕적으로 문제 있는 소수의 사람들이 다른 사람들까지 부패시키기 때문이 아니고, 그것은 바로 구조의 결과라는 것이다. 즉, 불법적 행위에 대한 보상이 합법적 행위에 따른 보상보다 더 크게 나타나는 상황에 경찰이 처하게 된

---

17) 조철옥, 「경찰윤리론」, 대영문화사, 2012, p.398.
18) 조철옥, 전게서, p.398.
19) 조철옥, 전게서, p.399.
20) 조철옥, 전게서, p.400.
21) 최상일, 전게서, p.136 재인용.

구조적 결함 때문이다. 거기에서는 부적절한 행위를 인식하고 고발하고자 하는 동기와 메커니즘이 매우 약하거나 아예 존재하지 않는다고 한다.

　　이 위원회에서는 무엇보다 부패행위를 근절하기 위해서는 경찰조직의 전근대성과 관료주의를 타파하고, 부패 조장적이거나 부패통제에 무기력한 제도 및 운영상의 문제점을 개혁하여 조직의 유인체계를 합리화함으로써, 부패저항력을 강화해야 한다고 보았다.[22]

제 4 절　경찰부패 실태

(1) 경찰부패 실태

　　경찰부패는 과거부터 현재에 이르기까지 별반 달라진 게 없다. 1994년에 발간된 경찰통계연보에 의하면 1993년 경찰의 전체 징계자는 2,398명이 징계를 받았고 1994년에는 2,322명이 금품수수 직권남용 위신실추 등으로 징계조치를 받은 것으로 나타났다. 또한 1995년 행정자치부(현 행정안전부)가 발표한 공직자 비리 중 경찰공무원이 1,486명이 징계를 받은 것으로 나타났다. 표 13 − 2의 2012년 경찰백서의 내용을 보면 2009년 경찰관의 징계가 전체 1,169명을 차지하고 있고 경위, 경사 계급이 가장 많이 차지하고 있다.

　　또한 2011년에는 전체 1,256건 중 경위, 경사가 다수를 점하고 있다.

〈표 13-2〉 경찰공무원 징계현황

연도	계	계급별						
		총경 이상	경정	경감	경위	경사	경장	순경
2009	1,169	6	32	44	384	511	155	37
2010	1,154	7	15	56	339	500	181	56
2011	1,256	11	18	69	429	429	192	68

　출처: 경찰백서, 2012, pp.363~365.

---

22) 연성진, 국무조정실 경찰부패연구보고서 "경찰분야 부패방지 대책," 1999.

경찰부패 유형은 금품수수뿐만 아니라 다양하게 나타나고 있다. 표 13-3의 경찰부패 유형을 보면 직무태만과 근무규율 위반으로 징계를 받았는데 금품수수도 2009년 178건, 2011년 100건을 차지하고 있다.

〈표 13-3〉 경찰부패 유형

연도	유형별					조치별					
	금품수수	부당처리	직무태만	품위손상	규율위반	파면	해임	강등	정직	감봉	견책
2009	178	12	236	286	461	150	174	2	209	237	397
2010	94	5	319	256	480	104	101	7	171	246	525
2011	100	5	365	320	466	87	116	28	196	312	517

출처: 경찰백서, 2012.

2013년 한국행정연구원 공직부패 조사에서 우리나라 일반기업인과 자영업자 등 1,000여 명은 정치인이 가장 부패한 집단이라고 응답했는데(표 13-4 참조), 경찰부패도 약 69%를 차지하고 있다.

〈표 13-4〉 정부부문 부패 실태조사

기업인이 생각하는 공직분야 부정부패

분야	심한 정도(%)
정치인	91.9
고위공직자	82.6
법조인	78.0
건축 건설공무원	71.5
세무공무원	69.9
경찰관	69.4
조달 발주공무원	65.1
공기업임직원	59.5
식품위생공무원	53.1
교육공무원	48.7
관세공무원	45.0
보건 의료공무원	40.4
군인	40.3

교정공무원	38.9
환경공무원	36.5
사회복지공무원	34.5
소방관	33.4

자료: 한국행정연구원, 정부부문부패실태조사, 2013.

 이와 같이 경찰부패사건은 상당하고 국민들도 이들이 저지른 부정부패에 대해 상당한 혐오감내지 불만을 인식하고 표출하고 있는 실정이다. 경찰의의 부정부패는 상당히 오랫동안 축적되어왔고 그들이 검은 커넥션이나 비리는 근절되지 못하고 있는데 이는 그들 스스로 한국사회의 부패집단화되어 구조적 부패병에 오염되고 있는 실정이다. 이런 경찰부패 환경 하에서 개혁이나 처벌 법안을 입안한들 아무런 개선이나 효과가 없는 것은 당연하다고 본다.

 우리나라 경찰부패에 대한 대학생들의 부패인식도조사를 보면 다음과 같다. 먼 저 설문조사를 실시에 응답한 186명의 인식도 내용을 분석한 결과에 따르면 응답 자의 95%가 '경찰부패가 존재한다'고 답하였다. 그리고 그 원인에 있어서는(28.6%) 구조적 요인을 지적하고 있다.

〈표 13-5〉 대학생들의 인식 설문조사분석

질문: 우리 경찰부패가 존재한다고 보는가?	
존재한다	95%
존재하지 않는다	5%
질문: 경찰부패의 부패원인은?	
개인의 탐욕과 욕심	43%
경찰부패를 용인하는 경찰조직사회적 풍토	26.3%
경찰의 재량권	3.2%
편의를 바라는 구조적 모순점	8.6%
경찰사회의 구조적 모순점	6%
불필요한 경찰규제	3.2%
인사 및 승진불만	10%

자료: 김택, 대학생의 경찰부패인식조사(2013년 10월).

 부패평가 관련 외국 전문기관들도 대체적으로 한국을 부패가 심각한 국가로 인식하고 있다. 국제투명성기구(TI)의 국가별 부패지수(CPI)가 하위권 수준으로 아

시아권 경쟁국가 보다 낮은 부패한 국가군으로 분류했을 뿐만 아니라 뇌물 공여국
으로 평가한다(표 13-6 참조).

부패지수는 기업인과 외교관 국가정책분석가들이 판단한 한 나라의 공공영역
부패정도에 대한 인식도를 0점에서 10점으로 점수화하여 환산한 수치이며 점수가
높을수록 청렴하다고 보고 이와 반대로 점수가 하향일 때는 부패가 심각하다고 본
다. 우리나라의 경제수준을 고려할 때 구매력평가기준(ppp) 1인당 GDP $15,000에
상응하는 부패인식도 지수는 25위 수준이다.[23]

〈표 13-6〉 TI가 평가한 우리나라의 국가투명성지수 추이

연도	1997	1998	1999	2000	2001	2002	2003	2004	2006	2007	2008	2009	2010	2011
부패지수 (점)	4.29	4.2	3.8	4.0	4.2	4.5	4.3	4.5	5.83	5.1	5.6	5.5	5.4	5.4
국별순위	34	43	50	48	42	40	50	47	21	43	40	39	39	43
조사대상 국가수 (개)	52	85	99	90	91	102	133	146	30	180	180	180	178	183

자료: 국제투명성협회, TI가 발표한 지수를 참고.

오락실 영업행위, 윤락 포주와의 유착, 함바비리, 승진비리, 불륜 및 성범죄비
리 등 일일이 열거하기조차 힘들 정도로 쏟아지는 경찰부패는 경찰집단의 도덕적
해이와 직·간접으로 관련된다. 경찰 기강 해이의 원인은 국가권력의 사물화와 자
기 목적화에서 비롯된다. 권력은 국리민복을 위한 수단인데 권력자체가 사익추구를
위한 자기목적이 되면서 공사의 구별이 흔들리기 마련이다. 이와 같은 경찰관들의
비리 유형 다양화는 자신의 개인적 이익을 위해 행동하고 공권력 업무행위를 사적
이윤추구의 연장으로 보고 사사화(私事化)되어 가고 있음을 보여준다.

---

23) 한국의 국제사회의 평가는 각기 다르다. PERC 아시아 국가 부패지수: 4.97점('09) → 4.88점
   ('10)이고(낮을수록 청렴)
   IMD 국가경쟁력 지수(부패항목): 3.41점('09) → 3.67점('10) / 높을수록 청렴
   〈하락〉 WEF 국가경쟁력지수(공공자금 유용): 46위/133국('09) → 56위/139국('10)
   WB 거버넌스 지수(부패통제지수): 0.46점('08) → 0.45점('09)

제 5 절   원인 분석

경찰부패의 원인은 여러 분야에서 그 원인을 찾을 수 있겠지만 본고에서는 경찰문화, 경찰제도, 경찰조직윤리에 주안점을 두고자 한다.

(1) 경찰 문화적 원인[24]

우리사회에서 아마도 유교적인 규범문화의 전통은 오랫동안 지배적인 통치 이데올로기로서 확립되었다는 점이 중요하다. 유교문화의 실제적 행위 통제력은 물론 시대에 따라 집단에 따라 대상에 따라 다르게 나타날 것이다.

그러나 인간관계를 위계적으로 통제하고 합리화시키는 유교문화의 힘은 우리사회에서 매우 막강했다고 할 수 있다. 이 문화가 현대 한국사회에서 경찰 권위주의의 등장을 한결 용이하게 했으리라는 점도 쉽게 수긍할 수 있을 것이다.[25] 동양의 유교문화권 국가의 사회규범으로 가족우선주의·의리중시주의·정실주의 등이 있다. 그 중 의리의식은 경찰사회에 커다란 영향을 미치고 있다. 부패사건의[26] 대소를 막론하고 많은 부패 현상이 의리관계를 이용한 것들이다. 특히 경찰의 지나친 패거리적 가족주의관과 동료애를 강조하는 의리온정주의가 부패를 더욱 조장케 한다. 경찰의 동료애는 어떤 조직보다 강한 것으로 알려져 있는데 이것은 경찰하위문화를 통해서 경찰관들이 동료애를 형성시키고 유지하기 때문이라고 한다. 경찰하위문화는 경찰그룹내부의 독특한 가치와 행동패턴이고 경찰관들은 경찰의 독특한 전통과 업무수행 때문에 고유한 나름대로의 문화를 형성시킨다고 한다. 이런 조직문

---

24) 일반적으로 사회문화적 환경의 측면에서 볼 때 그 국가가 갖고 있는 역사성이나 가치규범 특수성 그리고 시민의 행태 또는 정치문화적 특수성 등이 복합적으로 작용하여 부패 현상을 유발한다. 따라서 이러한 부패소지는 결코 관료개인이나 집단의 자발적이고 고의적인 동기로만 일어난다고 볼 수는 없다. 말하자면 관료의 부패행위를 유인하는 환경적 변수가 더 강도성을 가질 때 일어나는 경우를 말한다.

25) 한상진, 「한국사회와 관료적 권위주의」(서울: 문학과 지성사, 1988), p.93.

26) 관료문화의 측면에서 관료행태에 끼친 영향과 그 철학적 기초를 이룬 유교문화에 대하여 Henderson은 권위주의적 관료행태의 주요한 요인으로 보고 있으며 이러한 것은 관료부패의 주요 원인의 하나라고 지적한다.
   Henderson, Gregory, Korea: The Politics of the Vortex Cambridge: Harvard university Press, 1968, p.921. 김영종 교수는 최고 지도자들의 장기집권의 병폐와 카리스마적 leader－ship 또는 권력 남용으로 인한 역기능이 관료부패의 주요 변수라고 주장한다.

화로 인하여 동료경찰관들의 비리행위를 용인 또는 묵과하는 경우가 많고 동료경찰관과의 긴밀한 관계를 가진다고 볼 수 있다.[27]

경찰의 폐쇄적이고 수직적인 의사체계라든지 경직된 경찰조직구조, 덜 민주화된 명령 만능주의가 문제라고 볼 수 있다. 또한 경찰내부의 비밀우선주의와 상급기관의 무사안일한 행태도 부패를 발생케 할 수 있다.

오늘날에도 연말연시 등 전통적 명절이나 관혼 상제시의 '떡값' 명목이나 '촌지'의 행태로 남아있다. 이러한 행정문화에 바탕을 둔 관행이나 행태는 공무원과 경찰부패의 토양이 되어 있는 것이다. 또 전통적인 행정문화는 관존민비와 권력지향적 가치관으로 공직자들의 의식구조를 지배하게 되고 권위주의적 경찰행태가 권력오용과 남용이란 결과를 가져와서 역시 부패의 좋은 서식처가 된다는 것이다.[28] 한국 관료의 병리적 행정행태와 관련하여 볼 때 무엇보다 중요한 행정행태는 우리나라에 있어서 고질적인 권력의 집중화 현상이다. 이것은 관료의 의식면에서 볼 때 한국 관료의 지나친 권력 소유 욕망으로 발생된 것이라 말할 수 있다.[29]

이렇게 보아 올 때 우리의 전통적인 부패 친화적 문화풍토는 오늘날까지의 행정부패와 경찰부패를 조장한 주된 사회문화적인 요인이 아닐 수 없다.

(2) 경찰공무원 보수 및 신분의 불안정

우선 보수면에서 보면 경찰공무원에게 지급되는 보수 수준이 낮으면 부정이 야기되기 쉽다. 후진국 행정일수록 경찰의 보수는 최소한의 생계비에 미달하는 경우가 많다. 그래서 과거 우리나라는 생계형부패가 주종을 이루었다. 이런 상황에서 공무원은 부정에로의 유혹을 받기 쉬울 뿐만 아니라 부정과 연계되지 않는다 하더라도 보수수준의 민·관의 심각한 격차로 인하여 우수인력의 경찰에로의 유치가 어려워지고 경찰관의 자질이 떨어졌던 것이 사실이다. 경찰공무원의 사기저하로 경찰능률과 경찰서비스의 질이 저하되게 되어있다. 경찰청에 따르면 2010년도 1년 차 경찰의 평균 연봉은 2,065만 원으로 미국 워싱턴의 1년 차 경찰공무원이 받는 5,107만 원의 절반에도 미치지 못한다고 한다.[30]

---

27) 윤일홍, "경찰비리에 대한 경찰관의 견해 연구, 장기유학훈련 연구보고서, 행정안전부 교육훈련정보센터, 2009, p.6.
28) 김영종, 전게서, p.286.
29) 윤우곤, "현대 한국관료의 의식구조", 「계간경향」, 봄호, 1988, pp.210~218.
30) 동아일보, 2010.4.19.

새 정부가 들어서면서 자치경찰이나 수사권독립 등 제도개혁을 주장하지만 무엇보다도 경찰 사기진작과 긍지라는 측면에서 처우개선이 우선과제라고 볼 수 있다. 경제사정이 나쁘지만 경찰봉급은 경찰부패근절의 확실한 담보가 되리라는 기대에서 앞으로도 계속적인 인상이 있어야 한다. 신분의 불안정도 부정부패를 낳는 원인이 되는데 안정성이 결여되면 직접적으로 자기에게 이해가 없는 업무에 대해서는 수동적인 태도를 취하게 된다. 자기가 맡은 직책에서 언제 물러날지 모른다는 생각은 사회일반의 금전만능사상의 작용을 받아서 그 자리에 있는 동안 생활에 대한 최소한의 재정적인 기반만은 만들어 놓자는 생각을 하게끔 만들 수도 있다.

또한 승진도 시험 위주보다는 능력과 근무성적을 중요시는 제도적 장치 마련이 시급하다. 경찰부패의 대다수가 간부보다는 하위직 경찰관으로서 이들이 시험승진에서 탈락될 경우 사기저하와 부정심리가 싹튼다고 볼 수 있다. 시험승진보다 근무성적과 실적위주로 전환하여야 할 것이다.

(3) 경찰조직윤리와 교육

정부조직은 윤리적 문제와 그 문제를 해결하기 위한 체계적 접근이 특별히 필요한 영역이다. 공직윤리는 정부조직에서의 공무원의 행동에 도덕적 원리를 적용시키는 것을 의미한다.[31] 경찰조직은 전통적으로 개인책임보다는 소위 조직윤리를 강조한다. 조직윤리는 공무원이 조직 내에서 구성원 간의 공동의 이익을 공유하는 대가로 충성과 기관의 전술과 정책을 수용할 것을 요구한다.[32] 이 윤리는 경찰공무원의 개인적 윤리나 동기와는 관계없이 충성심을 보여줄 것을 요구하는데 그것의 가장 정형화된 형태는 복종의 형태이다. 그 결과 경찰공무원은 조직에 대한 충성심을 가장 높은 차원의 도덕성으로 간주하게 되고 건설적인 이의제기나 반대는 위배되는 것이 되기 때문에 조직은 이를 허용하지 않게 된다. 조직윤리는 조직의 비공식 규범이 되고 조직구성원을 지배하게 되기 때문에 공무원은 이 윤리를 위배함으로써 자신의 지위와 수입을 잃게 되는 모험을 시도하려고 하지 않게 된다. 사회분위기의 도덕적 타락은 경찰의 부정이 잉태되며 조직과 개인의 부패에 대해서 공무원 자신은 저항하지 않고 침묵한다. 대다수의 경찰관들은 침묵과 복종으로 행동한다. 윤리교육은 공직자로서의 태도와 자질함양을 위한 기본적이고 비리를 사전예방

---

31) 박종두, "행정윤리에 관한연구", 「현대사회와 행정」, 제2집, 연세행정연구회, 1991, p.67.
32) Jong S, Jun, public Administration, 윤재풍·정용덕 공역, 「행정학」, 박영사, 1987, p.458.

할 수 있는 통제기능을 지닌다. 경찰업무가 시민들의 자유와 권리를 제한하고 침해
하는 권한이 많고 외근 근무 중 긴박한 상황에 자주 노출되고 상급자의 지휘 없이
단독적인 의사결정을 해야 하는데 불공정수사나 금품수수와 같은 명확한 부패행위
라면 모르지만, 재량권에 관련되거나 단순일탈행위는 경찰관 스스로 바른 가치판단
을 내리기가 어렵기 때문에 윤리교육이 중요하지만 경찰 경위 이하 비간부에 대한
윤리교육은 매우 부실한 점이 문제라고 본다.33) 표 13-7을 보면 총경의 윤리교육
은 전체 1%도 채 되지 않고 있으며 경위나 경사도 7%, 3%를 차지하고 있을 정도
로 윤리교육이 저평가되는 실정이다.

〈표 13-7〉 윤리교육 교과목 현황

과정	대상	구분	교과목	시간	계(%)
치안정책 과정	총경 총경승진후보자 (770시간)	직무핵심교육	자체사고예방을 위한 지휘관 역할	2	8(1.0)
		기본소양교육	조직갈등관리	2	
			경찰과 인권	2	
			관리자의 리더십	2	
기본교육 과정	경정 (142시간)	소양과목	인권의 현주소, 피해자 인권보호	4	9(6.3)
		직무과목	부조리예방과 감독자 역할	3	
			리더십향상방안	2	
	경감 (107시간)	소양과목	인권의 현주소, 피해자 인권보호	4	12 (11.2)
		직무과목	지역경찰과 지구대장의 역할	2	
			부조리예방과 감독자의 역할	2	
			리더십향상방안	2	
			조직갈등관리	2	
	경위(70시간)	소양과목	공직윤리	2	5(7.1)
		직무과목	리더십개발	3	
	경사(70시간)	소양과목	공직윤리	2	2(2.9)

출처: 경찰대학, 경찰교육원자료(2010); 홍태경, 앞의 논문에서 재인용(2011), p.117.

---

33) 홍태경, "경찰일탈 통제제도의 개선방안에 관한 연구: 경찰관 인식조사를 중심으로", 한국부패
학회보 제16권 제2호, 2011, p.116.

(4) 구조적 뇌물 관행

경찰부패(Police Corruption)의 경우 부패는 경찰관이 경찰조직에서 구조적 관행으로 정착화되거나 내면화된 병적 도벽 관료제(kleptocracy)[34]에 기인한다고 할 수 있다. 경찰은 경무·보안·수사·교통·정보·방범등의 전반에 걸쳐서 부패의 고리가 연결되어 있다. 심지어 고소고발 사건의 처리과정에서도 특정인을 비호하며 뇌물을 받기도 하고 인허가 업무과정에서 부적격자에게 부당한 허가를 내주면서 뇌물을 받는다. 처음 경찰에 입문한 경관이 청렴한 윤리의식을 가지고 공정한 업무 수행을 하다가 중도에 부패해지는 것은 경찰과 우리사회의 광범하게 걸친 뇌물구조시스템 탓으로 여기는 것은 무리가 아닐 것이다. 최근 부산에서 윤락업소를 운영했던 경찰관이 구속되었는데 그는 여대생 등 2백여 명을 1천 4백여 명의 남성에게 윤락을 알선했다고 한다. 이제 유흥업소나 소매치기 폭력 조직등과 공생관계를 맺고 뒤를 봐주는 고전적 부패는 순진한 편에 속한다고 볼 수 있다.[35] 공직자, 사회지도층, 시민 등의 다양한 계층에서 발생하는 부패행위는 그들의 비합리적이고 탐욕적인 욕구의 만족을 위한 일탈행위(deviant behavior)를 합리화하거나 정당화 또는 준공식화 하는 속성과 근성 등의 비윤리적 가치체계를 내면화(internalization)하는 사회조직구조나 개인들의 가치구조 탓이라고 지적할 수 있다.[36] 그러나 우리사회의 부패와 뇌물관행시스템이 워낙 정교하고 조직화 되어있어 경찰조직만의 책임이라고 하기에는 무리가 있다.

제 6 절   한국 경찰부패 통제

1. 제도적 방안

(1) 처벌 및 감찰강화

국민권익위원회가 조사한 공무원의 부패문제 해결 최우선 과제로(표 13-8) 연고주의, 온정주의 사회문화 척결'(18.8%), 사회지도층 및 고위공직자의 부패 감시활

---

34) 전종섭, 「행정학: 구상과 문제해결」, 박영사, 1987, p.230.
35) 동아일보, 1996.1.16.
36) 김영종, "부패문화의 개혁정책론", 「부패학」, 숭실대출판부, 1996, pp.298~299.

동 강화(18.2%), 부패행위적발 처벌강화(16.4%)순으로 응답하였고, 부패를 유발하는 법/제도와 각종행정규제의 개선'을 선택한 비율은 전년보다 4.4%p 감소하였다.

〈표 13-8〉부패문제 해결을 위한 최우선 과제

항목	08년	10년	전년대비
연고주의, 온정주의 사회문화척결	19.1	18.8	0.3
사회지도층 및 고위공직자의 부패 감시활동 강화	18.7	18.2	0.5
부패행위에 대한 적발, 처벌의 강화	13.6	16.4	2.8
투명한 기업활동을 위한 제도적 장치마련	14.3	15.5	1.2
부패를 유발하는 법제도와 각종 행정규제의 개선	19.0	14.6	4.4
공직자의 부패범죄에 대한 사전 예방활동	14.0	13.1	0.9
기타	0.7	1.6	0.9
없음/모름	0.6	1.9	1.3

출처: 국민권익위원회, 2011.

표 13-9는 대학생들의 경찰부패인식을 설문조사한 것인데 우리나라 대학생들의 경찰부패 근절방안으로 처벌이나 감찰을 응답한 비율이 40%로 가장 높았다. 또한 불필요한 규제개혁(20%),경찰윤리강화(19.3%), 경찰보수(17.7)순으로 나타났다.

〈표 13-9〉대학생들의 경찰부패인식 설문조사분석

대책: 경찰부패 방지를 위해서 바람직한 방안?	
경찰의 보수강화 ···	17.7
경찰의 윤리강화 ···	19.3
경찰청탁문화 풍토 개선 ··	12.9
경찰의 재량권 축소 ··	3.2
내부고발강화 ··	6.4
경찰의 처벌 강화 ···	25.9
불필요한 경찰규제개혁 ···	20
감찰강화 ···	15

자료: 김택, 대학생의 경찰부패인식조사(2013년 10월).

(2) 인사 및 보수개선

2006년부터 경사계급에서 8년 기간 중 3년간 근무성적이 40점 이상일 경우 경위로 근속 승진하는 제도를 실시하고 있다.[37] 이 제도는 경찰의 인사적체를 해소하는데 유용하고 상당수의 경사들이 경찰간부라고 할 수 있는 경위로 승진하여 승진적체를 해소하였다고 한다. 그러나 현재도 50대 경사가 있는 등 경위계급 진출은 쉽지 않다. 이를 대폭적으로 늘려 사기 양양이나 불만을 차단해야 한다. 경찰대나 경찰간부후보생 출신의 경우 곧바로 경위계급을 달고 임관하는데 이같은 경우 기존 직원들과의 위화감을 조성하고 계급 간 부조화를 가져오기 때문에 이를 개선하는 작업이 필요하다. 이제는 대졸자들을 훈련시켜 순경으로 임관하고 경찰간부나 경찰대출신들을 최소화하는 방안이 필요하다.

또한 경찰 보직 인사 시 객관적 검증을 강화하여 업무능력을 중시하는 인사제도가 필요하다. 일부경찰관의 부패문제가 경찰 조직의 사기와 직결되고 있으므로 각별한 유의가 필요하다.

(3) 내부고발 활성화

내부비리의 부정적인식이 많은 한국행정내에서 조직부패의 고발은 쉽지 않다. 그러나 청렴하고 투명한 조직을 만들기 위해서 이들의 활성화와 고발자의 제도적 인적 보호가 필요하다. 이를 위해 익명고발의 법제도 장치가 새로 만들어져야 하고 활성화해야 한다. 또한 행정안전부는 지방공기업의 비리에 대하여 익명고발을 수용하였는데 공직기관에도 확대해야 할 것이다. 경찰 구성원 간의 온정주의, 신고자에 대한 배타적 시선 등으로 인하여 신고 자체에 소극적인 분위기를 해소하기에는 한계가 있고 신고자의 신분노출은 부패 신고의 주요 장애요인으로 작용하고 있다. 이를 위해 익명보장을 강화하고 내부고발을 경찰청 내 조직에서만 접수할 것이 아니라 제3의 독립된 기관이나 시민단체가 받아 처리하도록 하는 장치가 제도적으로 보장되어야 한다. 또한 내부고발자에 대한 신분보장과 고발 후 소송을 제기한 경우에는 내부비리 고발과 관련하여 불이익을 당한 것으로 추정하여 변호사의 보호제도를 실시해야 한다.[38]

---

37) 최상일, "경찰부패 통제전략의 효과성제고에 관한 연구", 한국정책과학학회보 10권 2호, 2006, p.141.
38) 경찰청 경찰쇄신위원회, 경찰쇄신권고안, 2012, p.30.

2. 청렴도 평가

경찰관의 청렴성은 국민의 신뢰와 직결되고 경찰발전을 위한 가장 기초가 되는 덕목이라고 할 수 있다. 경찰의 질서화합, 리더십, 경쟁력, 생산성 등이 청렴성과 직결되기 때문에 이를 제고하는 방안이 필요하다고 본다.

경찰조직의 평가뿐만 아니라 경찰간부의 청렴도 평가를 통해 간부의 리더십과, 청렴도를 진단하고 체계화하여 부패방지에 노력하여야 한다고 본다.

경찰청렴도 강화를 위한 방안을 마련하여 시행하여야 하는데 필자는 다음과 같은 제도를 시행해 보는 것이 필요하다고 본다.
① 경찰공무원 청렴지수 개발 시행 발표
② 경찰공무원 청렴윤리원(가칭) 설치
③ 경찰공무원행동강령 적용의 적실성 내실화
④ 반부패 경찰청렴위원회 설치(가칭) 독립강화
⑤ 총경이상 고위간부 청렴성 강화 및 청렴순위발표
⑥ 경찰 정보공개강화
⑦ 경찰부패 익명신고제 실시
⑧ 경찰관의 이익충돌예방 및 전관 예우금지강화: 전 직원 재산등록 DB화

3. 윤리교육적 방안

우리사회의 생활 전반에 관행화 되고 일상화되어 버린 경찰부패문화를 일소하는 첫 번째 개혁과제는 경찰의 의식전환이라고 볼 수 있다. 의식의 변혁이 없는 부정부패의 척결은 단지 형식적이고 일과성이 될 가능성이 크다. 아무리 철저하게 부정과 부패, 그리고 비리를 찾아내어 척결한다고 하여도 왜곡된 의식이 상존하는 한 그것은 계속적으로 부정부패와 비리를 만들어 낼 것이기 때문이다.[39] 윤리의식이 높은 개인을 경찰로 채용하기 위해서 채용시점부터 적성검사와 심층면접을 강화하는 방안을 마련해야 한다. 그리고 재직경찰관에 대한 직무적성이나 검사방법을 정교화하고 근무기간이 긴 경찰관과 대민부서에 근무하는 경찰관에 대한 윤리교육에 중점을 두어야 한다.[40]

---

39) 공보처, 「의식개혁의 과제와 전략」, 공보처, 1995, pp.8~21.
40) 홍태경·류준혁, 일탈에 영향을 미치는 요인에 관한 연구, 한국지방정부학회, 2011.

반부패교육은 경찰 개개인의 의식개혁을 활성화하는데 유용한 방안이라고 본다. 경찰이 운영하고 있는 교육과정에 경찰공무원의 행동강령이나, 내부비리신고 교육프로그램을 반드시 이수하도록 하는 방안이 모색되어야 한다. 청렴교육은 부패예방차원뿐만 아니라 내부조직의 공감대를 확산시키는 기능도 할 수 있다. 독일의 경우, 공공기관이나 정부기관에 근무하는 공직자들이 반부패 행동규범을 숙지하도록 하는 교육훈련을 하고 있다고 한다.[41)]

경찰인성교육도 강화하여 공복관, 국가관, 가치관 등을 함양하고 제고할 수 있도록 경찰관의 교육프로그램을 강화하여야 한다. 국민들이 주지도 않고 경찰공무원 역시 받지도 않는 자세가 확립되는 의식개혁의 전환이 중요하다고 볼 수 있다. 지속적인 반부패교육을 통해서 경찰의 가치관과 의식을 바꾸어야 할 것이다. 경찰관의 공복의식과 도덕적 윤리관을 함양하고 반부패의식을 고취시키기 위하여 경찰공무원교육의 혁신과 변화가 필요하다.

〈표 13-10〉 경찰인성교육 현황

구분		내용
경찰대학(신임)		• 전체 시간 중 인성관련교육은 688시간(18%) • 인성교육은 주로 훈육시간을 통해 이루어지며 매 학기 48시간 교육 • 학기당 봉사활동 16시간
경찰 교육원	신임간부 후보생	• 인성교육은 총185시간(10%) • 봉사활동 총35시간
	재직	• 교육 과정별 다르나 시책교육 특강, 공직가치, 안보교육 등 강의가 전체 교육과정 중 약 10% 차지
경찰중앙학교(신임)		• 인성교육 324시간(27%) • 교육기간 확대에 따라 인성교육시간을 195시간 추가편성 • 월2회 이상 자기 주도적 봉사활동 실시 수사
연수원		• 과정별 차이가 있으나 공직가치 등 인성교육의 비율은 10%내외

출처: 경찰청, 2012년 경찰쇄신권고안, p.66.

---

41) 경찰청, 경찰쇄신권고안, 2012, p.22.

참고문헌

강성철 외 공저(1999), 「인사행정론」, 대영문화사.

김　택(2003), 「관료부패이론」, 한국학술정보.

김　택(2013), 「경찰인사행정론」, 청목출판사.

김　택(2017), 「경찰학의 이해」, 박영사.

김번웅(1991), "행정부조리, 조직의 민주화 및 간접유도형 행정", 「조직과 복지사회－유종해 교수 화갑기념논문집」, 박영사.

김중양(2002), 「한국인사행정론」, 법문사.

김중양(2005), 「참여정부 인사개혁의 현황과 과제」, 나남출판.

김판석 외(2000), "인적자원관리의 전문성 제고방안", 「CSC 정책연구보고서」, 인사행정연구회.

김해동(1976), "서정쇄신과 사회병리", 「한국행정학보」, 제10집, pp.20~22.

김해동(1990), "관료부패의 유형", 서울대 행정대학원, 「행정논총」, 제28권 1호, pp.146~147.

김해동(1990), "관료부패의 유형", 서울대학교 행정대학원, 「행정논총」, Vol. 28, No. 1, p.146.

김해동(1991), "체제부패와 공공정책의 관계에 대한 연구", 서울대 행정대학원, 「행정논총」, 제29권 제1호, pp.69~70.

박응격, "공무원 윤리관 확립과 의식개혁", 「행정문제논집」 제3집, 한양대학교.

박종두(1991), "행정윤리에 관한연구", 「현대사회와 行政」, 제2집, 연세행정연구회, p.67.

박천오(2004), 「인사행정의 이해」, 법문사.

신현기・이영남(2003), 「경찰인사관리론」, 법문사.

오석홍(2005), 「인사행정론」, 박영사.

유민봉・임도빈(2003), 「인사행정론」, 박영사.

유종해(1995), 「현대행정학」, 박영사.

유종해(2005), 「현대조직관리」, 박영사.

유종해·김택(2006), 「행정의 윤리」, 박영사.

유종해·김택(2010), 「공무원인사행정론」, 한국학술정보.

유종해·김택(2011), 「객관식 행정학」, 박영사.

유종해·김택(2011), 「행정조직론」, 한국학술정보.

윤우곤(1988), "현대 한국관료의 의식구조", 계간 경향, 봄호, 1988, pp.210~218; 허 범, "새로운 공공행정의 모색", 「민주사회의 성숙을 위한 공공행정」, 한국행정학회편, 고시원, pp.103~105.

이원희(2001), 「열린행정학」, 고시연구사.

이황우·김진혁·임창호(2003), 「경찰인사행정론」, 법문사.

전종섭(1987), 「행정학: 구상과 문제해결」, 박영사, p.230.

중앙인사위원회(2003), 공무원인사실무.

중앙인사위원회(2004), 공무원인사개혁백서.

중앙인사위원회(2006), 정책자료집.

진종순(2005), 정부인력규모의 국제비교분석, 한국행정연구원.

총무처직무분석기획단(1988), 신정부혁신론.

행정자치부(2004), 공무원통계.

행정자치부(2004), 정부인력규모 예측모델개선.

행정자치부(2005), 2005-2008 중장기 정부인력운영계획.

행정자치부(2005), 정부인력운영계획.

홍길표·서원석·이종수(2003), "참여정부 인사개혁 로드맵의 실천방안", 「CSC 정책연구보고서」, 인사행정연구회.

홍길표(2004), 공무원중앙교육 훈련기관의 발전방안연구, 중앙인사위원회 정책보고서.

황성돈(1994), "유교사상과 한국관료문화", 「한국관료제와 정책과정」, 안해균 외 공저, 다산출판사, p.27.

Abraham, H. Maslow(1954), Motivation and Personnel, New York.

Abramson, Robert, An Integrated Approach to Organization Development and Improvement Planning, West Hartfond: Kumarian Press, 1978.

Albrecht, K., Organization Development: A Total Systems Approach to Positive Change in Any Business Organization, Englewood Cliffs, New Jersey Prentice−Hall, Inc., 1983.

Alderfer, C. P., Existence, Relatedness and Growth: Human Needs is Organizational Setting, New York: The Free Press, 1972.

Aldrich, H. E., Organizations and Environments, Englewood Cliffs, New Jersey: Prentice−Hall, 1979.

Argyris, Chris, Integrating the Individual and the Organization, New York: John Wiley and Sons, Inc., 1964.

Argyris, Chris, Personality and Organization, New York: Harper, 1957.

Argyris, Chris, Understanding Organizational Behavior, Homewood, Ill.: Dorsey Press, 1960.

Arrow, K. J., The Limits of Organizations, New York: Norton, 1974.

Bayley, H. D.(1966), "The Effects of Corruption in a Developing Nation", Western Political Quarterly, Vol. 19, No. 4.

Becker W. Selwyn and Neuhauser, Duncan, The Efficient Organization, New York: Elsevier, 1975.

Beckhard, Richard, Organizational Development, Readings: Addison−Wesley, 1967.

Bennis, Warren G., Changing Organizations, Bombay, New Delhi: TATA, McGraw−Hill Pub. Co., 1966.

Bennis, Warren G., Organizational Development: It's Nature, Origins and Prospects, Readings: Addison−Wesley, 1969.

Bennis, Warren G., Schein, E. H. and Berlew, D. E. and Steele, F. I., Interpersonal Dynamics: Essays and Reading on Human Interaction, Homewood, Ill.: The Dorsey Press, 1965.

Blau, Peter M. and Scott, W. Richard, Formal Organizations, San Francisco: Chandler, 1962.

Blau, Peter M., Bureaucracy in Modern Society, New York: Random House, 1956.

Blau, Peter M., The Dynamics of Bureaucracy, Chicago: University of Chicago Press, 1963.

Bowditch, J. L. & Buono, A. F., A Primer on Organizational Behavior, New York: John Wiley & Sons, 1985.

Bradford, Leland P., Gibb, J. R. and Benne, K. D., T−Group Theory and Laboratory Method, New York: John Wiley & Sons, Inc., 1964.

Brown, Richard E., The GAO: Untapped Source of Congressional Power, Knoxville: University of Tennessee Press, 1970.

Caiden(1997), "Administrative Corruption," Public Administration Review, Vol. 37, No. 3, pp.306~308.

Caiden, Gerald, Administrative Reform, Chicago: Aldine Publishing Co., 1969.

Caplow, Theodore, Principles of Organization, New York: Harcourt, Brace and World, Inc., 1964.

Clegg, Stewart & Dunkerly, David, Organization, Class, Control, Thetford, Norfolk: Lowe & Brydone Printers Ltd., 1980.

Cohen, Harry, The Dynamics of Bureaucracy, Ames: Iowa University Press, 1965.

Costello, T. and Zalkind S., Psychology in Administration, Englewood Cliffs, New Jersey: Prentice−Hall, 1963.

Crozier, Mihael, The Bureaucratic Phenomenon, Chicago University of Chicago Press, 1964.

Dahl, Robert A., Pluralist Democracy in the United States, Chicago: Rand McNally, 1966.

David H. Bayley(1966), "The Effects of corruption in a Developing Nations," Western political Quarterly, Vol. 12, No. 4, p.719.

Davis, James W., Jr., The National Executive Brancin, New York: Free Press, 1970.

Decenzo, David A. & Robbins, Stephen P.(1999), Human Resource Management, John Wiley & Sons.

Denhardt, R. B., In the Shadow of Organization, Lawrence: University of Kansas Press, 1981.

Downs, Anthony, Inside Bureaucracy, Boston: Little Brown, 1967.

Dunnete, M. D. and Kirchner, W. K., Psychology Applind to Industry, New York: Appleton−Century−Croffs, 1965.

Etzioni, A., Modern Organizations, Englewood Cliffs, New Jersey: Prentice−Hall, 1964.

Etzioni, Amitai, A Comparative Analysis of Complex Organizations, New York: Free

Press of Glencoe, 1961.

Etzioni, Amitai, Complex Organization: A Sociological Reader, New York: Holt, Rinehart and Winston, 1961.

Fiedler, Fred E., A theory of Leadership Effectiveness, New York: McGraw—Hill Book Company, 1967.

Finer, Herman, The British Civil(revised ed.), London: Fabian Society, 1937.

Flippo, Edwin B.(1971), Principle of personnel Management, Mcgraw—Hill Book Co., 1971.

French, W. L. and Bell, Co., Organization Development, Englewood Cliffs, New Jersey: Prentice—Hall, Inc., 1973.

French, W. L., The Personal Management Process, Boston: Hughton Mifflin Co., 1978.

Gerald E. Caiden & Naomi J. Susan Rose Ackerman(1978), Corruption: A Study in Political Economy(New York: Acdamic Press Inc.), pp.60~73.

Gibson, J. L., Ivancevich, J. M. & Donnelly, J. H. Jr., Organizations: Behavior, Structure, Precess, 4th ed., Plano Texas: Business Publications, Inc., 1982.

Goembiewski, Robert T., Renewing Organizations, Itasca: Peacock, 1972.

Golembies, Robert T. and Cohen, Michael(eds.)(1970), People in Public Service: A Reader in Public Personnel Administration, Itasca, Ill.: ILL: Peacock.

Golembiewski, Robert T., Humanizing Public Organizations, Maryland: Comond Pub. Inc., 1985.

Golembiewski, Robert T., Organizing Men and Power: Patterns of Behavior and Line—Staff Models, Chicago: Rand McNally, 1967.

Greiner, J. M., et al., Productivity and Motivation, Washington, D. C.: Urban Institute, 1981.

Guest, Robert H., Organization Change, Homewood, Ill.: Dorsey Press, 1962.

Gunar Myrdal(1971), "Corruption: It's Cause and effect", in Myrdal, Asian Drama(N. Y: Pantheon).

Hage, J., Theories of Organization, New York: John Wiley and Sons Inc., 1980.

Hall, R. H., Organizations: Structure and Process, Englewood Cliffs, New Jersey: Prentice—Hall, Inc., 1972.

Hare, A. Paul, Handbook of Small Group Research, New York: Free Press, 1962.

Heidenheimer, Ardld J.(1970), "Political Corruption: Readings in Corruptive Analysis,

New Brunswick: Transaction.

Henderson, Gregory(1968), Korea: The politics of the Vortex, Cambridge: Harvard University Press.

Henry, Nicholas(1980), Public Administration and Public Affairs, Englewood Cliffs, New Jersey: Prentice—Hall.

Hersey, Paul and Blanchard, Kenneth H., Management of Organizational Behavior, Englewood Cliffs, New Jersey: Prentice—Hall, Inc., 1977.

Hicks, H. G. & Gullett, C. R., Organizations: Theory and Behavior, McGraw—Hill International Book Co., 1975.

Hollander, E. P., Leadership Dynamics: A Practical Guide to Effective Relationship, New York: The Free Press, A Division of Macmillan, Inc., 1978.

Huntington, Samuel P., The Soldier and the States: The Theory and Politics of Civil—Military Relations, New York: Vintage, 1964.

Huse, E. F. & Bowditch, J. L., Behavior in Organizations, 2nd ed., Addison—Wesley Pub. Co., Inc., 1977.

Huse, E., Organization Development and Change, St. Paul, Minnesota: West Pub. Co., 1975.

Hyneman, Charles S., Bureaucracy in a Democracy, New York: Harper, 1950.

James C. Scott(1972), Comparative political Corruption(Englewood Cliffs, N.T.: Prentice—Hall), p.3.

Karl, Barry, Executive Reorganization and Reform in the New Deal, Cambridge, Mass.: Harvard University Press, 1963.

Katz, Daniel and Kahn, Robert, The Social Psychology of Organization, New York: Wiley, 1966.

Kaufman, Gerbert, Are Government Organization Immortal?, Washington, D. C.: The Brookings Institution, 1976.

Kaufman, Herbert, The Limits of Organizational Change, The University of Alabama Press, 1975.

Kimberly, J. R., et al., The Organizational Life Cycle, San Francisco: Jossey—Bass, 1980.

Klinger, Donald E. & Nalbandian, John(2003), Public Presonnel Management, New Jersey: Prentice Hall.

Learned, E. F. and Sproat, A. T., Organization Theory and Policy: Note for Analysis,

Homewood, Ill.: Richard D. Irwin, Inc., 1966.

Likert, R., The Human Organization: Its Management and Value, New York: MaGraw−Hill Book Company, 1967.

Litterer, J. A., The Analysis of Organizations, New York: John Wiley & Sons, 1965.

Luthans, F., Organizational Behavior: A Modern Behavioral Approach to Management, New York: McGraw−Hill Book Company, 1973.

March, J. G.(ed.), Handbook of Organization, Chicago: Rand McNally, 1975.

Margulies N. and Raia A. P., Organizational Development: Values, Process and Technology, New York: McGraw−Hill Book Company, 1972.

McClelland, D. C., The Achievement Motive, Appleton−Century Crofts, 1953.

McFarland, A. S., Power and Leadership in Pluralist Systems, Stanford, California: Stanford University Press, 1969.

McGregor, D., The Human Side of Enterprise, New York: McGraw−Hill, 1960.

Michael Johnston(1982), Political Corruption and Public Policy in America(Belmont, Calif: Brooks/Cole), pp.12~16.

Michael Johnston(1986), "The Political Consequences of Corruption: A Reassessment," Comparative Politics(July), pp.463~473.

Millett, John D., The Process and Organization of Government Planning, New York: Columbia University Press, 1947.

Mintzberg, Henry, The Structuring of Organizations, Englewood Cliffs, New Jersey: Prentice−Hall, Inc., 1979.

Mintzberg, Henry, Power In and Around Organizations, Englewood Cliffs, New Jersey: Prentice−Hall, Inc., 1983.

Mooney, James D., The Principles of Organization, revised ed., New York: Harper, 1947.

Moshers, Frederick, Governmental Reorganization, Indianapolis: Bobbs Merrill, 1967.

Mosher, Frederic C.(1968), Democracy and the Public Service, New York: Oxford University Press.

Myrdal G.(1971), "Corruption: Its Cause and Effects" in G. Myral, Asian Drama. N.Y.: Pantheon Books.

Naisbitt, John, Megatrends: The New Directions Transforming Our Lives, New York: Warner Books, Inc., 1984.

Natemeyer, W. E.(ed.), Classics of Organizational Behavior, Moore Pub. Co. Inc., 1978.

Nigro, Felix A., and Nigro, Lloyd G.(1981), The New public Personnel Administration, Itasca: F. E. Peacok.

Nystroom, P. C. and Starbuck, W. H.(eds.), Handbook of Organizatioal Design, New York: Oxford University Press, 1981.

O, Glen Stall(1962), Public Personnel Administration, New York: Harper & Row.

OECD(2002), OECD Public Management Service.

Parsons, T., Structure and Process in Modern Societies, New York: Free Press, 1960.

Parter, Lyman, Lawler, Edward and Hackman, J. Richard, Behavior in Organizations, New York: McGraw—Hill, 1975.

Pfifiner, J. M. and Sherwood, F. P., Administrative Organization, Englewood Cliffs, New Jersey: Prentice—Hall, 1960.

Porter, L. W., Lawler, E. E. Ⅲ and Hackman, J. R., Behavior in Organization, Tokyo: McGraw—Hill, kogakusa, 1975.

Presthus, R., The Organizational Society, New York: Vintage Books, 1965.

Ramos, A. G., The New Science of Organizations, Toronto: University of Toronto Press, 1981.

Robbins, Stephen P., Organizational Theory: The Structure and Design of Organizations, Englewood Cliffs, New York: Prentice—Hall, 1983.

Rothman, Jack, Erlich L. John, Terusa G. Joseph, Promoting Innovation and Change in Organizations and Communities: A Planning Manual, New York: John Wiley & Sons, 1976.

Samuel G. Fine, The man on Horse Back: The Role of the Military in Politics(New York: Proeger, 1962).

Sanford, F. H., Authoritarianism and Leadership, Philadelphia: Institute for Research in Human Relations, 1950.

Schein, E. H. and Bennis, W. G., Personal and Organization Change Through Group Methods: The Laboratory Approach, New York: John Wiley & Sons, 1965.

Schein, E. H., Organizational Psychology, 2nd ed., Englewood Cliffs, New Jersey: Prentice—Hall, 1970.

Schumacher, B. G., Computer Dynamics in Public Administration, New York Spartan Books, 1967.

Shrode, W. A. and Voich, Dan, Jr., Organization and Management: Basic Systems Concepts, Homewood, Ill.: Richard D. Irwin, Inc., 1974.

Sichel, Werner and Gies, Thomas G., Public Utility Regulation, Lexington, Mass.: D. C. Heath and Company, 1975.

Simcha B. Werner(1983), "New Directions in the Study of Administrative Corruption", PAR, Vol. 43, No. 2, pp.146~148.

Simon, Herbert A., Administrative Behavior: A Study of Decision Making Processes in Administrative Organization, New York: Macmillan, 1945.

Smith, Bruce L. R., The Rand Corporation, Cambridge, Mass.: Harvard University Press, 1966.

Stanley, D. T., Changing Administrations, Washington, D. C.: Brookings Institution, 1965.

Stewart, D. W. & Garson, G. D., Organizational Behavior and Public Management, New York: Marcel Dekker, Inc., 1983.

Suojaned, Waino W., The Dynamic of Management, New York: Holt, Rinegart & Winston, Inc., 1966.

Szilagyi, A. D., Jr. and Wallace, M. J., Jr., Organizational Behavior and Performance, Glenview, Ill.: Scott Foresman & Co., 1983.

Tausky, Curt, Work Organizations, Major Theoretical Perspectives, Itasca, Ill.: F. E. Peacock Pub. Co., 1970.

Thompson, Victor A., Modern Organization, New York: Alfred A. Knopf, 1961.

Tompson, James D., Organization in Action, New York: McGraw－Hill, 1967.

Tosi, H. L. & Hamner, W. C., Organizational Behavior and Management: A Contingency Approach, 3re ed., New York: John Wiley & Sons, 1974.

Urwick, Lyndall F., Committees in Organization, London: British Institute of Management, 1950.

Verba, Sidney, Small Groups and Political Behavior: A Study of Leadership, Princeton: Princeton University Press, 1961.

Vroom, V. H., Some, Personality Determinants of the Effects of Participation, Englewood Cliffs, New Jersey: Prentice－Hall, Inc., 1960.

Weare, K. C., Government by Committee, London: Oxford University Press, 1955.

Weber, Max[Talcott Parsons(ed.): A. M. Henderson and T. Parsons(trans.)], The Theory of Social and Economic Organization, New York: Oxford University Press,

1947.

White, Michael J., Randnor, Michael and Tansik, David A., Management and Policy Science in American Government, Lexington, Mass.: D. C. Heath and Company, 1975.

Wilensky, H. D., Organizational Intelligence: knowledge and Policy in Government and Industry, New York: Basic Books, Inc., 1967.

Woodward, Joan, Industrial Organization: Theory and Practice, New York: Oxford University Press, 1965.

Zwerman, W. L., New Perspectives on Organization Theory, Westport, Conn.: Greenwood Publishing Company, 1970.

부 록 Ⅰ

경찰청 공고 제2018-07

2018년 제1차 경찰공무원(순경) 채용시험 공고

2018년 제1차 경찰공무원(순경) 채용시험 계획을 다음과 같이 공고합니다.

2018년 2월 2일

경 찰 청 장

I. 채용 분야 및 인원 (4개 분야 총 1,799명 선발)

구 분		계	서울	부산	대구	인천	광주	대전	울산	경기남부	경기북부	강원	충북	충남	전북	전남	경북	경남	제주
총 계		1,799	335	130	48	147	14	15	72	435	70	86	18	105	25	69	161	55	14
일반공채	남	1,299	155	104	33	115	8	9	60	374	48	67	12	81	14	47	124	40	8
	여	230	42	15	10	20	4	4	4	25	14	12	4	13	9	16	24	10	4
전의경경채		150	18	11	5	12	2	2	8	36	8	7	2	11	2	6	13	5	2
101경비단(남)		120	120																

※ 현재 주거지와 상관없이 근무를 원하는 지방청에 원서접수

II. 시험 절차 및 일정

시험절차 (합격결정비율)		시험일정 등 공고	시험 기간	합격자 발표
원서접수		2. 2.(금) ~ 2. 13.(화) 18:00 / 12일간		
1차 시험 (50%)	필기시험	3. 16.(금) 접수 지방청 홈페이지	3. 24.(토) 10:00 ~ 11:40(100분)	3. 29.(목) 17:00
2차 시험 (25%)	신체·적성·체력검사	3. 29.(목) 접수 지방청 홈페이지	4. 4.(수) ~ 4. 20.(금)	해당 없음
3차 시험	응시자격 등 심사	해당 없음	5. 14.(월) ~ 18.(금)	불합격자 개별통보
4차 시험 (25%)	면접시험	5. 11.(금)	5. 21.(월) ~ 6. 5.(화)	6. 8.(금) 17:00

※ 일정은 응시인원, 기상조건, 시험장 사정 등에 따라 단축 또는 연장될 수 있음
※ 당해 시험일정 변경, 단계별 시험장소 및 합격자 명단 발표 등 시험시행과 관련된 모든 사항은 접수 지방경찰청 홈페이지에 공지

Ⅲ. 응시원서 접수 및 서류제출

☐ **접수 방법** : 인터넷 원서접수사이트(http://gosi.police.go.kr)로 접수

☐ **접수 기간** : 2018. 2. 2.(금) ~ 2. 13.(화) 18:00 <12일간>

○ 로그인 시간에 관계없이 접수마감일 18시까지 결제완료 및 접수 번호를 확인해야 원서접수 인정(마감시간 이후에는 내용 수정 및 접수 불가능)

○ 접수취소는 원서접수 기간을 포함, 2. 21.(수) ~ 3. 20.(화)간 가능하며, 취소 시에는 응시수수료를 반환(단, 결제수수료 등 일부는 본인 부담)

○ 응시표(응시번호 포함)는 '18. 2. 21.(수)부터 인터넷 원서접수사이트에서 출력 가능하며 시험당일 소지하여야 함

☐ 응시수수료

○ 5,000원【경찰공무원임용령 제44조(응시수수료)】

※ 응시수수료 이외에 소정의 처리비용(휴대폰결제, 카드결제, 계좌이체비용 등)이 소요

○ 저소득층 해당자*는 사실 확인 후 응시수수료를 반환(주소지 주민센터 확인)

*「국민기초생활보장법」에 따른 수급자 또는 「한부모가족지원법」에 따른 보호대상자

☐ 응시원서 사진

○ 최근 1년 이내에 촬영한 상반신 칼라사진(3cm×4cm)을 업로드

※ 배경 있는 사진, 모자나 선글라스 등을 착용한 사진 또는 스냅사진과 얼굴이 잘리거나 작아서 응시자 식별이 곤란한 사진은 등록할 수 없으며, 원서접수 기간 이후 사진교체 불가

☐ 서류 제출 안내

○ **필기시험 합격자에 한해서** 아래의 서류* 제출, 세부 사항은 별도공지

※ ***제출서류** : 신원진술서, 기본증명서(상세), 가족관계증명서(상세), 고등학교생활기록부 사본, 개인신용정보서, 신원확인조회서, 병적증명서, 자격요건 관련서류, 공무원채용신체검사서(TBPE 포함), 가산점 자격증 등

※ **「공무원채용신체검사서」는 약물검사(TBPE)로 인해 많은 시일이 소요되므로, 필기시험 합격자 발표 즉시 준비요망**

제출 서류명	발 급 장 소
병적증명서	지방병무청, 동사무소
개인신용정보서	한국신용정보원 (www.credit4u.or.kr접속 무료발급 가능) ㈜나이스신용평가정보, ㈜코리아크레딧뷰로(방문, 인터넷, 우편 이용 가능)
신원확인조회서	가까운 경찰서(형사팀, 과학수사팀 등)
공무원채용신체검사서	국·공립병원 또는 종합병원

Ⅳ. 응시 자격

❑ 응시 결격사유 등(면접시험 최종일까지 유효하여야 함)

○ 경찰공무원법 제7조 제2항 각호의 '임용결격사유'에 해당하거나 경찰공무원임용령 제16조 제1항, 제46조 등 다른 법령에 의하여 '응시자격이 정지당한 자'는 응시할 수 없음

❑ 응시 연령   ※「경찰공무원임용령」제39조 제1항 〈별표 1의3〉에 의함

채용분야	응시연령	해당 생년월일
일반공채(남·여), 101단	18세 이상 40세 이하	1977. 1. 1. ~ 2000. 12. 31.
전의경경채	21세 이상 30세 이하	1987. 1. 1. ~ 1997. 12. 31.

⇨ 군복무*기간 1년 미만은 1세, 1년 이상 ~ 2년 미만은 2세, 2년 이상은 3세 각각 연장
군복무 : 제대군인, 사회복무요원, 공중보건의사, 병역판정검사전담의사, 국제협력의사, 공익법무관, 공중방역수의사, 전문연구요원, 산업기능요원

❑ 병역 : 남자는 병역을 필하였거나 면제된 자('18. 5. 20.까지 전역예정자)

※ 만기전역자 외에 가사사정으로 인한 전역, 직권면직자 중 공상으로 전역한 자에게도 응시자격 인정

❑ 신체 조건   ※「경찰공무원임용령 시행규칙」제34조의2 〈별표5〉

구 분	합 격 기 준
체 격	국·공립·종합병원에서 실시한 경찰공무원채용신체검사 및 약물검사 결과 건강상태가 양호하고 사지가 완전하며 가슴·배·입·구강·내장의 질환이 없어야 함
시 력	좌우 각각 0.8이상(교정시력 포함)
색 신	색신이상이 아니어야 함(단, 국·공립·종합병원의 검사결과 약도색신 이상으로 판정된 경우 응시자격 인정) ※ 색약 보정렌즈 사용금지(적발 시 부정행위 간주로 5년간 응시자격 제한)
청 력	청력이 정상(좌우 각각 40dB이하의 소리를 들을 수 있어야 함)
혈 압	고혈압·저혈압이 아닌 자(확장기 : 90-60mmHg, 수축기 : 145-90mmHg)
사 시 (斜 視)	검안기 측정 결과 수평사위 20프리즘 이상이거나 수직사위 10프리즘 이상이 아니어야 함(단, 안과전문의의 정상판단을 받은 경우는 가능)
문 신	시술동기, 의미 및 크기가 경찰공무원의 명예를 훼손할 수 있다고 판단되는 문신이 없어야 함

※ 상기 신체조건 외의 사항에 대하여는 「경찰공무원 채용시험에 관한 규칙」제10조 제1항 〈별표1〉에 의함. 【붙임2】,【붙임2-1】,【붙임3】 및 공고문 11페이지 '신체검사' 참조

☐ 면허 및 응시자격 ※제출서류 확인결과 허위로 판명될 경우 당해시험 무효 및 취소

○ **운전면허** : 도교법 제80조에 의한 **제1종 보통운전면허 이상 소지해야 함**

　※ 원서접수일 현재부터 면접시험 최종일까지 유효하여야 함

○ 기타 응시자격

　전의경 경채는 경찰청 소속 '의무경찰순경'으로 임용되어 소정의 복무를 마치고 전역한 자 또는 전역예정자('18. 5. 20까지 전역)

V. 시험 단계별 평가 방법 등

☐ 1차 시험(필기시험)

○ 일 시 : 2018. 3. 24.(토) 10:00 ~ 11:40

○ 장 소 : 접수 지방청 홈페이지 공고【3. 16.(금)】

○ 시험과목

분야	시 험 과 목
일반공채(남·여) 101단	**(필수)** 한국사, 영어 **(선택3)** 형법, 형사소송법, 경찰학개론, 국어, 수학, 사회, 과학
전의경경채	한국사, 영어, 형법, 형사소송법, 경찰학개론

※ 문제 이의제기는 '**18. 3. 24.(토) 12:00 ~ 25.(일) 22:00**까지 인터넷 원서접수사이트 「필기시험 이의제기」에 접수(시험에 응시한 응시생만 가능)

※ 문제 및 가답안은 '18. 3. 24.(토) 12:00, **확정정답은 '18. 3. 27.(화)** 인터넷 원서접수 사이트 자료실(수험자료)에 공지 예정

○ 합격자 결정 방법

　일반공채(101단), 전의경경채 : **과목별 40% 이상 득점자** 중 고득점자 순으로 결정

　※ 단, 동점자는 합격자로 결정

○ 필기시험 합격자 선발예정 인원

최 종 선발인원	150명이상	100~149명	50~99명	6~49명	5명	4명	3명	2명	1명
필기시험 합 격 자	150%	160%	170%	180%	12명	10명	8명	6명	3명

※ 필기시험 성적공개 기간 : '18. 4. 11.(수) ~ 7. 10.(화) <3개월간>, 원서접수사이트

❏ 2차 시험(신체·체력·적성검사)

○ 신체 검사

- **관련규정** :「경찰공무원임용령 시행규칙」제34조의2 <별표5>,
  「경찰공무원 채용시험에 관한 규칙」제10조 제1항 <별표1>
  ※ [붙임 2], [붙임 2-1], [붙임 3] 참조

- **(시험방법)** 국·공립, 종합병원으로부터 발급받은 공무원채용신체
  검사서와 별도로「경찰공무원 채용시험에 관한 규칙」별지 제3호
  서식 '자체신체검사표'에 따라 신체검사 판정관이 합격여부 종합판단

- **(합격자 결정)** 국·공립, 종합병원에서 시행한 공무원채용신체검사 및
  자체 신체검사에서 모두 합격 판정을 받아야 함

○ 체력 검사

- **(시험종목)** 윗몸일으키기, 팔굽혀펴기, 좌·우악력, 100m 및 1,000m달리기

- **(합격자 결정)** 어느 하나의 종목에서 1점을 취득하거나, 총점이
  19점 이하의 경우에는 불합격 처리

- 종목별 평가기준 및 측정방법은 [붙임 4], [붙임 5] 참조

- **(도핑테스트)** 금지약물 사용 등 체력시험의 부정 합격 사례를 방
  지하고, 시험절차의 공정성과 신뢰성 확보를 위하여 체력시험
  응시생 중 무작위로(응시생의 5%)「도핑테스트」실시
  ※ 도핑테스트 세부사항은 [붙임 6], [붙임 6-1], [붙임 6-2] 참조

○ 적성 검사 : 인·적성검사(450문항, 130분), 성격·인재상·경찰윤리 검사
  ※ 인성·적성검사 결과는 면접위원에게 참고자료로만 제공

❏ 3차 시험(응시자격 등 심사)

○ 제출서류 검증을 통해 자격요건 등 적격성 심사

○ 응시자가 제출한 서류를 기준으로 응시자격 해당 여부를 판단,
  응시자격에 부합하는 응시자는 합격자로 결정
  ※ 별도의 합격자 공지 없고, 불합격자에 한해 개별통보

☐ **4차 시험(면접시험)**

○ **(합격자 결정)** 각 면접위원이 평가한 점수를 합산하여 총점의 40%이상 득점자를 합격자로 결정. 단, 면접위원의 과반수가 어느 하나의 평가요소에 대하여 2점 이하로 평가한 경우, **불합격 처리**

단계	평가요소	배점
1단계 면접 (집단 면접)	의사발표의 정확성·논리성 및 전문지식	10점 (1점~10점)
2단계 면접 (개별 면접)	품행·예의, 봉사성, 정직성, 도덕성·준법성	10점 (1점~10점)
가산점	무도·운전 기타 경찰업무관련 자격증	5점 (0점~5점)
계	25점	

☐ **최종 합격자 결정** : 면접시험 합격자 중에서 필기시험 성적 50%, 체력검사 성적 25%, 면접시험 성적 25%의 비율로 합산하여 고득점자 순으로 결정

VI. 임용 등 기타사항

○ 최종합격자가 입교등록을 포기하는 등의 사정으로 결원을 보충할 필요가 있을 때에는 최종합산성적이 높은 사람 순서로 추가합격자를 결정할 수 있음

○ 적격자가 없는 경우 선발인원 중 일부만을 채용하거나 채용하지 않을 수 있음

○ 최종 합격자는 신임교육 후 결원 범위 내에서 교육성적 순위에 의해 임용, 인력수급에 따라 임용대기가 발생할 수 있음

○ 신임교육기간 중 적정 보수를 지급하고, 최초 임용된 지방청에서 他 지방청으로는 10년간 전보 제한

○ 일반공채(101단), 전의경경채는 임용 후 순번에 따라 2년간 기동대 근무(특별경비부서 포함)를 하여야 함

응시자 참고 및 유의사항

공통 유의사항

가. 시험원서 및 제출서류의 허위 작성 및 자격 미비자의 응시는 당해 시험을 정지 또는 무효 처리할 수 있으며, 원서접수 시 가산점을 기입하여야 하고 이후 자격 취득자는 필기시험 전일까지 증명서를 제출하여야 가산점으로 인정됩니다. 제출된 서류는 반환하지 않습니다.

※ 취업지원 대상자는 10% 또는 5%를 각 단계별로 가점을 인정받을 수 있으며, 반드시 국가보훈처에 확인 후 원서 접수 시 입력하여 주시기 바랍니다. (취업지원 대상자가 가점을 받아 합격하는 사람은 선발예정인원의 30%를 초과할 수 없음)

나. 신분증을 지참하지 않은 경우, 모든 시험절차에서 응시 불가하며, 신분증은 **주민등록증, 주민등록 발급신청 확인서, 운전면허증, 주민번호가 인쇄된 장애인 등록증, 여권**만 **인정**되고, 학생증, 자격수첩, 공무원증 등은 신분증으로 인정되지 않습니다.

다. 시험일정 등 관련정보는 접수 지방청 홈페이지에 게재하고, 응시자는 시험일시, 장소, 교통편 및 이동소요시간 등을 반드시 확인하여야 하며, 공지사항 미열람 및 미숙지로 인한 불이익이 없도록 유의하시기 바랍니다.

라. 응시자가 접수한 응시원서 및 제출서류에 대한 사실여부를 관련기관에 조회할 수 있으며, 응시원서 접수 시 동의한 것으로 간주합니다.

마. 가산점이 인정되는 자격증은 체력·적성검사일까지(공고일 기준) 제출하셔야 인정됩니다.

※ 가산점은 최고 5점만 인정되고, 동일분야 자격증을 복수 제출할 경우 점수가 가장 높은 것만 인정되며, 어학자격증은 면접일 기준 2년 내 것만 인정됩니다.
※ 가산점 인정 자격증 및 무도단체는 [붙임 7-1], [붙임 7-2]를 참고하시기 바랍니다.

바. 응시자격 중 특별조건으로 응시하는 자격증, 학위 등은 가산점으로 중복 인정되지 않습니다.

사. 경찰청에서 공고한 **시험일시·장소에 늦게 도착할 경우** 해당 시험에 응시 불가하니 시간 엄수바랍니다.

아. **원서접수 마감**은 **'18. 2. 13.(화) 18:00까지**이며 **결재완료 후 반드시 접수번호**를 확인하여 주시기 바랍니다.

자. **모든 시험은 응시한 지방청(응시번호별)의 지정된 시험 장소**에서만 응시할 수 있습니다.(타 지역 또는 타 시험장에서 응시불가)

차. 이 시험계획(일정, 장소)은 사정에 의해 변경될 수 있습니다.

필기시험 유의사항

가. 시험에 있어 부정한 행위(도핑테스트 비정상분석 결과자 포함)를 하거나 시험에 관한 소명서류(응시연령, 가산점, 자격증 등)에 허위사실을 기재하여 시험결과에 부당한 영향을 주는 행위를 한 자에 대해서는 「경찰공무원임용령」 제46조 의해 당해시험을 정지 또는 무효로 하거나 합격결정을 취소하고, 향후 5년간 임용시험에 응시자격이 정지됩니다.

나. 필기시험 OMR 답안지는 수정액, 수정테이프 등을 사용하여 답안을 수정할 수 없으며, 수정한 문항은 무효 처리됩니다.

다. 응시자는 답안 작성 시 반드시 **응시표에 기재된 과목순서에 맞추어 표기**하여야 하며, 과목순서를 바꾸어 표기한 경우에도 응시표에 기재된 과목순서대로 채점되므로 반드시 유의하시기 바랍니다.[붙임 8] 참조

   ※ 일반공채(101단)의 선택과목은 「조정점수제도」 시행

라. 필기시험 응시자는 일체의 통신장비(휴대용전화기, 디지털카메라, MP3, 전자사전, 카메라펜, 카메라 안경, 이어폰, PDA, 스마트워치 등)와 모자, 귀마개(이어플러그)를 휴대·착용하여서는 아니 되며, 발견된 경우 부정행위자로 간주하여 처리될 수 있습니다.

   ※ 통신장비를 지참한 경우 시험실시 전 시험실 앞쪽에 제출하여야 하며, 제출하지 않았다가 시험시작 후 자진 제출하거나, 소지가 확인되면 부정행위자로 간주 처리됩니다.

마. **시험시간 중에는 화장실을 이용할 수 없으므로** 시험 전 이뇨작용을 일으키는 음료를 마시는 것을 자제하여 주시기 바랍니다.

   ※ 배탈·설사 등 불가피하게 시험을 볼 수 없는 경우에는 화장실을 이용할 수 있으나 **재입실이 불가**하며, 시험 종료 시까지 시험본부에서 대기하여야 합니다.

바. **시험시간 관리의 책임은 전적으로 응시자 본인**에게 있습니다.

   시험 감독관의 시험 종료시간 예고, 시험실 내 비치된 시계가 있는 경우라도 시간이 정확하지 않을 수 있으므로 응시자는 개인용 시계를 준비해서, 본인의 시계로 시험시간을 반드시 확인하시기 바랍니다.

사. 답안지 교체는 시험 종료 전까지 가능하나, 시험 종료 타종이 울리면, 답안 작성을 즉시 멈추고 감독관의 지시에 따라 답안을 제출하여야 합니다. 계속작성 시 부정행위자로 처리될 수 있으니 유의하시기 바랍니다.

체력시험 유의사항

가. 금지약물의 복용이나, 금지방법 사용 등으로 인한 부정합격 사례를 방지하고자 체력시험 응시자를 대상으로 무작위 도핑테스트를 실시합니다.

나. 시험장 내에서는 휴대폰 등을 이용하여 체력시험 장면을 촬영할 수 없으며, 응시자 이외에는 시험장 출입을 금지합니다.

다. 체력시험 시 부상 방지를 위해, 시험 실시 전 준비운동을 충분히 하시기 바랍니다. 체력시험 과정에서 본인의 부주의로 인하여 발생한 부상 등에 대하여 경찰청에서는 책임을 지지 않습니다.

라. 체력시험 이전이나 실시 중에 본인 부주의로 발생한 부상 등으로 시험에 응시하지 못하거나 불합격하는 경우 체력시험 연기 또는 추가 시행은 없으므로 건강관리에 유의하시기 바랍니다.

마. 체력시험 중 바닥 미끄럼에 주의하시고, 스파이크 착용은 가능하나 장갑이나 손미끄럼방지 가루(탄산마그네슘가루)는 사용이 금지되며, 체력시험에 영향을 미치는 보조장구(기구)는 착용할 수 없습니다.

바. 체력시험 중 판정관 및 시험관리관의 지시에 따라야 하며, 허가 없이 무단 이석 등으로 시험에 응시하지 못한 경우 추가 시험을 실시하지 않습니다.

신체검사 유의사항

가. 신체검사에 소요되는 모든 비용은 응시자 본인이 부담합니다.

나. 색각이상자의 경우 종합병원 등에서 사전에 아노말로스코프(색각경) 검사를 받아 지원 가능여부를 확인 후 응시하여 주시기 바랍니다.

다. 신체검사는 국·공립 병원, 종합병원 등에서 공고일 기준 3月 이내에 실시하여야 하며, 응시자 본인이 직접 검사예약 후 방문하여 검사를 실시하고 신체검사 결과지를 정해진 기일까지 시험실시기관에 제출하여야 합니다. 또한 검사 시 신분증 및 응시표, 사진, 검사비용 등을 지참하여야 합니다.

라. 신체검사 시 몸에 부착된 테이핑은 검사 전에 제거한 상태에서 신체검사를 받으셔야 합니다.

최종합격자 유의사항

가. 응시자는 공고문, 응시표 등에서 정한 주의사항에 유의하여야 하며, 최종합격자로 결정되었다 하더라도 추후 응시자격의 제한 및 임용결격자 등으로 확인될 경우에는 합격이 취소될 수 있습니다.

나. 기타 문의사항은 응시한 지방경찰청 교육계로 문의하시기 바랍니다.

· 서울지방경찰청 교육계 (02) 700-2600   서울시 종로구 사직로 8길 31(내자동)

· 부산지방경찰청 교육계 (051) 899-2332   부산시 연제구 중앙대로 999

· 대구지방경찰청 교육계 (053) 804-7034   대구시 수성구 무학로 227

· 인천지방경찰청 교육계 (032) 455-2232   인천시 남동구 예술로 152번길 9

· 광주지방경찰청 교육계 (062) 609-2635   광주시 광산구 용아로 112

· 대전지방경찰청 교육계 (042) 609-2432   대전광역시 서구 둔산중로 77

· 울산지방경찰청 교육계 (052) 210-2333   울산시 중구 성안로 112(성안동)

· 경기남부지방경찰청 교육계 (031) 888-2432   경기도 수원시 장안구 창룡대로 223

· 경기북부지방경찰청 교육계 (031) 961-2432   경기도 의정부시 금오로 23번길 22-49

· 강원지방경찰청 교육계 (033) 248-0432   강원도 춘천시 동내면 세실로 49

· 충북지방경찰청 교육계 (043) 240-2432   충북 청주시 청원구 2순환로 168

· 충남지방경찰청 교육계 (041) 336-2432   충남 예산군 삽교읍 청사로 201

· 전북지방경찰청 교육계 (063) 280-8035   전북 전주시 완산구 유연로 180

· 전남지방경찰청 교육계 (061) 289-2635   전남 무안군 삼향읍 후광대로 359번길 28

· 경북지방경찰청 교육계 (053) 429-2232   대구시 북구 연암로 40

· 경남지방경찰청 교육계 (055) 233-2332   경남 창원시 의창구 상남로 289

· 제주지방경찰청 교육계 (064) 798-3431   제주시 문연로 18

붙임 1 ┃ 경찰공무원 채용시험 응시결격사유 등

「경찰공무원법」 제7조 제2항(결격사유)

1. 대한민국 국적을 가지지 아니한 사람
2. 「국적법」 제11조의2 제1항에 따른 복수국적자
3. 피성년후견인 또는 피한정후견인
 ※ 개정된 민법 시행(2013.7.1)에 따라 기존 금치산자 또는 한정치산자도 2018.6.30.까지는 결격사유에 해당됩니다.
4. 파산선고를 받고 복권되지 아니한 사람
5. 자격정지 이상의 형(形)을 선고받은 사람
6. 자격정지 이상의 형의 선고유예를 선고받고 그 유예기간 중에 있는 사람
7. 징계에 의하여 파면 또는 해임처분을 받은 사람

「경찰공무원임용령」 제16조 제1항(경력경쟁채용등의 요건)

1. 종전의 재직기관에서 감봉 이상의 징계처분을 받은 사람

「경찰공무원임용령」 제46조(부정행위자에 대한 조치)

① 경찰공무원의 채용시험 또는 경찰간부후보생 공개경쟁선발시험에서 다음 각 호의 어느 하나에 해당하는 행위를 한 사람에 대해서는 해당 시험을 정지 또는 무효로 하거나 합격 결정을 취소하고, 그 처분이 있은 날부터 5년간 이 영에 따른 시험에 응시할 수 없게 한다.
1. 다른 수험생의 답안지를 보거나 본인의 답안지를 보여주는 행위
2. 대리시험을 의뢰하거나 대리로 시험에 응시하는 행위
3. 통신기기, 그 밖의 신호 등을 이용하여 해당 시험 내용에 관하여 다른 사람과 의사소통을 하는 행위
4. 부정한 자료를 가지고 있거나 이용하는 행위
5. 병역, 가점 등 시험에 관한 증명서류에 거짓 사실을 적거나 그 서류를 위조·변조하여 시험 결과에 부당한 영향을 주는 행위
6. 체력검사나 실기시험에 영향을 미칠 목적으로 인사혁신처장이 정하여 고시하는 금지약물을 복용하거나 금지방법을 사용하는 행위
7. 그 밖에 부정한 수단으로 본인 또는 다른 사람의 시험결과에 영향을 미치는 행위
② 경찰공무원의 채용시험 또는 경찰간부후보생 공개경쟁선발시험에서 다음 각 호의 어느 하나에 해당하는 행위를 한 사람에 대해서는 그 시험을 정지하거나 무효로 한다.
1. 시험 시작 전에 시험문제를 열람하는 행위
2. 시험 시작 전 또는 종료 후에 답안을 작성하는 행위
3. 허용되지 아니한 통신기기 또는 전자계산기기를 가지고 있는 행위
4. 그 밖에 시험의 공정한 관리에 영향을 미치는 행위로서 시험실시기관의 장이 시험의 정지 또는 무효 처리기준으로 정하여 공고한 행위
③ 다른 법령에 의한 국가공무원 또는 지방공무원의 임용시험에서 부정행위를 하여 당해 시험에의 응시자격이 정지 중에 있는 자는 그 기간 중 이 영에 의한 시험에 응시할 수 없다.

붙임 2 | 경찰공무원 채용시험 신체검사 기준표[공통]

「경찰공무원임용령 시행규칙」제34조의2 <별표5>
[경찰공무원 채용시험 신체검사 기준표]

구 분	내용 및 기준
체격	국·공립병원 또는 종합병원에서 실시한 경찰공무원 채용시험 신체검사 및 약물검사의 결과 건강상태가 양호하고, 사지가 완전하며, 가슴·배·입·구강 및 내장의 질환이 없어야 한다.
시력	시력(교정시력을 포함한다)은 양쪽 눈이 각각 0.8 이상이어야 한다.
색신 (色神)	색신이상(약도 색신이상은 제외한다)이 아니어야 한다.
청력	청력이 정상[좌우 각각 40데시벨(dB) 이하의 소리를 들을 수 있는 경우를 말한다]이어야 한다.
혈압	고혈압[수축기혈압이 145수은주밀리미터(mmHg)을 초과하거나 확장기 혈압이 90수은주밀리미터(mmHg)을 초과하는 경우를 말한다] 또는 저혈압[수축기혈압이 90수은주밀리미터(mmHg) 미만이거나 확장기 혈압이 60수은주밀리미터(mmHg) 미만인 경우를 말한다]이 아니어야 한다.
사시 (斜視)	검안기 측정 결과 수평사위 20프리즘 이상이거나 수직사위 10프리즘 이상이 아니어야 한다. 다만, 안과전문의의 정상 판단을 받은 경우에는 그러하지 아니하다.
문신	시술동기, 의미 및 크기가 경찰공무원의 명예를 훼손할 수 있다고 판단되는 문신이 없어야 한다.

[비고]
위 "체격" 항목 중 "사지의 완전성"과 "문신"에 대한 구체적인 기준은 경찰청장이 정한다.

| 붙임 2-1 | 경찰공무원 채용시험 신체검사 기준표[101경비단] |

「경찰공무원 채용시험에 관한규칙」 제11조 <별표3>
[경찰공무원 채용시험 신체조건표]

구 분 부분별	신 체 조 건
체 격	체력이 강건하고 사지가 완전하며, 흉, 목, 구, 구강, 내장의 질환이 없어야 한다.
신 장	170cm 이상이어야 한다.
체 중	60kg 이상이어야 한다.
흉 위	신장의 2분의 1 이상이어야 한다.
시 력	양안의 나안시력이 각각 1.0 이상(교정시력 불가)
색 신	색맹이 아니어야 한다.
청 력	청력이 완전하여야 한다.
혈 압	고혈압(수축기혈압이 145mmHg을 초과하거나 확장기혈압이 90mmHg을 초과하는 것) 또는 저혈압(수축기혈압이 90mmHg 미만이거나 확장기혈압이 60mmHg 미만인 것)이 아닐 것
운동신경	운동신경이 발달하고 각종 질환의 후유증으로 신경 및 신체기능 장애가 없어야 한다.
용 모	기형등으로 용모가 추악하지 아니하여야 한다.

붙임 3 경찰공무원 채용시험 신체검사 세부기준

「경찰공무원 채용시험에 관한 규칙」 제10조 제1항 <별표1>
경찰채용 신체검사 세부기준(제10조 제1항 관련)

평가 항목	내 용	신체검사기준(불합격 판정기준)
사지의 완전성	팔다리와 손·발가락의 완전성	팔다리와 손·발가락이 강직, 절단 또는 변형된 기형으로 정형외과 전문의로부터 정상판정을 받지 못한 사람
	척추만곡증 (허리 휘는 증상)	X-RAY촬영 결과 20도 이상 허리가 기울어져 있는 자로 정형외과 전문의로부터 정상판정을 받지 못한 사람
	내반슬 (오다리)	차렷 자세에서 양다리가 5센티미터 이상 벌어지는 사람 중 정형외과 전문의로부터 정상판정을 받지 못한 사람
	상지관절의 정상여부	상지 3대 관절(손목·팔꿈치·어깨관절)을 앞과 위 아래로 이동시 자연스럽지 않은 사람 중 상지의 3대 관절이 불완전하거나 관절의 기능손실이 15퍼센트 이상이거나 3대 관절의 손실 합이 15퍼센트 이상으로 정형외과 전문의로부터 정상판정을 받지 못한 사람
	하지관절의 정상여부	하지 3대 관절(발목·무릎·고관절)을 좌우로 돌리는 것이 자연스럽지 않은 사람 중 하지의 3대 관절이 불완전하거나 관절의 기능 손실이 15퍼센트 이상이거나 3대 관절의 손실 합이 15퍼센트 이상으로 정형외과 전문의로부터 정상 판정을 받지 못한 사람

붙임 4 경찰공무원 채용시험 체력검사의 평가기준 및 방법

[경찰공무원임용령 시행규칙 제34조의2]

구 분		10점	9점	8점	7점	6점	5점	4점	3점	2점	1점
남자	100m 달리기(초)	13.00이내	13.1~13.5	13.6~14.0	14.1~14.5	14.6~15.0	15.1~15.5	15.6~16.0	16.1~16.5	16.6~16.9	17.00이후
	1,000m 달리기(초)	230이내	231~236	237~242	243~248	249~254	255~260	261~266	267~272	273~279	280이후
	윗몸일으키기(회/1분)	58 이상	57~55	54~51	50~46	45~40	39~36	35~31	30~25	24~22	21 이하
	좌우 악력(kg)	61 이상	60~59	58~56	55~54	53~51	50~48	47~45	44~42	41~38	37 이하
	팔굽혀펴기(회/1분)	58 이상	57~52	51~46	45~40	39~34	33~28	27~23	22~18	17~13	12 이하
여자	100m 달리기(초)	15.50이내	15.6~16.3	16.4~17.1	17.2~17.9	18.0~18.7	18.8~19.4	19.5~20.1	20.2~20.8	20.9~21.5	21.60이후
	1,000m 달리기(초)	290이내	291~297	298~304	305~311	312~318	319~325	326~332	333~339	340~347	348이후
	윗몸일으키기(회/1분)	55 이상	54~50	49~45	44~40	39~35	34~30	29~25	24~19	18~13	12 이하
	좌우악력(kg)	40 이상	39~38	37~36	35~34	33~31	30~29	28~27	26~25	24~22	21 이하
	팔굽혀펴기(회/1분)	50 이상	49~45	44~40	39~35	34~30	29~26	25~21	20~16	15~11	10 이하

※ 비고

1. 체력검사의 평가종목 중 1종목 이상 1점을 받은 경우에는 불합격으로 한다.
2. 체력검사의 평가종목에 대한 구체적인 측정방법은 경찰청장이 정한다.
3. 100미터 달리기의 경우에는 측정된 수치 중 소수점 둘째자리 이하는 버리고, 1,000미터 달리기의 경우에는 소수점 첫째자리 이하는 버리며, 좌우 악력의 경우에는 소수점 첫째자리에서 반올림한다.

붙임 5	체력검사 종목별 측정시설, 인원 및 방법

[경찰공무원 채용시험에 관한 규칙, (별표2)]

종 목	측 정 방 법 등
100m 달리기	**가. 검사요원** 1) 계측원 1명이상 2) 출발신호원 1명 3) 기록원 1명이상 **나. 시설기구** 1) 100m 직선주로 2코스 이상 2) 계측기 2개 3) 출발신호기 1개 4) 2인1조가 동시에 출발할 때 중간 코스는 공간으로 둔다. **다. 측정방법** 1) 측정시간은 1/10초단위로 한다. 2) 중도에서 넘어졌을 때는 1회에 한하여 20분 후에 다시 달리게 한다. **라. 기록** 　계측원은 출발신호기가 땅에서 떨어지는 순간부터 주자의 몸통이 결승선 위에 닿을 때까지의 시간을 1/10초 단위로 계속 기록한다. 　단, 넘어졌을 때는 몸통의 일부가 결승선 상에 있을 경우는 유효하다.
1,000m 달리기	**가. 검사요원** 1) 계측원 1명이상 2) 출발신호원 1명 3) 기록원 1명이상 **나. 시설기구** 1) 400m(200m) 타원형 트랙 2) 계측기 2개 3) 출발신호기 1개 **다. 측정방법** 1) 타원형운동장 또는 노상경주 코스를 사용한다. 2) 측정시간은 초 단위로 한다. **라. 기록** 　계측원은 출발신호기가 땅에서 떨어지는 순간부터 주자의 몸통이 결승선 위에 닿을 때까지의 시간을 1초 단위로 계측하여 정확히 기록한다.

윗몸일으키기	**가. 검사요원** 1) 계측원 1명이상 2) 기록원 1명이상 **나. 시설기구** 1) 윗몸일으키기대 2) 계측기(1대이상) **다. 측정방법** 1) 양발을 30㎝ 정도 벌려 무릎을 직각으로 굽히고 양손은 머리 뒤에서 깍지를 끼고 등을 매트에 대고 눕는다. 2) 측정횟수는 상체를 일으켜서 양쪽 팔꿈치가 양무릎에 닿은 다음, 다시 누운 자세로 돌아가게 해야 한다. 3) 양팔꿈치로 양무릎 위를 정확히 대었을 때를 1회로 간주하여 1분간 실시한 횟수를 측정한다. 4) 전자측정기기로 실시할 수 있다. **라. 기록** 1) 정확한 동작으로 1분동안에 실시한 횟수를 기록한다. 2) 운동속도는 자유로이 한다. 3) 실시도중 목뒤에 마주잡은 손을 떼거나 몸을 앞으로 굽혔을 때 팔꿈치가 무릎에 닿지 않으면 그 횟수는 무효로 한다.
악력	**가. 검사요원** 1) 계측원 1명이상 2) 기록원 1명이상 **나. 실시도구** 악력기 **다. 측정방법** 악력기에 의한 기계측정을 한다. **라. 기록** 왼손, 오른손 각 2회씩 4회 평균을 측정한다.
팔굽혀펴기	**가. 검사요원** 1) 계측원 1명이상 2) 기록원 1명이상 3) 검사원 1명이상 **나. 실시도구** 매트, 초시계 1개 **다. 측정방법** 1) 양손을 어깨넓이로 벌리고 발은 모은 상태(여자는 무릎을 대고 무릎이하는 바닥과 45도 각도를 유지한 상태)에서 팔은 직각, 몸은 수평이 되도록 한다. 2) 머리부터 일직선이 되도록 유지한 상태에서 팔을 굽혀 몸(머리~다리)과 매트 간격이 5㎝ 이내로 유지시켰다가 원위치 한다. 3) 전자측정기기로 실시할 수 있다. **라. 기록** : 1분내 실시한 횟수를 측정한다.

붙임 6 ｜ 경찰공무원 임용을 위한 체력시험 금지약물 및 금지방법

[인사혁신처 고시 제2014-7호]

I. 금지약물

○ 공무원임용시험령 제51조제1항제6호에 따라 금지되는 약물은 다음과 같다.

1. 동화작용제 : 총 7종 및 그 대사물질[1]

가. 동화작용남성호르몬스테로이드(AAS)

① **외인성 동화작용남성호르몬 스테로이드(Exogenous AAS)**
‣drostanolone ‣methenolone
‣methasterone(17β-hydroxy-2α,17α-dimethyl-5α-androstan-3-one)
‣stanozolol
‣1-testosterone(17β-hydroxy-5α-androst-1-en-3-one)
② **외인성으로 투여된 내인성 동화작용남성호르몬 스테로이드(Endogenous AAS)**
‣testosterone

나. 기타 동화작용제 : Clenbuterol

2. 이뇨제 : 총 3종

‣hydrochlorothiazide ‣chlorothiazide ‣furosemide

3. 흥분제 : 총 3종

‣methylhexaneamine(dimethylpentylamine)
‣methylephedrine ‣ephedrine

※ methylephedrine과 ephedrine은 소변에 밀리리터당 10마이크로그램보다 많을 경우 금지

4. 마약류 : 총 11종

‣Buprenorphine	‣dextromoramide	‣diamorphine(heroin)
‣fentanyl 및 유도체	‣hydromorphone	‣methadone
‣morphine	‣oxycodone	‣oxymorphone
‣pentazocine	‣pethidine	

II. 금지방법

○ 공무원임용시험령 제51조제1항제6호에 따라 금지되는 방법은 다음과 같다.

- 도핑검사과정에서 채취한 시료의 성분과 유효성을 변조하거나 변조를 시도하는 행위(소변 바꿔치기 및/또는 섞기, 이와 유사한 방법 등을 포함한다.)

---
1) 생물학적 변환 과정을 통하여 생성된 모든 물질

| 붙임 6-1 | 경찰공무원 채용 체력시험 도핑테스트 안내 |

□ **도핑테스트 시행안내**

• 체력시험의 공정성을 확보하고 응시자의 건강을 보호하기 위하여 시험결과에 영향을 미칠 수 있는 금지약물의 복용 및 금지방법의 사용은 금지되며, 경찰청장은 이를 확인하기 위한 절차(도핑테스트)를 실시할 수 있습니다.

□ **금지약물 및 금지방법**

• 「경찰공무원임용령」제46조 제1항 제6호 관련, 인사혁신처장이 정하여 고시(인사혁신처 고시 제2014-7호)한 약물 및 방법은 금지됩니다. [붙임6] 참조

□ **테스트 대상자 선정방식**

• 검사는 무작위로 선정할 수 있습니다.

□ **도핑테스트 절차 등 안내**

• 채취된 소변 시료(A, B)는 곧바로 분석기관으로 전달되며, 전달된 시료 중 A시료가 분석되며, B시료는 냉장 보관됩니다.

• A시료의 분석결과가 경찰청장에게 서면으로 통보됩니다.

• A시료의 분석결과가 비정상분석결과(양성)로 나온 경우, 해당 응시자는 비정상 분석결과를 통보받은 후 일정기간 내에 치료목적사용면책 등 의견을 제출하거나, B시료 분석을 요청할 수 있습니다.

• 경찰청장은 관계 전문가 3인 이상을 포함한 치료목적사용면책위원회를 구성하여 심의하게 됩니다.

• B시료분석을 요청할 경우, 당사자 혹은 대리인이 분석과정에 참관할 수 있으며, 분석 결과가 비정상 분석결과로 확인되지 않는 경우, 음성으로 최종 판정되지만, B시료분석 결과 역시 비정상 분석결과로 확인되는 경우, 불합격 결정을 내립니다.

• 불합격 결정에 불복할 경우에는 행정심판, 소송 등을 청구할 권리가 있습니다.

□ **치료목적사용면책 신청 안내**

- **(의의)** 금지약물 또는 금지방법의 사용이 요구되는 의학적 상태에 있는 경우 응시자는 구비서류를 갖추어 치료목적사용면책을 신청할 수 있습니다.

- **(신청절차)** 응시자는 비정상분석결과(양성)가 나온 경우 별첨의 서식을 작성, 구비서류를 갖추어 별도 지정일까지 신청하여야 합니다.(단, 치료목적사용면책이 필요했던 경우에 한함)

- **(승인기준)** 치료목적사용면책은 다음의 기준을 엄격하게 준수하여 승인합니다.

> ▶ 응시자의 급성 또는 만성의 의료적 상태를 치료하는 과정에서 금지약물이나 금지방법을 사용하지 않았을 경우, 응시자가 건강상 심각한 손상을 입었을 것으로 예상되어야 한다.
>
> ▶ 금지약물 또는 금지방법의 치료목적의 사용에 따른 합법적인 치료로 인해 정상적인 건강상태로 되돌아갔을 때 예상할 수 있는 것 이상의 추가적인 운동능력 향상효과가 없어야 한다.
>
> ▶ 금지약물과 금지방법 사용 이외의 다른 합당한 대체 치료가 없어야 한다.

□ **기타 유의사항**

- 응시자는 본인의 건강을 보호하고 선의의 피해가 발생하지 않도록 금지약물 및 금지방법에 대해 사전에 충분히 숙지하여야 합니다.

- 모든 응시자는 도핑테스트 동의를 **원서접수 시** 하여야 하며, **동의에 체크하지 않을 경우에는 체력시험에 응시할 수 없습니다.**

- 응시자는 도핑테스트 결과, 비정상분석결과(양성)가 나온 경우에는 「경찰공무원 임용령」 제46조에 따라 당해 시험을 무효로 하거나 합격을 취소하고 향후 5년간 응시자격이 정지 될 수 있습니다.

붙임 6-2 │ 치료목적사용 면책신청서

1. 응시자 인적사항

1. 성명:_____	2. 성별: 여 □ 남 □
3. 생년월일:_____	4. 응시번호:_____
5. 핸드폰:_____	6. 이메일:_____

2. 의료정보

1) 충분한 의료정보를 포함한 진단소견

_____

_____

_____

2) 사용 허가된 의약품으로도 치료 가능한 경우, 금지약품을 처방한 임상의학적 정당성을 설명하시오

_____

_____

_____

※ 진단증빙자료(진단서,처방전,소견서등)를 첨부하여 신청서와 함께 제출하여야 한다. 증빙자료에는 포괄적 병력 및 그와 관련된 모든 검사보고서, 검사실 조사 및 영상검사 결과가 포함되어야 한다. 가능한 경우 보고서 또는 편지의 원본에 대한 사본을 첨부하여야 한다. 증빙자료는 임상의학적 관점에서 극히 객관적이어야 하며, 만약 정확한 설명이 불가능한 경우, 다른 독립된 의료진의 소견도 포함시킬 수 있다.

3. 세부 진료내용

금지약물	1회 사용량	사용방법	사용빈도
1.			
2.			
3.			

치료기간 duration of treatment:	1회 □ 응급 □ 기간(주/월)_____

4. 담당의사 서약

나는 위에서 언급한 치료와 관련하여 의학적으로 적절하였으며, 금지목록 이외의 대체 약물 사용은 위 응시자의 의료 상황에서는 적절하지 않았음을 확인한다.

성명:_____ 전공분야:_____

주소:_____

전화:_____ 팩스:_____ 이메일:_____

서명:_____ 날짜:_____

5. 응시자 서약

본인,_____는(은) 응시자 인적사항이 틀림없음을 확인하며 인사혁신처에서 고시한 금지 약물과 방법의 사용 승인을 요청한다. 나는 나의 의학정보가 시험실시기관, 시료분석기관 및 기타 시험관련 기관에 제공되는 것을 허락한다. 나의 의학정보가 위의 기관에 제공되는 것에 반대한다면 담당의사와 시험실시기관에 그 사실을 서면으로 통보하여야 하는 것을 이해하고 있다.

서명:_____ 날짜:_____

부모/보호자 서명:_____ 날짜:_____

(응시자가 미성년자이거나 장애로 인하여 서명이 불가능 할 때에는 부모나 보호자가 응시자와 함께 또는 응시자를 대신하여 서명할 수 있다.)

※ 구비서류가 완료되지 않은 신청서에 대해서는 접수가 불가능하며, 완료 후 재 제출해야한다.
   서류 접수 후 사본을 반드시 보관하시오.

붙임 7 │ 경찰공무원 채용시험에 있어서의 가산 특전

❑ 취업지원대상자(원서접수 마감일까지 등록된 경우에 한함)

○ 「독립유공자예우에 관한 법률」 제16조, 「국가유공자 등 예우 및 지원에 관한 법률」 제29조, 「5 · 18 민주유공자예우에 관한 법률」 제20조, 「특수임무유공자 예우 및 단체설립에 관한 법률」 제19조, 「보훈보상대상자 지원에 관한 법률」 제33조에 의한 취업지원대상자, 그리고 「고엽제후유의증 등 환자지원 및 단체설립에 관한 법률」 제7조의9에 의한 고엽제 후유의증 환자와 그 가족은 각 단계별 시험에 가점비율을 가산함.

○ 취업지원대상자의 가점은 필기시험 과목 중 한 과목이라도 과락(원점수와 조정점수 모두 40점미만)에 해당하는 경우에는 가산점이 부여되지 않고, 이후 단계별 시험마다 만점의 일정비율(10% 또는 5%)에 해당하는 점수를 가산함.

○ 취업지원대상자 가점을 받아 합격하는 사람은 선발예정인원의 30%를 초과할 수 없음.(다만, 응시자의 수가 선발예정인원과 같거나 그보다 적은 경우에는 적용하지 않으며, 3명 이하를 선발하는 채용시험에는 가점이 적용되지 않으며, 분야별 4명 이상을 선발하는 경우에만 해당됨)

○ 취업지원대상자 등록여부와 가점비율은 응시자 본인이 사전에 직접 국가보훈처 및 지방보훈지청 등에서 확인하여야 함.
   (보훈상담센터 ☎1577-0606)

❑ 자격증 등 소지자

○ 「경찰공무원임용령 시행규칙」 제36조에 의하여 경찰청장이 정하는 기준에 따라 0점부터 5점까지 정수로 평가함.

○ 「경찰공무원 채용시험에 관한 규칙」 제23조 4항에 의하여 동일 분야의 자격증을 복수로 제출할 경우에는 가산점수가 가장 높은 자격증만을 인정함.

○ 자격증 등의 가산점 기준표 참조([붙임7-1] 참고)

❑ 가산특전과 관련한 유의사항

○ 취업보호대상자는 원서접수 시 보훈번호 및 가산점을 입력해야 하고, 이후 자격 취득자는 필기시험 전일까지 증명서를 제출하여야 가산점으로 인정함.

○ 자격증 제출기한은 당해 시험이 있는 적성검사 일까지임.

붙임 7-1 자격증 등의 가산점 기준표

[경찰공무원 채용시험에 관한 규칙, (별표6)]

분 야		관련 자격증 및 가산점		
		5점	4점	2점
학 위		-박사학위	-석사학위	
정보처리		-정보관리기술사 -전자계산기조직응용기술사	-정보처리기사 -전자계산기조직응용기사 -정보보안기사	-정보처리산업기사 -사무자동화산업기사 -컴퓨터활용능력 1·2급 -워드프로세서 1급 -정보보안산업기사
전자·통신		-정보통신기술사 -전자계산기기술사	-무선설비·전파통신·전파전자· 정보통신·전자·전자계산 기기사 -통신설비기능장	-무선설비·전파통신·전파전자· 정보통신·통신선로·전자· 전자계산기산업기사
국 어		-한국실용글쓰기검정 750점 이상 -한국어능력시험 770점 이상 -국어능력인증시험 162점 이상	-한국실용글쓰기검정 630점 이상 -한국어능력시험 670점 이상 -국어능력인증시험 147점 이상	-한국실용글쓰기검정 550점 이상 -한국어능력시험 570점 이상 -국어능력인증시험 130점 이상
외국어	영 어	-TOEIC 900 이상 -TEPS 850이상 -IBT 102 이상-PBT 608 이상 -TOSEL(advanced) 880 이상 -FLEX 790 이상 -PELT(main) 446 이상	-TOEIC 800 이상 -TEPS 720이상 -IBT 88 이상 -PBT 570 이상 -TOSEL(advanced) 780 이상 -FLEX 714 이상 -PELT(main) 304 이상	-TOEIC 600 이상 -TEPS 500이상 -IBT 57 이상 -PBT 489 이상 -TOSEL(advanced) 580이상 -FLEX 480 이상 -PELT(main) 242 이상
	일 어	-JLPT 1급(N1) -JPT 850 이상	-JLPT 2급(N2) -JPT 650 이상	-JLPT 3급(N3, N4) -JPT 550 이상
	중국어	-HSK 9급이상(新 HSK 6급)	-HSK 8급 (新 HSK 5급-210점 이상)	-HSK 7급 (新 HSK 4급-195점 이상)
노 동		-공인노무사		
무 도			-무도 4단 이상	-무도 2·3단
부 동 산		-감정평가사		공인중개사
교 육		-청소년상담사 1급	-정교사 2급 이상 -청소년지도사 1급 -청소년상담사 2급	-청소년지도사 2·3급 -청소년상담사 3급
재난·안전관리		-건설안전·전기안전·소방· 가스기술사	-건설안전·산업안전·소방설비· 가스·원자력기사 -위험물기능장 -핵연료물질취급감독자면허 -방사선취급감독자면허 -경비지도사	-산업안전·건설안전·소방설비· 가스·위험물산업기사 -1종 대형면허 -특수면허(트레일러,레커) -조종면허(기중기,불도우저) -응급구조사 -핵연료물질취급자면허 -방사성동위원소취급자면허
화 약		-화약류관리기술사	-화약류제조기사 -화약류관리기사	-화약류제조산업기사 -화약류관리산업기사

교　통	-교통기술사 -도시계획기술사	-교통기사 -도시계획기사 -교통사고분석사 -도로교통사고감정사	-교통산업기사
토　목	-토목시공기술사 -토목구조기술사 -토목품질시험기술사	-토목기사	-토목산업기사
법　무	-변호사	-법무사	
세무회계	-공인회계사	-세무사 -관세사	-전산세무 1·2급 -전산회계 1급
의　료	-의사 -상담심리사 1급	-약사 -정신보건임상심리사 1급 -임상심리사 1급 -상담심리사 2급	-임상병리사, 물리치료사, 방사선사, 간호사, 의무기록사, 치과기공사 -정신보건임상심리사 2급 -임상심리사 2급 -작업치료사
특　허	-변리사		
건　축	-건축구조·건축기계설비· 건축시공·건축품질시험기술사	-건축, 건축설비기사	-건축·건축설비·건축일반 시공산업기사
전　기	-건축전기설비·전기응용기 술사	-전기·전기공사기사	-전기·전기기기·전기공사 산업기사
식품위생	-식품기술사	-식품기사	-식품산업기사
환　경	-폐기물처리기술사 -화공기술사 -수질관리기술사 -농화학기술사 -대기관리기술사	-폐기물처리기사 -화공기사 -수질환경기사 -농화학기사 -대기환경기사	-폐기물처리산업기사 -화공산업기사 -수질환경산업기사 -대기환경산업기사

[비 고]

1. 무도분야 자격증은 대한체육회에 가맹한 경기단체가 인정하는 것 또는 법인으로서 중앙본부 포함 8개 이상 광역지방자치단체에 지부(지부당 소속도장 10개 이상)를 등록하고 3년 이상 활동 중인 단체에서 인정하는 것을 말함.
2. 어학능력자격증은 면접시험일 기준으로 2년 이내의 것만을 인정함.
3. 자격증을 제출하지 않은 경우 0점으로 평가한다.
4. 자격증 제출기한은 당해 시험이 있는 적성검사 실시일까지로 한다.

※ '12. 1. 1. 이후, 워드프로세서 자격증을 취득한 자는 워드프로세스 1급을 취득한 것으로 인정

붙임 7-2 가산점 인정 무도단체 현황(50개)

○ **대한체육회 가맹단체(6개)**

대한태권도협회	대한유도회	대한검도회
대한공수도연맹	대한택견연맹	대한우슈쿵푸협회

○ **중앙본부 포함 8개 이상 광역 지방자치단체에 지부를 등록하고 3년 이상 활동 중인 단체(법인) 요건을 충족한 단체(44개)**

대한기도회	재남무술원	대한국술합기도협회
대한합기도협회	한국정통합기도협회	한민족합기도무술협회
세계합기도협회	대한신무합기도협회	한국합기도연맹
대한합기도총연맹	KOREA합기도중앙협회	대한국예원합기도협회
대한합기도연맹	대한합기도연합회	대한용무도협회
국제연맹합기도중앙협회	국제특공무술연합회	세계합기도무도연맹
대한종합무술격투기협회	국제당수도연맹	신대한기도회합기도무술협회
대한합기도유술협회	대한해동검도협회	세계태권도무도연맹
대한특공무술협회	세계경찰무도연맹	대한호국특공무술총연합회
한국해동검도연합회	대한특공무술연맹	대한검도연합회
한국해동검도협회	대한킥복싱협회	대한무에타이협회
K3세계국무도총연맹	세계합기도연맹	대한민국합기도협회
대한민국무무관합기도협회	한국경호무술협회	국술원
한국무예진흥원	한국특공무술협회	대한특수경호무술협회
대한민국해동검도협회	세계용무도연맹	

붙임 8 | **문제지 · 답안지 견본**

'18년 제1차 경찰공무원(순경) 채용시험
- 일반공채(101경비단), 전의경경채 -

응시자 유의사항

응시자는 답안작성 시 반드시 응시표에 기재된 과목순서에 맞추어 표기하여야 하며, 과목순서를 바꾸어 표기한 경우에도 응시표에 기재된 과목순서대로 채점되므로 유의하시기 바랍니다.

※ 시험이 시작되기 전까지 표지를 넘기지 마시오.

경 찰 청

사이버경찰청 : http://www.police.go.kr
원서접수사이트 : http://gosi.police.go.kr

경찰공무원 채용 필기시험 답안지

컴퓨터용 사인펜만 사용

응시자 준수사항

□ 답안지 작성요령

다음 사항을 준수하지 않을 경우에 발생하는 불이익은 응시자의 귀책사유가 되므로 기재된 내용대로 이행하여 주시기 바랍니다.

1. 답안지는 OMR로만 판독하므로 답안지의 모든 기재 및 표기사항은 반드시 "컴퓨터용 흑색사인펜"으로만 작성하여야 하며, 접수선출은 OMR 판독결과에 따릅니다. 또한 답안은 <보기>와 같이 정확하게 표기하여야 하며, 이를 준수하지 않아 발생하는 불이익(득점 불인정 등)은 응시자 본인 책임입니다.

<보기> 올바른 표기 : ● 잘못된 표기 : ✓ ✗ ◑ ◐ ○ ⊙

2. 컴퓨터용 흑색사인펜을 사용하지 않거나, 연필 등에 의한 예비마킹, 미세한 이중 표기, 손에 묻은 잉크가 답안지에 번진 경우 등에도 접수선출은 OMR판독 결과에 따르므로 각별히 주의하시기 바랍니다.

3. 답안지를 받으면 즉시 분야, 시도, 응시번호 등을 표기하고, 흐름성명을 정자로 기입하고, 한글성명을 빠짐없이 정확히 컴퓨터용 흑색사인펜으로 기입합니다. 답안지를 교체하는 경우에는 반드시 기재사항을 본인이 직접 작성(표기) 해야하며, 작성된 답안지는 1인에게만 유효합니다. (교체 전 답안지는 폐기처리됨)

4. 필적 감정용 기재
(예시)와 동일한 내용을 본인 필체로 이른 아래 빈칸에 반드시 기재하여야 합니다.

5. 시험이 시작되면 문제지의 편철과 매수, 문제순서와 과목순서와 인쇄상태 및 파손 여부 등을 반드시 확인하고 이상이 있을 때에는 손을 들어 감독관의 지시를 받아야 합니다.

6. 답안은 반드시 응시표에 기재된 과목순서에 맞추어 표기하여야 하며, 과목순서를 바꾸어 표기한 경우에도 응시표에 기재된 과목순서대로 채점되므로 반드시 유의하시기 바랍니다.

7. 답안은 매 문항마다 반드시 하나의 답안을 골라 그 숫자에 "●"로 표기해야 하며, 일단 표기한 내용은 어떠한 경우에도 정정할 수 없습니다.
   - 표기한 부분을 긁거나 수정액이나 수정스티커, 수정테이프로, 수정액 등 답안을 변경하였을 때에는 그 해답들 무효로 합니다.
   - 답안지는 훼손 오염되거나 구겨지지 않도록 주의하여야 하며, 특히 답안지하단의 타이밍마크(▮▮▮▮)를 절대 훼손해서는 안됩니다.

□ 부정행위 등 금지

부정행위자는 경찰공무원법 제8조의2와 위 각 해당 시험을 정지 또는 무효로 하고, 그 처분이 있는 날부터 5년간 시험 응시자격을 정지합니다.

[분야코드번호]

분야	번호
일반남자	01
일반여자	02
전의경경채	03
101단	04
경찰행정경채	05
학교전담경채	06
변호사경채	07
기타	08

[응시지구(시·도) 코드번호]

응시지구	번호	응시지구	번호
경찰특부청	01	경기북부청	10
서울청	02	강원청	11
부산청	03	충북청	12
대구청	04	충남청	13
인천청	05	전북청	14
광주청	06	전남청	15
대전청	07	경북청	16
울산청	08	경남청	17
경기남부청	09	제주청	18

경찰청 공고 제2018-06호

2018년도 상반기 경찰공무원 경력경쟁채용시험 공고

2018년 2월 2일

2018년도 상반기 경찰공무원 경력경쟁채용시험 계획을 다음과 같이 공고합니다.

경 찰 청 장

I. 채용 분야 및 인원 (10개 분야 총 213명 선발)

분야	항공	피해자심리	안보범죄분석	정보화장비	노무사	경찰특공대	외사	무도	안보수사외국어	화약전문
계급(인원)	경위(5) 순경(5)	경장(40)	경장(21)	경장(17) 순경(10)	경장(2)	경장(1) 순경(34)	순경(30)	순경(20)	순경(18)	순경(10)

항공

세부분야	계급(인원)	지방청별 채용예정인원(명)
조종사	경위(5)	본청 5
기체정비	순경(3)	본청 3
전기전자통신	순경(2)	본청 2

피해자심리 — 경장(40)

서울	부산	대구	인천	광주	대전	경기남	경기북	경남	제주
13	6	4	2	1	1	9	1	2	1

안보범죄분석 — 북한·안보 경장(14)

서울	대전	울산	경기남	경기북	강원	충북	전북	전남	경북	경남	제주
3	1	1	1	1	1	1	1	1	1	1	1

안보범죄분석 — 범죄·심리 경장(7)

서울	부산	대구	인천	광주	충남	경북
1	1	1	1	1	1	1

정보화장비 — 정보보안 경장(17)

서울	부산	대구	인천	광주	대전	울산	경기남	경기북	강원	충북	충남	전북	전남	경북	경남	제주
1	1	1	1	1	1	1	1	1	1	1	1	1	1	1	1	1

정보화장비 — 정보화 순경(10)

부산	울산	경기남	충남	경북	경남
1	1	2	2	2	2

노무사 경장(2)

서울	경기남부
1	1

경찰특공대 3개 분야 총 35명

세부분야	계급(인원)	서울	부산	대구	인천	광주	경기북	대전	제주
폭발물분석(남)	경장(1)	1							
폭발물처리(남)	순경(8)	3	1	1	1	1		1	
전술요원(남)	순경(24)	8	3	2	3	2	2	2	2
전술요원(여)	순경(2)	1		1					

외사 11개 언어 총 30명

언어	계급(인원)	서울	광주	경기남	경기북	충남	경북	경남	제주
중국어	순경(9)	4		4					1
영어	순경(5)	2		2				1	
크메르어	순경(5)			3			1		
베트남어	순경(2)		1	1					
우즈베크어	순경(2)			1		1			
네팔어	순경(2)			1			1		
일본어	순경(1)								1
인도네시아어	순경(1)			1					
우크라이나어	순경(1)	1							
말레이시아어	순경(1)	1							
버마어	순경(1)			1					

무도(형사) 3개 분야 총 20명

세부분야	계급(인원)	서울	부산	대구	인천	광주	대전	울산	경기남	경기북	강원	충북	충남	전북	전남	경북	경남
태권도	순경(10)	1	1			1				1	1			1	1	1	1
유도	순경(6)	1	1	1	1					1			1				
검도	순경(4)							1	1								

안보수사외국어 — 중국어 순경(18)

서울	부산	대구	인천	광주	대전	울산	경기남	경기북	강원	충북	충남	전북	전남	경북	경남	제주
2	1	1	1	1	1	1	1	1	1	1	1	1	1	1	1	1

화약전문 순경(10)

서울	경기남	경기북	강원	충북	충남	전북	전남	경북	경남
1	1	1	1	1	1	1	1	1	1

※ 현재 주소지와 상관없이 근무하고자 하는 지방청에 원서접수

Ⅱ. 시험 절차 및 일정 ※ 일정은 기상조건, 시험장 사정 등에 따라 변경될 수 있음

시험 절차	시험 분야	시험 일정			
		시험 종류	시험 공고	시험 기간	합격자 발표
원서접수	全 분야	'18. 2. 2.(금) 09:00 ~ 2. 13.(화) 18:00 <12일간>			
1차시험	항공	실기시험	2. 14.(수)	2. 22.(목)	3. 14.(수) 17:00
	피해자심리 안보범죄분석 정보화장비 화약전문	구술실기시험 (단, 정보화장비의 정보화분야는 필기시험 실시)	2. 21.(수)	3. 3.(토) ~ 9.(금)	3. 14.(수) 17:00
	외사 안보수사외국어	번역시험	2. 21.(수)	3. 3.(토)	3. 7.(수) 17:00
		회화시험	3. 7.(수)	3. 12.(월)	3. 14.(수) 17:00
	노무사	서류전형	2. 2.(금)	2. 26.(월)	3. 2.(금) 17:00
	경찰특공대	실기시험	2. 21.(수)	4. 2.(월) ~ 6.(금)	4. 13.(금) 17:00
		필기시험	4. 13.(금)	4. 21.(토)	4. 27.(금) 17:00
	무도	서류전형	2. 2.(금)	2. 26.(월)	3. 2.(금) 17:00
		실기시험	3. 2.(금)	3. 8.(목)	3. 14.(수) 17:00
2차시험	全 분야 (경찰특공대 제외)	신체·체력· 적성검사	3. 14.(수)	3. 26.(월) ~ 30.(금)	해당없음
	경찰특공대	신체·적성검사	4. 27.(금)	5. 1.(화) ~ 4.(금)	해당없음
3차시험	全 분야	응시자격 등 심사	해당없음	해당없음	해당없음
4차시험	全 분야	면접시험	4. 27.(금)	5. 24.(목) ~ 6. 5.(화)	6. 8.(금) 17:00 (최종발표)

※ 당해 시험일정 변경, 단계별 시험장소 및 합격자 명단 발표 등 시험시행과 관련된 모든 사항은 경찰청 인터넷 원서접수사이트(http://gosi.police.go.kr)에 공지
※ 시험 절차별 구체적인 평가방법은 P 9~11 참조

Ⅲ. 응시원서 접수 및 서류제출

☐ **접수 방법** : 인터넷 원서접수사이트(http://gosi.police.go.kr)로 접수

☐ **접수 기간** : 2018. 2. 2.(금) 09:00 ~ 2. 13.(화) 18:00 <12일간>

  ○ 로그인 시간에 관계없이 접수마감일 18시까지 결제완료 및 접수번호 확인해야 원서접수 인정(접수마감시간 이후에는 내용 수정 및 접수 불가능)

  ○ 접수취소는 원서접수 기간을 포함하여 2. 18.(일)까지 가능하고, 취소 시에는 응시수수료를 반환(단, 결제수수료 등 일부는 본인 부담)

    ※ 응시표(응시번호 포함)는 '18. 2. 21.(수)부터 인터넷 원서접수사이트에서 출력 가능

☐ **응시수수료**

  ○ 경위 7,000원, 경사 이하 5,000원

    ※ 응시수수료 이외에 소정의 처리비용(휴대폰결제, 카드결제, 계좌이체비용 등)이 소요

  ○ 저소득층 해당자*는 사실 확인 후 응시수수료를 반환(주소지 주민센터 확인)

    *「국민기초생활보장법」에 따른 수급자 또는 「한부모가족지원법」에 따른 보호대상자

☐ **응시원서 사진**

  ○ 최근 1년 이내에 촬영한 상반신 칼라사진(3cm×4cm)을 업로드

    ※ 배경 있는 사진, 모자나 선글라스 등을 착용한 사진 또는 스냅사진과 얼굴이 잘리거나 작아서 응시자 식별이 곤란한 사진은 등록할 수 없으며, 원서접수 기간 이후 사진교체 불가

☐ **서류 제출**

  ○ **원서접수 시 제출 서류**

채용분야	제출 서류	제출 방법	제출 기한
▸ 피해자심리 ▸ 안보범죄분석 ▸ 정보화장비(정보보안) ▸ 경찰특공대(폭발물분석처리) ▸ 화약전문	▸ 직무수행계획서	**원서접수사이트 첨부** (사이트 내 원서접수 메뉴 클릭 후 '직무수행계획서' 항목에 첨부)	2. 26.(월), 18:00
▸ 무 도	▸ 경기실적증명서 ▸ 무도 단증 증명서	**등기우편 송달** (서울 서대문구 통일로97 경찰청 교육정책담당관실 인재선발계)	2. 22.(목), 18:00
▸ 노무사	▸ 자기소개서 등 8개 (첨부파일 참고)		
▸ 위 분야를 제외한 기타분야는 「원서접수 시」 서류제출 불요			

    ※ 기한 內 서류 미제출 시 시험 응시불가(단, 접수마감일 소인분까지 유효한 접수분으로 인정)

○ 1차 시험 합격자 제출 서류

가. 제출 서류(공통)

제출 서류명	양식 및 발급 장소
신원진술서	1차 시험 합격자 공고문에 양식 첨부
기본증명서(상세)	주민센터, 인터넷발급(민원24)
가족관계증명서(상세)	주민센터, 인터넷발급(민원24)
고등학교생활기록부 사본	주민센터, 해당학교
개인신용정보서	△한국신용정보원(www.credit4u.or.kr 접속 무료발급 가능) △㈜코리아크레딧뷰로 △㈜나이스신용평가정보
신원확인조회서	가까운 경찰관서(형사팀, 과학수사팀 등)
병적증명서	주민센터, 지방병무청, 인터넷발급(민원24)
공무원채용신체검사서	국·공립병원 또는 종합병원에서 공고일 기준 3개월 이내 발급 ※ 약물검사(TBPE)로 발급시일이 소요되므로 1차 합격발표 즉시 준비
응시자격(학위) 서류	해당자격(학위) 발급기관
가산점 자격증	해당자격 발급기관(홈페이지), 자격증 사본

※ 세부 사항은 1차 시험 합격자 발표 시 별도 공지

나. 외사 분야 : 귀화자인 응시자는 귀화 전(前) 국가의 범죄경력조회서 제출
  ※ 발급에 시일이 소요되므로 공고 확인 즉시 신청할 것(번역시험일까지 제출마감)

IV. 응시 자격

☐ 응시 결격사유 등(붙임 1 참조)   ※ 면접시험 최종일까지 결격사유 없어야 함

○ 경찰공무원법 제7조 제2항의 '임용결격사유'에 해당하거나 경찰공무원임용령 제16조 제1항, 제46조 등 다른 법령에 의하여 '응시자격이 정지당한 자'는 응시 불가

☐ 응시 연령   ※ 관련근거 : 「경찰공무원임용령」 제39조 제1항 〈별표 1의3〉

채용분야	채용계급	응시연령	해당 생년월일
항공(조종사)	경위	23세 이상 45세 이하	1972. 1. 1. ～ 1995. 12. 31.
항공(조종사) 외 全 분야	경장·순경	20세 이상 40세 이하	1977. 1. 1. ～ 1998. 12. 31.
군복무*기간 1년 미만은 1세, 1년 이상 ～ 2년 미만은 2세, 2년 이상은 3세 각각 연장 * **군복무** : 제대군인, 사회복무요원, 공중보건의사, 병역판정검사전담의사, 국제협력의사, 공익법무관, 공중방역수의사, 전문연구요원, 산업기능요원			

☐ **병역** : 남자는 병역을 필하였거나 면제된 자('18. 5. 23.까지 전역예정자 포함)

　　※ 만기전역자 외에 가사사정으로 인한 전역, 직권면직자 중 공상으로 전역한 자에게도
　　　 응시자격 인정하며, 항공 분야는 최초임용 · 교육입교 전일까지 전역 및 퇴직이 가능한 자

☐ **신체 조건**　　　※ 관련근거 :「경찰공무원임용령 시행규칙」 제34조의 2 <별표 5>

구 분	합 격 기 준
체 격	국·공립·종합병원에서 실시한 경찰공무원채용신체검사 및 약물검사 결과 건강상태가 양호하고 사지가 완전하며 가슴·배·입·구강·내장의 질환이 없어야 함
시 력	좌우 각각 0.8이상(교정시력 포함)
색 신	색신 이상이 아니어야 함(단, 국·공립·종합병원의 검사결과 약도색신 이상으로 판정된 경우 응시자격 인정) ※ 색약 보정렌즈 사용금지(적발 시 부정행위 간주로 5년간 응시자격 제한)
청 력	청력이 정상(좌우 각각 40dB이하의 소리를 들을 수 있어야 함)
혈 압	고혈압·저혈압이 아닌 자(확장기 : 90-60mmHg, 수축기 : 145-90mmHg)
사 시 (斜 視)	검안기 측정 결과 수평사위 20프리즘 이상이거나 수직사위 10프리즘 이상이 아니어야 함(단, 안과전문의의 정상판단을 받은 경우는 가능)
문 신	시술동기, 의미 및 크기가 경찰공무원의 명예를 훼손할 수 있다고 판단되는 문신이 없어야 함

☐ **면허 및 응시자격**　※제출서류 확인결과 허위로 판명될 경우 당해시험 무효 및 취소

○ **운전면허** : 도교법 제80조에 의한 **제1종 보통운전면허 이상 소지해야 함**

　　※ 원서접수일 현재부터 면접시험 최종일까지 유효하여야 함

○ **자격증 및 경력증명 기준일**

구분	기준일
학위 및 자격증	▸ 신체·적성검사 마지막 날(3. 30.)까지 유효해야 함 ※ 경찰특공대는 5. 4.까지 유효해야 함
어학능력 자격증	▸ 면접시험일 첫날(5. 24.)까지 유효해야 함
경력기간 산정 기준일	▸ 면접시험 최종일(6. 5.)

○ **증명서 제출 시 유의사항**

구분	유의사항
모든 증명서	▸ 모든 증명서는 발행기관의 직인이 있어야 함
경력증명서	▸ 경력증명서는 당해분야의 근무부서·근무기간·직책·담당업무·징계사항 등의 경력을 구체적으로 확인·증명할 수 있는 서류 제출 ▸ 경력증명서 제출시 국민건강보험 자격득실확인서 등 경력을 증명할 수 있는 공적서류(공고일 기준 6개월 內 것)를 반드시 제출 ▸ **발급기관의 전화번호·Fax번호 · E-mail 주소를 반드시 기재할 것**
외국어 작성 증명서	▸ 외국어로 작성된 경력증명서는 공증받은 한글번역본을 원본과 함께 제출

○ 채용분야별 세부 응시요건

분야		응시요건
항공	조종사	**<운송용 또는 사업용 조종사 자격증(회전익 항공기에 한함) 및 항공무선 통신사 자격증 소지자 중 다음 요건을 모두 충족하는 자>** 1. 회전익 항공기 비행시간 1,500시간 이상 ※ ┌ 기장(정조종사) 이상 비행시간 300시간 이상 포함 └ 모의계기 비행시간 미포함 2. 최근 3년 이내 회전익 항공기 비행 경력자 3. 항공조종사 신체검사증명을 받은 자 - 서류제출 마감일 기준 유효기간(1년) 이내일 것
	기체 정비	**<항공정비사 자격증(회전익 항공기에 한함) 소지자 중 정비경력 5년 이상인 자>** ※ 최근 3년 이내 항공기 정비 경력자에 한함
	전기 전자 통신	**<항공정비사 자격증(고정익 또는 회전익) 소지자 중 다음 요건을 모두 충족하는 자>** 1. 항공 정비경력 5년 이상인 자 중 전기(전자·통신)계통 분야에서 3년 이상 근무한 자 2. 최근 3년 이내 항공기 정비 경력자
피해자 심리		**<아래의 요건 중 한 가지 이상을 충족하는 자>** 1. 심리학 석사 학위 이상 취득자 2. 심리학 학사 학위 취득 후, '심리 상담' 분야에서 근무(연구)경력이 2년 이상인 자 ▸**학위** : 전공명 또는 학위명에 '심리학'이 명시된 경우 인정 ※ 학위를 부여하지 않는 '부전공'은 응모 불가(학위 취득 여부로 판단) ※ 他 전공 학사 학위 취득 후, 심리학 분야 석사 학위를 취득한 경우는 불인정 ▸**경력** : 국가기관·지자체·공공기관에 준하는 기관·법인(외국법인 포함), 민간단체(「비영리민간단체지원법」제2조에 의함)에 소속되어 2년 이상 전일제 근무한 경력 ※ 경력은 소속기관·단체에서 기획·행정업무가 아닌 실제 심리상담 활동경력을 필요로 함 ※ 학교기관 및 연구기관 행정조교, 대학원 과정 등은 경력 불인정
안보 범죄 분석		**<국내외 정규 대학에서 관련분야 석사 학위를 취득한 자>** ※ 위 석사 학위자는 학사 학위도 관련분야로 취득해야 함 ▸**북한·안보 관련분야** : 학과명에 '북한', '정치', '외교', '통일'이 명시된 분야 ▸**범죄·심리 관련분야** : 학과명에 '심리', '범죄', '사회'가 명시된 분야
노무사		**<공인노무사 자격취득 후 현장경력 3년 이상인 자>** ▸**현장경력** : 노무법인·사무실 및 기업·기관 등에서 노무관련 업무에 종사한 자

분야		응시요건

정보화 장비	정보 보안	**<아래의 요건 중 한 가지 이상을 충족한 자>**
		
		1. 정보처리 관련 자격증 보유자 중 채용 분야 3년 이상 근무 경력자
		
		  ▸ **정보처리 관련 자격증** : 정보처리기사, 정보보안(산업)기사
		  ▸ **채용분야** : 국가기관·지자체·공공기관 기타 이에 준하는 기관, 민간업체의 근무(연구)경력
		
		2. 전산관련 분야 석사 학위이상 취득자
		
		  ▸ **전산관련 분야** : 전산학, 컴퓨터공학, 소프트웨어공학, 정보통신공학, 정보보호학, 전자공학, 등 전산관련 기술분야 전공자에 한함(전기 제외)

	정보화	**<전산 또는 무선관련 자격증 소지자 중 해당분야 2년 이상 근무한 자>**
		
		  ▸ **전산관련 자격증** : 정보처리(기사, 산업기사, 기능사), 전자계산기조직응용기사, 정보관리기술사, 컴퓨터시스템응용기술사,
		  ▸ **무선관련 자격증** : 무선설비(기사, 산업기사, 기능사), 방송통신(기사, 산업기사, 기능사), 전파전자통신(기사, 산업기사, 기능사 / 舊 전파통신, 전파전자 포함), 정보통신(기술사, 기사, 산업기사)

경찰 특공대	폭발물 분석 요원	**<무도(태권도, 유도, 검도, 합기도) 2단 이상인 자로서, 아래의 요건 중 한 가지 이상을 충족한 자>** 1. 화학(유기, 무기화학, 분석화학 포함), 화학공학, 환경공학(환경생명공학 포함), 공업화학 분야 석사학위 이상 보유자 2. 화약류관리기사, 화약류관리기술사, 화약류제조기사, 화공기사, 화공기술사, 화공안전기술사, 화학분석기사, 위험물기능장 중 하나 이상 소지자 3. 관련 기관 3년 이상 실무경력이 있는 자 ▸ **관련기관** : 행안부(국립과학수사연구원), 국방부(국방과학연구소), 환경부(국립환경과학원), 산업안전보건연구원 한국화학연구원 / 화학화공환경 분야 대학학회 / 화약류 제조업체

	폭발물 처리 요원	**<무도(태권도, 유도, 검도, 합기도) 2단 이상인 자로서, 아래의 요건 중 한 가지 이상을 충족한 자>**
		
		1. 화약류제조(관리)보안책임자 면허 2급 이상 소지자
		
		2. 전자산업기사 이상 자격증 소지자
		
		3. 폭발물처리 3년 이상 경력자
		
		  ▸ **전자산업기사 이상 자격증** : 전자산업기사, 전자기사, 전자기기기능장, 전자응용기술사
		  ▸ **폭발물처리** : 軍 폭파주특기(교육 이수기간 제외), 공항공사·항만공사 EOD

	전술 요원	**<아래의 요건을 모두 충족한 자>** 1. 무도(태권도, 유도, 검도, 합기도) 2단 이상인 자 2. 시력 나안 좌.우 1.0 이상(교정시력 불가) 3. 경·군 특수부대 18개월 이상 근무경력자(여자 제외) ▸ **특수부대** : 경찰특공대, 육군 정보사·특전사·특공여단·군단특공연대·7강습대대·8특공대·35특공대·헌병특임대·수색대대, 해군 정보부대(UDU)·특수전여단(UDT)·해난구조대(SSU)·헌병특임반·해병대,공군탐색구조전대·헌병특임반

분야	응시요건
외사	**<아래의 요건 중 한 가지 이상을 충족한 자>** 1. 해당언어 전공으로 2년제 이상 국내 대학 졸업자 2. 해당언어 전공(또는 복수전공)으로 4년제 이상의 국내 대학에서 2년 이상 이수한 자 　※ 해당언어 복수전공이 아닌 부전공은 자격요건 불인정 3. 국내 대학원 해당 언어전공 수료자 및 석사 이상 학위 소지자 4. 해당언어를 공식어로 사용하는 국가에서 2년 이상(총 기간) 체류한 자 　※ 체류기간은 출입국사실증명서(여권)를 기준으로 일단위로 산정(초일 불산입)
무도 (형사)	**<아래의 요건을 모두 충족한 자>** 1. 무도 공인기관 3단 이상 소지자 2. 국제대회 입상자 또는 국내 전국대회 우승자**(대학부 이상 개인전 경기)** ▸ 공인기관 : 태권도(국기원, 대한태권도협회), 유도(대한유도회), 검도(대한검도회) 	항 목		인 정 기 준 | |---|---|---| 	무 도		·무도별 합산하지 않고, 단일 종목으로 3단 이상자 | 	입상 대회	국제 태권도 (겨루기)	·올림픽, 세계선수권대회, 그랑프리, 아시안게임 | 		유 도	·올림픽, 세계선수권대회, 마스터즈, 그랜드슬램, 아시안게임 | 		검 도	·세계선수권대회 | 		국내	·대한태권도협회, 대한유도회, 대한검도회 주관 전국대회 및 전국체육대회 | ※ 무도 및 대회입상 경력은 공인기관에서 발급한 증명서에 한하여 인정함
안보 수사 외국어	**<아래의 요건 중 한 가지 이상을 충족한 자>** 1. 중국어 전공으로 2년제 이상 국내 대학 졸업자 2. 중국어 전공(또는 복수전공)으로 4년제 이상의 국내 대학에서 2년 이상 이수한 자 3. 국내 대학원 중국어 전공 수료자 및 석사 이상 학위 소지자 4. 중국어 공식 사용국(중국·대만·싱가포르)에서 2년 이상(총 기간) 체류한 자 　※ 체류기간은 출입국사실증명서(여권)를 기준으로 일단위로 산정(초일 불산입)
화약 전문	**<아래의 요건 중 한 가지 이상을 충족한 자>** 1. 화약류 관리기술사 또는 화약류 관리기사 또는 화약류 제조기사를 소지한 자 중에서 근무(연구)경력 2년 이상 경력자 2. 화약류 관리산업기사 또는 화약류 제조산업기사를 소지한 자 중에서 근무(연구)경력 4년 이상 경력자 ▸ **근무·연구경력** : 국가기관·지방자치단체·공공기관, 그 밖에 이에 준하는 기관, 공과대학, 화약관련 실무·연구업체, 화약류 제조·판매업체 등에서의 화약류 취급 관련 경력

V. 시험 단계별 평가 방법 등

☐ 1차 시험

○ 시험방법

시험분야	채용분야	시험방법
서류 전형	노무사	‣ 노무사 서류전형 채점기준(붙임 2-1) 참조
	무도(형사)	‣ 무도 서류전형 채점기준(붙임 2-2) 참조
	그 외 분야	‣ 해당사항 없음
실기 시험 (과락 : 총점의 60% 미만)	외사 · 안보수사 외국어	‣ **번역 필기시험** : 한국어를 해당 외국어로 번역하는 능력과 해당 외국어를 한국어로 번역하는 능력 평가(60%) ‣ **회화 구술시험** : 번역 필기시험을 통과한 응시자를 대상으로 시사·문화·생활영역 외국어구사 능력 평가(40%) ※ 번역 필기시험 후 **아래 표***에 따라 합격자 인원결정, 이후 회화 구술시험은 최종 평가에만 반영
	경찰특공대	‣ **체력검정** : 경찰특공대 체력검정 기준표(붙임 3) 참조 ‣ 구술 실기시험 ‣ 전문분야 실기시험 ※ 실기시험 후 **아래 표***에 따라 합격자 인원결정, 이후 필기시험은 최종 평가에만 반영
	그 외 분야	‣ **실기시험** : 실기시험 평가기준 및 배점비율 [붙임 4] 참조 ※ **아래 표***에 따라 실기시험 합격자 인원결정
	노무사 · 정보화장비 (정보화)	‣ 해당사항 없음
필기 시험 (과락 : 총점의 60% 미만)	정보화장비 (정보화)	‣ **필수과목(3)** : 한국사, 영어, 컴퓨터일반 ‣ **선택과목(1)** : 통신이론, 정보관리론 중 1과목 ※ **아래 표***에 따라 필기시험 합격자 인원결정
	경찰특공대	‣ **필수과목(5)** : 한국사, 영어, 형법, 형사소송법, 경찰학개론
	그 외 분야	‣ 해당사항 없음

○ 합격자 결정　　　　　　　　　※ 동점자는 모두 합격자 처리

- **서류전형 :** 고득점자 순으로 선발예정인원의 **'3배수를 합격자'**로 결정
  ※ 응시인원이 선발예정 인원의 3배수 미만인 경우 전원 합격자 결정

- ***실기·필기시험 합격인원표**

최 종 선발인원	6~99명	5명	4명	3명	2명	1명
실기·필기 합격인원	200%	12명	10명	8명	6명	3명

☐ 2차 시험(신체·체력·적성검사)

시험분야	시험방법 및 합격자 결정
신체검사	▸ **시험 방법 : '자체신체검사표'(붙임 5)**에 따라 신체검사 판정관이 판단 ※ 국·공립 또는 종합병원으로부터 발급받은 공무원채용신체검사서와 별도 심사 ▸ **합격자 결정 :** '자체신체검사'와 국·공립병원 또는 종합병원에서 발급받은 '공무원채용신체검사서' 모두 합격 시 신체검사 합격자로 결정
체력검사	▸ **시험 방법 : '체력검사의 평가기준 및 방법'(붙임 6)**에 따라 실시 ▸ **합격자 결정 :** 어느 하나의 종목에서 1점을 취득하거나, 총점이 19점 이하인 경우에는 체력검사 불합격 결정 ※ **도핑테스트 실시 :** 체력검사 응시생 중 무작위로 응시생의 5%를 선정하여 인사혁신처에서 고시한 금지약물 복용 여부 검사(붙임 7 참조)
적성검사	▸ **시험 방법 :** 성격·인재상·경찰윤리 검사(총 450문항, 130분) ▸ **합격자 결정 :** 합격·불합격 여부는 판정치 않고, 검사 결과를 면접시험 시 면접위원에게 참고자료로만 제공

☐ 3차 시험(응시자격 등 심사)

○ **(시험 방법)** 제출서류 검증을 통해 자격요건 등 적격성 심사

○ **(합격자 결정)** 응시자가 제출한 서류를 기준으로 응시자격 해당 여부를 판단, 응시자격에 부합하는 응시자는 모두 합격자로 결정

☐ 4차 시험(면접시험)

○ **(시험 방법)** 1단계 집단면접 후 2단계 개별면접 실시

단계	평가요소	배점
1단계 집단면접	의사발표의 정확성과 논리성 및 전문지식	10점(1점~10점)
2단계 개별면접	품행 · 예의, 봉사성, 정직성, 도덕성 · 준법성	10점(1점~10점)
가산점	무도 · 운전 기타 경찰업무관련 자격증	5점(0점~5점)
계	25점	

○ **(합격자 결정)** 단계별 각 면접위원이 평가한 점수를 합산하여 총점의 40%이상 득점자를 면접시험 합격자로 결정

※ 단, 면접위원 과반수가 어느 하나의 평가요소에 대해 2점 이하로 평가 시 불합격 처리

❏ 최종 합격자 결정

채용 분야	최종 합격자 결정 방법
全분야 (노무사 · 경찰특공대 제외)	면접시험 합격자 중에서 실기(필기)시험 성적 50%, 체력검사 성적 25%, 면접시험 성적 25%의 비율로 합산하여 고득점자 순으로 결정
노무사	면접시험 합격자 중에서 체력검사 성적 25%, 면접시험 성적 75%의 비율로 합산하여 고득점자 순으로 결정
경찰특공대	면접시험 합격자 중에서 실기시험 성적 45%, 필기시험 성적 30%, 면접시험 성적 25%의 비율로 합산하여 고득점자 순으로 결정

VI. 임용 등 기타 사항

❏ 임용 사항

○ 최종합격자가 입교등록을 포기하는 등의 사정으로 결원을 보충할 필요가 있을 때 최종합산성적이 높은 사람 순서로 추가합격자 결정 가능

○ 적격자가 없는 경우 일부만을 채용하거나 채용하지 않을 수 있음

○ 최종 합격자는 신임교육 후 결원 범위 내에서 교육성적 순위에 의해 임용, 인력수급에 따라 임용대기가 발생할 수 있음

채용 분야	임용 사항
항공	신규채용 예정자 先임용 후 지방청(항공대) 발령, 신임교육 실시
외사	지구대·파출소 6개월, 수사 6개월, 정보 6개월 등 1년 6개월 순환보직 근무 후 채용분야 5년간 의무복무
무도·경찰특공대	지구대·파출소 1년 근무 후 채용분야 5년간 의무복무
노무사	지구대·파출소 6개월, 정보과(노동) 6개월 근무 후 채용분야 5년간 의무복무
피해자심리	지구대·파출소 6개월, 수사 6개월 근무 후 채용분야 5년간 의무복무
그 외 분야	지구대·파출소 6개월 이상 근무 후 채용분야 5년간 의무복무

※ 최초 임용된 지방청에서 他 지방청으로는 10년간 전보 제한

응시자 참고 및 유의사항

공통 유의사항

가. 시험원서 및 제출서류의 허위 사진등록 및 작성, 오기, 누락, 연락불능, 중복지원, 자격 미비자의 응시 등으로 인한 불이익은 응시자 본인의 책임으로 하며, 특히 접수 시 가산점 미기입 등으로 인한 불이익은 일체 응시자 본인의 책임으로 합니다.(제출된 서류는 반환되지 않습니다.)

※ 취업지원 대상자는 만점의 10% 또는 5%를 각 단계별로 가점을 인정받을 수 있으며, 반드시 국가보훈처에 확인 후 원서접수 시 입력하여 주시기 바랍니다. (단, 취업지원 대상자가 가점을 받아 합격하는 사람은 선발예정인원의 30%를 초과할 수 없음)

나. **신분증을 지참하지 않은 경우** 모든 시험절차에서 응시 불가하며, 신분증은 주민등록증·주민등록 발급신청 확인서 · 운전면허증 · 주민번호가 인쇄된 장애인 등록증·여권만 인정되고, 학생증 · 자격수첩 · 공무원증 등은 신분증으로 인정되지 않습니다.

다. 시험일정 등 관련정보는 접수 지방청 홈페이지에 게재되고, 응시자는 시험일시, 장소, 교통편 및 이동소요시간 등을 반드시 확인하여야 하며, 공지사항 미열람 및 미숙지로 인한 불이익은 응시자 본인에게 있습니다.

라. 응시자가 접수한 응시원서 및 제출서류에 대한 사실여부를 관련기관에 조회할 수 있으며, **응시원서 접수 시 이에 동의한 것으로 간주**합니다.

마. 가산점이 인정되는 자격증은 공고일 기준으로 체력·적성검사일까지 제출하셔야 인정됩니다.

※ 가산점은 최고 5점만 인정되고, 동일분야 자격증을 복수 제출할 경우 점수가 가장 높은 것만 인정되며, 어학자격증은 면접일 기준 2년 이내 것만 인정됩니다.
※ 가산점 인정 자격증 및 무도단체는 [붙임 8-1], [붙임 8-2]를 참고하시기 바랍니다.

바. 응시자격조건으로 응시하는 자격증, 학위 등은 가산점으로 중복 인정되지 않습니다.(예 : 외사 영어분야 응시자의 토익 가산점 불인정)

사. 경찰청에서 공고한 시험일시 · 장소에 늦게 도착할 경우 해당 시험에 절대 응시할 수 없으니 반드시 시간 엄수바랍니다.

아. **원서접수 마감은 '18. 2. 13.(화) 18:00까지**이며 **결재완료 후 반드시 접수번호를 확인하여 주시기 바랍니다.**(접수번호 없으면 원서접수 미완료)

자. 모든 시험은 응시한 지방청(응시번호별)의 지정된 시험 장소에서만 응시할 수 있습니다.(타 지역 또는 타 시험장에서 응시불가)

차. 이 시험계획(일정, 장소 등)은 사정에 의해 변경될 수 있습니다.

필기시험 유의사항

가. 시험에 있어 부정한 행위(도핑테스트 비정상분석 결과자 포함)를 하거나 시험에 관한 소명서류(응시연령, 가산점, 자격증 등)에 허위사실을 기재하여 시험결과에 부당한 영향을 주는 행위를 한 자에 대해서는 '경찰공무원임용령 제46조' 의해 당해시험을 정지 또는 무효로 하거나 합격결정을 취소하고, 향후 5년간 임용시험에 응시자격이 정지됩니다.

나. 필기시험 OMR 답안지에 수정액, 수정테이프 등을 사용하여 답안을 수정할 수 없으며, 이로 인한 모든 불이익은 응시자 본인의 책임입니다.

다. 응시자는 **답안 작성 시 반드시 응시표에 기재된 과목순서대로 표기**해야 하며, 만약 과목순서를 바꾸어 답안을 표기했을 경우 응시표 기재 순서대로 채점되므로 반드시 유의하시기 바랍니다.

라. 필기시험 응시자는 일체의 통신장비(휴대용전화기, 디지털카메라, MP3, 전자사전, 카메라펜, 카메라 안경, 이어폰, PDA, 스마트워치 등)와 모자, 귀마개(이어플러그)를 휴대·착용하여서는 안되며, 발견된 경우 부정행위자로 간주될 수 있습니다.

    ※ 통신장비를 지참한 경우 시험실시 전 시험실 앞쪽에 제출하여야 하며, 제출하지 않았다가 시험시작 후 자진제출하거나, 추후 소지가 확인되면 부정행위자로 간주처리합니다.

마. **시험시간 중에는 화장실을 이용할 수 없으므로** 시험 전 화장실을 이용하거나 이뇨작용을 일으키는 음료를 마시는 것을 자제해야 합니다.

    ※ 시험시작 후 배탈·설사 등 불가피하게 시험을 볼 수 없는 경우에는 화장실을 이용할 수 있으나, 이때 **재입실이 불가**하며 시험종료 시까지 시험본부에서 대기해야 합니다.

바. **시험시간 관리의 책임은 전적으로 수험생 본인**에게 있습니다. 시험 감독관의 시험 종료시간 예고나 시험실 내 비치된 시계가 있는 경우라도 시간이 정확하지 않을 수 있으므로 본인의 시계로 시험시간을 반드시 확인하시기 바랍니다.

사. 답안지 교체는 시험 종료 전까지 가능하나, 종료시간에 임박하여 교체 요구했을 시 여유시간이 없음과 이에 대한 불이익은 응시자 본인이 인지해야 합니다.

아. 시험 종료 타종이 울리면 답안 작성을 즉시 멈춘 후 감독관의 지시에 따라 답안을 제출해야 하고, 만약 계속 작성했을 경우 부정행위자로 처리될 수 있으니 꼭 유의해야 합니다.

체력검사 유의사항

가. 금지약물의 복용이나 금지방법의 사용 등으로 인한 부정합격 사례를 방지하고자 체력시험 응시자를 대상으로 **무작위 도핑테스트를 실시**합니다.

나. 시험장 내에서는 휴대폰 등을 이용하여 체력시험 장면을 촬영할 수 없으며, 응시자 이외에는 시험장 출입을 절대로 금지합니다.

다. 체력시험 시 부상 방지를 위해 시험 실시 전 준비운동을 충분히 해야 하고, 만약 체력시험 과정에서 본인의 부주의로 인하여 발생한 부상 등에 대해서는 경찰청에서는 책임을 지지 않습니다.

라. 체력시험 이전이나 체력시험 실시 중에 본인 부주의로 발생한 부상 등으로 시험에 응시하지 못하거나 불합격하는 경우 체력시험 연기 또는 추가 시행은 없으므로 건강관리나 부상에 유의하시기 바랍니다.

마. 체력시험 중 바닥 미끄럼에 주의하고, 스파이크 착용은 가능하나 장갑이나 손미끄럼방지 가루(탄산마그네슘가루)는 사용이 금지되며, 기타 체력시험에 영향을 미치는 보조장구(기구)는 착용할 수 없습니다.

바. 체력시험 중 판정관이나 시험관리관의 지시에 따라야 하고, 허가 없이 무단이석 등으로 시험에 응시하지 못한 경우 추가 시험은 없습니다.

신체검사 유의사항

가. 신체검사에 소요되는 모든 비용은 응시자 본인이 부담합니다.

나. 신체검사는 체내 잔류하는 약물검사(TBPE)를 위해 **국·공립 병원 또는 종합병원 등에서 공고일 기준 3月 이내에 실시**하여야 하고, 국·공립 병원 또는 종합병원 여부는 건강보험심사평가원 홈페이지에서 확인 하시기 바랍니다.(병원 아닌 의원 不可)

다. 응시자 본인이 직접 검사예약한 후 병원에 방문하여 검사를 실시하고 신체검사 결과지를 정해진 기일내에 시험실시기관에 제출해야 합니다. 또한 검사 시 신분증 및 응시표, 사진, 검사비용 등을 지참해야 합니다.

라. 몸에 부착된 테이핑은 신체검사 전에 제거한 후 검사를 받아야 합니다.

마. 색각이상자의 경우 종합병원 등에서 사전에 아노말로스코프(색각경) 검사를 받아 지원 가능여부를 확인 후 응시하여 주시기 바랍니다.

최종합격자 유의사항

가. 응시자는 공고문, 응시표 등에서 정한 주의사항에 유의하여야 하며, 최종합격자로 결정되었다 하더라도 추후 응시자격의 제한 및 임용결격자 등으로 확인될 경우에는 합격이 취소될 수 있습니다.

나. 기타 문의사항은 응시한 지방경찰청 교육계로 문의하시기 바랍니다.

· 서울지방경찰청 교육계 (02) 700-2600   서울시 종로구 사직로 8길 31(내자동)

· 부산지방경찰청 교육계 (051) 899-2332   부산시 연제구 중앙대로 999

· 대구지방경찰청 교육계 (053) 804-7034   대구시 수성구 무학로 227

· 인천지방경찰청 교육계 (032) 455-2232   인천시 남동구 예술로 152번길 9

· 광주지방경찰청 교육계 (062) 609-2635   광주시 광산구 용아로 112

· 대전지방경찰청 교육계 (042) 609-2432   대전광역시 서구 둔산중로 77

· 울산지방경찰청 교육계 (052) 210-2333   울산시 중구 성안로 112(성안동)

· 경기남부지방경찰청 교육계 (031) 888-2432   경기도 수원시 장안구 창룡대로 223

· 경기북부지방경찰청 교육계 (031) 961-2432   경기도 의정부시 금오로 23번길 22-49

· 강원지방경찰청 교육계 (033) 241-3261   강원도 춘천시 동내면 세실로 49

· 충북지방경찰청 교육계 (043) 240-2432   충북 청주시 청원구 2순환로 168

· 충남지방경찰청 교육계 (041) 336-2432   충남 예산군 삽교읍 청사로 201

· 전북지방경찰청 교육계 (063) 280-8035   전북 전주시 완산구 유연로 180

· 전남지방경찰청 교육계 (061) 289-2635   전남 무안군 삼향읍 후광대로 359번길 28

· 경북지방경찰청 교육계 (053) 429-2232   대구시 북구 연암로 40

· 경남지방경찰청 교육계 (055) 233-2332   경남 창원시 의창구 상남로 289

· 제주지방경찰청 교육계 (064) 798-3431   제주시 문연로 18

[붙임 1] 경찰공무원 응시결격사유 등

「경찰공무원법」 제7조 제2항(결격사유)

1. 대한민국 국적을 가지지 아니한 사람
2. 「국적법」 제11조의2 제1항에 따른 복수국적자
3. 피성년후견인 또는 피한정후견인

 ※ 개정된 민법 시행(2013.7.1)에 따라 기존 금치산자 또는 한정치산자도 2018.6.30.까지는 결격사유에 해당

4. 파산선고를 받고 복권되지 아니한 사람
5. 자격정지 이상의 형(形)을 선고받은 사람
6. 자격정지 이상의 형의 선고유예를 선고받고 그 유예기간 중에 있는 사람
7. 징계에 의하여 파면 또는 해임처분을 받은 사람

「경찰공무원임용령」 제16조 제1항(경력경쟁채용 등의 요건)

1. 종전의 재직기관에서 감봉 이상의 징계처분을 받은 사람

「경찰공무원임용령」 제46조(부정행위자에 대한 조치)

① 경찰공무원의 채용시험 또는 경찰간부후보생 공개경쟁선발시험에서 다음 각 호의 어느 하나에 해당하는 행위를 한 사람에 대해서는 해당 시험을 정지 또는 무효로 하거나 합격결정을 취소하고, 그 처분이 있는 날부터 5년간 이 영에 따른 시험에 응시할 수 없게 한다.

1. 다른 수험생의 답안지를 보거나 본인의 답안지를 보여주는 행위
2. 대리시험을 의뢰하거나 대리로 시험에 응시하는 행위
3. 통신기기, 그 밖의 신호 등을 이용하여 해당 시험 내용에 관하여 다른 사람과 의사소통을 하는 행위
4. 부정한 자료를 가지고 있거나 이용하는 행위
5. 병역, 가점 등 시험에 관한 증명서류에 거짓 사실을 적거나 그 서류를 위조·변조하여 시험결과에 부당한 영향을 주는 행위
6. 체력검사나 실기시험에 영향을 미칠 목적으로 인사혁신처장이 정하여 고시하는 금지약물을 복용하거나 금지방법을 사용하는 행위
7. 그 밖에 부정한 수단으로 본인 또는 다른 사람의 시험결과에 영향을 미치는 행위

② 경찰공무원의 채용시험 또는 경찰간부후보생 공개경쟁선발시험에서 다음 각 호의 어느 하나에 해당하는 행위를 한 사람에 대해서는 그 시험을 정지하거나 무효로 한다.

1. 시험 시작 전에 시험문제를 열람하는 행위
2. 시험 시작 전 또는 종료 후에 답안을 작성하는 행위
3. 허용되지 아니한 통신기기 또는 전자계산기기를 가지고 있는 행위
4. 그 밖에 시험의 공정한 관리에 영향을 미치는 행위로서 시험실시기관의 장이 시험의 정지 또는 무효 처리기준으로 정하여 공고한 행위

③ 다른 법령에 의한 국가공무원 또는 지방공무원의 임용시험에서 부정행위를 하여 당해 시험에의 응시자격이 정지 중에 있는 자는 그 기간 중 이 영에 의한 시험에 응시할 수 없다.

[붙임 2-1] 노무사 서류전형 채점기준

전형요소	채점기준
형식요건	‣ 자격요건의 부합성, 제출서류의 적격성 등
실질요건	‣ 자기소개서, 업무수행계획서, 노무분야 경력 및 전문성 등

※ 응시인원이 선발예정 인원의 3배수 미만인 경우 전원 합격자 결정(동점자는 합격자 처리)

[붙임 2-2] 무도 서류전형 채점기준

구 분	태권도	유 도	검 도	배점
국 제	‣ 올림픽 **금**	‣ 올림픽 **금**	‣ 세계선수권 **금**	10점
	‣ 올림픽 **은·동** ‣ 세계선수권·그랑프리 **금**	‣ 올림픽 **은·동** ‣ 세계선수권·마스터즈 그랜드슬램 **금**	‣ 세계선수권 **은**	7점
	‣ 세계선수권·그랑프리 **은·동** ‣ 아시안게임 **금**	‣ 세계선수권·마스터즈 그랜드슬램 **은·동** ‣ 아시안게임 **금**	‣ 세계선수권 **동**	5점
	‣ 아시안게임 **은·동**	‣ 아시안게임 **은·동**	—	3점
국 내	‣ 전국대회 **우승**	‣ 전국대회 **우승**	‣ 전국대회 **우승**	1점

※ 입상 경력 중 최고성적만 평가하고, 동점자의 경우 입상횟수로 순위 결정

[붙임 3] 경찰특공대 체력검정 기준표

분야	종목	배					점
남자 전술요원	윗 몸 일으키기 (제한시간1분)	15점	12점	9점	6점	3점	0점
		65회 이상	64 ~ 62	61 ~ 59	58 ~ 56	55 ~ 50	49회 이하
	턱걸이	20점	16점	12점	8점	4점	0점
		30회 이상	29 ~ 26	25 ~ 22	21 ~ 18	17 ~ 14	13회 이하
	2,000m 달리기	20점	16점	12점	8점	4점	0점
		7분00초00 이하	7분00초01 ~ 7분20초00	7분20초01 ~ 7분40초00	7분40초01 ~ 8분00초00	8분00초01 ~ 8분20초00	8분20초01 이상
	사낭나르기 (무게40kg)	15점	12점	9점	6점	3점	0점
		18초00 이하	18초01 ~ 19초00	19초01 ~ 20초00	20초01 ~ 21초00	21초01 ~ 22초00	22초01 이상
	왕복달리기 (100m허들)	20점	16점	12점	8점	4점	0점
		35초00 이하	35초01 ~ 36초00	36초01 ~ 37초00	37초01 ~ 38초00	38초01 ~ 39초00	39초01 이상
	제자리 멀리뛰기	10점	8점	6점	4점	2점	0점
		280 이상	279 ~ 275	274 ~ 270	269 ~ 265	264 ~ 260	259 이하
여자 전술요원	윗 몸 일으키기 (제한시간1분)	25점	20점	15점	10점	5점	0점
		55회 이상	54 ~ 50	49 ~ 45	44 ~ 40	39 ~ 35	34회 이하
	1,500m 달리기	25점	20점	15점	10점	5점	0점
		6분40초 이내	6.41 ~ 7.00초	7.01 ~ 7.20초	7.21 ~ 7.40초	7.41 ~ 8.00초	8.01초 이상
	100m 달리기	25점	20점	15점	10점	5점	0점
		14.50초 이내	14.51~15.00초	15.01~15.50초	15.51 ~ 16.00	16.01 ~ 16.50	16.51초 이상
	제자리 멀리뛰기	25점	20점	15점	10점	5점	0점
		245 이상	244 ~ 240	239 ~ 235	234 ~ 230	229 ~ 225	224 이하
폭발물 처리요원	턱걸이	20점	16점	12점	8점	4점	0점
		30회 이상	29 ~ 26	25 ~ 22	21 ~ 18	17 ~ 14	13회 이하
	2,000m 달리기	40점	32점	24점	16점	8점	0점
		7분00초00 이하	7분00초01 ~ 7분20초00	7분20초01 ~ 7분40초00	7분40초01 ~ 8분00초00	8분00초01 ~ 8분20초00	8분20초01 이상
	사낭나르기 (무게40kg)	40점	32점	24점	16점	8점	0점
		18초00 이하	18초01 ~ 19초00	19초01 ~ 20초00	20초01 ~ 21초00	21초01 ~ 22초00	22초01 이상
폭발물 분석요원	1,500m 달리기	40점	32점	24점	16점	8점	0점
		6분40초 이내	6.41 ~ 7.00초	7.01 ~ 7.20초	7.21 ~ 7.40초	7.41 ~ 8.00초	8.01초 이상
	팔굽혀펴기	30점	24점	18점	12점	6점	0점
		58 이상	57~52	51~46	45~40	39~34	34회 이하
	윗 몸 일으키기 (제한시간1분)	30점	24점	18점	12점	6점	0점
		55회 이상	54 ~ 50	49 ~ 45	44 ~ 40	39 ~ 35	34회 이하

※ 총점의 4할 미만의 득점자는 불합격 처리

[붙임 4] 실기시험 평가기준 및 배점비율

채용 분야		평가기준 및 배점비율		
항공	조종사	**구 분**	**내 용**	**비율**
		비행능력	‣ 헬기에 탑승하여 제자리 비행, 장주비행(상승, 선회, 수평, 강하비행) 이.착륙 시 조종능력 평가	70
		항공영어	‣ 객관식, 주관식, 단답형 ‣ 항공관제 영문교범 번역 약어 등 헬기 운용시 필수요소 평가	30
	기체정비·전기전자통신	**구 분**	**내 용**	**비율**
		정비 수행능력 구술평가	‣ 헬기 정비업무에 필요한 실무정비 수행능력, 영문교범 번역능력을 구두에 의한 평가 (항공기 전기.전자.통신계통 고장탐구 절차 등)	100
피해자심리		**구 분**	**내 용**	**비율**
		전문지식	‣ 심리학 관련 기본지식 ※ 범죄심리, 임상심리, 상담심리 등 ‣ 심리측정(검사) 및 평가 ‣ 상담기법 ‣ 피해자 보호·지원 관련 법제	70
		발전역량	‣ 관련 자격증, 활동실적, 근무경력 ‣ 해당 전공분야 연구실적 ‣ 학위과정 외 관련 교육실적 ‣ 피해자보호 분야 발전방안 ※ 발전역량 기술서를 참고하여 평가	30
안보 범죄 분석	북한·안보	**구 분**	**내 용**	**비율**
		기본지식	‣ 경찰의 역할 및 업무 전반에 대한 이해	10
			‣ 보안경찰의 역할과 업무 영역 ‣ 안보범죄 및 안보위해사범의 개념·특성	20
		전문지식	‣ 북한체제의 특징과 사상 - 수령독재체제, 사회주의 대가정체제 등 - 주체사상, 선군사상, 김일성-김정일주의 등	15
			‣ 북한의 권력구조 - 노동당, 국무위원회, 최고인민회의 등	15
			‣ 북한의 대남·대외전략 - 대남 공작전술 및 통일정책 - 대외정책, 북한을 둘러싼 동북아 정세 등	20
		발전역량	‣ 주요 경력 및 연구실적	10
			‣ 향후 업무 추진계획 및 발전방안	10
	범죄·심리	**구 분**	**내 용**	**비율**
		기본지식	‣ 경찰의 역할 및 업무 전반에 대한 이해	10
			‣ 보안경찰의 역할과 업무 영역 ‣ 안보범죄 및 안보위해사범의 개념·특성	20
		전문지식	‣ 범죄학·심리학·사회학 기초 지식 - 각 학문의 개념 및 주요영역, 관련 이론 등	15
			‣ 전공분야 이론과 원리를 적용한 안보위해사범 행동 및 심리 분석	15
			‣ 전공분야와 보안수사와의 연관성 - 보안수사에 있어 전공분야의 역할·활용영역 - 전공분야를 접목한 보안수사의 발전방안	20
		발전역량	‣ 주요 경력 및 연구실적	10
			‣ 향후 업무 추진계획 및 발전방안	10

채용 분야	평가기준 및 배점비율			

정보화장비 (정보보안)	구 분		내 용	비율
	침해사고 분석/대응 (모의해킹 리버싱)		‣ 정보보호 기초 이론 ‣ 정보보호 정책 및 위험관리 ‣ 정보보호 관리(인증)체계 및 관련법규 ‣ SIEM(ESM), IPS/IDS 정책 개발 ‣ Big Data 기반 이상징후 분석 ‣ 웹, DB등 정보시스템 취약점 점검 및 보안대책 수립 ‣ 리눅스 및 Windows등 악성코드 추출(포렌식) 및 정적/동적 분석 ‣ 실행 바이너리 및 스크립트 등 각종 난독화 분석 ‣ OWASP 등 웹 취약점 점검 및 취약점도구의 이해 ‣ 소스레벨 취약점 점검 및 시큐어코딩 등 개발 기법	100

경찰 특공대	폭발물 분석 요원	구 분		세부 종목	비율
		체력검정		‣ 1.5Km 달리기, 윗몸일으키기, 팔굽혀펴기	50
		구술 시험	기본 지식	‣ 화약·폭약, 사제폭발물 등 관련 지식	25
			전문 지식	‣ 국내·외 사제폭발물 관련 사건 분석 ‣ 폭발물 사건발생시 현장조치 및 대응방법 ‣ 사제폭발물 사건 예방책 등	25

	폭발물 처리 요원	구 분	세부 종목	비율
		체력검정	‣ 2Km 달리기, 턱걸이, 40kg 사낭나르기	50
		전문분야실기	‣ 성능시험 (40점) ◦ 기폭·약포 제작시험(20점) ‣ 결선작업 및 폭파 (30점)	50

	전술 요원	구 분		세부 종목	비율
		체력 검정	남	‣ 윗몸일으키기 ‣ 제자리 멀리뛰기 ‣ 왕복달리기 ‣ 2Km 달리기 ‣ 턱걸이 ‣ 40kg 사낭나르기	100
			여	‣ 윗몸일으키기 ‣ 제자리 멀리뛰기 ‣ 100m 달리기 ‣ 1.5Km 달리기	100

무도 (형사)	태권도	비율	유 도	비율	검 도	비율
	‣ 품 새 <십진 등 모든 품새>	30	‣ 낙 법 <전방·후방·회전낙법>	20	‣ 기본자세 <입·퇴장예법, 도복 및 호구착용>	20
	‣ 발차기 <옆·뒤차기, 뒤후려차기>	30	‣ 굳히기 <누르기, 조르기, 꺽기>	20	‣ 연 격 <거리, 기합, 정확성, 기검체 일치>	40
	‣ 겨루기 <공격력 방어력 기술의 다양성>	40	‣ 메치기 <손기술 발기술 허리기술> ‣ 연결기술	30 30	‣ 대 련 <타격력, 기세, 기회, 유효타격>	40

화약전문	구 분	내 용	비율
	기본지식	‣ 화약류(폭약, 화약, 화공품) 관련 지식	20
	전문지식	‣ 총안법상 사안별 인.허가 업무처리 ‣ 화약류 제조.판매.저장.사용 관련 ‣ 행정처분, 보안물건(거리) 관련	80

[붙임 5] 자체신체검사표

구 분	내용 및 기준
체격	국립·공립병원 또는 종합병원에서 실시한 경찰공무원 채용시험 신체검사 및 약물검사의 결과 건강상태가 양호하고, 사지가 완전하며, 가슴·배·입·구강 및 내장의 질환이 없어야 한다.
시력	시력(교정시력을 포함한다)은 양쪽 눈이 각각 0.8 이상이어야 한다.
색신 (色神)	색신이상(약도 색신이상은 제외한다)이 아니어야 한다.
청력	청력이 정상[좌우 각각 40데시벨(dB) 이하의 소리를 들을 수 있는 경우를 말한다]이어야 한다.
혈압	고혈압[수축기혈압이 145수은주밀리미터(mmHg)을 초과하거나 확장기 혈압이 90수은주밀리미터(mmHg)을 초과하는 경우를 말한다] 또는 저혈압[수축기혈압이 90수은주밀리미터(mmHg) 미만이거나 확장기 혈압이 60수은주밀리미터(mmHg) 미만인 경우를 말한다]이 아니어야 한다.
사시 (斜視)	검안기 측정 결과 수평사위 20프리즘 이상이거나 수직사위 10프리즘 이상이 아니어야 한다. 다만, 안과전문의의 정상 판단을 받은 경우에는 그러하지 아니하다.
문신	시술동기, 의미 및 크기가 경찰공무원의 명예를 훼손할 수 있다고 판단되는 문신이 없어야 한다.

[붙임 5-1] 신체검사 세부기준

평가 항목	내 용	신체검사기준(불합격 판정기준)
사지의 완전성	팔다리와 손·발가락의 완전성	팔다리와 손·발가락이 강직, 절단 또는 변형된 기형으로 정형외과 전문의로부터 정상판정을 받지 못한 사람
	척추만곡증 (허리 휘는 증상)	X-RAY촬영 결과 20도 이상 허리가 기울어져 있는 자로 정형외과 전문의로부터 정상판정을 받지 못한 사람
	내반슬 (오다리)	차렷 자세에서 양다리가 5센티미터 이상 벌어지는 사람 중 정형외과 전문의로부터 정상판정을 받지 못한 사람
	상지관절의 정상여부	상지 3대 관절(손목·팔꿈치·어깨관절)을 앞과 위 아래로 이동시 자연스럽지 않은 사람 중 상지의 3대 관절이 불완전하거나 관절의 기능손실이 15퍼센트 이상이거나 3대 관절의 손실 합이 15퍼센트 이상으로 정형외과 전문의로부터 정상판정을 받지 못한 사람
	하지관절의 정상여부	하지 3대 관절(발목·무릎·고관절)을 좌우로 돌리는 것이 자연스럽지 않은 사람 중 하지의 3대 관절이 불완전하거나 관절의 기능 손실이 15퍼센트 이상이거나 3대 관절의 손실 합이 15퍼센트 이상으로 정형외과 전문의로부터 정상 판정을 받지 못한 사람

[붙임 6] 체력검사의 평가기준 및 방법

구 분		10점	9점	8점	7점	6점	5점	4점	3점	2점	1점
남 자	100m 달리기 (초)	13.0 이내	13.1 ~ 13.5	13.6 ~ 14.0	14.1 ~ 14.5	14.6 ~ 15.0	15.1 ~ 15.5	15.6 ~ 16.0	16.1 ~ 16.5	16.6 ~ 16.9	17.0 이후
	1,000m 달리기 (초)	230 이내	231 ~ 236	237 ~ 242	243 ~ 248	249 ~ 254	255 ~ 260	261 ~ 266	267 ~ 272	273 ~ 279	280 이후
	윗몸일으키기 (회/1분)	58 이상	57 ~ 55	54 ~ 51	50 ~ 46	45 ~ 40	39 ~ 36	35 ~ 31	30 ~ 25	24 ~ 22	21 이하
	좌우 악력 (kg)	61 이상	60 ~ 59	58 ~ 56	55 ~ 54	53 ~ 51	50 ~ 48	47 ~ 45	44 ~ 42	41 ~ 38	37 이하
	팔굽혀펴기 (회/1분)	58 이상	57 ~ 52	51 ~ 46	45 ~ 40	39 ~ 34	33 ~ 28	27 ~ 23	22 ~ 18	17 ~ 13	12 이하
여 자	100m 달리기 (초)	15.5 이내	15.6 ~ 16.3	16.4 ~ 17.1	17.2 ~ 17.9	18.0 ~ 18.7	18.8 ~ 19.4	19.5 ~ 20.1	20.2 ~ 20.8	20.9 ~ 21.5	21.6 이후
	1,000m 달리기 (초)	290 이내	291 ~ 297	298 ~ 304	305 ~ 311	312 ~ 318	319 ~ 325	326 ~ 332	333 ~ 339	340 ~ 347	348 이후
	윗몸일으키기 (회/1분)	55 이상	54 ~ 50	49 ~ 45	44 ~ 40	39 ~ 35	34 ~ 30	29 ~ 25	24 ~ 19	18 ~ 13	12 이하
	좌우악력 (kg)	40 이상	39 ~ 38	37 ~ 36	35 ~ 34	33 ~ 31	30 ~ 29	28 ~ 27	26 ~ 25	24 ~ 22	21 이하
	팔굽혀펴기 (회/1분)	50 이상	49 ~ 45	44 ~ 40	39 ~ 35	34 ~ 30	29 ~ 26	25 ~ 21	20 ~ 16	15 ~ 11	10 이하

※ 비고

1. 체력검사의 평가종목 중 1종목 이상 1점을 받은 경우에는 불합격으로 한다.

2. 체력검사의 평가종목에 대한 구체적인 측정방법은 경찰청장이 정한다.

3. 100미터 달리기의 경우에는 측정된 수치 중 소수점 둘째자리 이하는 버리고, 1,000미터 달리기의 경우에는 소수점 첫째자리 이하는 버리며, 좌우 악력의 경우에는 소수점 첫째자리에서 반올림한다.

[붙임 6-1] 체력검사 종목별 측정시설, 인원 및 방법

종 목	측 정 방 법 등

100m 달리기	**가. 검사요원**
	1) 계측원 1명이상
	2) 출발신호원 1명
	3) 기록원 1명이상
	
	나. 시설기구
	1) 100m 직선주로 2코스 이상
	2) 계측기 2개
	3) 출발신호기 1개
	4) 2인1조가 동시에 출발할 때 중간 코스는 공간으로 둔다.
	
	다. 측정방법
	1) 측정시간은 1/10초단위로 한다.
	2) 중도에서 넘어졌을 때는 1회에 한하여 20분 후에 다시 달리게 한다.
	
	라. 기록
	  계측원은 출발신호기가 땅에서 떨어지는 순간부터 주자의 몸통이 결승선 위에 닿을 때까지의 시간을 1/10초 단위로 계속 기록한다.
	  단, 넘어졌을 때는 몸통의 일부가 결승선 상에 있을 경우는 유효하다.

1,000m 달리기	**가. 검사요원** 1) 계측원 1명이상 2) 출발신호원 1명 3) 기록원 1명이상 **나. 시설기구** 1) 400m(200m) 타원형 트랙 2) 계측기 2개 3) 출발신호기 1개 **다. 측정방법** 1) 타원형운동장 또는 노상경주 코스를 사용한다. 2) 측정시간은 초 단위로 한다. **라. 기록** 계측원은 출발신호기가 땅에서 떨어지는 순간부터 주자의 몸통이 결승선 위에 닿을 때까지의 시간을 1초 단위로 계측하여 정확히 기록한다.

윗몸일으키기	**가. 검사요원** 1) 계측원 1명이상 2) 기록원 1명이상 **나. 시설기구** 1) 윗몸일으키기대 2) 계측기(1대이상) **다. 측정방법** 1) 양발을 30㎝ 정도 벌려 무릎을 직각으로 굽히고 양손은 머리 뒤에서 깍지를 끼고 등을 매트에 대고 눕는다. 2) 측정횟수는 상체를 일으켜서 양쪽 팔꿈치가 양무릎에 닿은 다음, 다시 누운 자세로 돌아가게 해야 한다. 3) 양팔꿈치로 양무릎 위를 정확히 대었을 때를 1회로 간주하여 1분간 실시한 횟수를 측정한다. 4) 전자측정기기로 실시할 수 있다 **라. 기록** 1) 정확한 동작으로 1분동안에 실시한 횟수를 기록한다. 2) 운동속도는 자유로이 한다. 3) 실시도중 목뒤에 마주잡은 손을 떼거나 몸을 앞으로 굽혔을 때 팔꿈치가 무릎에 닿지 않으면 그 횟수는 무효로 한다.
악력	**가. 검사요원** 1) 계측원 1명이상 2) 기록원 1명이상 **나. 실시도구 :** 악력기 **다. 측정방법 :** 악력기에 의한 기계측정을 한다. **라. 기록 :** 왼손, 오른손 각 2회씩 4회 평균을 측정한다.
팔굽혀펴기	**가. 검사요원** 1) 계측원 1명이상 2) 기록원 1명이상 3) 검사원 1명이상 **나. 실시도구** 매트, 초시계 1개 **다. 측정방법** 1) 양손을 어깨넓이로 벌리고 발은 모은 상태(여자는 무릎을 대고 무릎이하는 바닥과 45도 각도를 유지한 상태)에서 팔은 직각, 몸은 수평이 되도록 한다. 2) 머리부터 일직선이 되도록 유지한 상태에서 팔을 굽혀 몸(머리~다리)과 매트 간격이 5㎝ 이내로 유지시켰다가 원위치 한다. 3) 전자측정기기로 실시할 수 있다. **라. 기록 :** 1분내 실시한 횟수를 측정한다.

[붙임 7] 체력시험 도핑테스트 안내

☐ **도핑테스트 시행안내**

- 체력시험의 공정성을 확보하고 응시자의 건강을 보호하기 위하여 시험결과에 영향을 미칠 수 있는 금지약물의 복용 및 금지방법의 사용은 금지되며, 경찰청장은 이를 확인하기 위한 절차(도핑테스트)를 실시할 수 있습니다.

☐ **금지약물 및 금지방법**

- 「경찰공무원임용령」 제46조 제1항 제6호 관련, 인사혁신처장이 정하여 고시(인사혁신처 고시 제2014-7호)한 약물 및 방법은 금지됩니다. [붙임6] 참조

☐ **테스트 대상자 선정방식**

- 검사는 무작위로 선정할 수 있습니다.

☐ **도핑테스트 절차 등 안내**

- 채취된 소변 시료(A, B)는 곧바로 분석기관으로 전달되며, 전달된 시료 중 A시료가 분석되며, B시료는 냉장 보관됩니다.
- A시료의 분석결과가 경찰청장에게 서면으로 통보됩니다.
- A시료의 분석결과가 비정상분석결과(양성)로 나온 경우, 해당 응시자는 비정상 분석결과를 통보받은 후 일정기간 내에 치료목적사용면책 등 의견을 제출하거나, B시료 분석을 요청할 수 있습니다.
- 경찰청장은 관계 전문가 3인 이상을 포함한 치료목적사용면책위원회를 구성하여 심의하게 됩니다.
- B시료분석을 요청할 경우, 당사자 혹은 대리인이 분석과정에 참관할 수 있으며, 분석결과가 비정상 분석결과로 확인되지 않는 경우, 음성으로 최종 판정되지만, B시료분석결과 역시 비정상 분석결과로 확인되는 경우, 불합격 결정을 내립니다.
- 불합격 결정에 불복할 경우에는 행정심판, 소송 등을 청구할 권리가 있습니다.

□ 치료목적사용면책 신청 안내

- **(의의)** 금지약물 또는 금지방법의 사용이 요구되는 의학적 상태에 있는 경우 응시자는 구비서류를 갖추어 치료목적사용면책을 신청할 수 있습니다.

- **(신청절차)** 응시자는 비정상분석결과(양성)가 나온 경우 별첨의 서식을 작성, 구비서류를 갖추어 별도 지정일까지 신청하여야 합니다.(단, 치료목적사용면책이 필요했던 경우에 한함)

- **(승인기준)** 치료목적사용면책은 다음의 기준을 엄격하게 준수하여 승인합니다.

> ▸ 응시자의 급성 또는 만성의 의료적 상태를 치료하는 과정에서 금지약물이나 금지방법을 사용하지 않았을 경우, 응시자가 건강상 심각한 손상을 입었을 것으로 예상되어야 한다.
>
> ▸ 금지약물 또는 금지방법의 치료목적의 사용에 따른 합법적인 치료로 인해 정상적인 건강상태로 되돌아갔을 때 예상할 수 있는 것 이상의 추가적인 운동능력 향상효과가 없어야 한다.
>
> ▸ 금지약물과 금지방법 사용 이외의 다른 합당한 대체 치료가 없어야 한다.

□ 기타 유의사항

- 응시자는 본인의 건강을 보호하고 선의의 피해가 발생하지 않도록 금지약물 및 금지방법에 대해 사전에 충분히 숙지하여야 합니다.

- **<u>모든 응시자는 도핑테스트 동의를 원서접수 시 하여야 하며, 동의에 체크하지 않을 경우에는 체력시험에 응시할 수 없습니다.</u>**

- 응시자는 도핑테스트 결과, 비정상분석결과(양성)가 나온 경우에는 「경찰공무원임용령」 제46조에 따라 당해 시험을 무효로 하거나 합격을 취소하고 향후 5년간 응시자격이 정지 될 수 있습니다.

[붙임 7-1] 체력시험 금지약물 및 금지방법(인사혁신처 고시 제2014-7호)

I. 금지약물

○ 공무원임용시험령 제51조 제1항 제6호에 따라 금지되는 약물은 다음과 같다.

1. 동화작용제 : 총 7종 및 그 대사물질

　가. 동화작용남성호르몬스테로이드(AAS)

> ① **외인성 동화작용남성호르몬 스테로이드(Exogenous AAS)**
> ▸drostanolone　　　▸methenolone
> ▸methasterone(17β-hydroxy-2α,17α-dimethyl-5α-androstan-3-one)
> ▸stanozolol
> ▸1-testosterone(17β-hydroxy-5α-androst-1-en-3-one)
> ② **외인성으로 투여된 내인성 동화작용남성호르몬 스테로이드(Endogenous AAS)**
> ▸testosterone

　나. 기타 동화작용제 : **Clenbuterol**

2. 이뇨제 : 총 3종

> ▸hydrochlorothiazide　　　▸chlorothiazide　　　　　▸furosemide

3. 흥분제 : 총 3종

> ▸methylhexaneamine(dimethylpentylamine)
> ▸methylephedrine　　　　　　　　　▸ephedrine

※ methylephedrine과 ephedrine은 소변에 밀리리터당 10마이크로그램보다 많을 경우 금지

4. 마약류 : 총 11종

> ▸Buprenorphine　　▸dextromoramide　　▸diamorphine(heroin)
> ▸fentanyl 및 유도체　▸hydromorphone　　▸methadone
> ▸morphine　　　　　▸oxycodone　　　　▸oxymorphone
> ▸pentazocine　　　　▸pethidine

II. 금지방법

○ 공무원임용시험령 제51조 제1항 제6호에 따라 금지되는 방법은 다음과 같다.

- 도핑검사과정에서 채취한 시료의 성분과 유효성을 변조하거나 변조를 시도하는 행위(소변 바꿔치기 및/또는 섞기, 이와 유사한 방법 등을 포함한다.)

[붙임 7-2] 도핑테스트 관련 치료목적사용 면책신청서

1. 응시자 인적사항

1. 성명:_____   2. 성별: 여 ☐   남 ☐

3. 생년월일:_____   4. 응시번호:_____

5. 핸드폰:_____   6. 이메일:_____

2. 의료정보

1) 충분한 의료정보를 포함한 진단소견

_____

_____

_____

2) 사용 허가된 의약품으로도 치료 가능한 경우, 금지약품을 처방한 임상의학적 정당성을 설명하시오

_____

_____

_____

※ **진단 증빙자료(진단서, 처방전, 소견서등)를 첨부**하여 신청서와 함께 제출하여야 한다. 증빙자료에는 포괄적 병력 및 그와 관련된 모든 검사보고서, 검사실 조사 및 영상검사 결과가 포함되어야 한다. 가능한 경우 보고서 또는 편지의 원본에 대한 사본을 첨부하여야 한다. 증빙자료는 임상의학적 관점에서 극히 객관적이어야 하며, 만약 정확한 설명이 불가능한 경우, 다른 독립된 의료진의 소견도 포함시킬 수 있다.

3. 세부 진료내용

금지약물	1회 사용량	사용방법	사용빈도
1.			
2.			
3.			

치료기간 duration of treatment:	1회 ☐ 응급 ☐ 기간(주/월)_____

4. 담당의사 서약

나는 위에서 언급한 치료와 관련하여 의학적으로 적절하였으며, 금지목록 이외의 대체약물 사용은 위 응시자의 의료 상황에서는 적절하지 않았음을 확인한다.

성명:_____ **전공분야:**_____

주소:_____

전화:_____ **팩스:**_____ **이메일:**_____

서명:_____ **날짜:**_____

5. 응시자 서약

본인,_____는(은) 응시자 인적사항이 틀림없음을 확인하며 인사혁신처에서 고시한 금지약물과 방법의 사용 승인을 요청한다. 나는 나의 의학정보가 시험실시기관, 시료분석기관 및 기타 시험관련 기관에 제공되는 것을 허락한다. 나의 의학정보가 위의 기관에 제공되는 것에 반대한다면 담당의사와 시험실시기관에 그 사실을 서면으로 통보하여야 하는 것을 이해하고 있다.

서명:_____ **날짜:**_____

부모/보호자 서명:_____ **날짜:**_____

(응시자가 미성년자이거나 장애로 인하여 서명이 불가능 할 때에는 부모나 보호자가 응시자와 함께 또는 응시자를 대신하여 서명할 수 있다.)

※ 구비서류가 완료되지 않은 신청서에 대해서는 접수가 불가능**하며, 완료 후 재 제출해야 한다.**
　서류 접수 후 사본을 반드시 보관하시오.

[붙임 8] 채용시험에 있어서의 가산특전

☐ 취업지원대상자(원서접수 마감일까지 등록된 경우에 한함)

○ 「독립유공자예우에 관한 법률」 제16조, 「국가유공자 등 예우 및 지원에 관한 법률」 제29조, 「5·18 민주유공자예우에 관한 법률」 제20조, 「특수임무유공자 예우 및 단체설립에 관한 법률」 제19조, 「보훈보상대상자 지원에 관한 법률」 제33조에 의한 취업지원대상자, 그리고 「고엽제후유의증 등 환자지원 및 단체설립에 관한 법률」 제7조의9에 의한 고엽제 후유의증 환자와 그 가족은 각 단계별 시험에 가점비율을 가산함

○ 취업지원대상자의 가점은 필기시험 과목 중 한 과목이라도 과락(원점수와 조정점수 모두 40점미만)에 해당하는 경우에는 가산점이 부여되지 않고, 이후 단계별 시험마다 만점의 일정비율(10% 또는 5%)에 해당하는 점수를 가산함

○ 취업지원대상자 가점을 받아 합격하는 사람은 선발예정인원의 30%를 초과할 수 없음(다만, 응시자의 수가 선발예정인원과 같거나 그보다 적은 경우에는 적용하지 않고, 3명 이하를 선발하는 채용시험에는 가점이 적용되지 않으며, 분야별 4명 이상을 선발하는 경우에만 해당됨)

○ 취업지원대상자 등록여부와 가점비율은 응시자 본인이 사전에 직접 국가보훈처 및 지방보훈지청 등에서 확인하여야 함 (☎ 1577-0606)

☐ 자격증 등 소지자

○ 「경찰공무원임용령 시행규칙」 제36조에 의하여 경찰청장이 정하는 기준에 따라 0 점부터 5 점까지 정수로 평가함

○ 「경찰공무원 채용시험에 관한 규칙」 제23조 4항에 의하여 동일분야의 자격증을 복수로 제출할 경우에는 가산점수가 가장 높은 자격증만을 인정함

○ 자격증 등의 가산점 기준표 참조([붙임8-1] 참고)

☐ 가산특전과 관련한 유의사항

○ 취업보호대상자는 원서접수 시 보훈번호 및 가산점을 입력해야 함

※ 보훈번호 및 가산점을 잘못 기재 또는 누락으로 생기는 불이익은 응시자 본인의 책임입니다.

○ 자격증 제출기한은 당해 시험이 있는 적성검사 일까지임

[붙임 8-1] 자격증 등의 가산점 기준표

분 야		관련 자격증 및 가산점		
		5점	4점	2점
학 위		-박사학위	-석사학위	
정보처리		-정보관리기술사 -전자계산기조직응용기술사	-정보처리기사 -전자계산기조직응용기사 -정보보안기사	-정보처리산업기사 -사무자동화산업기사 -컴퓨터활용능력 1・2급 -워드프로세서 1급 -정보보안산업기사
전자・통신		-정보통신기술사 -전자계산기기술사	-무선설비・전파통신・전파전자・ 정보통신・전자・전자계산 기기사 -통신설비기능장	-무선설비・전파통신・전파전자・ 정보통신・통신선로・전자・ 전자계산기산업기사
국 어		-한국실용글쓰기검정 750점 이상 -한국어능력시험 770점 이상 -국어능력인증시험 162점 이상	-한국실용글쓰기검정 630점 이상 -한국어능력시험 670점 이상 -국어능력인증시험 147점 이상	-한국실용글쓰기검정 550점 이상 -한국어능력시험 570점 이상 -국어능력인증시험 130점 이상
외국어	영 어	-TOEIC 900 이상 -TEPS 850이상 -IBT 102 이상-PBT 608 이상 -TOSEL(advanced) 880 이상 -FLEX 790 이상 -PELT(main) 446 이상	-TOEIC 800 이상 -TEPS 720이상 -IBT 88 이상 -PBT 570 이상 -TOSEL(advanced) 780 이상 -FLEX 714 이상 -PELT(main) 304 이상	-TOEIC 600 이상 -TEPS 500이상 -IBT 57 이상 -PBT 489 이상 -TOSEL(advanced) 580이상 -FLEX 480 이상 -PELT(main) 242 이상
	일 어	-JLPT 1급(N1) -JPT 850 이상	-JLPT 2급(N2) -JPT 650 이상	-JLPT 3급(N3, N4) -JPT 550 이상
	중국어	-HSK 9급이상(新 HSK 6급)	-HSK 8급 (新 HSK 5급-210점 이상)	-HSK 7급 (新 HSK 4급-195점 이상)
노 동		-공인노무사		
무 도			-무도 4단 이상	-무도 2・3단
부 동 산		-감정평가사		공인중개사
교 육		-청소년상담사 1급	-정교사 2급 이상 -청소년지도사 1급 -청소년상담사 2급	-청소년지도사 2・3급 -청소년상담사 3급
재난 ・ 안전관리		-건설안전・전기안전・소방・ 가스기술사	-건설안전・산업안전・소방설비・ 가스・원자력기사 -위험물기능장 -핵연료물질취급감독자면허 -방사선취급감독자면허 -경비지도사	-산업안전・건설안전・소방설비・ 가스・위험물산업기사 -1종 대형면허 -특수면허(트레일러,레커) -조종면허(기중기,불도우저) -응급구조사 -핵연료물질취급자면허 -방사성동위원소취급자면허
화 약		-화약류관리기술사	-화약류제조기사 -화약류관리기사	-화약류제조산업기사 -화약류관리산업기사

교 통	-교통기술사 -도시계획기술사	-교통기사 -도시계획기사 -교통사고분석사 -도로교통사고감정사	-교통산업기사
토 목	-토목시공기술사 -토목구조기술사 -토목품질시험기술사	-토목기사	-토목산업기사
법 무	-변호사	-법무사	
세무회계	-공인회계사	-세무사 -관세사	-전산세무 1·2급 -전산회계 1급
의 료	-의사 -상담심리사 1급	-약사 -정신보건임상심리사 1급 -임상심리사 1급 -상담심리사 2급	-임상병리사, 물리치료사, 방사선사, 간호사, 의무기록사, 치과기공사 -정신보건임상심리사 2급 -임상심리사 2급 -작업치료사
특 허	-변리사		
건 축	-건축구조·건축기계설비· 건축시공·건축품질시험기술사	-건축, 건축설비기사	-건축·건축설비·건축일반 시공산업기사
전 기	-건축전기설비·전기응용기 술사	-전기·전기공사기사	-전기·전기기기·전기공사 산업기사
식품위생	-식품기술사	-식품기사	-식품산업기사
환 경	-폐기물처리기술사 -화공기술사 -수질관리기술사 -농화학기술사 -대기관리기술사	-폐기물처리기사 -화공기사 -수질환경기사 -농화학기사 -대기환경기사	-폐기물처리산업기사 -화공산업기사 -수질환경산업기사 -대기환경산업기사

[비 고]

1. 무도분야 자격증은 대한체육회에 가맹한 경기단체가 인정하는 것 또는 법인으로서 중앙본부 포함 8개 이상 광역지방자치단체에 지부(지부당 소속도장 10개 이상)를 등록하고 3년 이상 활동 중인 단체에서 인정하는 것을 말함.
2. 어학능력자격증은 면접시험일 기준으로 2년 이내의 것만을 인정함.
3. 자격증을 제출하지 않은 경우 0점으로 평가함.
4. 자격증 제출기한은 당해 시험이 있는 신체·적성검사 실시일까지로 함.

   ※ '12. 1. 1. 이후, 워드프로세서 자격증을 취득한 자는 워드프로세스 1급을 취득한 것으로 인정

[붙임 8-2] 가산점 인정 무도단체 현황

○ **대한체육회 가맹단체(6개)**

대한태권도협회	대한유도회	대한검도회
대한카라테연맹	대한택견연맹	대한우슈쿵푸협회

○ **중앙본부 포함 8개 이상 광역 지방자치단체에 지부를 등록하고 3년 이상 활동 중인 단체(법인) 요건을 충족한 단체(44개)**

대한기도회	재남무술원	대한국술합기도협회
대한합기도협회	한국정통합기도협회	한민족합기도무술협회
세계합기도협회	대한신무합기도협회	대한민국합기도중앙협회
대한합기도총연맹	KOREA합기도중앙협회	대한국예원합기도협회
대한합기도연맹	대한합기도연합회	대한용무도협회
국제연맹합기도중앙협회	국제특공무술연합회	세계합기도무도연맹
대한종합무술격투기협회	국제당수도연맹	신대한기도회합기도무술협회
대한합기도유술협회	대한해동검도협회	세계태권도무도연맹
대한특공무술협회	세계경찰무도연맹	대한호국특공무술총연합회
한국해동검도연합회	대한특공무술연맹	대한검도연합회
한국해동검도협회	대한킥복싱협회	대한무에타이협회
K3세계국무도총연맹	세계합기도연맹	대한민국합기도협회
대한민국무무관합기도협회	한국경호무술협회	국술원
한국무예진흥원	한국특공무술협회	대한특수경호무술협회
대한민국해동검도협회	세계용무도연맹	

[붙임 9] 언어별 공식사용국

언어	공식사용국	계
중국어	중국, 대만, 싱가포르	3
영어	가나, 가이아나, 감비아, 건지, 괌, 그레나다, 나미비아, 나우루, 나이지리아, 남수단, 남아프리카공화국, 노포크섬, 뉴질랜드, 도미니카연방, 라이베리아, 마셜제도, 마이크로네시아연방, 말라위, 맨섬, 모리셔스, 몬트세라트, 미국, 바누아투, 바베이도스, 바하마, 버뮤다, 버진제도, 벨리즈, 보츠와나, 북마리아나제도, 세인트루시아, 세인트빈센트그레나딘, 세인트키츠네비스, 세인트헬레나, 솔로몬제도, 스와질랜드, 시에라리온, 앙길라, 앤티가바부다, 영국, 영국버진제도, 우간다, 자메이카, 잠비아, 저지, 지브롤터, 짐바브웨, 캐나다, 케냐, 케이만제도, 코코스섬, 쿡제도, 크리스마스섬, 키리바시, 탄자니아, 터크스카이코스, 토켈라우, 투발루, 트리니다드토바고, 파푸아뉴기니, 팔라우, 피지, 피크케이언, 호주, 니우에, 레소토, 싱가포르, 아일랜드, 인도, 카메룬, 필리핀, 르완다	72
크메르어	캄보디아	1
베트남어	베트남	1
우즈베크어	우즈베키스탄	1
네팔어	네팔	1
일본어	일본	1
인도네시아어	인도네시아	1
우크라이나어	우크라이나	1
말레이시아어	말레이시아, 브루나이, 싱가포르	3
버마어	미얀마	1

경찰청 공고 제2018-22호

2018년도 제2회 경찰청 일반직공무원 경력경쟁채용시험 공고

2018년도 제2회 경찰청 일반직공무원 경력경쟁채용시험을 다음과 같이 공고합니다.

2018년 6월 01일
경 찰 청 장

1. 채용분야 및 선발예정인원

가. 선발인원 (총괄)

구분	계	본청	서울	부산	대구	인천	광주	대전	울산	경기南	경기北	강원	충북	충남	전북	전남	경북	경남	제주	경찰大
총 계	298 (66) [6]	22 (10)	27 (5) [1]	15 (4)	11 (2)	15 (4)	6 (2)	2 (1)	7 (1)	27 (5) [1]	18 (5)	16 (4)	10 (3)	24 (4)	19 (4) [1]	25 (3)	22 (5) [1]	18 (3) [2]	10 (1)	4
일반직 및 일반임기제 (6개 분야, 52명)	52 (1) [1]	1	4	2	3	4				7	6 (1)	1	1	5	3	4	3	5 [1]	2	1
기타 일반임기제 (18개 분야, 246명)	246 (65) [5]	21 (10)	23 (5) [1]	13 (4)	8 (2)	11 (4)	6 (2)	2 (1)	7 (1)	20 (5)	12 (4)	15 (4)	9 (3)	19 (4)	16 (4) [1]	21 (3)	19 (5) [1]	13 (3)	8 (1)	3

※ ( ) 장애인 구분모집, [ ] 저소득층 구분모집

나. 일반직

구분	직렬	직급	계	본청	서울	부산	대구	인천	광주	대전	울산	경기南	경기北	강원	충북	충남	전북	전남	경북	경남	제주	경찰大
계			52 (1) [1]	1	4	2	3	4				7	6 (1)	1	1	5	3	4	3	5 [1]	2	1
일반직	보건	9급	20		3	1	1	2				4	1	1		2	1	1		2	1	
	의료기술	9급	19			1	1	1				3	2		1	1	2	3	2	2		
	공업	9급	3													1		1	1			1
	시설	8급	1													1						
	시설	9급	1 [1]																	1 [1]		
	전산	8급	1					1														
	전산	9급	3 (1)	1									2 (1)									
	방송통신	9급	1																		1	
	조리	9급	1			1																
일반임기제 (송무관)	행정	6급	2				1					1										

※ ( ) 장애인 구분모집, [ ] 저소득층 구분모집

다. 기타 일반임기제

구분	직렬	직급	계	본청	서울	부산	대구	인천	광주	대전	울산	경기南	경기北	강원	충북	충남	전북	전남	경북	경남	제주	경찰大
계			246(65)[5]	21(10)	23(5)[1]	13(4)	8(2)	11(4)	6(2)	2(1)	7(1)	20(5)[1]	12(4)	15(4)	9(3)	19(4)	16(4)[1]	21(3)	19(5)[1]	13(3)[1]	8(1)	3
대변인(치안정책홍보)	행정	9급	7(1)	1(1)								1			1	1	1		1	1		
기획조정(치안R&D)	행정	7급	1	1																		
기획조정(182콜센터)	행정	8급	9(9)	9(9)																		
경무 등(인권역량·노무)	행정	6급	9	1			1		1	1	1			1		1	1	1		1		
인권역량-송무	행정	6급	1															1				
감사(인권역량-교육)	행정	7급	1	1																		
교육(교육및인재선발)	전산	8급	1	1																		
교육(교육및인재선발)	시설	9급	1	1																		
정보화장비(정보화장비개발)	전산	7급	1	1																		
기획조정(빅데이터)	통계	7급	1	1																		
과수(빅데이터)	전산	7급	1	1																		
사이버(빅데이터)	전산	7급	1	1																		
생안(빅데이터)	전산	7급	1	1																		
외사(빅데이터)	전산	7급	1	1																		
대테러역량강화	공업	7급	12		10	1	1															
대테러역량강화	위생(탐지견)	9급	4		1	1	1														1	
범죄분석과학수사	행정	8급	5									1			1			1	1	1		
범죄분석과학수사	전산	8급	7		1	1		1		1	1	1					1					
범죄예방 및 실종	행정	8급	15		1	1	1	1	1	1	1	1		1		1	1	1	1	1	1	
범죄예방 및 실종	전산	8급	13		1		1	1		1	1	1			1	1	1	1	1	1	1	
교통공학분석	공업	7급	24		1	2	2	2	1			1	1	1	1	2	2	2	2	2	1	
국외치안 및 범죄분석	행정(독어)	7급	1																			1
국외치안 및 범죄분석	전산	8급	2																			2
경찰수련원관리	행정	7급	4														1	1		1	1	
경찰수련원관리	시설	8급	15					2								3	3	3	2	1	1	
피해자심리지원	행정	8급	4									1				2			1			
기동대차량운전	운전	9급	3			1												1				
경찰서차량운전	운전	9급	101(55)[5]		10(5)[1]	5(4)	2(2)	4(4)	2(2)	1(1)	2(1)	13(5)[1]	7(4)	8(4)	6(3)	11(4)	5(4)[1]	9(3)	10(5)[1]	5(3)[1]	1(1)	

※ ( ) 장애인 구분모집, [ ] 저소득층 구분모집

2. 시험일정

구 분	일 정	비 고
채용공고	6.01(금)	공고 : 사이버경찰청, 나라일터, 대한민국공무원되기
원서접수	6.01(금)~6.15(금) 24:00	접수 : 인터넷 원서접수 사이트(http://gosi.police.go.kr)
서류제출	6.19(화) 18:00 까지	응시기관별 접수
서류전형	6.25(월) ~ 6.27(수)	응시기관별 시행
서류전형 합격자 발표	7.02(월) 17:00	응시기관 홈페이지, 인터넷원서접수 사이트 발표 ※ 응시기관별 면접계획 공지
면접시험	7.09(월) ~ 7.13(금)	응시기관별 시행
최종 합격자 발표	8.28(화) 17:00	응시기관 홈페이지, 인터넷원서접수 사이트 발표
신규임용	9월	임용대상자의 신원조사 이후 임용

3. 응시원서 접수

가. 기 간 : 2018. 6. 01.(금) ~ 6. 15.(금) 24:00 <15일간>

나. 방 법

○ 응시자 본인이 근무하고자 하는 기관에 접수하셔야 합니다.(거주지 제한 없음)

○ 접수방법 : 경찰청 인터넷원서접수 사이트(http://gosi.police.go.kr)

○ 응시수수료 외에 별도 소정의 처리비용(카드결제, 자동이체비용, 휴대폰결제)이 소요됩니다.
  ※ 응시수수료 : 6·7급 7,000원, 8·9급 5,000원

○ 응시원서 수정은 원서접수 기간 내에만 가능합니다.
  ※ 서류전형 + 면접시험으로 진행하므로 사진은 입력하지 않습니다.
  ※ 응시표는 2018. 6. 18.(월) 18:00부터 출력 가능
  ※ 원서접수 취소기간 : 2018. 6. 01.(금) ~ 6. 19.(화) 18:00
  ※ 「국민기초생활 보장법」에 따른 수급자 또는 「한부모가족 지원법」에 따른 보호대상자는 사실확인 후 응시수수료를 반환 (주소지 주민센터 확인)

4. 근무기간

가. 일반임기제 송무관 : 임용일로부터 2년

나. 기타 일반임기제 : 임용일로부터 '19. 12. 31.까지

다. 경찰수련원 관리 분야의 '강화수련원'은 1년(민간위탁 검토 결과에
　　따라 '19. 12. 31. 까지 연장 가능)

라. 관련법령에 따라 근무기간 연장 가능하나 정원의 개폐 등으로
　　연장이 불가능할 수 있음

5. 담당예정 업무

[첨부1] 직무기술서 참조

6. 근거법령

가.「국가공무원법」제28조

나.「공무원임용령」제16조

다.「공무원임용시험령」제27조

다.「경찰청과 그 소속기관 직제 시행규칙」제51조, 제52조

7. 응시 자격

가. 아래 요건을 모두 충족한 자 (판단기준일 : 최종시험(면접) 예정일)

　○ 「국가공무원법」제33조 각호의 결격사유에 해당하지 않으며 공무원
　　임용시험령」등 관계법령에 의하여 응시 자격을 정지당하지 아니한 자

　○ 일반직(일반임기제 제외) :「국가공무원법」제74조 정년에 해당하지 아니한 자

국가공무원법 제33조(결격사유)

1. 피성년후견인 또는 피한정후견인
2. 파산선고를 받고 복권되지 아니한 자
3. 금고 이상의 실형을 선고받고 그 집행이 종료되거나 집행을 받지 아니하기로 확정된 후
　5년이 지나지 아니한 자
4. 금고 이상의 형을 선고받고 그 집행유예 기간이 끝난 날부터 2년이 지나지 아니한 자
5. 금고 이상의 형의 선고유예를 받은 경우에 그 선고유예 기간 중에 있는 자
6. 법원의 판결 또는 다른 법률에 따라 자격이 상실되거나 정지된 자
6의2. 공무원으로 재직기간 중 직무와 관련하여「형법」제355조 및 제356조에 규정된 죄를
　　범한 자로서 300만원 이상의 벌금형을 선고받고 그 형이 확정된 후 2년이 지나지
　　아니한 자
6의3.「형법」제303조 또는「성폭력범죄의 처벌 등에 관한 특례법」제10조에 규정된 죄를
　　범한 사람으로서 300만원 이상의 벌금형을 선고받고 그 형이 확정된 후 2년이
　　지나지 아니한 사람
7. 징계로 파면처분을 받은 때부터 5년이 지나지 아니한 자
8. 징계로 해임처분을 받은 때부터 3년이 지나지 아니한 자

○ 대한민국 국적소지자 (복수국적자는 임용전까지 외국국적을 포기해야 함)

○ 남자의 경우 병역의무를 필하였거나 면제된 사람 또는 최종(면접) 시험 예정일 기준 6개월 이내 전역이 가능한 사람

○ 응시연령

▸ 7급(상당)이상 : 20세 이상인 자(1998.12.31. 이전 출생한 자)
▸ 8급(상당)이하 : 18세 이상인 자(2000.12.31. 이전 출생한 자)

나. 구분모집요건 (일반/장애인/저소득층)

구분모집	지원대상	증빙서류
일반	해당 없음	
장애인	장애인 구분모집 응시대상자 : 「장애인복지법」시행령 제2조에 따른 장애인 및 「국가유공자 등 예우 및 지원에 관한 법률 시행령」제14조 제3항에 따른 상이등급 기준에 해당하는 자 ○ 장애인 구분모집에 응시하고자 하는 자는 응시원서 접수마감일 현재까지 장애인으로 유효하게 등록되거나, 상이등급기준에 해당하는 자로서 유효하게 등록·결정되어 있어야 합니다. ○ 장애인은 장애인 구분모집 직렬(직류) 외의 다른 직렬(직류)에도 비장애인과 동일한 조건으로 응시할 수 있습니다.	장애인등록증 또는 국가유공자증 사본
저소득층	저소득층 구분모집 응시대상자 : 「국민기초생활보장법」에 따른 수급자(생계, 주거, 교육, 의료급여 중 한가지 이상의 급여를 받는 자) 또는 「한부모가족지원법」에 따른 보호대상자에 해당하는 기간(이 기간의 시작은 급여 또는 보호를 신청한 날)이 응시원서 접수일 또는 접수마감일까지 계속하여 2년 이상인 사람 ○ 군복무(현역, 대체복무) 또는 교환학생으로 해외에 체류하는 경우, 이로 인하여 그 기간에 급여(보호) 대상에서 제외된 경우에도 가구주가 그 기간에 계속하여 수급자(보호대상자)로 있었다면 응시자도 수급자(보호대상자)에 해당하는 것으로 봅니다.(다만, 군복무 또는 교환학생으로 해외에 체류한 기간 종료 후 다시 수급자(보호대상자)로 결정되어야 기간의 계속성을 인정하며, 이 경우 급여(보호)의 신청을 기간 종료 후 2개월 내에 하거나, 급여(보호)의 결정이 기간 종료 후 2개월 내여야 함) ※ 군복무 또는 교환학생으로 해외에 체류한 전·후 기간에 1인 가구 수급자(보호대상자)였다면 군복무 또는 교환학생으로 해외에 체류한 기간 동안 수급자 또는 보호대상자 자격을 계속 유지하는 것으로 봅니다.(다만, 군복무 또는 교환학생으로 인한 해외체류 종료 후 다시 수급자(보호대상자)로 결정되어야 기간의 계속성을 인정하며, 이 경우에도 급여(보호)의 신청을 기간 종료 후 2개월 내에 하거나, 급여(보호)의 결정이 기간 종료 후 2개월 내여야 함) ※ 단, 교환학생의 경우는 소속 학교에서 교환학생으로서 해외에 체류한 기간(교환학생 시작시점 및 종료시점)에 대한 증빙서류를 제출해야 함	기초생활수급 (차상위계층, 한부모가정지원사업) 대상확인서

다. 가산요건 (판단기준일 : 원서접수 마감일)

○ 국가유공자 등 취업지원대상자 : 아래 법률 해당 자

▸「독립유공자예우에 관한 법률」제16조

▸「국가유공자 등 예우 및 지원에 관한 법률」제29조

▸「5·18민주유공자 예우에 관한 법률」제20조

▸「특수임무수행자 지원 및 단체설립에 관한 법률」제19조

▸「고엽제후유의증 환자지원 등에 관한 법률」제7조에 의한 고엽제 후유증환자와 그 가족

○ 한국사검정능력시험 (공통)

라. 응시자격 등 개별요건 판단기준일

《판단기준일》

▷ 응시자격 : 최종시험(면접) 예정일
▷ 우대요건 : 원서접수 마감일

○ 경력요건(3호)으로 응시할 경우, 시험공고일 현재 퇴직 후 3년이 경과한 자는 응시 불가 (공무원임용령 제 16조2항)

○ 자격증요건(2호)으로 응시할 경우,「공무원시험령」[별표8]에 따라 채용직렬(직류)별 상위 계급에 규정된 자격증 지정기준(기술사, 기능장, 기사)을 충족한 자는 응시요건을 충족한 것으로 봄

○ 경력요건(3호) 및 학위요건(10호)으로 응시할 경우,「공무원임용규칙」[별표5]의 상위계급에 규정된 응시요건을 충족한 사람은 하위계급의 응시요건을 충족한 것으로 봄

8. 시험방법

가. 1차 시험 : 서류전형

○ 당해 직무수행에 관련되는 응시자의 자격·경력 등이 소정의 기준에 적합한지 여부를 서면으로 심사하며, 응시인원이 선발 예정인원의 3배수 이상인 경우 임용예정직무에 적합한 기준에 따라 선발예정인원의 3배수를 합격자로 결정

※ 1. 서류전형 : 자기소개서, 직무수행계획서, 근무경력, 학위, 자격증 등
   2. 우대요건 (직무기술서 참조)
   - 공통 : 관련분야 근무경력 (응시자격 요건을 제외한 최대5년),
           관련분야 학위 (응시자격 요건을 제외한 관련분야 상위 학위),
           관련분야 자격증 (응시자격 요건을 제외한 동급 또는 상위 자격증)
           정보화자격증 (페이지 44 참조)
   - 운전직렬 : 무사고운전+5년이내 교통법규 위반이 없을 경우
              (음주운전·무면허·뺑소니 경력은 각각 감점)
   3. 가산요건 : 한국사검정능력시험 (2014.1.1. 이후 실시된 시험)

1급	2급	3급	4급	5 · 6급
3	2.5	2	1.5	1

나. 2차 시험 : 면접시험

○ 서류전형 합격자를 대상으로 당해 직무수행에 필요한 능력, 전문지식과 그 응용능력, 공무원으로서의 정신자세 등의 적격성을 상 · 중 · 하로 종합평가

<평정요소>
공무원으로서의 정신자세, 전문지식과 그 응용능력, 의사표현의 정확성과 논리성, 예의품행 및 성실성, 창의력.의지력 및 발전가능성

○ 면접위원의 전체 평정성적('상', '중', '하'의 개수)을 집계하여 불합격 기준에 해당하지 아니하는 자 중에서 평정성적이 우수한 자 순으로 합격자를 결정

◆ 평정성적 우수자 결정 기준
  ○ '중', '하'의 개수와 관계없이 '상'의 개수가 많은 경우 1순위
  ○ '상'의 개수가 동일한 경우 '중'의 개수가 많은 경우 1순위

◆ 불합격 기준
  ○ 과반수 위원이 평정요소 5개 항목중 2개 항목 이상을 "하"로 평정한 경우
  ○ 과반수 위원이 어느 하나의 동일한 평정요소에 대하여 "하"로 평정한 경우

○ 장애인 면접시험시 응시자 편의지원 사항은 응시기관에 요청 가능 (붙임2 참조)

9. 제출서류

가. 공통서류

① 이력서 1부 <별지 1호 서식>

② 자기소개서 1부 <별지 2호 서식>

③ 직무수행계획서 1부 <별지 3호 서식>

④ 주민등록초본 1부(남자의 경우 병역사항이 기재된 것, 주민번호 뒷자리 포함)

⑤ 기본증명서 1부 (상세, 본인위주로 발급, 주민번호 뒷자리 포함)

⑥ 가족관계증명서 1부 (상세, 본인위주로 발급, 주민번호 뒷자리 포함)

⑦ 자격요건 검증을 위한 동의서 1부 <별지 4호 서식>

⑧ 개인정보제공(이용) 동의서 1부 <별지 5호 서식>

나. 개별서류 (해당사항이 있으면 제출)

① 구분모집에 필요한 서류 : 장애인등록증 또는 국가유공자증, 기초
생활수급(차상위계층, 한부모가정지원사업) 대상확인서 사본 1부

② 응시자격요건에 포함되는 학위증, 자격증, 경력증명서 등 사본 각 1부

③ 우대요건에 포함되는 학위증, 자격증, 경력증명서 등 사본 각 1부

　　※ 경력증명서 또는 재직증명서는 <u>재직기간, 시간제 주당 근무시간, 총일수, 총시간</u>
　　　등이 포함되어야 하며, 인사 변동사항, 직위, <u>담당업무, 발급기관 연락처</u> 반드시 기재

　　※ 기동대 및 경찰서 운전직렬의 경우 운전경력증명서 필수 제출
　　　(민원24에서 운전면허경력, 법규위반, 교통사고 항목을 전체로 선택)

⑥ 한국사능력검정시험 자격증은 2014.1.1. 이후 실시된 시험에 한함

> 증명서류는 원서접수 마감일(2018. 6. 15.)을 기준으로 최근 6월 이내에
> 발행된 서류로 제출하여야 함

※ 모든 제출자료는 건출지, 호치키스 등을 사용치 마시고 집게 등을 이용하여 순서대로 편철

10. 유의사항

○ 응시원서 중복접수는 할 수 없습니다.

○ 시험과 관련한 사항의 미확인 등으로 인한 불이익은 응시자의 책임이므로, 합격자 발표일 등 시험일정과 합격여부를 반드시 확인하여야 합니다.

○ 「공무원임용시험령」 제51조에 따라 채용시험에서 부정행위를 하거나 시험에 관한 소명서류(응시원서에 기재한 경력·학위·자격증 등의 사항 포함)에 허위사실을 기재하여 시험결과에 부당한 영향을 주는 행위를 한 사람에 대하여는 당해 시험을 정지 또는 무효로 하거나 합격을 취소하고 그 처분이 있은 날부터 5년간 동 규정에 의한 시험이나, 그 밖의 국가공무원 임용을 위한 시험의 응시자격이 정지될 수 있습니다.

○ 응시원서 등의 기재 잘못으로 본인에게 불이익이 발생할 수 있으니 착오 없이 작성하여 주시기 바랍니다.

○ 제출된 서류에 기재된 내용이 사실과 다를 경우 합격 또는 임용을 취소할 수 있습니다.

○ 해당 업무를 수행하는데 적격자가 없을 경우 채용하지 않을 수 있습니다.

○ 합격자 통지 후라도 신원조사 및 채용신체검사, 학위검증, 자격조회 등을 통하여 결격사유가 발견될 경우 합격이 취소될 수 있습니다.

○ 응시자 제출서류는 2018. 6. 19.(화) 18:00까지 응시기관으로 송부하여야 합니다.

　※ 각 소속기관 연락처 : 붙임2 참조

　※ 우편접수 및 방문접수 가능 (서류접수 마감일 18:00까지 인정)

11. 기타사항

○ 응시자가 선발인원과 같거나 없을 경우에는 재공고할 수 있습니다.

○ 접수된 서류는 반환하지 않으나 원본으로 제출된 서류(예: 졸업증명서)는 본인이 희망할 경우 반환해 드립니다.

○ 최종합격자가 임용포기, 결격사유 등의 사유로 결원을 보충할 필요가 있는 경우에는 합격자 발표일로부터 6개월 이내에 차순위자로 면접시험 평정성적이 우수한 자를 추가합격자로 결정할 수 있습니다.

○ 임기제공무원은 최초 임용 시 본인 의사에 따라 고용보험 가입이 가능합니다.(고용보험법시행령 제3조의2)

○ 외국어로 기재된 증빙자료(학력, 경력증명서 등)의 경우 반드시 한글 번역본 및 **번역 공증**을 받아 제출하시기 바랍니다.

○ 이력서에 E-mail 주소와 휴대전화번호를 반드시 기재하여 주시기 바랍니다.(기재착오 또는 누락이나 연락 불능으로 인하여 발생하는 불이익은 일체 응시자의 책임입니다.)

○ 기타 상세한 내용은 본인이 응시한 기관으로 문의하시기 바랍니다.
   ※ 각 소속기관 연락처 : 붙임2 참조

[붙임1] 직무기술서

1. 보건 및 의료기술 ➡ 39명

☐ 직무기술서 [보건서기보, 의료기술서기보]

임용예정직급	주요업무(직위)	선발예정인원	근무예정부서	
보건9급 **(보건)**	○ 변사사건 검시 - 현장조사 및 변사자조사결과서 작성 - 변사자 신원확인 - 사망원인 및 사망시간 추정 - 사망과 범죄의 연관성 여부 - 변사 관련 증거물 수집 ○ 검시 사건에 대한 법정진술	20	서울 3 / 대구 1 / 경기남 4 / 강원 1 / 전북 1 / 경남 2	부산 1 / 인천 2 / 경기북 1 / 충남 2 / 전남 1 / 제주 1
의료기술9급 **(의료기술)**		19	부산 1 / 인천 1 / 경기북 2 / 충남 1 / 전남 3 / 경남 2	대구 1 / 경기남 3 / 충북 1 / 전북 2 / 경북 2

※ 근무예정부서 : 각 지방청 과학수사계
※ 검시조사관은 모두 지방청 소속으로 해당 지방청 내에서 교대근무를 실시하며, 각각의 검시조사관이 담당 변사사건의 현장조사부터 결과서 작성까지 처리하는 등 동일한 업무를 수행(개별 사건에서 업무를 분담하여 수행하지 않음)

☐ 필요역량 / 필요지식

구분	내용
필요역량	○**(공통역량)** 공직윤리(공정성, 청렴성), 공직의식(책임감, 사명감), 고객지향마인드 (공익추구) ○**(직급역량)** 과업이해력, 치밀성, 협조성, 조직헌신
필요지식	○각종 법률에 대한 전반적인 이해 ○형사소송법, 범죄수사규칙, 행정검시규칙 등 변사 및 증거 관련 법률지식 ○의료법, 시체 해부 및 보존에 관한 법률 등 의료 관련 법률지식 ○해부학, 생리학, 병리학 등 기초의학 지식

☐ 응시자격 요건 (자격증 요건에 해당되는 자)

임용예정직급	응시요건	법 제28조, 임용령 제16조, 시험령 제27조
보건9급 **(보건)**	자격증요건(2호)	○간호사
의료기술9급 **(의료기술)**	자격증요건(2호)	○임상병리사
	우대요건	○관련경력 (최대 5년) ○관련학과 학위 (상위 1개만 인정) ○응시자격 요건을 제외한 관련 자격증 (1개만 인정) (간호사, 임상병리사) ○정보화자격증 (1개만 인정) 페이지 44 참조
	관련경력	○응시자격 요건 이후 해부학교실, 법의학교실, 병리실, 응급실, 중환자실, 수술실 경력 - 근무경력(재직) 증명서에 담당업무로 기재 시 인정
	관련학과	○법의학, 법치의학, 임상병리학, 해부학, 간호학, 보건학, 응급구조학
	가산요건	○한국사능력검정시험 자격증 소지자

2-1. 공업(일반기계) ➡ 1명

☐ 직무기술서 [공업서기보]

임용예정직급	주요업무(직위)	선발예정인원	근무예정부서
공업9급 (일반기계)	○ 청사 기계실 운영 및 관리 - 청사 에너지 관리 업무 - 냉난방기 유지보수 관리 - 청사 기계 시설 유지 관리	1	충남 태안서 1

☐ 필요역량 / 필요지식

구분	내용
필요역량	○**(공통역량)** 공직윤리(공정성, 청렴성), 공직의식(책임감, 사명감), 고객지향마인드 (공익추구) ○**(직급역량)** 과업이해력, 치밀성, 협조성, 조직헌신 ○**(직렬역량)** 유연한 사고, 기술적 전문지식, 즉각적 대응
필요지식	○청사 시설관리 및 기계장비 운용에 관한 전문 지식 ○승강기 관련 유지관리에 관한 기술, 소방설비에 관한 지식

☐ 응시자격 요건 (자격증 요건에 해당되는 자)

임용예정직급	응시요건	법 제28조, 임용령 제16조, 시험령 제27조
공업9급 (일반기계)	자격증요건(2호)	○산업기사 (컴퓨터응용가공, 기계가공조립, 생산자동화, 기계설계, 공조냉동기계, 철도차량, 철도운송, 자동차정비, 건설기계설비, 건설기계정비, 궤도장비정비, 치공구설계, 정밀측정, 용접, 프레스금형, 사출금형, 기계정비, 판금제관, 농업기계, 배관, 에너지관리, 산업안전, 품질경영, 영사, 승강기, 소방설비(기계분야) ○기능사 소지 후 관련분야 연구 또는 근무경력 2년 이상 (컴퓨터응용선반, 연삭, 컴퓨터응용밀링, 기계가공조립, 생산자동화, 전산응용기계제도, 공유압, 공조냉동기계, 에너지관리, 철도차량정비, 자동차정비, 자동차차체수리, 건설기계정비, 양화장치운전, 궤도장비정비, 정밀측정, 용접, 특수용접, 금형, 기계정비, 판금·제관, 농기계정비, 농기계운전, 배관, 동력기계정비, 영사, 승강기) ○국제기능올림픽대회 입상자(기계관련), 전국기능경기대회 입상(기계) 후 관련분야 연구 또는 근무경력 2년 이상
	우대요건	○응시자격 요건을 제외한 관련경력 (최대 5년) ○관련학과 학위 (상위 1개만 인정) ○응시자격 요건을 제외한 관련 자격증 (1개만 인정) ○정보화자격증 (1개만 인정) 페이지 44 참조
	관련경력	○응시자격 요건 이후 청사(건물) 시설관리업무 - 근무경력(재직) 증명서에 담당업무로 기재 시 인정
	관련학과	○「기계」가 포함된 학과, 냉동공조설비과, 소방방재(설비)과, 소방안전학과, 소방행정과
	가산요건	○한국사능력검정시험 자격증 소지자

2-2. 공업(전기) ➡ 2명

❏ 직무기술서 [공업서기보]

임용예정직급	주요업무(직위)	선발예정인원	근무예정부서
공업9급 (전기)	○청사 소방관련 시설물 관리 및 동절기 난방용 보일러 관리 ○전기시설 유지, 보수 관리 ○기타 기관장이 지정하는 일반 행정업무 등	2	경북 봉화서 1
	○청사 전기, 소방, 승강기 시설 관리 업무 ○전기안전관리 업무 ○기타 기술 행정업무		경찰대1

❏ 필요역량 / 필요지식

구분	내용
필요역량	○(공통역량) 공직윤리(공정성, 청렴성), 공직의식(책임감, 사명감), 고객지향마인드 (공익추구) ○(직급역량) 과업이해력, 치밀성, 협조성, 조직헌신 ○(직렬역량) 기술적 전문지식, 분석력, 통계적 분석능력
필요지식	○전기, 소방관련 시설 유지관리에 관한 기술 지식 (경찰대 : 에너지, 승강기 포함) ○전기, 소방관련 법률 지식 (경찰대 : 에너지, 승강기 포함)

❏ 응시자격 요건 (자격증 요건에 해당되는 자)

임용예정직급	응시요건	법 제28조, 임용령 제16조, 시험령 제27조
공업9급 (전기)	자격증요건(2호)	○산업기사 (전기, 전기공사, 철도신호, 전기철도, 산업안전 품질경영 승강기, 소방설비(전기분야) ○기능사 소지 후 관련분야 연구 또는 근무경력 2년 이상 (전기, 철도전기신호, 승강기) ○국제기능올림픽대회 입상자(전기관련), 전국기능경기대회 입상 (전기) 후 관련분야 연구 또는 근무경력 2년 이상
	우대요건	○응시자격 요건을 제외한 관련경력 (최대 5년) ○관련학과 학위 (상위 1개만 인정) ○응시자격 요건을 제외한 관련 자격증 또는 전기안전관리자 (1개만 인정) ○정보화자격증 (1개만 인정) 페이지 44 참조
	관련경력	○응시자격 요건 이후 공공기관 등 시설물 전기 및 소방관련 업무 - 근무경력(재직) 증명서에 담당업무로 기재 시 인정
	관련학과	○전기, 전기공사, 전기철도, 철도신호, 산업안전 품질경영 승강기, 소방(전기)
	가산요건	○한국사능력검정시험 자격증 소지자

3. 시설 ➡ 2명

☐ 직무기술서 [시설서기, 시설서기보]

임용예정직급	주요업무(직위)	선발예정인원	근무예정부서
시설8급 (건축)	○ 경찰관서 건축분야 시설 사업 관련 업무 - 사업 계획 수립 및 예산 관리 - 설계 및 설계 감독 - 공사 발주, 공사감독, 준공검사, 하자검사 및 안전점검 ○ 시설의 점검, 유지.보수 관련 업무	1	충남 경무과 1
시설9급 (건축)	○건축분야 시설사업 관련 업무 - 공사 설계, 발주, 감독, 준공 및 시설점검 등 - 기타 청사 시설관리 등 기술 행정 업무	1 (저소득1)	경남 1

☐ 필요역량 / 필요지식

구분	내용
필요역량	○**(공통역량)** 공직윤리(공정성, 청렴성), 공직의식(책임감, 사명감), 고객지향마인드 (공익추구) ○**(직급역량)** 과업이해력, 치밀성, 협조성, 조직헌신 ○**(직렬역량)** 기술적 전문지식, 계획관리능력, 추진력
필요지식	○건축 및 시설공사 관련 기술지식 및 법률지식 ○건축 공사감독(감리)에 관한 지식 ○기타 건축(계획, 설계, 시공, 적산, 구조, 설비, 재료 등) 분야에 관한 지식

☐ 응시자격 요건 (자격증 요건에 해당되는 자)

임용예정직급	응시요건	법 제28조, 임용령 제16조, 시험령 제27조
시설8급 (건축)	자격증요건(2호)	○기사 (건축설비, 건축, 실내건축, 건설안전, 소방설비) ○산업기사 소지 후 관련분야 연구 또는 근무경력 3년 이상 (건축설비, 건축일반시공, 건축, 건축목공, 방수, 실내건축, 건설안전, 소방설비) ○기능사 소지 후 관련분야 연구 또는 근무경력 4년 이상 (전산응용건축제도, 타일, 미장, 조적, 온수온돌, 유리시공, 비계, 건축목공, 거푸집, 금속재창호, 건축도장, 철근, 방수, 실내건축, 플라스틱창호) ○문화재수리기술자(보수기술자) 소지 후 관련분야 연구 또는 근무경력 3년 이상 ○국제기능올림픽대회 입상 (건축관련) 후 관련분야 연구 또는 근무경력 2년 이상
시설9급 (건축)	자격증요건(2호)	○산업기사 (건축설비, 건축일반시공, 건축, 건축목공, 방수, 실내건축, 건설안전, 소방설비) ○기능사 소지 후 관련분야 연구 또는 근무경력 2년 이상 (전산응용건축제도, 타일, 미장, 조적, 온수온돌, 유리시공, 비계, 건축목공, 거푸집, 금속재창호, 건축도장, 철근, 방수, 실내건축, 플라스틱창호) ○문화재수리기술자(보수기술자) 소지자 ○국제기능올림픽대회 입상자 (건축관련), 전국기능경기대회 입상 (건축) 후 관련분야 연구 또는 근무경력 2년 이상
우대요건		○응시자격 요건을 제외한 관련경력 (최대 5년) ○관련학과 학위 (상위 1개만 인정) ○응시자격 요건을 제외한 관련 자격증 (1개만 인정) ○정보화자격증 (1개만 인정) 페이지 44 참조
관련경력		○응시자격 요건 이후 시설물 건축 및 유지관리, 시설장비 설치 및 유지관리 - 근무경력(재직) 증명서에 담당업무로 기재 시 인정
관련학과		○「건축」이 포함된 학과, 도시공학, 환경공학, 산업공학, 실내디자인, 실내장식
가산요건		○한국사능력검정시험 자격증 소지자

4-1. 전산 ➡ 4명

❏ 직무기술서 [전산서기, 전산서기보]

임용예정직급	주요업무(직위)	선발예정인원	근무예정부서
전산8급 (전산개발)	○정보통신 기반체계 구축 관련 기획 ○경찰관서 정보통신망 운영·관리 ○통합포털 폴넷 등 경찰청 주요시스템 운영 ○e-사람 온라시스템 등 경찰청 기본시스템 운영 및 관리 ○타부서 등 운영시스템 운영 및 관리	1	인천 1
전산9급 (전산개발)	○자동차 운전면허 전산관리, 개인정보보호 - 전산프로그램 개발, 통계, 연계서비스 대응 - 개인정보보호 및 NET-WORK 관리	1	경찰청 교통기획 1
	○경찰 정보시스템 운영 및 관리 - 경찰 행정업무시스템(폴넷 등) 운영, 관리 - 경찰 정보통신망(네트워크 등) 운영, 관리	1	경기북 의정부서 1
		1 (장애인1)	경기북 일산서부서 1

❏ 필요역량 / 필요지식

구분	내용
필요역량	○**(공통역량)** 공직윤리(공정성, 청렴성), 공직의식(책임감, 사명감), 고객지향마인드 (공익추구) ○**(직급역량)** 과업이해력, 치밀성, 협조성, 조직헌신 ○**(직렬역량)** 전문성, 문제해결력, 분석력
필요지식	○정보화 시스템 개발 및 운용에 관한 지식 ○정보시스템 구축관리·운영관련 지식·경험 ○정보시스템 유지보수에 관한 지식 ○C-language, JAVA, JSP 개발, Net-Work 연계 solution 활용 (교통)

❏ 응시자격 요건 (필수요건을 충족하고 자격증 요건에 해당되는 자)

임용예정직급	응시요건	법 제28조, 임용령 제16조, 시험령 제27조
	필수요건	○기술사 (컴퓨터시스템응용, 정보통신, 정보관리) ○기사 (전자계산기, 정보통신, 정보처리, 전자계산기조직응용, 정보보안) ○산업기사 (전자계산기제어, 정보통신, 사무자동화, 정보처리, 정보보안) ○멀티미디어콘텐츠제작전문가
전산8급 (전산개발)	자격증요건(2호)	○기사 (전자계산기, 정보통신, 정보처리, 전자계산기조직응용, 정보보안) ○산업기사 소지 후 관련분야 연구 또는 근무경력 3년 이상 (전자계산기제어, 정보통신, 사무자동화, 정보처리, 정보보안) ○멀티미디어콘텐츠제작전문가 소지 후 관련분야 연구 또는 근무경력3년 이상 ○국제기능올림픽대회 입상 (IT관련) 후 관련분야 연구 또는 근무경력 2년 이상
전산9급 (전산개발)	자격증요건(2호)	○산업기사 (전자계산기제어, 정보통신, 사무자동화, 정보처리, 정보보안) ○멀티미디어콘텐츠제작전문가 ○국제기능올림픽대회 입상자 (IT관련), 전국기능경기대회 입상 (IT관련) 후 관련 분야 연구 또는 근무경력 2년 이상
	우대요건	○응시자격 요건을 제외한 관련경력 (최대 5년) ○관련학과 학위 (상위 1개만 인정) ○응시자격 요건을 제외한 관련 자격증 (1개만 인정)
	관련경력	○응시자격 요건 이후 전산시스템 개발 및 유지보수 - 근무경력(재직) 증명서에 담당업무로 기재 시 인정
	관련학과	○전산학, 컴퓨터공학, 시스템공학, 정보통신공학, 응용소프트웨어공학, 정보 보호학 (전기제외)
	가산요건	○한국사능력검정시험 자격증 소지자

4-2. 방송통신 ➡ 1명

☐ 직무기술서 [방송통신서기보]

임용예정직급	주요업무(직위)	선발예정인원	근무예정부서
방송통신9급 (통신기술)	○유·무선 운영 - 유·무선 통신장비 운영관리 및 유지보수 - 경찰교환기 및 전용회선 등 유지보수 - 112신고센터 유·무선 업무 지원	1	제주 1

☐ 필요역량 / 필요지식

구분	내용
필요역량	○**(공통역량)** 공직윤리(공정성, 청렴성), 공직의식(책임감, 사명감), 고객지향마인드 (공익추구) ○**(직급역량)** 과업이해력, 치밀성, 협조성, 조직헌신
필요지식	○유·무선통신관련 운용에 필요한 지식 ○전파통신 및 레이다 관련 필요 지식

☐ 응시자격 요건 (자격증 요건에 해당되는 자)

임용예정직급	응시요건	법 제28조, 임용령 제16조, 시험령 제27조
방송통신9급 (통신기술)	자격증요건(2호)	○산업기사 (전자, 정보통신, 통신선로, 사무자동화, 전파전자통신, 무선설비, 방송통신, 정보처리) ○기능사 소지 후 관련분야 연구 또는 근무경력 2년 이상 (전자기기, 통신기기, 통신선로, 정보기기운용, 전파전자통신, 무선설비, 방송통신, 정보처리) ○국제기능올림픽대회 입상자 (IT관련), 전국기능경기대회 입상 (IT관련) 후 관련 분야 연구 또는 근무경력 2년 이상
	우대요건	○응시자격 요건을 제외한 관련경력 (최대 5년) ○관련학과 학위 (상위 1개만 인정) ○응시자격 요건을 제외한 관련 자격증 (1개만 인정) ○정보화자격증 (1개만 인정) 페이지 44 참조
	관련경력	○응시자격 요건 이후 유·무선 통신관련 제조 및 운용업체 근무 경력 - 근무경력(재직) 증명서에 담당업무로 기재 시 인정
	관련학과	○전기전자공학과, 전자공학과, 정보통신공학과, 전기통신공학, 컴퓨터공학과
	가산요건	○한국사능력검정시험 자격증 소지자

5. 조리 ➡ 1명

☐ 직무기술서 [조리서기보]

임용예정직급	주요업무(직위)	선발예정인원	근무예정부서
조리9급 (조리)	○ 구내식당 조리담당 - 식단(메뉴) 질 향상 개선 및 메뉴 개발 - 부식검수 및 식기, 조리도구 세척 등 식자재 관리 - 주방 내 위생관리 등 청결유지	1	서울 101단 1

☐ 필요역량 / 필요지식

구분	내용
필요역량	○**(공통역량)** 공직윤리(공정성, 청렴성), 공직의식(책임감, 사명감), 고객지향마인드 (공익추구) ○**(직급역량)** 과업이해력, 치밀성, 협조성, 조직헌신
필요지식	○식자재에 대한 물리적, 화학적 반응에 대한 전반적인 지식 ○식중독 예방 등 조리실에서 알아야 할 개인위생관리 ○각종 조리기구에 대한 사용방법

☐ 응시자격 요건 (자격증 요건에 해당되는 자)

임용예정직급	응시요건	법 제28조, 임용령 제16조, 시험령 제27조
조리9급 (조리)	자격증요건(2호)	○산업기사 - 조리(한식), 조리(중식), 조리(양식), 조리(일식), 조리(복어) ○기능사 소지 후 관련분야 연구 또는 근무경력 2년 이상 (한식조리, 중식조리, 양식조리, 일식조리, 복어조리) ○국제기능올림픽대회 입상자 (조리관련)
	우대요건	○관련경력 (최대 5년) ○관련학과 학위 (상위 1개만 인정) ○응시자격 요건을 제외한 관련 자격증 (1개만 인정) ○정보화자격증 (1개만 인정) 페이지 44 참조
	관련경력	○응시자격 요건 이후 조리경력 - 근무경력(재직) 증명서에 담당업무로 기재 시 인정
	관련학과	○식품영양과, 식품조리과, 외식조리과, 호텔조리과, 조리과학과
	가산요건	○한국사능력검정시험 자격증 소지자

6. 송무(일반임기제) ➡ 2명

☐ 직무기술서 [행정주사]

임용예정직급	주요업무(직위)	선발예정인원	근무예정부서
행정6급 (송무)	∘국가(행정)소송수행 등 관련 업무 - 소송 등 불복대응지도 · 관리 및 직접 수행 - 판례 및 유사 사례의 분석 - 각종 경찰업무 법률 자문 ∘현장 경찰관 법률 분쟁 지원 및 손실보상심의 안건 검토 ∘기타 경찰관련 법령의 해석에 관한 업무	2	대구 1
			경기북 1

☐ 필요역량 / 필요지식

구분	내용
필요역량	∘**(공통역량)** 공직윤리(공정성, 청렴성), 공직의식(책임감, 사명감), 고객지향마인드 (공익추구) ∘**(직급역량)** 긍정성, 문제 해결력, 관계구축력, 의사소통 능력
필요지식	∘각종 법률에 대한 전반적인 이해 ∘행정법, 민법, 형법 관련 법률 지식 ∘쟁송의 근거가 되는 법령 및 절차, 경찰행정 관련 제(諸) 법령

☐ 응시자격 요건 (자격증, 경력, 학위 요건 중 하나 이상에 해당되는 자)

임용예정직급	응시요건	법 제28조, 임용령 제16조, 시험령 제27조, 임용규칙 제103조
행정6급 (송무)	자격증요건(2호)	∘변호사법 제4조에 따른 변호사 자격증
	경력요건(3호)	∘5년 이상 관련분야 실무경력이 있는 사람 ∘7급 또는 7급상당 이상의 공무원으로 2년 이상 관련분야 실무경력이 있는 사람 ∘학사학위 취득 후 3년 이상 관련분야 실무경력이 있는 사람
	학위요건(10호)	∘관련분야 석사학위를 취득한 사람 ∘관련분야 학사 취득 후 1년 이상 관련분야 실무경력이 있는 사람 ∘전문대학 관련학과 졸업자 등으로서 3년 이상 관련분야 실무경력이 있는 사람
우대요건		∘응시자격 요건을 제외한 관련경력 (최대 5년) ∘응시자격 요건을 제외한 관련학과 학위 (상위 1개만 인정) ∘응시자격 요건을 제외한 관련 자격증 (1개만 인정) (변호사) ∘정보화자격증 (1개만 인정) 페이지 44 참조
관련경력		∘응시자격 요건 이후 소송 및 행정심판 관련업무 수행 또는 법률자문·검토 및 입법지원 등 법률사무 실무 - 근무경력(재직) 증명서에 담당업무로 기재 시 인정
관련학과		∘법학
가산요건		∘한국사능력검정시험 자격증 소지자

7. 치안정책 홍보 분야(일반임기제) ➡ 7명

❏ 직무기술서 [행정서기보]

임용예정직급	주요업무(직위)	선발예정인원	근무예정부서		
행정9급 (홍보)	○주요 정책에 대한 홍보 기획 및 자료 분석, 언론 스크랩 작성 등 ○이슈발생시 위기관리 커뮤니케이션 지원	1 (장애인1)	경찰청 홍보담당관실 1		
		6	경기남 1	충북 1	충남 1
			전북 1	경북 1	경남 1

❏ 필요역량 / 필요지식

구분	내용
필요역량	○**(공통역량)** 공직윤리(공정성, 청렴성), 공직의식(책임감, 사명감), 고객지향마인드 (공익추구) ○**(직급역량)** 과업이해력, 치밀성, 협조성, 조직헌신
필요지식	○주요 일간지, 주간지, 방송 등 언론에 대한 지식 ○언론, 온라인 등 다양한 분야의 홍보 기법 등 관련 지식 ○정책홍보와 접목 가능한 민간 홍보 트렌드 지식 ○위기관리 커뮤니케이션 관련 지식

❏ 응시자격 요건 (경력, 학위 요건 중 하나 이상에 해당되는 자)

임용예정직급	응시요건	법 제28조, 임용령 제16조, 임용규칙 제103조
행정9급 (홍보)	경력요건(3호)	○1년 이상 관련분야 실무경력이 있는 사람
	학위요건(3호)	○관련분야 고등학교를 졸업한 사람
우대요건		○응시자격 요건을 제외한 관련경력 (최대 5년) ○응시자격 요건을 제외한 관련학과 학위 (상위 1개만 인정) ○편집프로그램 활용 능력 또는 연관 자격증 (1개만 인정) - 프리미어프로, 파이널컷, 애프터이펙트, 포토샵 자격증(GTQ, ACA) ○정보화자격증 (1개만 인정) 페이지 44 참조
관련경력		○응시자격 요건 이후 정부, 지방자치단체, 공공기관, 신문, 방송, 통신 등 민간 분야에서 홍보.언론 등 업무(홍보기획, 언론홍보, 보도자료 작성 등) - 근무경력(재직) 증명서에 담당업무로 기재 시 인정
관련학과		○신문, 방송, 통신 등 언론, 홍보
가산요건		○한국사능력검정시험 자격증 소지자

8. 치안 R&D 분야(일반임기제) ▶ 1명

☐ 직무기술서 [행정주사보]

임용예정직급	주요업무(직위)	선발예정인원	근무예정부서
행정7급 (연구개발)	○치안 R&D(연구개발) 관리 - 치안 R&D 정책 및 사업 기획 - 치안 R&D 과제 및 사업단 관리	1	경찰청 기획조정관실 1

☐ 필요역량 / 필요지식

구분	내용
필요역량	○**(공통역량)** 공직윤리(공정성, 청렴성), 공직의식(책임감, 사명감), 고객지향마인드 (공익추구) ○**(직급역량)** 긍정성, 문제해결력, 관계구축력, 의사소통 능력
필요지식	○R&D(연구개발) 기획에 관한 지식 ○R&D(연구개발) 사업에 관한 지식

☐ 응시자격 요건 (경력 요건에 해당되는 자)

임용예정직급	응시요건	법 제28조, 임용령 제16조, 임용규칙 제103조
행정7급 (연구개발)	경력요건 (3호)	○3년 이상 관련분야 실무경력이 있는 사람 ○8급 또는 8급상당 이상의 공무원으로 2년 이상 관련분야 실무경력이 있는 사람 ○학사학위 취득 후 1년 이상 관련분야 실무경력이 있는 사람
우대요건		○응시자격 요건을 제외한 관련경력 (최대 5년) ○정보화자격증 (1개만 인정) 페이지 44 참조
관련경력		○응시자격 요건 이후 R&D(연구개발) 전문.연구기관 및 기획.평가.관리기관 근무경력 - 근무경력(재직) 증명서에 담당업무로 기재 시 인정
가산요건		○한국사능력검정시험 자격증 소지자

9. 182콜센터 상담 분야(일반임기제) ➡ 9명

❏ 직무기술서 [행정서기]

임용예정직급	주요업무(직위)	선발예정인원	근무예정부서
행정8급 (민원상담)	○182경찰민원콜센터 민원 상담 - 경찰관련 일반 민원전화 상담 및 안내 - 민원 응대 및 콜백 관리	9 (장애인9)	경찰청 182경찰민원콜센터 9

※ 민원상담 동일업무 수행

❏ 필요역량 / 필요지식

구분	내용
필요역량	○**(공통역량)** 공직윤리(공정성, 청렴성), 공직의식(책임감, 사명감), 고객지향마인드 (공익추구) ○**(직급역량)** 과업이해력, 치밀성, 협조성, 조직헌신
필요지식	○전화 상담업무에 적합한 음성 연출 및 서비스 마인드 지식 ○고객만족과 전화 상담에 관한 실무 이론 지식 ○컴퓨터 활용 능력 및 콜센터 시스템의 이해 ○고객 불만 처리 및 VOC 운영 실무

❏ 응시자격 요건 (경력 요건에 해당되는 자)

임용예정직급	응시요건	법 제28조, 임용령 제16조, 임용규칙 제103조
행정8급 (민원상담)	경력요건(3호)	○2년 이상 관련분야 실무경력이 있는 사람 ○9급 또는 9급상당 이상의 공무원으로서 1년 이상 관련분야 실무경력이 있는 사람 ○고등학교를 졸업한 후 1년 이상 관련분야 실무경력이 있는 사람
우대요건		○응시자격 요건을 제외한 관련경력 (최대 5년) ○콜센터 관련 자격증 (텔레마케팅 관리사, 콜센터Q/A 관리사, 소비자전문상담사 2급, CS Leaders 관리사, 콜센터 매니저) (1개만 인정) ○정보화자격증 (1개만 인정) 페이지 44 참조
관련경력		○응시자격 요건 이후 공공·민간부문 콜센터 또는 고객센터, 악성민원 전담 또는 상담 품질(QA)관리 - 근무경력(재직) 증명서에 담당업무로 기재 시 인정
가산요건		○한국사능력검정시험 자격증 소지자

10. 인권역량 강화 분야(일반임기제) ➡ 9명

☐ 직무기술서 [행정주사]

임용예정직급	주요업무(직위)	선발예정인원	근무예정부서		
행정6급 (노무)	○ 경찰청 및 소속기관 노무관리	1	경찰청 경무담당관실 1		
	- 노조 단체교섭 등 노사간 각종 협의 관련 조정 업무 - 행정소송, 타부처 진정(노동부, 기재부, 인권위 등) 사건 조정 업무 - 경찰 직장협의회 설립·운영 준비 및 노무 업무 관련 자문	8	대구 1	광주 1	울산 1
			강원 1	충남 1	전남 1
			경남 1	전북 1	

☐ 필요역량 / 필요지식

구분	내용
필요역량	○ **(공통역량)** 공직윤리(공정성, 청렴성), 공직의식(책임감, 사명감), 고객지향마인드 (공익추구) ○ **(직급역량)** 긍정성, 문제해결력, 관계구축력, 의사소통 능력
필요지식	○ 임금관리 및 재무회계에 대한 지식 ○ 노무 관리 관련 법규에 대한 지식, 협상방법·교섭단 구성 대한 지식 ○ 노사 관계 개선방안 및 활동 사례에 대한 지식, 고충처리 규정 등

☐ 응시자격 요건 (자격증, 경력, 학위 요건 중 하나 이상에 해당되는 자)

임용예정직급	응시요건	법 제28조, 임용령 제16조, 시험령 제27조, 임용규칙 제103조
행정6급 (노무)	자격증요건(2호)	○ 공인노무사법 제3조에 따른 공인노무사 자격증 소지 후 관련분야 연구 또는 근무경력 3년 이상
	경력요건(3호)	○ 5년 이상 관련분야 실무경력이 있는 사람 ○ 7급 또는 7급상당 이상의 공무원으로 2년 이상 관련분야 실무경력이 있는 사람 ○ 학사학위 취득 후 3년 이상 관련분야 실무경력이 있는 사람
	학위요건(10호)	○ 관련분야 석사학위를 취득한 사람 ○ 관련분야 학사 취득 후 1년 이상 관련분야 실무경력이 있는 사람 ○ 전문대학 관련학과 졸업자 등으로서 3년 이상 관련분야 실무경력이 있는 사람
	우대요건	○ 응시자격 요건을 제외한 관련경력 (최대 5년) ○ 응시자격 요건을 제외한 관련학과 학위 (상위 1개만 인정) ○ 응시자격 요건을 제외한 관련 자격증 (1개만 인정) (공인노무사) ○ 정보화자격증 (1개만 인정) 페이지 44 참조
	관련경력	○ 응시자격 요건 이후 노무법인(법무법인 노무사무소), 노무관련 공공기관·기업 등에서의 노무 관련 업무 - 근무경력(재직) 증명서에 담당업무로 기재 시 인정
	관련학과	○ 법학, 경제학, 경영학
	가산요건	○ 한국사능력검정시험 자격증 소지자

11. 법무(송무) 분야(일반임기제) ➡ 1명

❏ 직무기술서 [행정주사]

임용예정직급	주요업무(직위)	선발예정인원	근무예정부서
행정6급 (송무)	○송무관 - 법무(송무·법제·상담 등) 업무	1	전남 1

❏ 필요역량 / 필요지식

구분	내용
필요역량	○**(공통역량)** 공직윤리(공정성, 청렴성), 공직의식(책임감, 사명감), 고객지향마인드 (공익추구) ○**(직급역량)** 긍정성, 문제 해결력, 관계구축력, 의사소통 능력
필요지식	○각종 법률에 대한 전반적인 이해 ○행정법, 민법, 형법 관련 법률 지식 ○쟁송의 근거가 되는 법령 및 절차, 경찰행정 관련 제(諸) 법령

❏ 응시자격 요건 (자격증, 경력, 학위 요건 중 하나 이상에 해당되는 자)

임용예정직급	요건구분	법 제28조, 임용령 제16조, 시험령 27조, 임용규칙 제103조
행정6급 (송무)	자격증요건(2호)	○변호사법 제4조에 따른 변호사 자격증
	경력요건(3호)	○5년 이상 관련분야 실무경력이 있는 사람 ○7급 또는 7급상당 이상의 공무원으로 2년 이상 관련분야 실무경력이 있는 사람 ○학사학위 취득 후 3년 이상 관련분야 실무경력이 있는 사람
	학위요건(10호)	○관련분야 석사학위를 취득한 사람 ○관련분야 학사 취득 후 1년 이상 관련분야 실무경력이 있는 사람 ○전문대학 관련학과 졸업자 등으로서 3년 이상 관련분야 실무경력이 있는 사람
우대요건		○응시자격 요건을 제외한 관련경력 (최대 5년) ○응시자격 요건을 제외한 관련학과 학위 (상위 1개만 인정) ○응시자격 요건을 제외한 관련 자격증 (1개만 인정) (변호사) ○정보화자격증 (1개만 인정) 페이지 44 참조
관련경력		○응시자격 요건 이후 소송 및 행정심판 관련업무 수행 또는 법률자문·검토 및 입법지원 등 법률사무 실무 - 근무경력(재직) 증명서에 담당업무로 기재 시 인정
관련학과		○법학
가산요건		○한국사능력검정시험 자격증 소지자

12. 인권역량(교육) 강화 분야 (일반임기제)➡ 1명

☐ 직무기술서 [행정주사보]

임용예정직급	주요업무(직위)	선발예정인원	근무예정부서
행정7급 (교육)	○인권교육 전담 실무자 - 중장기 인권교육의 계획 수립 - 인권교육 프로그램, 컨텐츠 개발 및 연구 수행 - 인권교육 이행실태 점검 및 실적 관리 - 인권교육 관련 대외 협력	1명	경찰청 인권보호담당관실 1

☐ 필요역량 / 필요지식

구분	내용
필요역량	○**(공통역량)** 공직윤리(공정성, 청렴성), 공직의식(책임감, 사명감), 고객지향마인드 (공익추구) ○**(직급역량)** 긍정성, 문제해결력, 관계구축력, 의사소통 능력 ○**(직렬역량)** 정보관리능력, 조정능력, 대인관계
필요지식	○교육학에 관한 지식 ○행정조직 이론에 관한 지식 ○인권과 민주주의에 관한 지식

☐ 응시자격 요건 (경력, 학위 요건 중 하나 이상에 해당되는 자)

임용예정직급	응시요건	법 제28조, 임용령 제16조, 임용규칙 제103조
행정7급 (교육)	경력요건(3호)	○3년 이상 관련분야 실무경력이 있는 사람 ○8급 또는 8급상당 이상의 공무원으로 2년 이상 관련분야 실무경력이 있는 사람 ○학사학위 취득 후 1년 이상 관련분야 실무경력이 있는 사람
	학위요건(10호)	○관련분야 학사학위를 취득한 사람 ○전문대학 관련학과 졸업자 등으로서 학력소지 후 1년 이상 관련분야 실무경력이 있는 사람
우대요건		○응시자격 요건을 제외한 관련경력 (최대 5년) ○응시자격 요건을 제외한 관련학과 학위 (상위 1개만 인정) ○정보화자격증 (1개만 인정) 페이지 44 참조
관련경력		○응시자격 요건 이후 교육행정, 교육관련 시민단체 경력 - 근무경력(재직) 증명서에 담당업무로 기재 시 인정
관련학과		○교육학, 사회학, 통계학
가산요건		○한국사능력검정시험 자격증 소지자

13-1. 교육 및 인재선발 역량 강화 분야(일반임기제) ➡ 1명

❑ 직무기술서 [전산서기]

임용예정직급	주요업무(직위)	선발예정인원	근무예정부서
전산8급 (전산개발)	◦사이버교육 시스템 및 프로그램 관리 - 경찰 사이버 교육포털 시스템 유지관리 - 교육 포털 서버 관리 및 시스템 고도화	1명	경찰청 교육정책담당관실 1

❑ 필요역량 / 필요지식

구분	내용
필요역량	◦**(공통역량)** 공직윤리(공정성, 청렴성), 공직의식(책임감, 사명감), 고객지향마인드 (공익추구) ◦**(직급역량)** 과업이해력, 치밀성, 협조성, 조직헌신 ◦**(직렬역량)** 전문성, 문제해결력, 분석력
필요지식	◦정보화 시스템 개발 및 운영에 관한 지식 ◦유지보수 관련 지식

❑ 응시자격 요건 (필수요건을 충족하고 자격증 요건에 해당되는 자)

임용예정직급	응시요건	법 제28조, 임용령 제16조, 시험령 제27조
	필수요건	◦기술사 (컴퓨터시스템응용, 정보통신, 정보관리) ◦기사 (전자계산기, 정보통신, 정보처리, 전자계산기조직응용, 정보보안) ◦산업기사 (전자계산기제어, 정보통신, 사무자동화, 정보처리, 정보보안) ◦멀티미디어콘텐츠제작전문가
전산8급 (전산개발)	자격증요건 (2호)	◦기술사 (컴퓨터시스템응용, 정보통신, 정보관리) ◦기사 (전자계산기, 정보통신, 정보처리, 전자계산기조직응용, 정보보안) ◦산업기사 소지 후 관련분야 연구 또는 근무경력 3년 이상 (전자계산기제어, 정보통신, 사무자동화, 정보처리, 정보보안) ◦국제기능올림픽대회입상자 후 연구 또는 근무경력 2년 이상 ◦멀티미디어콘텐츠제작전문가 소지 후 관련분야 연구 또는 근무경력3년 이상
	우대요건	◦응시자격 요건을 제외한 관련경력 (최대 5년) ◦응시자격 요건을 제외한 관련학과 학위 (상위 1개만 인정) ◦응시자격 요건을 제외한 관련 자격증 (1개만 인정)
	관련경력	◦응시자격 요건 이후 시스템 유지보수 및 운영관리 업무 - 근무경력(재직) 증명서에 담당업무로 기재 시 인정
	관련학과	◦전산학, 컴퓨터공학, 시스템공학, 정보통신공학, 응용소프트웨어공학, 정보 보호학 (전기제외)
	가산요건	◦한국사능력검정시험 자격증 소지자

13-2. 교육 및 인재선발 역량 강화 분야(일반임기제) ➡ 1명

☐ 직무기술서 [시설서기보]

임용예정직급	주요업무(직위)	선발예정인원	근무예정부서
시설9급 (건축)	○용인 인재선발센터 시설 관리	1명	경찰청 용인 인재선발센터 1

☐ 필요역량 / 필요지식

구분	내용
필요역량	○(**공통역량**) 공직윤리(공정성, 청렴성), 공직의식(책임감, 사명감), 고객지향마인드 (공익추구) ○(**직급역량**) 과업이해력, 치밀성, 협조성, 조직헌신 ○(**직렬역량**) 기술적 전문지식, 계획관리 능력, 추진력
필요지식	○시설관리 및 관련 법령 지식 ○정보화 지식

☐ 응시자격 요건 (자격증 요건에 해당되는 자)

임용예정직급	요건구분	법 제28조, 임용령 제16조, 시험령 제27조
시설9급 (건축)	자격증요건(2호)	○기술사 (건축전기설비, 건축구조, 건축기계설비, 건축시공, 건축품질시험, 건설안전, 소방) ○기능장 (건축일반시공, 건축목재시공) ○기사 (건축설비, 건축, 실내건축, 건설안전, 소방설비) ○산업기사 (건축설비, 건축일반시공, 건축, 건축목공, 실내건축, 건설안전, 소방설비) ○기능사 소지 후 관련분야 연구 또는 근무경력 2년 이상 (전산응용건축제도, 타일, 미장, 조적, 온수온돌, 유리시공, 비계, 건축목공, 거푸집, 금속재창호, 건축도장, 철근, 방수, 실내건축, 플라스틱창호) ○문화재수리기술자(보수기술자)
	우대요건	○응시자격 요건을 제외한 관련학과 학위 (상위 1개만 인정) ○응시자격 요건을 제외한 동급 또는 상위 자격증 또는 인쇄산업기사, 인쇄기능사, 주택관리사보, 주택관리사 자격증 (1개만 인정) ○정보화자격증 (1개만 인정) 페이지 44 참조
	관련경력	○응시자격 요건 이후 시설관리 - 근무경력(재직) 증명서에 담당업무로 기재 시 인정
	관련학과	○토목 : 토목공학, 건설도시공학, 도시공학, 환경공학 또는 산업공학 ○건축 : 건축공학, 도시공학, 환경공학, 산업공학 또는 조경공학
	가산요건	○한국사능력검정시험 자격증 소지자

3. 2018년도 제2회 경찰청 일반직공무원 경력경쟁채용시험 공고 267

14. 정보화장비개발 분야(일반임기제) ➡ 1명

☐ 직무기술서 [전산주사보]

임용예정직급	주요업무(직위)	선발예정인원	근무예정부서
전산7급 (정보관리)	○공공데이터 담당 - 공공데이터 개방 및 품질관리 - 치안 빅데이터 플랫폼 구축 - 경찰청 빅데이터 업무 조정·통제	1	경찰청 정보통신 1

☐ 필요역량 / 필요지식

구분	내용
필요역량	○(공통역량) 공직윤리(공정성, 청렴성), 공직의식(책임감, 사명감), 고객지향마인드 (공익추구) ○(직급역량) 긍정성, 문제해결력, 관계구축력, 의사소통 능력
필요지식	○분석 솔루션을 활용한 빅데이터 분석 지식 ○데이터 품질관리 지식

☐ 응시자격 요건 (필수요건을 충족하고 자격증 요건에 해당되는 자)

임용예정직급	응시요건	법 제28조, 임용령 제16조, 시험령 제27조
필수요건		○기술사 (컴퓨터시스템응용, 정보통신, 정보관리) ○기사 (전자계산기, 정보통신, 정보처리, 전자계산기조직응용, 정보보안)
전산7급 (정보관리)	자격증요건(2호)	○기술사 (컴퓨터시스템응용, 정보통신, 정보관리) ○기사 소지 후 관련분야 연구 또는 근무경력 3년 이상 (전자계산기, 정보통신, 정보처리, 전자계산기조직응용, 정보보안) ○산업기사 소지 후 관련분야 연구 또는 근무경력 6년 이상 (전자계산기제어, 정보통신, 사무자동화, 정보처리, 정보보안) ○멀티미디어콘텐츠제작전문가 소지 후 관련분야 연구 또는 근무경력 6년 이상
우대요건		○응시자격 요건을 제외한 관련경력 (최대 5년) ○응시자격 요건을 제외한 관련학과 학위 (상위 1개만 인정) ○응시자격 요건을 제외한 관련 자격증 (1개만 인정)
관련경력		○응시자격 요건 이후 빅데이터 활용 및 데이터분석, 데이터 품질관리 - 근무경력(재직) 증명서에 담당업무로 기재 시 인정
관련학과		○전산학, 컴퓨터공학, 시스템공학, 정보통신공학, 응용소프트웨어공학, 정보보호학 (전기제외)
가산요건		○한국사능력검정시험 자격증 소지자

15-1. 빅데이터 분석 · 활용 분야(일반임기제) ➡ 1명

☐ 직무기술서 [통계주사보]

임용예정직급	주요업무(직위)	선발예정인원	근무예정부서
통계7급 (통계)	○ 빅데이터 담당 - 경찰 통계 분석·관리 - 경찰 통계를 기반으로 한 연계 분석 - 기타 경찰 통계 역량 제고 및 빅데이터 기반 조성을 위한 관련 업무	1	경찰청 기획조정 1

☐ 필요역량 / 필요지식

구분	내용
필요역량	○ **(공통역량)** 공직윤리(공정성, 청렴성), 공직의식(책임감, 사명감), 고객지향마인드 (공익추구) ○ **(직급역량)** 긍정성, 문제해결력, 관계구축력, 의사소통 능력 ○ **(직렬역량)** 분석력, 정보관리 능력, 통계적분석 능력
필요지식	○ 통계분석 기법(R·SAS·SPSS) ○ 사회조사 기법 ○ 시스템 운영 및 관리에 관한 지식

☐ 응시자격 요건 (자격증 요건에 해당되는 자)

임용예정직급	응시요건	법 제28조, 임용령 제16조, 시험령 제27조
통계7급 (통계)	자격증요건(2호)	○ 사회조사분석사1급 소지 후 관련분야 연구 및 근무경력이 후 3년 이상
우대요건		○ 응시자격 요건을 제외한 관련경력 (최대 5년) ○ 응시자격 요건을 제외한 관련학과 학위 (상위 1개만 인정) ○ 정보화자격증 (1개만 인정) 페이지 44 참조
관련경력		○ 응시자격 요건 이후 통계조사, 통계기획·분석 경력 - 근무경력(재직) 증명서에 담당업무로 기재 시 인정
관련학과		○ 전산, 수학, 컴퓨터공학, 통계학
가산요건		○ 한국사능력검정시험 자격증 소지자

15-2. 빅데이터 분석 · 활용 분야(일반임기제) ➡ 4명

❑ 직무기술서 [전산주사보]

임용예정직급	주요업무(직위)	선발예정인원	근무예정부서
전산7급 (정보관리)	○ 빅데이터 담당 - 빅데이터 분석을 통한 정책 방향 설정 - 경찰청 데이터 분석 역량 제고 - 빅데이터 수집 · 관리 · 분석 시스템 구축 및 운영	4	경찰청 (과학수사 1, 생활안전 1 외사 1, 사이버안전 1)

❑ 필요역량 / 필요지식

구분	내용
필요역량	○ **(공통역량)** 공직윤리(공정성, 청렴성), 공직의식(책임감, 사명감), 고객지향마인드 (공익추구) ○ **(직급역량)** 긍정성, 문제해결력, 관계구축력, 의사소통 능력
필요지식	○ 분석 솔루션을 활용한 빅데이터 분석 지식 ○ 통계, 컴퓨터공학, 소프트웨어, 정보통신 관련 지식

❑ 응시자격 요건 (필수요건을 충족하고 자격증 요건에 해당되는 자)

임용예정직급	응시요건	법 제28조, 임용령 제16조, 시험령 제27조
	필수요건	○ 기술사 (컴퓨터시스템응용, 정보통신, 정보관리) ○ 기사 (전자계산기, 정보통신, 정보처리, 전자계산기조직응용, 정보보안)
전산7급 (정보관리)	자격증요건(2호)	○ 기술사 (컴퓨터시스템응용, 정보통신, 정보관리) ○ 기사 소지 후 관련분야 연구 또는 근무경력 3년 이상 (전자계산기, 정보통신, 정보처리, 전자계산기조직응용, 정보보안) ○ 산업기사 소지 후 관련분야 연구 또는 근무경력 6년 이상 (전자계산기제어, 정보통신, 사무자동화, 정보처리, 정보보안) ○ 멀티미디어콘텐츠제작전문가 소지 후 관련분야 연구 또는 근무경력 6년 이상
	우대요건	○ 응시자격 요건을 제외한 관련경력 (최대 5년) ○ 응시자격 요건을 제외한 관련학과 학위 (상위 1개만 인정) ○ 응시자격 요건을 제외한 관련 자격증 (1개만 인정)
	관련경력	○ 응시자격 요건 이후 빅데이터 활용 시스템 개발 및 운영 데이터분석 - 근무경력(재직) 증명서에 담당업무로 기재 시 인정
	관련학과	○ 전산학, 컴퓨터공학, 시스템공학, 정보통신공학, 응용소프트웨어공학, 정보 보호학 (전기제외)
	가산요건	○ 한국사능력검정시험 자격증 소지자

16-1. 대테러역량 강화 분야(일반임기제) ➡ 12명

☐ 직무기술서 [공업주사보]

임용예정직급	주요업무(직위)	선발예정인원	근무예정부서
공업7급 (대테러)	○화생방 테러 대응 및 장비관리 - 화생방 테러 발생 시 탐지 및 제독 지원 - 특수장비 관리 및 유지보수 - 화생방 테러 관련 행정 지원	12	경찰특공대 (서울 10, 부산 1, 대구 1)

※ 화생방 관련 동일업무 수행

☐ 필요역량 / 필요지식

구분	내용
필요역량	○**(공통역량)** 공직윤리(공정성, 청렴성), 공직의식(책임감, 사명감), 고객지향마인드 (공익추구) ○**(직급역량)** 긍정성, 문제해결력, 관계구축력, 의사소통 능력 ○**(직렬역량)** 집행관리 능력, 전문성, 정보관리 능력
필요지식	○화생방 관련 지식 ○테러 관련 지식 ○장비 유지보수에 관한 지식

☐ 응시자격 요건 (경력, 학위 요건 중 하나 이상에 해당되는 자)

임용예정직급	응시요건	법 제28조, 임용령 제16조, 임용규칙 제103조
공업7급 (대테러)	경력요건(3호)	○3년 이상 관련분야 실무경력이 있는 사람 ○8급 또는 8급상당 이상의 공무원으로 2년 이상 관련분야 실무경력이 있는 사람 ○학사학위 취득 후 1년 이상 관련분야 실무경력이 있는 사람
	학위요건(10호)	○관련분야 학사학위를 취득한 사람 ○전문대학 관련학과 졸업자 등으로서 학력 소지 후 1년 이상 관련분야 실무경력이 있는 사람
우대요건		○응시자격 요건을 제외한 관련경력 (최대 5년) ○응시자격 요건을 제외한 관련학과 학위 (상위 1개만 인정) ○정보화자격증 (1개만 인정) 페이지 44 참조
관련경력		○응시자격 요건 이후 화생방 테러 대응기관(군 화생방대대·화생방 지원대, 경찰특공대 화생방요원, 소방 테러대응구조대·중앙119구조본부·화학특수구조대, 환경부 화학물질안전원·지방 유역환경청·합동방재센터), 질병관리본부(생물테러대응과), 원자력안전위원회(원자력안전기술원, 지자체 화생방 전문경력관)에서 현장대응요원 또는 군 화생방부대, 정비부대에서 화생방 탐지 및 제독장비 등 화생방 장비 운용·관리 및 유지보수 2년 이상 경력자 또는 화생방 교육기관에서 2년 이상 화생방학 및 장비학 교관 경력 - 근무경력(재직) 증명서에 담당업무로 기재 시 인정
관련학과		○컴화공학, 공업화학, 화학, 농화학, 환경공학, 환경화학, 보건학, 환경보건, 방사선학, 방사선과학, 방사선안전공학, 원자력공학
가산요건		○한국사능력검정시험 자격증 소지자

16-2. 대테러역량 강화 분야(일반임기제) ➡ 4명

☐ 직무기술서 [위생서기보]

임용예정직급	주요업무(직위)	선발예정인원	근무예정부서
위생9급 (견관리)	○탐지견 및 견사 시설물 관리 - 탐지견 및 견사동 시설물 관리 - 탐지견 응급상황 이송 보조	4	경찰특공대 경찰견센터 (서울1, 부산1, 대구1, 제주1)

☐ 필요역량 / 필요지식

구분	내용
필요역량	○(공통역량) 공직윤리(공정성, 청렴성), 공직의식(책임감, 사명감), 고객지향마인드 (공익추구) ○(직급역량) 과업이해력, 치밀성, 협조성, 조직헌신
필요지식	○견관리 지식 ○견사관리 지식

☐ 응시자격 요건 (없음)

임용예정직급	응시요건	법 제28조, 임용령 제16조
위생9급 (견관리)	6호	○자격요건 없음
우대요건		○관련경력 (최대 5년) ○응시자격 요건을 제외한 관련학과 학위 (상위 1개만 인정) ○제1종 보통 운전면허 이상 소지자 ○한국애견연맹 또는 한국애견협회 주관 훈련사 3등급 이상 소지자
관련경력		○동물병원, 견훈련소 등 견관리 경력 - 근무경력(재직) 증명서에 담당업무로 기재 시 인정
관련학과		○축산
가산요건		○한국사능력검정시험 자격증 소지자

17-1. 범죄분석 과학수사 분야(일반임기제) ➡ 5명

☐ 직무기술서 [행정서기]

임용예정직급	주요업무(직위)	선발예정인원	근무예정부서		
행정8급 (범죄분석)	○주요 범죄데이터 자료 수집 - 구속피의자 면담 자료 - 관서/기관별 범죄 대응 보고서 ○범죄분석 업무 지원 - 유사사건/용의자 추출 - 관서별 이슈범죄 분석	5	경기남 1	강원 1	전남 1
			경북 1	제주 1	

☐ 필요역량 / 필요지식

구분	내용
필요역량	○**(공통역량)** 공직윤리(공정성, 청렴성), 공직의식(책임감, 사명감), 고객지향마인드 (공익추구) ○**(직급역량)** 과업이해력, 치밀성, 협조성, 조직헌신 ○**(직렬역량)** 정보관리 능력, 의사소통 능력, 문제해결력
필요지식	○자료수집 및 분석에 관한 지식 ○행정 관련 지식

☐ 응시자격 요건 (경력, 학위 요건 중 하나 이상에 해당되는 자)

임용예정직급	응시요건	법 제28조, 임용령 제16조, 임용규칙 제103조
행정8급 (범죄분석)	경력요건(3호)	○2년 이상 관련분야 실무경력이 있는 사람 ○9급 또는 9급상당 이상의 공무원으로서 1년 이상 관련분야 실무경력이 있는 사람 ○고등학교를 졸업한 후 1년 이상 관련분야 실무경력이 있는 사람
	학위요건(10호)	○전문대학 관련학과를 졸업한 사람
	우대요건	○응시자격 요건을 제외한 관련경력 (최대 5년) ○응시자격 요건을 제외한 관련학과 학위 (상위 1개만 인정) ○정보화자격증 (1개만 인정) 페이지 44 참조
	관련경력	○응시자격 요건 이후 경찰행정·문헌정보·범죄·심리·언어·통계 관련 실무 - 근무경력(재직) 증명서에 담당업무로 기재 시 인정
	관련학과	○경찰행정학·문헌정보학·범죄학·심리학·언어학·통계학
	가산요건	○한국사능력검정시험 자격증 소지자

17-2. 범죄분석 과학수사 분야(일반임기제) ➡ 7명

❏ 직무기술서 [전산서기]

임용예정직급	주요업무(직위)	선발예정인원	근무예정부서		
전산8급 (정보관리)	○주요 범죄데이터 표준화/통합 -GeoPros(지리적프로파일링)-SCAS-Holmes(범죄데이터 분석시스템) -중요 범죄자 및 상습 범죄자 DB ○범죄분석 업무 지원 - 공범/관계도 네트워크 분석 - 관서별 이슈범죄 분석	7	서울 1	부산 1	인천 1
			울산 1	경기남 1	경기북 1
			전북 1		

❏ 필요역량 / 필요지식

구분	내용
필요역량	○**(공통역량)** 공직윤리(공정성, 청렴성), 공직의식(책임감, 사명감), 고객지향마인드 (공익추구) ○**(직급역량)** 과업이해력, 치밀성, 협조성, 조직헌신 ○**(직렬역량)** 전문성, 문제해결력, 분석력
필요지식	○자료 분석 및 활용에 관한 지식 ○지리적 프로파일링에 곤한 지식 ○데이터베이스에 관한 지식

❏ 응시자격 요건 (필수요건을 충족하고 자격증 요건에 해당되는 자)

임용예정직급	응시요건	법 제28조, 임용령 제16조, 제27조
	필수요건	○기술사(컴퓨터시스템응용, 정보통신, 정보관리) ○기사(전자계산기, 정보통신, 정보처리, 전자계산기조직응용, 정보보안) ○산업기사(전자계산기제어, 정보통신, 사무자동화, 정보처리, 정보보안) ○멀티미디어콘텐츠제작전문가
전산8급 (정보관리)	자격증요건 (2호)	○기술사(컴퓨터시스템응용, 정보통신, 정보관리) ○기사(전자계산기, 정보통신, 정보처리, 전자계산기조직응용, 정보보안) ○산업기사 소지 후 관련분야 연구 또는 근무경력 3년 이상 (전자계산기제어, 정보통신, 사무자동화, 정보처리, 정보보안) ○국제기능올림픽대회입상자 후 연구 또는 근무경력 2년 이상 ○멀티미디어콘텐츠제작전문가 소지 후 관련분야 연구 또는 근무경력3년 이상
	우대요건	○응시자격 요건을 제외한 관련경력 (최대 5년) ○응시자격 요건을 제외한 관련학과 학위 (상위 1개만 인정) ○응시자격 요건을 제외한 관련 자격증 (1개만 인정)
	관련경력	○응시자격 요건 이후 전산개발 및 데이터 관리 경력 - 근무경력(재직) 증명서에 담당업무로 기재 시 인정
	관련학과	○전산학, 컴퓨터공학, 시스템공학, 정보통신공학, 응용소프트웨어공학, 정보보호학 (전기제외)
	가산요건	○한국사능력검정시험 자격증 소지자

18-1. 범죄예방 및 실종 업무역량 강화 분야(일반임기제) ➡ 13명

☐ 직무기술서 [전산서기]

임용예정직급	주요업무(직위)	선발예정인원	근무예정부서		
전산8급 (정보관리)	◦장기실종자 관리 업무 - 장기실종자 현황 및 통계 - 유관기관간 정보공유 및 소재확인 - 프로파일링 시스템 상 실종사건 조치사항 등 관리	13	부산 1	인천 1	광주 1
			울산 1	경기남 1	경기북 1
			충북 1	충남 1	전북 1
			전남 1	경북 1	경남 1
			제주 1		

☐ 필요역량 / 필요지식

구분	내용
필요역량	◦**(공통역량)** 공직윤리(공정성, 청렴성), 공직의식(책임감, 사명감), 고객지향마인드 (공익추구) ◦**(직급역량)** 과업이해력, 치밀성, 협조성, 조직헌신 ◦**(직렬역량)** 전문성, 문제해결력, 분석력
필요지식	◦전산시스템 운용 및 활용 관련 지식 ◦공문 접수 처리 및 업무협의 등 기본적인 행정지식

☐ 응시자격 요건 (필수요건을 충족하고 자격증 요건에 해당되는 자)

임용예정직급	응시요건	법 제28조, 임용령 제16조, 제27조
	필수요건	◦기술사(컴퓨터시스템응용, 정보통신, 정보관리) ◦기사(전자계산기, 정보통신, 정보처리, 전자계산기조직응용, 정보보안) ◦산업기사(전자계산기제어, 정보통신, 사무자동화, 정보처리, 정보보안) 멀티미디어콘텐츠제작전문가
전산8급 (정보관리)	자격증요건 (2호)	◦기술사(컴퓨터시스템응용, 정보통신, 정보관리) ◦기사(전자계산기, 정보통신, 정보처리, 전자계산기조직응용, 정보보안) ◦산업기사 소지 후 관련분야 연구 또는 근무경력 3년 이상 (전자계산기제어, 정보통신, 사무자동화, 정보처리, 정보보안) ◦국제기능올림픽대회입상자 후 연구 또는 근무경력 2년 이상 ◦멀티미디어콘텐츠제작전문가 소지 후 관련분야 연구 또는 근무경력3년 이상
	우대요건	◦응시자격 요건을 제외한 관련경력 (최대 5년) ◦응시자격 요건을 제외한 관련학과 및 학위 (상위 1개만 인정) ◦응시자격 요건을 제외한 동급 또는 상위 자격증 또는 민간조사사(PIA) 자격증 (1개만 인정)
	관련경력	◦응시자격 요건 이후 전산개발 및 데이터 관리 경력 또는 보건복지부, 국민 건강보험공단, 근로복지공단, 실종아동전문기관 등에서의 실종자 관련 정보 (진료기록, 고용이력, 보호시설 입소기록 등) 경력 - 근무경력(재직) 증명서에 담당업무로 기재 시 인정
	관련학과	◦전산학, 컴퓨터공학, 시스템공학, 정보통신공학, 응용소프트웨어공학, 정보 보호학 (전기제외)
	가산요건	◦한국사능력검정시험 자격증 소지자

18-2. 범죄예방 및 실종 업무역량 강화 분야(일반임기제) ➡ 15명

❏ 직무기술서 [행정서기]

임용예정직급	주요업무(직위)	선발예정인원	근무예정부서		
행정8급 (범죄예방)	○ 범죄예방진단 ① 지역·시설에 대한 구조적·물리적 범죄취약 여부 현장진단 - CPTED 기반으로 지리환경·건물형태 등 정밀 진단 및 시·도별 도시경관·건축위원회에 참여, 범죄예방환경설계 지원 ② 경찰서 범죄예방진단팀 대상 범죄예방진단 교육	15	부산 1	대구 1	인천 1
			광주 1	대전 1	울산 1
			경기남 1	경기북 1	강원 1
			충남 1	전북 1	전남 1
			경북 1	경남 1	제주 1

❏ 필요역량 / 필요지식

구분	내용
필요역량	○ **(공통역량)** 공직윤리(공정성, 청렴성), 공직의식(책임감, 사명감), 고객지향마인드 (공익추구) ○ **(직급역량)** 과업이해력, 치밀성, 협조성, 조직헌신 ○ **(직렬역량)** 정보관리 능력, 의사소통 능력, 문제해결력
필요지식	○ 범죄예방환경 디자인(CPTED), 범죄예방 관련 지식 ○ 범죄학, 사회학(치안) 관련 지식 ○ 도시공학 또는 설계, 건축학, 통계 관련 지식

❏ 응시자격 요건 (경력, 학위 요건 중 하나 이상에 해당되는 자)

임용예정직급	응시요건	법 제28조, 임용령 제16조, 임용규칙 제103조
행정8급 (범죄예방)	경력요건(3호)	○ 2년 이상 관련분야 실무경력이 있는 사람 ○ 9급 또는 9급상당 이상의 공무원으로서 1년 이상 관련분야 실무경력이 있는 사람 ○ 고등학교를 졸업한 후 1년 이상 관련분야 실무경력이 있는 사람
	학위요건(10호)	○ 전문대학 관련학과를 졸업한 사람
우대요건		○ 응시자격 요건을 제외한 관련경력 (최대 5년) ○ 응시자격 요건을 제외한 관련학과 학위 (상위 1개만 인정) ○ 기술사(도시계획)또는 기사(도시계획, 건축) 자격증 (1개만 인정) ○ 정보화자격증 (1개만 인정) 페이지 44 참조
관련경력		○ 응시자격 요건 이후 건축, 도시환경 설계 또는 개선, 기타 범죄예방환경 디자인(CPTED) 관련 분야 - 근무경력(재직) 증명서에 담당업무로 기재 시 인정
관련학과		○ 도시공학(설계), 건축학, 통계학, 범죄예방환경 디자인(CPTED)
가산요건		○ 한국사능력검정시험 자격증 소지자

19. 교통공학분석 분야(일반임기제) ➡ 24명

☐ 직무기술서 [공업주사보]

임용예정직급	주요업무(직위)	선발예정인원	근무예정부서		
공업7급 (교통공학)	○지방청 교통공학 분석관 - 사고기록장치, 운행기록장치 등 데이터 추출 및 　동영상 축약 프로그램 운용 - 데이터 기반 운동역학 등 공학적 분석 및 　분석서 작성 - PC-crash, Auto CAD 등 프로그램 운용, 시각적 　사고 재현	24	서울 1 / 부산 2 / 대구 2 인천 2 / 광주 1 / 울산 1 경기남 1 / 경기북 1 / 강원 1 충북 1 / 충남 2 / 전북 2 전남 2 / 경북 2 / 경남 2 제주 1		

※ 지방청별 동일업무 수행

☐ 필요역량 / 필요지식

구분	내용
필요역량	○**(공통역량)** 공직윤리(공정성, 청렴성), 공직의식(책임감, 사명감), 고객지향마인드 (공익추구) ○**(직급역량)** 긍정성, 문제해결력, 관계구축력, 의사소통 능력 ○**(직렬역량)** 집행관리 능력, 전문성, 정보관리 능력
필요지식	○교통공학 지식 ○자료 분석 능력 ○데이터베이스에 관한 지식

☐ 응시자격 요건 (자격증 요건에 해당되는 자)

임용예정직급	응시요건	법 제28조, 임용령 제16조, 시험령 제27조
공업7급 (교통공학)	자격증요건(2호)	○기사 자격증 소지 후 관련분야 연구 또는 근무경력 3년 이상 　(자동차정비, 교통, 전자, 일반기계) ○산업기사 자격증 소지 후 관련분야 연구 또는 근무경력 6년 이상 　(자동차정비, 교통, 전자, 일반기계)
우대요건		○응시자격 요건을 제외한 관련경력 (최대 5년) ○응시자격 요건을 제외한 관련학과 학위 (상위 1개만 인정) ○응시자격 요건을 제외한 관련 자격증 (1개만 인정) ○정보화자격증 (1개만 인정) 페이지 44 참조
관련경력		○응시자격 요건 이후 자동차정비, 교통, 전자, 일반기계 관련 공업 연구 및 근무 - 근무경력(재직) 증명서에 담당업무로 기재 시 인정
관련학과		○자동차정비, 교통, 전자, 일반기계
가산요건		○한국사능력검정시험 자격증 소지자

20-1. 국외치안 및 범죄 분석 분야(일반임기제) ➡ 1명

❏ 직무기술서 [행정주사보]

임용예정직급	주요업무(직위)	선발예정인원	근무예정부서
행정7급 (번역)	○독어치안자료 번역 및 관리 - 독일 사법제도, 형사정책 또는 경찰치안분야 번역 업무	1명	경찰대학 치안정책연구소 1

❏ 필요역량 / 필요지식

구분	내용
필요역량	○**(공통역량)** 공직윤리(공정성, 청렴성), 공직의식(책임감, 사명감), 고객지향마인드 (공익추구) ○**(직급역량)** 긍정성, 문제해결력, 관계구축력, 의사소통 능력 ○**(직렬역량)** 분석력, 집행관리 능력, 조정능력
필요지식	○해당국 언어 능력(번역) 및 관련 지식 ○해당국 치안(법제도·정책) 관련 지식

❏ 응시자격 요건 (경력, 학위 요건 중 하나 이상에 해당되는 자)

임용예정직급	응시요건	법 제28조, 임용령 제16조, 임용규칙 제103조
행정7급 (통역·번역)	경력요건(3호)	○3년 이상 관련분야 실무경력이 있는 사람 ○8급 또는 8급상당 이상의 공무원으로서 2년 이상 관련분야 실무경력이 있는 사람 ○학사학위 취득 후 3년 이상 관련분야 실무경력이 있는 사람
	학위요건(10호)	○관련분야 학사학위를 취득한 사람 ○전문대학 관련학과 졸업자 등으로서 학력소지 후 1년 이상 관련분야 실무경력이 있는 사람
우대요건		○응시자격 요건을 제외한 관련경력 (최대 5년) ○응시자격 요건을 제외한 관련학과 학위 (상위 1개만 인정) ○2급 이상 정사서 자격 취득자 ○정보화자격증 (1개만 인정) 페이지 44 참조
관련경력		○응시자격 요건 이후 공공기관 및 민간에서 외국어(해당국 언어)번역 업무 - 근무경력(재직) 증명서에 담당업무로 기재 시 인정
관련학과		○해당국 언어 통·번역과 관련된 모든 학과
가산요건		○한국사능력검정시험 자격증 소지자

20-2. 국외치안 및 범죄 분석 분야(일반임기제) ➡ 2명

☐ 직무기술서 [전산서기]

임용예정직급	주요업무(직위)	선발예정인원	근무예정부서
전산8급 (정보관리)	○중요 미제 사건 분석 자료 표준화 ○상습 범죄자 정보-중요 범죄자 심리 분석 자료 데이터 표준화/통합 ○상습-중요 범죄자 분석 시스템 운영	2명	경찰대학 치안정책연구소 2

※ 정책연구로 동일업무 수행

☐ 필요역량 / 필요지식

구분	내용
필요역량	○**(공통역량)** 공직윤리(공정성, 청렴성), 공직의식(책임감, 사명감), 고객지향마인드 (공익추구) ○**(직급역량)** 과업이해력, 치밀성, 협조성, 조직헌신
필요지식	○자료 분석 능력 ○데이터베이스 관련 지식 ○시스템 유지보수에 관한 지식

☐ 응시자격 요건 (필수요건을 충족하고 자격증 요건에 해당되는 자)

임용예정직급	응시요건	법 제28조, 임용령 제16조, 제27조
전산8급 (정보관리)	필수요건	○기술사 (컴퓨터시스템응용, 정보통신, 정보관리) ○기사 (전자계산기, 정보통신, 정보처리, 전자계산기조직응용, 정보보안) ○산업기사 (전자계산기제어, 정보통신, 사무자동화, 정보처리, 정보보안) 멀티미디어콘텐츠제작전문가
	자격증요건 (2호)	○기술사 (컴퓨터시스템응용, 정보통신, 정보관리) ○기사 (전자계산기, 정보통신, 정보처리, 전자계산기조직응용, 정보보안) ○산업기사 소지 후 관련분야 연구 또는 근무경력 3년 이상 (전자계산기제어, 정보통신, 사무자동화, 정보처리, 정보보안) ○국제기능올림픽대회입상자 후 연구 또는 근무경력 2년 이상 ○멀티미디어콘텐츠제작전문가 소지 후 관련분야 연구 또는 근무경력3년 이상
	우대요건	○응시자격 요건을 제외한 관련경력 (최대 5년) ○응시자격 요건을 제외한 관련학과 학위 (상위 1개만 인정) ○응시자격 요건을 제외한 관련 자격증 (1개만 인정)
	관련경력	○응시자격 요건 이후 전산개발 및 데이터 관리 경력 - 근무경력(재직) 증명서에 담당업무로 기재 시 인정
	관련학과	○전산학, 컴퓨터공학, 시스템공학, 정보통신공학, 응용소프트웨어공학, 정보보호학 (전기제외)
	가산요건	○한국사능력검정시험 자격증 소지자

21-1. 경찰수련원 관리 분야(일반임기제) ➡ 4명

❏ 직무기술서 [행정주사보]

임용예정직급	주요업무(직위)	선발예정인원	근무예정부서
행정7급 **(시설관리)**	∘경찰수련원 운영 및 시설관리 담당 - 수련원 대외 행정업무 처리, 청소용역인력 관리 - 수련원 예산 집행 및 워크숍 관리 - 상급기관 보고사항, 서류정리 등 행정업무 지원	4명	경찰수련원 (전북(변산) 1, 전남(진도) 1 경남(통영) 1, 제주(제주) 1)

※ 근무기간 예외 : 강화수련원 1년 (민간위탁 검토 결과에 따라 '19. 12. 31. 까지 연장 가능)

❏ 필요역량 / 필요지식

구분	내용
필요역량	∘**(공통역량)** 공직윤리(공정성, 청렴성), 공직의식(책임감, 사명감), 고객지향마인드 (공익추구) ∘**(직급역량)** 긍정성, 문제해결력, 관계구축력, 의사소통 능력 ∘**(직렬역량)** 분석력, 집행관리 능력, 조정능력
필요지식	∘전산(워드, 엑셀 등) 활용 관련 지식 ∘시설관리 관련법령 관련 지식 ∘예산 및 회계업무 관련 지식

❏ 응시자격 요건 (경력, 학위 요건 중 하나 이상에 해당되는 자)

임용예정직급	응시요건	법 제28조, 임용령 제16조, 임용규칙 제103조
행정7급 **(시설관리)**	경력요건(3호)	∘3년 이상 관련분야 실무경력이 있는 사람 ∘8급 또는 8급상당 이상의 공무원으로서 2년 이상 관련분야 실무경력이 있는 사람 ∘학사학위 취득 후 1년 이상 관련분야 실무경력이 있는 사람
	학위요건(10호)	∘관련분야 학사학위를 취득한 사람 ∘전문대학 관련학과 졸업자 등으로서 학력소지 후 1년 이상 관련분야 실무경력이 있는 사람
우대요건		∘응시자격 요건을 제외한 관련경력 (최대 5년) ∘응시자격 요건을 제외한 관련학과 학위 (상위 1개만 인정) ∘정보화자격증 (1개만 인정) 페이지 44 참조
관련경력		∘응시자격 요건 이후 정부(공기업 포함) 및 지자체 수련시설 또는 관광진흥법상 관광숙박업 또는 관광객 이용시설업 분야 - 근무경력(재직) 증명서에 담당업무로 기재 시 인정
관련학과		∘관광과, 광광경영학과, 호텔관광과, 관광조경디지인학과
가산요건		∘한국사능력검정시험 자격증 소지자

21-2. 경찰수련원 관리 분야(일반임기제) ➡ 15명

❏ 직무기술서 [시설서기]

임용예정직급	주요업무(직위)	선발예정인원	근무예정부서
시설8급 (건축)	○경찰수련원 운영 및 시설관리 담당 - 수련원 시설 유지·보수 등 시설물 관리 - 수련원 이용 접수 및 안내, 예약관리 - 수련원 비품관리 및 청사시설 보안	15명	경찰수련원 (인천(강화) 2, 강원(강릉) 3 전북(변산) 3, 전남(진도) 3 경북(영덕) 2, 경남(통영) 1 제주(제주) 1)

※ 교대근무로 동일업무 수행

※ 근무기간 예외 : 강화수련원 1년 (민간위탁 검토 결과에 따라 '19. 12. 31. 까지 연장 가능)

❏ 필요역량 / 필요지식

구분	내용
필요역량	○**(공통역량)** 공직윤리(공정성, 청렴성), 공직의식(책임감, 사명감), 고객지향마인드 (공익추구) ○**(직급역량)** 과업이해력, 치밀성, 협조성, 조직헌신 ○**(직렬역량)** 기술적 전문지식, 계획관리 능력, 추진력
필요지식	○전산(워드, 엑셀 등) 활용 관련 지식 ○시설관리 실무 및 관련법령 관련 지식 ○예산 및 회계업무 관련 지식

❏ 응시자격 요건 (자격증 요건에 해당되는 자)

임용예정직급	응시요건	법 제28조, 임용령 제16조, 시험령 제27조
시설8급 (건축)	자격증요건(2호)	○기술사 (건축전기설비, 건축구조, 건축기계설비, 건축시공, 건축품질시험, 건설안전, 소방) ○기능장 (건축일반시공, 건축목재시공) ○기사 (건축설비, 건축, 실내건축, 건설안전, 소방설비) ○산업기사 소지 후 관련분야 연구 또는 근무경력 3년 이상 (건축설비, 건축일반시공, 건축, 건축목공, 방수, 실내건축, 건설안전, 소방설비) ○기능사 소지 후 관련분야 연구 또는 근무경력 4년 이상 (전산응용건축제도, 타일, 미장, 조적, 온수온돌, 유리시공, 비계, 건축목공, 거푸집, 금속재창호, 건축도장, 철근, 방수, 실내건축, 플라스틱창호) ○문화재수리기술자(보수기술자) 소지 후 관련분야 연구 또는 근무경력 3년 이상 ○국제기능올림픽대회입상자 후 연구 또는 근무경력 2년 이상
	우대요건	○응시자격 요건을 제외한 관련경력 (최대 5년) ○응시자격 요건을 제외한 관련학과 학위 (상위 1개만 인정) ○응시자격 요건을 제외한 관련 자격증 (1개만 인정) ○정보화자격증 (1개만 인정) 페이지 44 참조
	관련경력	○응시자격 요건 이후 공공기관 및 지자체 수련시설의 시설 분야 또는 관광진흥법상 관광숙박업 또는 관광객 이용시설업 경력 - 근무경력(재직) 증명서에 담당업무로 기재 시 인정
	관련학과	○토목 : 토목공학, 건설도시공학, 도시공학, 환경공학 또는 산업공학 ○건축 : 건축공학, 도시공학, 환경공학, 산업공학 또는 조경공학
	가산요건	○한국사능력검정시험 자격증 소지자

22. 광역 피해자 심리지원 분야(일반임기제) ➡ 4명

❑ 직무기술서 [행정서기]

임용예정직급	주요업무(직위)	선발예정인원	근무예정부서		
행정8급 (심리지원)	○광역 피해자 심리지원 - 피해자 상담·보호 및 지원 - 유관기관, 단체 대외협력 및 피해자 연계 활동 - 피해자 보호, 지원 관련 대내외 교육 및 홍보 - 기타 피해자보호 관련 행정업무 지원	4	경기남 1	충남 2	경북 1

※ 광역별 동일업무 수행

❑ 필요역량 / 필요지식

구분	내용
필요역량	○(**공통역량**) 공직윤리(공정성, 청렴성), 공직의식(책임감, 사명감), 고객지향마인드 (공익추구) ○(**직급역량**) 과업이해력, 치밀성, 협조성, 조직헌신 ○(**직렬역량**) 정보관리 능력, 의사소통 능력, 문제해결력
필요지식	○심리학 관련 기본 지식(범죄심리, 임상심리, 상담심리 등) ○범죄피해자 심리측정(검사) 및 평가 ○범죄피해자 상담 및 회복지원 기법 ○범죄피해자 보호.지원 관련 법제

❑ 응시자격 요건 (경력, 학위 요건 중 하나 이상에 해당되는 자)

임용예정직급	응시요건	법 제28조, 임용령 제16조, 임용규칙 제103조
행정8급 (심리지원)	경력요건(3호)	○2년 이상 관련분야 실무경력이 있는 사람 ○9급 또는 9급상당 이상의 공무원으로서 1년 이상 관련분야 실무경력이 있는 사람 ○고등학교를 졸업한 후 1년 이상 관련분야 실무경력이 있는 사람
	학위요건(10호)	○전문대학 관련학과를 졸업한 사람
우대요건		○응시자격 요건을 제외한 관련경력 (최대 5년) ○응시자격 요건을 제외한 관련학과 학위 (상위 1개만 인정) ○임상심리사 2급 이상 자격증 (1개만 인정) ○정보화자격증 (1개만 인정) 페이지 44 참조
관련경력		○응시자격 요건 이후 공공기관 및 민간단체에서 심리상담 활동을 한 경력 - 근무경력(재직) 증명서에 담당업무로 기재 시 인정
관련학과		○학과명에 「심리학」이 명시된 경우
가산요건		○한국사능력검정시험 자격증 소지자

23. 기동대 차량 운전 및 관리 분야 ➡ 3명

☐ 직무기술서 [운전서기보]

임용예정직급	주요업무(직위)	선발예정인원	근무예정부서		
운전9급 (운전)	○경찰관서 기동대차량 운전 및 관리 - 경찰관서 기동대 차량 운전 및 유지관리 - 기동대 차량관리 부대업무 및 행정업무 지원	3명	부산1	경기북1	전남1

※ 근무예정부서 : 경찰서 및 기동대 관서별 세부모집 안내 참조 (페이지 45)

☐ 필요역량 / 필요지식

구분	내용
필요역량	○**(공통역량)** 공직윤리(공정성, 청렴성), 공직의식(책임감, 사명감), 고객지향마인드 (공익추구) ○**(직급역량)** 과업이해력, 치밀성, 협조성, 조직헌신
필요지식	○운전능력 ○자동차 정비·검사 ○차량 관련 지식

☐ 응시자격 요건 (필수요건을 충족하고 자격증 요건에 해당되는 자)

임용예정직급	응시요건	법 제28조, 임용령 제16조, 시험령 제27조
운전9급 (운전)	필수요건	○제1종 운전면허(보통) 또는 제2종 운전면허(보통)
	자격증요건(2호)	○제1종 대형 운전면허 - 최종시험예정일 현재 유효한 자격증에 한함 - 면허정지나 면허정지 예정자는 응시 불가
	우대요건	○관련경력 (최대 5년) ○응시자격 요건을 제외한 관련학과 학위 (상위 1개만 인정) ○자동차정비 자격증 소지자(기능장, 기사, 산업기사, 기능사) (1개만 인정) ○채용공고일 기준 운전경력증명서 상 무사고 운전 및 5년 이내 교통법규 위반 사실이 없는 자 (민원24에서 발급) - 면허증 종류에 관계없이 음주운전, 무면허, 뺑소니 경력자는 감점처리 ○정보화자격증 (1개만 인정) 페이지 44 참조
	관련경력	○응시자격 요건 이후 제1종 대형차량 운전 - 도로교통법 시행규칙 [별표 18] 운전할 수 있는 차의 종류 참조 (페이지 44) - 근무경력(재직) 증명서에 운전차량 기재 시 인정
	관련학과	○자동차정비, 자동차공학, 기계공학
	가산요건	○한국사능력검정시험 자격증 소지자

24. 경찰서 차량 운전 및 관리 분야 ➡ 101명

❏ 직무기술서 [운전서기보]

임용예정직급	주요업무(직위)	선발예정인원	근무예정부서		
운전9급 (운전)	○ 경찰서 공용차량 운전 및 관리 - 경찰서 공용차량 운전 및 유지관리 - 경찰서 차량관리 부대업무 및 행정업무 지원	101명 (55명 장애인) (5명 저소득층)	서울10	부산5	대구2
			인천4	광주2	대전1
			울산2	경기남13	경기북7
			강원8	충북6	충남11
			전북5	전남9	경북10
			경남5	제주1	

※ 근무예정부서 : 경찰서 및 기동대 관서별 세부모집 안내 참조 (페이지 45)

❏ 필요역량 / 필요지식

구분	내용
필요역량	○**(공통역량)** 공직윤리(공정성, 청렴성), 공직의식(책임감, 사명감), 고객지향마인드 (공익추구) ○**(직급역량)** 과업이해력, 치밀성, 협조성, 조직헌신
필요지식	○운전능력 ○자동차 정비·검사 ○차량 관련 지식

❏ 응시자격 요건 (필수요건을 충족하고 자격증 요건에 해당되는 자)

임용예정직급	응시요건	법 제28조, 임용령 제16조, 시험령 제27조
필수요건		○제1종 운전면허(보통) 또는 제2종 운전면허(보통)
운전9급 (운전)	자격증요건(2호)	○제1종 보통 운전면허 - 최종시험예정일 현재 유효한 자격증에 한함 - 면허정지나 면허정지 예정자는 응시 불가
우대요건		○관련경력 (최대 5년) ○응시자격 요건을 제외한 관련학과 학위 (상위 1개만 인정) ○자동차정비 자격증 소지자(기능장, 기사, 산업기사, 기능사) (1개만 인정) ○채용공고일 기준 운전경력증명서 상 무사고 운전 및 5년 이내 교통법규 위반 　사실이 없는 자 (민원24에서 발급) - 면허증 종류에 관계없이 음주운전, 무면허, 뺑소니 경력자는 감점처리 ○정보화자격증 (1개만 인정) 페이지 44 참조
관련경력		○응시자격 요건 이후 제1종 보통차량 운전 - 도로교통법 시행규칙 [별표 18] 운전할 수 있는 차의 종류 참조 (페이지 44) - 근무경력(재직) 증명서에 운전차량 기재 시 인정
관련학과		○자동차정비, 자동차공학, 기계공학
가산요건		○한국사능력검정시험 자격증 소지자

※ 도로교통법 시행규칙 [별표 18]

운전할 수 있는 차의 종류(제53조 관련)		
운전면허		**운전할 수 있는 차량 (경력인정 가능 차량)**
종별	**구분**	
제1종	대형면허	1. 승차정원 15명 초과의 승합자동차 2. 12톤 이상의 화물자동차 3. 승차정원 12명 초과의 긴급자동차 4. 건설기계 　가. 덤프트럭, 아스팔트살포기, 노상안정기 　나. 콘크리트믹서트럭, 콘크리트펌프, 천공기(트럭 적재식) 　다. 콘크리트믹서트레일러, 아스팔트콘크리트재생기 　라. 도로보수트럭, 3톤 미만의 지게차 5. 특수자동차[대형견인차, 소형견인차 및 구난차(이하 "구난차등"이라 한다)는 제외한다]
	보통면허	1. 승차정원 11명 이상 ~ 15명 이하의 승합자동차 2. 승차정원 12명 이하의 긴급자동차(승용자동차 및 승합자동차로 한정한다) 3. 적재중량 4톤 초과 ~ 12톤 미만의 화물자동차 4. 건설기계(도로를 운행하는 3톤 미만의 지게차로 한정한다) 5. 총중량 3.5톤 ~ 초과10톤 미만의 특수자동차(구난차등은 제외한다)

※ 정보화자격증

- 기술사 (컴퓨터시스템응용, 정보통신, 정보관리)
- 기사 (전자계산기, 정보통신, 정보처리, 전자계산기조직응용, 정보보안)
- 산업기사 (전자계산기제어, 정보통신, 사무자동화, 정보처리, 정보보안)
- 워드프로세서, 컴퓨터활용능력

※ 경찰서 및 기동대 관서별 세부모집 안내

기관명	구분	관 서 명(경찰서·기동대)
총 계	운전직렬 충원 총 103개 직위 중 / 장애인 구분모집 55 / 저소득층 구분모집 4	
서울청(10)	구분없음(4)	마포서, 강남서, 강서서, 서초서
	장애인(5)	중부서, 성북서, 종암서, 은평서, 도봉서
	저소득층(1)	남대문서
부산청(6)	구분없음(1)	강서서
	기동대(1)	1기동대
	장애인(4)	서부서, 동부서, 금정서, 기장서
대구청(2)	장애인(2)	중부서, 남부서
인천청(4)	장애인(4)	중부서, 계양서, 삼산서, 논현서
광주청(2)	장애인(2)	서부서, 남부서
대전청(1)	장애인(1)	대덕서
울산청(2)	구분없음(1)	동부서
	장애인(1)	울주서
경기남부청(13)	구분없음(7)	광명서, 김포서, 성남수정서, 안양만안서, 의왕서, 평택서, 화성서부서
	장애인(5)	과천서, 하남서, 이천서, 여주서, 양평서
	저소득층(1)	광주서
경기북부청(8)	구분없음(3)	가평서, 동두천서, 포천서
	기동대(1)	3기동제대
	장애인(4)	의정부서, 남양주서, 고양서, 파주서
강원청(8)	구분없음(4)	태백서, 평창서, 인제서, 양구서
	장애인(4)	강릉서, 동해서, 속초서, 삼척서
충북청(6)	구분없음(3)	단양서, 보은서, 옥천서
	장애인(3)	청원서, 충주서, 음성서
충남청(11)	구분없음(7)	천안서북서, 천안동남서, 서산서, 보령서, 당진서, 예산서, 부여서
	장애인(4)	서천서, 금산서, 청양서, 태안서
전북청(5)	장애인(4)	고창서, 부안서, 순창서, 진안서
	저소득층(1)	장수서
전남청(10)	구분없음(6)	고흥서, 해남서, 보성서, 영암서, 장성서, 강진서
	기동대(1)	1기동대
	장애인(3)	목포서, 여수서, 나주서
경북청(10)	구분없음(4)	영주서, 문경서, 군위서, 울릉서
	장애인(5)	경주서, 포항북부서, 포항남부서, 구미서, 안동서
	저소득층(1)	김천서
경남청(5)	구분없음(1)	밀양서
	장애인(3)	마산동부서, 양산서, 진해서
	저소득층(1)	김해중부서
제주청(1)	장애인(1)	제주동부서

[붙임2] 각 소속기관 연락처

각 소속기관 연락처

구분	주소	연락처
본청 인재선발계	서울시 서대문구 통일로 97	02-3150-2732
서울지방경찰청 교육계	서울시 종로구 사직로8길 31	02-700-2639
부산지방경찰청 교육계	부산시 연제구 중앙대로999	051-899-2332
대구지방경찰청 교육계	대구시 수성구 무학로227	053-804-7034
인천지방경찰청 교육계	인천시 남동구 예술로152번길9	032-455-2232
광주지방경찰청 교육계	광주시 광산구 용아로112	062-609-2635
대전지방경찰청 교육계	대전시 서구 둔산중로77	042-609-2432
울산지방경찰청 교육계	울산시 중구 성안로112	052-210-2333
경기남부지방경찰청 교육계	경기도 수원시 장안구 창룡대로223	031-888-2732
경기북부지방경찰청 교육계	경기도 의정부시 금오로23번길 22-49	031-961-2432
강원지방경찰청 교육계	강원도 춘천시 동내면 세실로49	033-248-0432
충북지방경찰청 교육계	충청북도 청주시 청원구 2순환로168	043-240-2432
충남지방경찰청 교육계	충청남도 예산군 삽교읍 청사로 201	041-336-2432
전북지방경찰청 교육계	전라북도 전주시 완산구 유연로180	063-280-8235
전남지방경찰청 교육계	전라남도 무안군 삼향읍 후광대로359번길28	061-289-2635
경북지방경찰청 교육계	대구시 북구 연암로 40	053-429-2232
경남지방경찰청 교육계	경상남도 창원시 의창구 상남로 289	055-233-2332
제주지방경찰청 교육계	제주특별자치도 제주시 문연로 18	064-798-3431
경찰대학 총무계	충청남도 아산시 신창면 황산길 100-50	041-968-2621

〈별지 제1호 서식〉

경력채용 이력서

□ 이력서   전화: E-Mail:

가. 공통사항

응시 번호	※ 채용담당 기재	응시 분야	국외치안 및 범죄분석분야 일반임기제(전산8급)	성 명	
응시 요건	학위, 관련분야 학사학위를 취득한자 경력, 학사학위 취득 후 3년 이상 관련분야 실무경력이 있는 사람				

나. 응시자격 (응시자격 요건에 맞는 부분만 작성, 응시자격 요건 외 불필요한 항목 기재 불가)

경력	근무지	근무기간	직 위	담당업무
학위	전공분야	학위 취득(예정)일	학위 종류	
자격증	자격증명	자격증 취득(예정)일	자격 검정기관	

다. 우대요건 등

경력	근무지	담당업무	비고
학위	전공분야	학위 취득(예정)일	학위 종류
자격증	자격증명	자격증 취득(예정)일	자격 검정기관
기타			

라. 가산요건 (한국사)

시험일자	인증번호	인증등급	시행기관

위에 기재한 사항은 사실과 다름이 없음을 확인합니다.

2018 년   월   일

성   명 :   (인)

〈별지 제2호 서식〉

자 기 소 개 서

(유의사항) 작성 시 학교명, 출생지, 부모직업 등 개인 신상을 직·간접적으로
파악할 수 있도록 기재할 경우 불이익(감점)을 받을 수 있습니다.

※ 지원동기, 생활신조와 가치관, 미래 전망, 성품, 직장구성원으로 바람직한
태도, 대인관계, 취미활동 등을 종합적으로 고려하여 작성

※ A4용지 1매 내외로 작성

2018.　.　.　작 성 자 :　　　(서명)

〈별지 제3호 서식〉

직 무 수 행 계 획 서

(유의사항) 작성 시 학교명, 출생지, 부모직업 등 개인 신상을 직·간접적으로
파악할 수 있도록 기재할 경우 불이익(감점)을 받을 수 있습니다.

※ [붙임1] 직무기술서를 참고하여 작성

※ **A4용지 2매 내외로 작성**

2018. . .   작 성 자 :   (서명)

〈별지 제4호 서식〉

자격요건 검증을 위한 동의서

　본인은 경찰청에서 시행하는 공무원 경력경쟁채용시험의 응시자로서

학위, 자격증 또는 기타 제출한 자료의 진위 검증을 위한 확인서 발급에

동의합니다. 또한 본인이 서명·날인한 동의서의 복사본은 자료의 진위

검증을 위해서 원본과 동일하게 유효하다는 것을 인정합니다.

2018년　　월　　일

성명 :　　　　　　　（서명）

경 찰 청 장 귀하

〈별지 제5호 서식〉

개인정보 조회·제공 및 활용에 관한 동의서

1. 인적사항

성 명		주민번호	
주 소			

2. 정보조회·제공·활용목적 및 범위

 1) 상기 본인이 작성한 동의서는 경찰청 소속 공무원 채용 등을 위해 중앙 정부 및 지방자치
   단체와 공공기관 등에 정보가 제공되는 것에 동의합니다.

 2) 또한 채용과 관련하여 본인과 관련된 정보를 조회·활용하여 채용 목적으로 활용하는 것에
   동의합니다.

   － 개인정보 수집항목 : 성명, 주민번호, 학력, 경력, 자격증 등

 3) 그 외 정부(행정정보공동이용망), 지자체, 국민건강보험공단 등의 전산시스템정보를
   경찰청이 요청·조회·활용하여 채용 목적으로 활용하는 것에 동의합니다.

   － 정보범위 : 기본정보, 신원조회, 학위조회, 자격조회, 경력조회, 범죄경력조회 등

3. 동의서 유효기간 : 제출일로부터 당해 연도 연말까지

2018.　　.　　.

성 명 :　　　　　　　(인)

경찰청장 귀하

※ 개인정보동의서는 모든 사업 신청자에 대해 작성, 제출하며 반드시 신청자 본인의 자필서명 확인

충청북도공고 제2018-424호

2018년도 제1회 충청북도 청원경찰 채용시험 시행계획 공고

2018년도 제1회 충청북도 청원경찰 채용시험 시행계획을 다음과 같이 공고합니다.

2018년 3월 30일
충 청 북 도 지 사

1. 선발예정인원 및 시험과목

채용분야	선발예정 인 원	시 험 과 목	주 요 임 무	근무예정기관
청원경찰	7명	한국사, 일반상식	청사방호·경비 및 민원인 안내 등	충청북도

※ 근무예정지역은 충청북도로 도 본청, 외청, 사업소, 직속기관 포함(옥천, 괴산 등)

2. 시험방법

가. 시험단계

구 분	1차 시험	2차 시험	3차 시험
청원경찰	필기시험 (4지 택 1형)	체력시험	면접시험

※ 전(前) 단계의 시험에 합격해야만 다음 단계의 시험에 응시할 수 있습니다.

나. 필기시험 : 10:00~10:40(40분간), 과목별 20문항, 과목별 100점 만점

다. 체력시험 : 종목 및 배점(붙임1), 측정방법(붙임2)

라. 면접시험 : 당해 업무수행에 필요한 적성과 기술, 능력, 발전가능성 등을
평가하여 적격자 선발

마. 시험단계별 합격자 결정방법

○ 1차 필기시험은 매 과목별 40%이상, 전 과목 총점의 60% 이상을 득점한 사람 중 총 득점이
높은 자 순으로 선발예정인원의 5배수 범위 내에서 필기시험 합격자를 결정함

○ 2차 체력시험은 6개 종목의 총 60점 만점 중 30점 이상 득점한 자를 합격자로 결정함
 - 6개종목 : 악력, 배근력, 앉아윗몸앞으로굽히기, 제자리멀리뛰기, 윗몸일으키기, 왕복오래달리기

○ 3차 면접시험은 5개 항목의 평정요소에 대한 시험위원의 점수를 합산하여 총점의 50% 이상을
득점한 자를 합격자로 함. 다만, 시험위원의 과반수가 어느 하나의 평정요소에 대하여 40% 미만의
점수로 평정한 경우 불합격으로 함.

※ 면접시험 평가항목 및 배점
- 청원경찰로서의 적성(20점) / 전문지식·기술과 응용능력(10점) / 의사표현의 정확성·논리성(10점),
- 예의·품행·성실성 및 봉사정신(10점) / 창의력·의지력 및 발전가능성(10점)

○ **최종합격자는 응시자격 등이 정해진 기준에 적합하고 시험단계별 합격기준에 적합한 자로서, 필기
시험성적 65%, 체력시험성적 25% 및 면접시험성적 10%의 비율로 합산한 성적의 고득점자순
으로 결정** ※ 각 시험단계별로 소수점 둘째자리까지 계산, 나머지 절사

○ 최종합격자 발표일부터 3개월 이내에 최종합격자가 임용등록 포기 또는 임용결격 사유가
발생된 경우에는 최종합격자 결정방법에 의한 차순위자를 추가 합격자로 할 수 있음

3. 응시자격

가. 응시결격사유

○ 국가공무원법 제33조(결격사유), 충청북도 공무직 및 기간제근로자 관리규정 제9조(결격사
유), 청원경찰법 제10조의 6(당연퇴직) 3호등 관계법령에 의하여 응시자격이 정지된 자는
응시할 수 없으며, 부패방지 및 국민권익위원회의 설치와 운영에 관한 법률 제82조에 따라 비
위면직자의 취업이 제한됩니다. **(응시자격의 적용기준일은 당해시험의 면접시험 최종 예정일)**

나. 거주지 제한 : 다음 각 호 중 어느 하나 이상을 충족하여야 함

① 2018년 1월 1일 이전부터 당해 최종시험일(면접시험 최종예정일)까지 계속하여 충청북도에 주민등록상
주소지를 갖고 있는 사람(동 기간 중 주민등록의 말소 및 거주불명으로 등록된 사실이 없어야 함)

② 2018년 1월 1일 이전까지, 충청북도에 주민등록상 주소지를 두고 있었던 기간을 모두 합산하여 3년
이상인 사람

※ 거주지 요건의 확인은 "개인별 주민등록표"를 기준으로 함

※ 행정구역이 통·폐합된 경우 현재 행정구역을 기준으로 하며, 과거 거주사실의 합산은 연속하지 않더라도
거주한 기간을 월(月)단위로 계산하여 36개월 이상이면 충족됨

> 예시: 세종특별자치시 설치 등에 관한 특별법 제7조에 따라 관할구역이 종전 충청북도 청원군에
> 서 제외되어 세종특별자치시로 된 지역(종전의 충청북도 청원군 부용면 산수리·행산리·갈
> 산리·부강리·문곡리·금호리·등곡리·노호리 일원)의 거주경력은 충청북도 거주기간에 해당되
> 지 않습니다.

다. 응시연령 : 18세 이상(2000. 12. 31. 이전 출생자)
※ 다만, 남자의 경우에는 군복무를 마쳤거나 군복무가 면제된 사람

라. 신체조건(청원경찰법 시행규칙 제4조)

○ 신체가 건강하고 팔다리가 완전할 것
○ 시력(교정시력을 포함한다)은 양쪽 눈이 각각 0.8이상일 것

마. 기 타

○ 주간 및 야간 교대 근무가 가능하여야 함
○ 최종합격자가 청원경찰법 제5조 및 동법시행령 제4조의 규정에 의하여 임용 승인이 되지 않을
경우 임용하지 않음

4. 응시원서 접수 및 시험일정

시험명	원서접수 및 취소기간	구 분	시험장소 공고일	시험일	합격자 발표일
청원경찰 채용시험	◦ 접수기간 : 4. 11.(수) ~ 4. 13.(금) ◦ 취소기간 : 4. 11.(수) ~ 4. 18.(수) ※ 접수·취소시간 : 09:00~21:00 ◦ 가산점등록 : 4. 11.(수) ~ 4. 27.(금)	필기시험	4. 20.(금)	4. 28.(토)	5. 4.(금)
		체력시험	5. 4.(금)	5. 15.(화)	6. 1.(금)
		면접시험	6. 1.(금)	6. 8.(금)	6. 15.(금)

※ 가산점은 취업지원대상자만 부여되며, 본 공고문 6. 가산특전을 참고하시기 바랍니다.
※ 시험장소 공고, 시험별 합격자 발표는 충청북도 인터넷홈페이지(www.chungbuk.go.kr) 『시험채용』란에 게시
 ▶ **최종합격자 공고일 : 2018. 6. 15.(금)**

5. 응시원서 접수(인터넷 접수만 가능)

가. 접수방법

○ 지방자치단체 인터넷원서접수센터(http://local.gosi.go.kr)에서만 접수합니다.

 ※ 응시원서 접수방법은 접수기간 중에 응시원서접수 홈페이지에서 처리 단계별로 안내하며, 문의사항은
   인터넷원서접수센터 ☎ 1522-0660로 하시면 됩니다.

나. 접수 및 취소시간

○ 응시원서 접수 및 취소시간은 해당시험 접수기간 중 09:00~21:00까지 입니다.

다. 응시수수료 등 비용

○ **응시수수료 5,000원** 외에 소정의 처리비용 (휴대폰결제, 카드결제, 계좌이체 비용 등)이 소요됩니다.

○ 응시원서 접수 마감일 현재 국민기초생활보장법에 의한 수급자, 한부모가족지원법에 의한 보호대상자는
  응시수수료를 면제합니다.(단, 원서접수 취소기간 마감 후 저소득층 여부를 확인하여 응시료를 환불)

○ 응시원서 접수 후 원서접수 취소 기간 내 취소하는 경우에는 응시수수료 전액을 환불합니다.

라. 사진등록

○ 응시원서 등록용 사진파일(JPG)규격은 해상도 100DPI, 3.5㎝×4.5㎝입니다.

○ 얼굴 전면이 사진 정면에 나타나고, 모자 또는 선글라스등을 착용하지 아니한 식별이 용이한 사진
  으로 등록하여야 합니다(배경사진 등 불가).

○ 응시원서에 등록한 사진은 합격 후 동일 원판 사진을 제출하여야 합니다.

마. 유의사항

○ 응시표는 필기시험 장소 공고일부터 지방자치단체 인터넷원서접수센터(http://local.gosi.go.kr)에서
  본인이 출력하여 시험당일 지참하여야 합니다.

○ 응시원서에는 연락이 가능한 전화번호 및 휴대폰번호를 반드시 기재하여야 합니다.

6. 가산특전

가. 취업지원대상자

「독립유공자 예우에 관한 법률」제16조,「국가유공자 등 예우 및 지원에 관한 법률」제29조,「보훈보상대상자 지원에 관한 법률」제33조,「5.18민주유공자 예우에 관한 법률」제20조,「특수임무유공자 예우 및 단체설립에 관한 법률」제19조에 의한 취업지원대상자 그리고「고엽제후유의증 등 환자지원 및 단체설립에 관한 법률」제7조에 의한 고엽제후유의증환자와 그 가족은 시험단계별로 각 과목별 만점의 40%이상 득점한 자에게 일정비율(10% 또는 5%)을 가산하되, 가산점수를 받아 합격하는 사람은 선발예정인원의 30%를 초과할 수 없습니다. 다만, 응시자의 수가 선발예정인원과 같거나 그보다 적은 경우에는 그러하지 아니합니다.

※ 취업지원대상자 여부와 가점비율은 국가보훈처 및 지방보훈청 등(보훈상담센터 ☎ 1577-0606),
으로 본인이 사전에 확인하시기 바랍니다.

7. 시험문제 출제방법 및 공개여부

가. 시험문제는 충청북도에서 출제하며, 공개하지 않습니다.

나. 시험종료 후에는 시험문제책을 회수하며, 시험문제책을 훼손하거나 문제 내용을 적어가는 경우 부정행위자로 처리합니다.

8. 응시자 주의사항

가. 본 시험계획은 사정에 의하여 변경될 수 있으며, 변경된 사항은 해당 시험실시일 7일 전까지 충청북도 인터넷홈페이지(www.chungbuk.go.kr)『시험채용』란에 공고합니다.

나. 응시자는 청원경찰 응시자격의 신체조건을 충족하는지 사전에 확인해야 합니다.

다. 응시자는 응시표 및 답안지 작성요령, 시험시간 및 장소 공고 등에서 정한 준수사항에 유의하여야 하며, 이를 준수하지 않을 경우에는 본인에게 불이익이 될 수 있습니다.

라. 응시원서상의 기재사항 착오·누락, 자격미비자의 응시 등으로 인한 불이익은 응시자 본인의 책임입니다.

마. 응시표는 필기시험 장소 공고일부터 면접시험 종료일까지만 지방자치단체 인터넷원서접수센터(http://local.gosi.go.kr)에서 출력할 수 있습니다.

바. 시험당일은 응시표, 신분증(주민등록증, 여권, 운전면허증, 주민등록번호가 포함된 장애인 등록증(복지카드) 중 1개), 컴퓨터용 흑색 사인펜을 지참하고 시험시작 40분전까지 지정된 좌석에 앉아서 시험감독관의 지시에 따라야 합니다.

사. 시험시간 중에 통신·계산·재생·열람기능이 있는 일체의 통신장비(휴대폰, 태블릿PC, 스마트시계, 이어폰, 무선호출기 등) 및 전산기기(전자계산기, 전자수첩 등) 등을 소지하거나 사용할 수 없으며 소지 또는 사용 시 부정행위로 간주되어 당해 시험이 무효 또는 취소처리 될 수 있습니다.

아. 답안지 작성은 OMR카드를 사용하므로 반드시 『컴퓨터용 흑색사인펜』만을 사용하여야 하며 답안카드 작성 시 수정액, 수정테이프 등을 사용한 답안 정정은 불가하며 답안표기 정정 시 답안지를 교체해야 합니다.

(수정스티커, 수정액, 수정테이프 등 사용 시 해당문항 무효 처리)

자. 청원경찰 체력시험은 '붙임 2' 측정방법에 따라 실시합니다.

차. 부정행위 등 금지

「지방공무원임용령」 제65조(부정행위자 등에 대한 조치)

① 임용시험에서 다음 각 호의 어느 하나에 해당하는 행위를 한 사람에 대해서는 그 시험을 정지 또는 무효로 하거나 합격 결정을 취소하고, 그 처분이 있은 날부터 5년간 이 영에 따른 시험과 그 밖에 공무원 임용을 위한 시험의 응시자격을 정지한다.
1. 다른 수험생의 답안지를 보거나 본인의 답안지를 보여주는 행위
2. 대리시험을 의뢰하거나 대리로 시험에 응시하는 행위
3. 통신기기, 그 밖의 신호 등을 이용하여 해당 시험 내용에 관하여 다른 사람과 의사소통을 하는 행위
4. 부정한 자료를 가지고 있거나 이용하는 행위
5. 병역, 가점, 영어능력시험의 성적에 관한 사항 등 시험에 관한 증명서류에 거짓 사실을 적거나 그 서류를 위조·변조하여 시험결과에 부당한 영향을 주는 행위
5의2. 체력시험에 영향을 미칠 목적으로 행정안전부장관이 정하여 고시하는 금지약물을 복용하거나 금지방법을 사용하는 행위
6. 그 밖에 부정한 수단으로 본인 또는 다른 사람의 시험결과에 영향을 미치는 행위

② 임용시험에서 다음 각 호의 어느 하나에 해당하는 행위를 한 사람에 대해서는 그 시험을 정지하거나 무효로 한다.
1. 시험 시작 전에 시험문제를 열람하는 행위
2. 시험 시작 전이나 시험 종료 후에 답안을 작성하는 행위
3. 허용되지 않은 통신기기 또는 전자계산기기를 가지고 있는 행위
4. <u>그 밖에 시험의 공정한 관리에 영향을 미치는 행위로서 시험실시기관의 장이 시험의 정지 또는 무효 처리 기준으로 정하여 공고한 행위</u>

> · 문제책이 시험실 안으로 들어간 후 해당 시험실에 입실하는 행위
> · 시험시간 중 응시자 상호간에 대화를 하거나 물품을 빌리는 행위
> · 답안지를 고의로 찢거나 심하게 훼손하는 행위
> · 답안지에 인적사항 등을 기재하지 않아 당해 답안지로 응시자를 확인할 수 없는 경우
> · 시험 종료 후에 시험감독관의 답안지 제출지시에 불응하는 행위 등 시험감독관의 정당한 지시에 불응하는 행위
> · 비공개 문제를 이기하는 행위

※ 기타 자세한 사항은 충청북도 총무과 교육고시팀으로 문의하시기 바랍니다.(☎ 043-220-2532,2533,2534,2536)

<붙 임 1>

청원경찰 체력시험 종목 및 평가점수

종 목	성별	평 가 점 수									
		1	2	3	4	5	6	7	8	9	10
악력 (kg)	남	45.3~ 48.0	48.1~ 50.0	50.1~ 51.5	51.6~ 52.8	52.9~ 54.1	54.2~ 55.4	55.5~ 56.7	56.8~ 58.0	58.1~ 59.9	60.0 이상
	여	27.6~ 28.9	29.0~ 30.2	30.3~ 31.1	31.2~ 31.9	32.0~ 32.9	33.0~ 33.7	33.8~ 34.6	34.7~ 35.7	35.8~ 36.9	37.0 이상
배근력 (kg)	남	147~ 153	154~ 158	159~ 165	166~ 169	170~ 173	174~ 178	179~ 185	186~ 194	195~ 205	206 이상
	여	85~ 91	92~ 95	96~ 98	99~ 101	102~ 104	105~ 107	108~ 110	111~ 114	115~ 120	121 이상
앉아 윗몸 앞으로 굽히기 (cm)	남	16.1~ 17.3	17.4~ 18.3	18.4~ 19.8	19.9~ 20.6	20.7~ 21.6	21.7~ 22.4	22.5~ 23.2	23.3~ 24.2	24.3~ 25.7	25.8 이상
	여	19.5~ 20.6	20.7~ 21.6	21.7~ 22.6	22.7~ 23.4	23.5~ 24.8	24.9~ 25.4	25.5~ 26.1	26.2~ 26.7	26.8~ 27.9	28.0 이상
제자리 멀리 뛰기 (cm)	남	223~ 231	232~ 236	237~ 239	240~ 242	243~ 245	246~ 249	250~ 254	255~ 257	258~ 262	263 이상
	여	160~ 164	165~ 168	169~ 172	173~ 176	177~ 180	181~ 184	185~ 188	189~ 193	194~ 198	199 이상
윗몸 일으 키기 (회/분)	남	43	44	45	46	47	48	49	50	51	52 이상
	여	33	34	35	36	37	38	39	40	41	42 이상
왕복 오래 달리기 (회)	남	57~ 59	60~ 61	62~ 63	64~ 67	68~ 71	72~ 74	75	76	77	78 이상
	여	28	29~ 30	31	32~ 33	34~ 36	37~ 39	40	41	42	43 이상

<붙임 2>

청원경찰 체력시험 측정방법

종 목	측 정 방 법 등
악 력 (kg)	○ 측정 장비 : 스메들리(smedley)식 악력계 ○ 측정 단위 : kg ○ 측정 방법 : 똑바로 선채로 양발을 적당히 벌려서 기립자세를 취하고 손가락의 제 2관절이 직각이 되도록 악력계를 잡은 다음 폭을 조절해 다시 잡고 좌, 우 교대로 2회씩 측정하여 가장 좋은 기록을 선택한다.
배 근 력 (kg)	○ 측정 장비 : 배근력계 ○ 측정 단위 : kg ○ 측정 방법 : 양발을 15cm 정도 벌린 자세로 배근력계 위에 올라서서 상체를 앞으로 약간 기울여 배근력계 손잡이를 잡은 후 배근력계와 상체의 각도가 30°가 되도록 배근력계 손잡이의 높이를 쇠줄로 조절한다. 준비가 되면 전력을 다해 몸을 일으킴으로써 배근력을 측정한다. 2회 실시하여 좋은 기록을 선택한다.
앉아윗몸 앞으로 굽히기 (cm)	○ 측정 장비 : 앉아윗몸앞으로굽히기 측정대(전자식 측정기 가능), 매트 1개 ○ 측정 단위 : cm ○ 측정 방법 - 피검자는 신을 벗고 양 발바닥이 측정기구의 수직면에 완전히 닿도록 하여 무릎을 펴고 바르게 앉는다. 양발 사이의 넓이는 5cm를 넘지 않게 한다. - 양 손바닥은 곧게 펴고 왼손바닥을 오른손 등위에 올려 겹치게 하여 준비 자세를 취한다. - '시작' 구호에 따라 상체를 천천히 굽히면서 측정기구의 눈금 아래로 손을 뻗친다. - 보조원은 피검자가 윗몸을 앞으로 굽힐 때 무릎이 굽혀지지 않도록 피검자의 무릎을 가볍게 눌러준다. - 계측원은 피검자의 손가락 끝이 3초 정도 멈춘 지점의 막대자 눈금을 읽어서 기록한다. - 2회 실시하여 좋은 기록을 선택한다. ※ 유의사항 : 허리의 반동을 이용하거나 갑작스럽게 상체를 굽혀 손을 뻗쳤을 경우 또는 피검자가 앞으로 굽힐 때 무릎을 굽혔을 경우 재검사를 실시한다.

종 목	측 정 방 법 등
제자리 멀리뛰기 (cm)	○ 측정 장비 : 구름판 및 모래터(구름판 위치와 같은 높이로 모래를 정리) 　　또는 전자식 제자리 멀리뛰기 측정판 ○ 측정 기록 : cm ○ 측정 방법 : 발 구름판을 넘지 않도록 서서 팔이나 몸, 다리의 반동을 이용하여 뛰며, 발 구름선에서 가장 가까운 착지점(신체의 어느 한 부분)까지 거리를 구름선과 직각으로 측정한다. 2회 실시하여 좋은 기록을 선택한다.
윗몸 일으키기 (회/분)	○ 측정 장비 : 매트(윗몸일으키기대, 전자식 측정기 사용 가능) ○ 측정 기록 : 회 ○ 측정 방법 : 양발을 3cm정도 벌리고 무릎을 직각으로 굽혀 세우며 양손은 교차해서 가슴에 대고 손끝이 어깨를 향하게 하여 등을 매트에 대고 누워 상체를 90° 이상 일으킨다. 1분 이내에 실시한 횟수를 측정한다.
왕복오래 달리기 (회)	○ 측정 장비(전자식 측정기 사용 가능) - 최소 길이 20m, 1인당 폭 1m 이상 되는 평평하고 미끄럽지 않은 공간 - 음량이 적정한 CD 플레이어 또는 카세트플레이어 - 점증속도에 따라 울리는 신호음이 녹음된 CD 또는 오디오카세트 - 녹음 CD : 별도 ○ 측정 기록 : 단위(회) ○ 측정 방법 - 20m코스의 양족 끝선에 테이프나 분필로 선을 긋는다. - 출발신호원의 '출발' 신호에 맞춰서 출발한다. - 먼저 도착한 피검자는 출발자의 '출발' 신호가 다시 울릴 때까지 기다려야 한다. - 신호가 울리면 다시 반대쪽 라인 끝을 향해 달린다. - 왕복하는 동안 정해진 주기에 따라 속도가 빨라진다. - 동시에 출발한 피검자가 신호음이 울릴 때까지 라인에 도달하지 못한 경우 검사는 종료되고 이때까지 달린 20m 거리의 횟수를 기록한다.

비 고 : 본인의 귀책사유가 아닌 사항으로 측정에 문제가 있는 경우(왕복오래달리기 종목의 경우 실수로 넘어진 경우 포함) 그 해당 종목에 한하여 재 측정 기회를 추가적으로 부여할 수 있다.

□ '18년 제1차 경찰공무원(순경) 채용시험 원서접수 결과

구분		제	서울	부산	대구	인천	광주	대전	울산	경기남부	경기북부	강원	충북	충남	전북	전남	경북	경남	제주
일반(男)	채용	**1,299**	155	104	33	115	8	9	60	374	48	67	12	81	14	47	124	40	8
	응시	39,326	6,322	3,318	1,410	3,032	890	741	1,449	7,813	1,562	1,629	707	2,469	887	1,494	3,294	1,938	371
	경쟁	**30.2:1**	40:1	31:1	42:1	26:1	111:1	82:1	24:1	20:1	32:1	24:1	58:1	30:1	63:1	31:1	26:1	48:1	46:1
일반(女)	채용	**230**	42	15	10	20	4	4	4	25	14	12	4	13	9	16	24	10	4
	응시	13,594	3,173	1,096	802	910	465	457	324	1,438	695	440	276	551	543	617	975	678	154
	경쟁	**59.1:1**	75:1	73:1	80:1	45:1	116:1	114:1	81:1	57:1	49:1	36:1	69:1	42:1	60:1	38:1	40:1	67:1	38:1
의경경채	채용	**150**	18	11	5	12	2	2	8	36	8	7	2	11	2	6	13	5	2
	응시	3,739	554	264	184	231	99	93	173	618	193	169	56	329	49	194	256	174	103
	경쟁	**24.9:1**	30:1	24:1	36:1	19:1	49:1	46:1	21:1	17:1	24:1	24:1	28:1	29:1	24:1	32:1	19:1	34:1	51:1
101경비단	채용	**120**	120																
	응시	2,337	2,337																
	경쟁	**19:1**	19:1																

경찰교육원 공고 제2017-4호

2018년도 제67기 경찰간부후보생 선발시험 공고

경찰간부후보생 공개경쟁선발시험 시행계획을 다음과 같이 공고합니다.

2017년 8월 14일

경 찰 교 육 원 장

---

1. 선발분야 및 인원

분야	일반(남)	일반(여)	세무회계	사이버	계
인원(명)	35	5	5	5	50

※ 특수분야(세무회계, 사이버) 남·녀 구분없이 선발

2. 응시원서 접수(인터넷 접수만 가능)

가. **접수 기간** : '17. 8. 14.(월) 09:00 ~ 8. 23.(수) 18:00

   ※ 공휴일 포함 24시간 접수 가능하나, 마감일은 18:00까지 가능, 결제 완료 후 **반드시 접수번호 확인**하여
   주시길 바랍니다.

   ※ 원서접수 마감 이후에는 일체 수정이 불가능하고, **접수취소는** '17. 8. 31.(목) ~ 9. 19.(화) 기간 내에
   가능하며 응시수수료를 반환합니다.(접수취소 후 재접수 불가능)

나. **접수 방법** : 사이버경찰청 인터넷 원서접수 사이트(http://gosi.police.go.kr)

다. **기   타**

   1) **(사진)** 최근 1년 이내에 촬영한 상반신 칼라사진(3cm×4cm)을 업로드 해주시기 바랍니다.

      ※ 배경 있는 사진, 모자나 선글라스 등을 착용한 사진 또는 스냅사진과 얼굴이 잘리거나 작아서 응시자
      식별이 곤란한 사진은 등록할 수 없으며, 원서접수 기간 이후 사진교체 불가

   2) **(영어성적)** 응시자는 영어능력검정시험 성적을 입력하고, 해당 성적표를 스캔하여 업로드
      해주시기 바랍니다.

      ※ 영어성적은 원서접수 마감일 기준 2년 이내의 성적에 한해 유효하며, 영어성적이 기준점수 미달 시
      접수가 불가능합니다. (영어성적 허위기재는 부정행위로 간주)

   3) **(응시지구)** 필기시험 응시지역을 의미하며, 주소지와 상관없이 희망하는 응시지구를 선택가능합니다.

      ※ 응시지구 : 서울, 부산, 대구, 광주, 대전, 경기남부 등 6개(필기시험은 응시지구별 지정장소에서 시행)

      ※ 임용 시 최초 근무지역은 교육성적 등 별도방법에 의하며, 원서 접수 시 선택한 응시지구와는 무관함

   4) **(응시수수료)** 7,000원 【경찰공무원 임용령 제44조(응시수수료)】

      ※ 응시수수료 이외에 소정의 처리비용(휴대폰결제, 카드결제, 계좌이체비용 등)이 소요

      ※ 저소득층해당자(「국민기초생활보장법」에 따른 수급자 또는 「한부모가족지원법」에 따른 보호대상자)는
      사실 확인 후 응시수수료를 반환합니다.(대상자 해당여부는 주소지 주민센터 확인)

   5) **(응시표 교부)** '17. 9. 6.(수) 인터넷 원서접수 사이트에서 응시표(응시번호 포함) 교부
      및 시험장소 공지 예정입니다. (반드시 시험당일 응시표, 신분증, 필기도구 지참)

3. 응시자격

가. 응시 결격사유 등(면접시험 최종일까지 유효하여야 함)

1) 「경찰공무원법」 제7조 제2항 각호의 '임용결격사유'에 해당하거나 「경찰공무원 임용령」
   제46조 등 관계법령에 의해 응시자격이 정지당한 자는 응시불가

나. 응시자격 요건

구 분	응 시 자 격 요 건

연 령	· **21세 이상 40세 이하인자** (1976. 1. 1. ~ 1996. 12. 31. 출생한 자) ※「경찰공무원 임용령」 제39조 제2항
	· 제대군인은 **군복무***기간 1년 미만은 1세, 1년 이상 2년 미만은 2세, 2년 이상은 3세씩 상한 응시연령 연장
	    *군복무 : 제대군인, 사회복무요원, 공중보건의사, 병역판정검사전담의사, 국제협력의사, 공익법무관, 공중방역수의사,
	      전문연구요원, 산업기능요원

학 력	· **학력제한 없음**
병 역	· 남자는 병역을 필하였거나 면제된 자 ('17. 12. 18.까지 전역예정자 포함) ※ 만기전역자 외에 가사사정으로 인한 전역, 직권면직자 중 공상으로 전역한 자에게도 응시자격 인정
운전면허	· **1종 운전면허증 대형면허 또는 보통면허 소지자**

※ 「도로교통법」 제80조 제2항 제1호의 규정에 의한 제1종 보통 운전면허 이상을 소지하여야 함(원서접수일
  부터 면접시험 최종일까지 유효하여야 함)

다. 신체 조건

구 분		응 시 자 격 요 건
신체조건	체격	· 국 · 공립병원 또는 종합병원에서 실시한 경찰공무원 채용 신체검사 및 약물(TBPE)검사 결과 건강상태가 양호하고 사지가 완전하며 가슴·배·입·구강·내장의 질환이 없어야 함
	시력	· 좌 · 우 각각 0.8 이상(교정시력 포함)
	색신	· 색신이상이 아니어야 함. 단, 국·공립병원 또는 종합병원에서 실시한 검사결과 약도색신 이상으로 판정된 경우 응시자격 인정 ※ 색약 보정렌즈 사용금지(적발 시 부정행위로 간주, 5년간 응시자격 제한)
	청력	· 청력이 정상(좌우 각각 40dB 이하)이어야 함
	혈압	· **고혈압 · 저혈압이 아니어야 함 (확장기 : 90-60mmHg, 수축기 : 145-90mmHg)**
	사시 (斜視)	· 검안기 측정 결과 수평사위 20프리즘 이상이거나 수직사위 10프리즘 이상이 아니어야 함 (단, 안과전문의의 정상판단을 받은 경우는 가능)
	문신	· 시술동기, 의미 및 크기가 경찰공무원의 명예를 훼손할 수 있다고 판단되는 문신이 없어야 함

※ 상기 신체조건 외의 사항에 대하여는 「경찰공무원 채용시험에 관한 규칙」 제10조 제1항 <별표1>에 의함.

4. 시험방법

시험 구분	시 험 내 용
제1차, 2차시험 (필기시험)	· 객관식 4과목, 주관식 2과목　　　　　　※ 공고문 하단의 "6. 필기시험 과목 및 방법" 참조
제3차시험 (신체검사)	· 직무수행에 필요한 신체조건 및 건강상태 등 검정
제4차시험 (적성검사)	· 직무수행에 필요한 적성과 자질 등 종합검정
제5차시험 (체력검사)	· 100m달리기, 1000m달리기, 팔굽혀펴기, 윗몸일으키기, 좌·우 악력 (총 5개 종목)
제6차시험 (면접시험)	· 직무수행에 필요한 능력, 발전성 및 적격성 등 검정

5. 시험일시 및 장소

시험 구분	시 험 일 시	시 험 장 소	합 격 자　발 표
제1차, 2차시험 (필기시험)	'17. 9. 23.(토), 08:50	'17. 9. 6.(수) 원서접수 사이트에 공지	'17. 9. 28.(목) 원서접수사이트, 경찰교육원 홈페이지
제3차시험 (신체검사)	'17. 10. 25.(수), 09:00	경찰교육원 (충남 아산시 무궁화로 111)	당일 즉석에서 결정·고지 (자체 신체검사 항목에 한함)
제4차시험 (적성검사)	'17. 10. 25.(수), 13:30	상　　동	면접시험에 반영(합격·불합격 판정 없음)
제5차시험 (체력검사)	'17. 10. 26.(목), 09:00	상　　동	당일 즉석에서 결정·고지
제6차시험 (면접시험)	'17. 12. 19.(화), 09:00	상　　동	※ 최종합격자 발표 : '17. 12. 22.(금) 원서접수사이트, 경찰교육원 홈페이지

※ 일정은 응시인원, 기상조건, 시험장 사정 및 서류검증 소요기간 등에 따라 단축 또는 연장될 수 있음

※ 당해 시험일정 변경, 단계별 시험장소 및 합격자 명단 발표 등 시험시행과 관련된 모든 사항은 인터넷 원서접수 사이트 및 경찰교육원 홈페이지에 공지

6. 필기시험 과목 및 방법
가. 필기시험 과목

시험별 \ 과목별 \ 분야별		일　반	세무회계	사이버
1차시험 (객관식)	필수	한국사	한국사	한국사
		형법	형법	형법
		영어	영어	영어
		행정학	형사소송법	형사소송법
		경찰학개론	세법개론	정보보호론
2차시험 (주관식)	필수	형사소송법	회계학	시스템네트워크보안
	선택 (1개 과목)	행정법	상법총칙	데이터베이스론
		경제학	경제학	통신이론
		민법총칙	통계학	
		형사정책	재정학	소프트웨어공학

※ 영어시험은 「경찰공무원 임용령」 제41조 별표5(영어 과목을 대체하는 영어능력 검정시험의 종류 및 기준점수)에 의거 기준 점수 이상이면 합격한 것으로 간주하고, 다만 응시원서 접수 마감일인 '17. 8. 23. 기준 2년 이내('15. 8. 24. 이후) 성적에 한해 유효한 것으로 인정되며, 필기시험 성적에는 반영되지 않습니다. 아울러 각 공인영어시험기관에서 주관하는 정기시험 성적만 인정합니다.

나. 시험 방법

구분	시험과목	비고
1교시 (09:30 ~ 10:50, 80분)	▸ 전 분야 : 한국사, 형법	객관식 (필수)
2교시 (11:10 ~ 12:30, 80분)	▸ 일　　반 : 행정학, 경찰학개론　▸ 세무회계 : 형사소송법, 세법개론 ▸ 사 이 버 : 형사소송법, 정보보호론	
3교시 (13:40 ~ 14:50, 70분)	▸ 일　　반 : 형사소송법　　　　　▸ 세무회계 : 회계학 ▸ 사 이 버 : 시스템네트워크보안	주관식 (필수)
4교시 (15:10 ~ 16:20, 70분)	▸ 일　　반 : 행정법, 경제학, 민법총칙, 형사정책 중 택1 ▸ 세무회계 : 상법총칙, 경제학, 통계학, 재정학 중 택1 ▸ 사 이 버 : 데이터베이스론, 통신이론, 소프트웨어공학 중 택1	주관식 (선택)

※ 필기시험 종료 후 문제 및 가답안(주관식은 문제만 공개)은 '17. 9. 23.(토), 확정정답은 '17. 9. 26.(화) 인터넷 원서접수사이트(수험자료)에 공개할 예정입니다.
※ 문제 이의제기는 '17. 9. 23.(토) 18:00 ~ 9. 25.(월) 18:00 까지 인터넷 원서접수 사이트 「이의제기」 코너에서 접수합니다. (단, 시험에 응시한 응시생만 가능)
※ 필기시험 개인성적은 '17. 10. 2.(월) ~ 12. 29.(금) 3개월간 인터넷 원서접수 사이트에서 확인 가능합니다.

7. 합격자 결정

구 분	결 정 방 법 (경찰공무원 임용령 제43조)
필기시험	ㆍ1차(객관식)시험 : 과목별 40%이상, 총점의 60%이상 득점자 중 고득점자 순(2배수 선발) ㆍ2차(주관식)시험 : 1차시험 합격자 중 과목별 40%이상, 총점의 60%이상 득점자 중, 1차시험 성적과 합산하여 고득점자 순 1.5배수 선발(단, 과락자 등 발생으로 1.5배수 선발이 불가능할 경우 제외)
체력시험	ㆍ전체 평가종목 총점의 40% 이상 득점자, 단, 1종목이라도 1점 받을시 불합격
적성검사	ㆍ면접시험 참고자료로 활용(합격, 불합격 판정 없음)
면접시험	ㆍ면접시험 총점의 40% 이상의 득점자를 합격자로 결정. 　단, 면접위원의 과반수가 면접평가 요소 중 어느 하나의 평가요소에 대하여 2점 이하로 평가한 경우 불합격(경찰공무원임용령 시행규칙 제36조)
최종합격자	ㆍ필기 50% + 체력 25% + 면접 25%(가산점 자격증 5%)의 고득점자순으로 결정

8. 합격자 처우 및 임용

가. 최종합격자는 경찰교육원에서 1년간 간부후보생과정 교육수료 후 **경위로 임용**됩니다.
나. 경찰교육원 재학 중 피복 및 숙식을 제공하며 **매월 소정의 수당을 지급**합니다.
다. 경찰교육원 재학 중 무도 단증 및 수상인명구조자격 등 각종 자격증 취득이 가능합니다.
라. 임용 후 지구대 또는 파출소 6개월, 경찰서 수사부서(경제팀) 2년 등 총 2년 6개월간 **필수현장보직**에서 근무하여야 합니다(경찰공무원 인사운영규칙 제32조 제1항). 또한, 세무회계, 사이버 분야는 필수현장보직기간 만료 후 3년간 다음 각 호 중 어느 하나의 부서에서 근무하여야 합니다.(경찰공무원 인사운영규칙 제35조)
　1) 세무회계 : 수사, 재정, 감사 관련 부서
　2) 사 이 버 : 사이버, 수사, 정보통신 관련 부서

9. 응시자 유의사항

가. 각 단계별 시험에 응하는 응시자는 반드시 **응시표, 원본 신분증**(주민등록증, 주민등록 발급신청 확인서, 운전면허증, 주민번호가 인쇄된 장애인등록증, 여권 중 1개) **및 필기도구를 지참**하여야 하며, 신분증 미소지자는 시험장에서 퇴실조치 됩니다. 아울러, 학생증, 자격수첩, 공무원증은 신분증으로 인정하지 않습니다.

나. 제1차(객관식 필기)시험은 컴퓨터 채점 방식으로, 반드시 **컴퓨터용 수성사인펜만 사용**(수정액, 수정테이프 등 사용불가)하여야 하며, 답안지 마킹오류 등은 일체 정정채점 불가하고 기재내용의 착오 또는 허위기재, 기재누락 등으로 인한 **일체의 불이익은 응시자 책임**으로 합니다.

다. 필기시험은 응시지구별 지정된 시험 장소에서만 응시할 수 있습니다.

   ※ 응시자는 시험시간 및 장소 등 공지사항을 필히 확인하여야 하며, 공지사항 미열람·착오 등으로 인한 불이익은 응시자 본인에게 있습니다.

라. 시험에 있어 부정한 행위(도핑테스트 비정상분석 결과자 포함)를 하거나 시험에 관한 허위사실을 기재하여 시험결과에 부당한 영향을 주는 행위를 한 자(응시연령, 군복무기간, 취업보호대상자 여부, 기타 서류 위·변조 등)에 대하여는 「경찰공무원 임용령」 제46조에 의해 시험을 정지 또는 무효로 하거나 합격결정을 취소하고, 향후 5년간 공무원 임용시험에 응시자격이 정지됩니다.

마. 응시원서 작성 및 기타 서류 제출 시 착오·누락(취업지원대상자 등) 또는 허위기재로 인한 불이익은 응시자가 부담하여야 합니다.

   ※ **취업지원 대상자는 각 단계별**(필기, 체력, 면접)로 **10% 또는 5%의 가점**을 인정받을 수 있으며, 반드시 국가보훈처에 확인 후 원서접수 시 입력하여 주시기 바랍니다.(단, 점수가 만점의 4할 미만인 경우 부여하지 않음)

   ※ 가점을 받아 합격하는 취업지원대상자는 선발예정인원의 30%를 초과할 수 없습니다.

바. 금지약물 복용이나 금지방법 사용 등으로 인한 부정합격 방지를 위해 **체력시험 응시자 대상 도핑테스트를 실시**할 수 있습니다.

사. 최종합격 후에도 시험 진행기간 중 금지약물(스테로이드 등) 복용, 운전면허 취소 등 응시자격 요건에 미달하거나, 범법행위가 확인 될 경우 최종합격이 취소 될 수 있습니다.

아. 제출서류는 필기시험 합격자 발표 시 안내 예정이고, 제출된 서류는 일체 반환하지 않습니다.

자. **가산점이 인정되는 자격증은 적성검사일('17.10.25.)까지 제출**하셔야 인정됩니다.

   ※ 가산점은 최고 5점만 인정, 동일분야 자격증을 복수 제출할 경우 가장 높은 점수만 인정, 어학자격증은 면접일 기준 2년 내 것만 인정됩니다.

차. 상기 시험일정 및 장소는 사정에 따라 변경될 수 있습니다.

※ 기타 문의사항은 경찰교육원 교무과 교무계(041-536-2452, 2454)로 문의 바랍니다.

※ 주소 : (우편번호 : 31540) 충남 아산시 무궁화로 111, 경찰교육원 교무과 교무계 채용담당자 앞

부 록 Ⅱ

경찰공무원법

[시행 2018. 9. 21.] [법률 제15522호, 2018. 3. 20, 타법개정]

제1조(목적) 이 법은 국가경찰공무원의 책임 및 직무의 중요성과 신분 및 근무 조건의 특수성에 비추어 그 임용, 교육훈련, 복무(服務), 신분보장 등에 관하여 「국가공무원법」에 대한 특례를 규정함을 목적으로 한다.

제1조의2(정의) 이 법에서 사용하는 용어의 정의는 다음과 같다.

1. "임용"이란 신규채용·승진·전보·파견·휴직·직위해제·정직·강등·복직·면직·해임 및 파면을 말한다.

2. "전보"란 경찰공무원의 동일 직위 및 자격 내에서의 근무기관이나 부서를 달리하는 임용을 말한다.

3. "복직"이란 휴직·직위해제 또는 정직(강등에 따른 정직을 포함한다) 중에 있는 경찰공무원을 직위에 복귀시키는 것을 말한다.

제2조(계급 구분) 국가경찰공무원(이하 "경찰공무원"이라 한다)의 계급은 다음과 같이 구분한다.

치안총감(治安總監)

치안정감(治安正監)

치안감(治安監)

경무관(警務官)

총경(總警)

경정(警正)

경감(警監)

경위(警衛)

경사(警査)

경장(警長)

순경(巡警)

제3조(경과 구분) ① 경찰공무원은 그 직무의 종류에 따라 경과(警科)에 의하여 구분할

수 있다.

② 경과의 구분에 필요한 사항은 대통령령으로 정한다.

제4조(경찰공무원인사위원회의 설치) ① 경찰공무원의 인사(人事)에 관한 중요 사항에 대하여 경찰청장 또는 해양경찰청장의 자문에 응하게 하기 위하여 경찰청과 해양경찰청에 경찰공무원인사위원회(이하 "인사위원회"라 한다)를 둔다.

② 인사위원회의 구성 및 운영에 필요한 사항은 대통령령으로 정한다.

제5조(인사위원회의 기능) 인사위원회는 다음 각 호의 사항을 심의한다.

1. 경찰공무원의 인사행정에 관한 방침과 기준 및 기본계획

2. 경찰공무원의 인사에 관한 법령의 제정·개정 또는 폐지에 관한 사항

3. 그 밖에 경찰청장 또는 해양경찰청장이 인사위원회의 회의에 부치는 사항

제6조(임용권자) ① 총경 이상 경찰공무원은 경찰청장 또는 해양경찰청장의 추천을 받아 행정안전부장관 또는 해양수산부장관의 제청으로 국무총리를 거쳐 대통령이 임용한다. 다만, 해양경찰청장은 해양수산부장관의 제청으로 국무총리를 거쳐 대통령이 임명하고, 총경의 전보, 휴직, 직위해제, 강등, 정직 및 복직은 경찰청장 또는 해양경찰청장이 한다.

② 경정 이하의 경찰공무원은 경찰청장 또는 해양경찰청장이 임용한다. 다만, 경정으로의 신규채용, 승진임용 및 면직은 경찰청장 또는 해양경찰청장의 제청으로 국무총리를 거쳐 대통령이 한다.

③ 경찰청장 또는 해양경찰청장은 대통령령으로 정하는 바에 따라 경찰공무원의 임용에 관한 권한의 일부를 소속 기관의 장, 지방경찰청장 또는 지방해양경찰관서의 장에게 위임할 수 있다.

④ 경찰청장, 해양경찰청장 또는 제3항에 따라 임용권을 위임받은 자는 행정안전부령 또는 해양수산부령으로 정하는 바에 따라 소속 경찰공무원의 인사기록을 작성·보관하여야 한다.

제7조(임용자격 및 결격사유) ① 경찰공무원은 신체 및 사상이 건전하고 품행이 방정(方正)한 사람 중에서 임용한다.

② 다음 각 호의 어느 하나에 해당하는 사람은 경찰공무원으로 임용될 수 없다.

1. 대한민국 국적을 가지지 아니한 사람

2. 「국적법」 제11조의2제1항에 따른 복수국적자

3. 피성년후견인 또는 피한정후견인

4. 파산선고를 받고 복권되지 아니한 사람

5. 자격정지 이상의 형(刑)을 선고받은 사람

6. 자격정지 이상의 형의 선고유예를 선고받고 그 유예기간 중에 있는 사람

7. 징계에 의하여 파면 또는 해임처분을 받은 사람

제8조(신규채용) ① 경정 및 순경의 신규채용은 공개경쟁시험으로 한다.

② 경위의 신규채용은 경찰대학을 졸업한 사람 및 대통령령으로 정하는 자격을 갖추고 공개경쟁시험으로 선발된 사람(이하 "경찰간부후보생"이라 한다)으로서 교육훈련을 마치고 정하여진 시험에 합격한 사람 중에서 한다.

③ 다음 각 호의 어느 하나에 해당하는 경우에는 경력 등 응시요건을 정하여 같은 사유에 해당하는 다수인을 대상으로 경쟁의 방법으로 채용하는 시험(이하 "경력경쟁채용시험"이라 한다)으로 경찰공무원을 신규채용할 수 있다. 다만, 다수인을 대상으로 시험을 실시하는 것이 적당하지 아니하여 대통령령으로 정하는 경우에는 다수인을 대상으로 하지 아니한 시험으로 경찰공무원을 채용할 수 있다. <개정 2014. 12. 30., 2018. 3. 20.>

1. 「국가공무원법」 제70조제1항제3호의 사유로 퇴직하거나 같은 법 제71조제1항제1호의 휴직 기간 만료로 퇴직한 경찰공무원을 퇴직한 날부터 3년(「공무원 재해보상법」에 따른 공무상 부상 또는 질병으로 인한 휴직의 경우에는 5년) 이내에 퇴직 시에 재직한 계급의 경찰공무원으로 재임용하는 경우

2. 공개경쟁시험으로 임용하는 것이 부적당한 경우에 임용예정 직무에 관련된 자격증 소지자를 임용하는 경우

3. 임용예정직에 상응하는 근무실적 또는 연구실적이 있거나 전문지식을 가진 사람을 임용하는 경우

4. 「국가공무원법」에 따른 5급 공무원의 공개경쟁채용시험이나 「사법시험법」에 따른 사법시험에 합격한 사람을 경정 이하의 경찰공무원으로 임용하는 경우

5. 「국가공무원법」 제85조에 따라 재학 중에 장학금을 받고 졸업한 사람을 임용하는 경우

6. 섬, 외딴곳 등 특수지역에서 근무할 사람을 임용하는 경우

7. 외국어에 능통한 사람을 임용하는 경우

8. 제주특별자치도의 자치경찰공무원(이하 "자치경찰공무원"이라 한다)을 그 계급에 상응하는 경찰공무원으로 임용하는 경우

④ 삭제 <2014. 12. 30.>

⑤ 제2항에 따른 경찰간부후보생의 교육훈련, 경력경쟁채용시험 및 제3항 각 호 외의 부분 단서에 따른 채용시험(이하 "경력경쟁채용시험등"이라 한다)을 통하여 채용할 수 있는 경찰공무원의 계급, 임용예정직에 관련된 자격증의 구분, 근무실적 또는 연

구실적, 전보 제한 등에 관한 사항은 대통령령으로 정한다.

제8조의2(부정행위자에 대한 제재) 경찰청장 또는 해양경찰청장은 경찰공무원의 채용시험 또는 경찰간부후보생 공개경쟁선발시험에서 부정행위를 한 응시자에 대하여는 해당 시험을 정지 또는 무효로 하고, 그 처분이 있은 날부터 5년간 시험응시자격을 정지한다.

제9조(채용후보자 명부 등) ① 경찰청장 또는 해양경찰청장(제6조제3항에 따라 임용권을 위임받은 자를 포함한다)은 신규채용시험에 합격한 사람(경찰대학을 졸업한 사람과 경찰간부후보생을 포함한다)을 대통령령으로 정하는 바에 따라 성적 순위에 따라 채용후보자 명부에 등재(登載)하여야 한다.

② 경찰공무원의 신규채용은 제1항에 따른 채용후보자 명부의 등재 순위에 따른다. 다만, 채용후보자가 경찰교육기관에서 신임교육을 받은 경우에는 그 교육성적 순위에 따른다.

③ 제1항에 따른 채용후보자 명부의 유효기간은 2년의 범위에서 대통령령으로 정한다. 다만, 경찰청장 또는 해양경찰청장은 필요에 따라 1년의 범위에서 그 기간을 연장할 수 있다.

④ 경찰청장 또는 해양경찰청장은 채용후보자 명부의 유효기간을 연장하기로 결정한 경우에는 그 사실을 공고하여야 한다.

⑤ 제1항에 따른 채용후보자 명부의 작성 및 운영에 필요한 사항은 대통령령으로 정한다.

⑥ 임용권자는 경찰공무원의 결원을 보충할 때 채용후보자 명부 또는 승진후보자 명부에 등재된 후보자 수가 결원 수보다 적고, 인사행정 운영상 특히 필요하다고 인정할 때에는 그 결원된 계급에 관하여 다른 임용권자가 작성한 자치경찰공무원의 신규임용후보자 명부 또는 승진후보자 명부를 해당 기관의 채용후보자 명부 또는 승진후보자 명부로 보아 해당 자치경찰공무원을 임용할 수 있다. 이 경우 임용권자는 그 자치경찰공무원의 임용권자와 협의하여야 한다.

제10조(시보임용) ① 경정 이하의 경찰공무원을 신규채용할 때에는 1년간 시보(試補)로 임용하고, 그 기간이 만료된 다음 날에 정규 경찰공무원으로 임용한다.

② 휴직기간, 직위해제기간 및 징계에 의한 정직처분 또는 감봉처분을 받은 기간은 제1항에 따른 시보임용기간에 산입하지 아니한다.

③ 시보임용기간 중에 있는 경찰공무원이 근무성적 또는 교육훈련성적이 불량할 때에는 「국가공무원법」 제68조 및 이 법 제22조에도 불구하고 면직시키거나 면직을 제청할 수 있다.

④ 다음 각 호의 어느 하나에 해당하는 경우에는 시보임용을 거치지 아니한다.

1. 경찰대학을 졸업한 사람 또는 경찰간부후보생으로서 정하여진 교육을 마친 사람을 경위로 임용하는 경우

2. 경찰공무원으로서 대통령령으로 정하는 상위계급으로의 승진에 필요한 자격 요건을 갖추고 임용예정 계급에 상응하는 공개경쟁 채용시험에 합격한 사람을 해당 계급의 경찰공무원으로 임용하는 경우

3. 퇴직한 경찰공무원으로서 퇴직 시에 재직하였던 계급의 채용시험에 합격한 사람을 재임용하는 경우

4. 자치경찰공무원을 그 계급에 상응하는 경찰공무원으로 임용하는 경우

제10조의2(경찰공무원과 자치경찰공무원 간의 인사 교류) ① 경찰청장은 경찰공무원의 능력을 발전시키고 국가경찰과 자치경찰 사무의 연계성을 높이기 위하여 국가경찰과 자치경찰 간에 긴밀한 인사 교류가 될 수 있도록 노력하여야 한다.

② 제8조제3항제8호에 따라 자치경찰공무원을 경찰공무원으로 채용할 때에는 경력경쟁채용시험등을 거치지 아니할 수 있다.

제11조(승진) ① 경찰공무원은 바로 아래 하위계급에 있는 경찰공무원 중에서 근무성적평정, 경력평정, 그 밖의 능력을 실증(實證)하여 승진임용한다.

② 경무관 이하 계급으로의 승진은 승진심사에 의하여 한다. 다만, 경정 이하 계급으로의 승진은 대통령령으로 정하는 비율에 따라 승진시험과 승진심사를 병행할 수 있다.

③ 삭제 <1994. 12. 22.>

④ 총경 이하의 경찰공무원에 대하여는 대통령령으로 정하는 바에 따라 계급별로 승진대상자 명부를 작성하여야 한다.

⑤ 경찰공무원의 승진에 필요한 계급별 최저근무연수, 승진 제한에 관한 사항, 그 밖에 승진에 관하여 필요한 사항은 대통령령으로 정한다.

제11조의2(근속승진) ① 경찰청장 또는 해양경찰청장은 제11조제2항에도 불구하고 해당 계급에서 다음 각 호의 기간 동안 재직한 사람을 경장, 경사, 경위, 경감으로 각각 근속승진임용 할 수 있다.

1. 순경을 경장으로 근속승진임용하려는 경우: 해당 계급에서 4년 이상 근속자

2. 경장을 경사로 근속승진임용하려는 경우: 해당 계급에서 5년 이상 근속자

3. 경사를 경위로 근속승진임용하려는 경우: 해당 계급에서 6년 6개월 이상 근속자

4. 경위를 경감으로 근속승진임용하려는 경우: 해당 계급에서 10년 이상 근속자

② 제1항에 따라 근속승진한 경찰공무원이 근무하는 기간에는 그에 해당하는 직급의 정원이 따로 있는 것으로 보고, 종전 직급의 정원은 감축된 것으로 본다.

③ 제1항에 따른 근속승진임용의 기준, 절차 등에 관하여 필요한 사항은 대통령령으로 정한다.

제12조(승진심사위원회) ① 제11조제2항에 따른 승진심사를 위하여 경찰청과 해양경찰청에 중앙승진심사위원회를 두고, 경찰청·해양경찰청·지방경찰청과 대통령령으로 정하는 경찰기관 및 지방해양경찰관서에 보통승진심사위원회를 둔다.

② 제1항에 따라 설치된 승진심사위원회는 제11조제4항에 따라 작성된 승진대상자 명부의 선순위자(제11조제2항 단서에 따른 승진시험에 합격된 승진후보자는 제외한다) 순으로 승진시키려는 결원의 5배수의 범위에 있는 사람 중에서 승진후보자를 심사·선발한다.

③ 승진심사위원회의 구성·관할 및 운영에 필요한 사항은 대통령령으로 정한다.

제13조(승진후보자 명부 등) ① 경찰청장 또는 해양경찰청장(제6조제3항에 따라 임용권을 위임받은 자를 포함한다)은 제11조제2항 및 제3항에 따른 승진시험에 합격한 사람과 제12조제2항에 따라 승진후보자로 선발된 사람을 대통령령으로 정하는 바에 따라 승진후보자 명부에 등재하여야 한다.

② 경무관 이하 계급으로의 승진은 제1항에 따른 승진후보자 명부의 등재 순위에 따른다.

③ 승진후보자 명부의 유효기간과 작성 및 운영에 관하여는 제9조를 준용한다.

제14조(특별유공자 등의 특별승진) ① 경찰공무원으로서 다음 각 호의 어느 하나에 해당되는 사람에 대하여는 제11조에도 불구하고 1계급 특별승진시킬 수 있다. 다만, 경위 이하의 경찰공무원으로서 모든 경찰공무원의 귀감이 되는 공을 세우고 전사하거나 순직한 사람에 대하여는 2계급 특별승진시킬 수 있다.

1. 「국가공무원법」 제40조의4제1항제1호부터 제4호까지의 규정 중 어느 하나에 해당되는 사람

2. 전사하거나 순직한 사람

3. 직무 수행 중 현저한 공적을 세운 사람

② 특별승진의 요건과 그 밖에 필요한 사항은 대통령령으로 정한다.

제15조(시험실시기관 및 응시자격 등) ① 경찰공무원의 신규채용시험 및 승진시험과 경찰간부후보생 선발시험은 경찰청장 또는 해양경찰청장이 실시한다. 다만, 경찰청장 또는 해양경찰청장이 필요하다고 인정할 때에는 대통령령으로 정하는 바에 따라 그 권한의 일부를 소속 기관의 장, 지방경찰청장 또는 지방해양경찰관서의 장에게 위임할 수 있다.

② 제1항에 따른 각종 시험의 응시자격, 시험방법, 그 밖에 시험의 실시에 필요한 사

항은 대통령령으로 정한다.

제16조(보훈) 경찰공무원으로서 전투나 그 밖의 직무 수행 또는 교육훈련 중 사망한 사람(공무상 질병으로 사망한 사람을 포함한다) 및 부상(공무상의 질병을 포함한다)을 입고 퇴직한 사람과 그 유족 또는 가족은 「국가유공자 등 예우 및 지원에 관한 법률」 또는 「보훈보상대상자 지원에 관한 법률」에 따라 예우 또는 지원을 받는다.

제17조(교육훈련) ① 경찰청장 또는 해양경찰청장은 모든 경찰공무원에게 균등한 교육훈련의 기회가 주어지도록 교육훈련에 관한 종합적인 기획 및 조정을 하여야 한다.

② 경찰청장 또는 해양경찰청장은 경찰공무원의 교육훈련을 위한 교육훈련기관을 설치·운영할 수 있다.

③ 경찰청장 또는 해양경찰청장은 교육훈련을 위하여 필요하면 대통령령으로 정하는 바에 따라 경찰공무원을 국내외의 교육기관에 위탁하여 일정 기간 교육훈련을 받게 할 수 있다.

④ 제2항에 따른 경찰공무원 교육훈련기관의 설치 및 운영에 필요한 사항과 제3항에 따라 교육훈련을 받은 경찰공무원의 복무에 관한 사항은 대통령령으로 정한다.

제18조(거짓 보고 등의 금지) ① 경찰공무원은 직무에 관하여 거짓으로 보고나 통보를 하여서는 아니 된다.

② 경찰공무원은 직무를 게을리하거나 유기(遺棄)해서는 아니 된다.

제19조(지휘권 남용 등의 금지) 전시·사변, 그 밖에 이에 준하는 비상사태이거나 작전 수행 중인 경우 또는 많은 인명 손상이나 국가재산 손실의 우려가 있는 위급한 사태가 발생한 경우, 경찰공무원을 지휘·감독하는 사람은 정당한 사유 없이 그 직무 수행을 거부 또는 유기하거나 경찰공무원을 지정된 근무지에서 진출·퇴각 또는 이탈하게 하여서는 아니 된다.

제20조(복제 및 무기 휴대) ① 경찰공무원은 제복을 착용하여야 한다.

② 경찰공무원은 직무 수행을 위하여 필요하면 무기를 휴대할 수 있다.

③ 경찰공무원의 복제(服制)에 관한 사항은 행정안전부령 또는 해양수산부령으로 정한다.

제21조(당연퇴직) 경찰공무원이 제7조제2항 각 호의 어느 하나에 해당하게 된 경우에는 당연히 퇴직한다. 다만, 같은 항 제6호에 해당하게 된 경우에는 그러하지 아니하다.

제22조(직권면직) ① 임용권자는 경찰공무원이 다음 각 호의 어느 하나에 해당될 때에는 직권으로 면직시킬 수 있다.

1. 「국가공무원법」 제70조제1항제3호부터 제5호까지의 규정 중 어느 하나에 해당될 때
2. 경찰공무원으로는 부적합할 정도로 직무 수행능력이나 성실성이 현저하게 결여된

사람으로서 대통령령으로 정하는 사유에 해당된다고 인정될 때

3. 직무를 수행하는 데에 위험을 일으킬 우려가 있을 정도의 성격적 또는 도덕적 결함이 있는 사람으로서 대통령령으로 정하는 사유에 해당된다고 인정될 때

4. 해당 경과에서 직무를 수행하는 데 필요한 자격증의 효력이 상실되거나 면허가 취소되어 담당 직무를 수행할 수 없게 되었을 때

② 제1항제2호·제3호 또는 「국가공무원법」 제70조제1항제5호의 사유로 면직시키는 경우에는 제26조에 따른 징계위원회의 동의를 받아야 한다.

③ 「국가공무원법」 제70조제1항제4호의 사유로 인한 직권면직일은 휴직기간의 만료일이나 휴직 사유의 소멸일로 한다.

제23조(실종된 경찰공무원의 휴직기간 등) ① 「국가공무원법」 제71조제1항제4호의 사유로 인한 경찰공무원의 휴직기간은 같은 법 제72조제3호에도 불구하고 법원의 실종선고를 받는 날까지로 한다.

② 제1항에 따른 휴직자가 있는 경우에는 그 휴직자의 계급에 해당하는 정원이 따로 있는 것으로 보고, 결원을 보충할 수 있다.

제24조(정년) ① 경찰공무원의 정년은 다음과 같다.

1. 연령정년: 60세

2. 계급정년

치안감: 4년

경무관: 6년

총경: 11년

경정: 14년

② 징계로 인하여 강등(경감으로 강등된 경우를 포함한다)된 경찰공무원의 계급정년은 제1항제2호에도 불구하고 다음 각 호에 따른다.

1. 강등된 계급의 계급정년은 강등되기 전 계급 중 가장 높은 계급의 계급정년으로 한다.

2. 계급정년을 산정할 때에는 강등되기 전 계급의 근무연수와 강등 이후의 근무연수를 합산한다.

③ 수사, 정보, 외사(外事), 보안 등 특수 부문에 근무하는 경찰공무원으로서 대통령령으로 정하는 바에 따라 지정을 받은 사람은 총경 및 경정의 경우에는 3년의 범위에서 대통령령으로 정하는 바에 따라 제1항제2호에 따른 계급정년을 연장할 수 있다.

④ 경찰청장 또는 해양경찰청장은 전시·사변이나 그 밖에 이에 준하는 비상사태에서는 2년의 범위에서 제1항제2호에 따른 계급정년을 연장할 수 있다. 이 경우 경무관

이상의 경찰공무원에 대하여는 행정안전부장관 또는 해양수산부장관과 국무총리를 거쳐 대통령의 승인을 받아야 하고, 총경·경정의 경찰공무원에 대하여는 국무총리를 거쳐 대통령의 승인을 받아야 한다.

⑤ 경찰공무원은 그 정년이 된 날이 1월에서 6월 사이에 있으면 6월 30일에 당연퇴직하고, 7월에서 12월 사이에 있으면 12월 31일에 당연퇴직한다.

⑥ 제1항제2호에 따른 계급정년을 산정할 때 자치경찰공무원으로 근무한 경력이 있는 경찰공무원의 경우에는 그 계급에 상응하는 자치경찰공무원으로 근무한 연수(年數)를 산입한다.

제25조(고충심사위원회) ① 경찰공무원의 인사상담 및 고충을 심사하기 위하여 경찰청, 해양경찰청, 지방경찰청, 대통령령으로 정하는 경찰기관 및 지방해양경찰관서에 경찰공무원 고충심사위원회를 둔다.

② 경찰공무원 고충심사위원회의 심사를 거친 재심청구와 경정 이상의 경찰공무원의 인사상담 및 고충심사는 「국가공무원법」에 따라 설치된 중앙고충심사위원회에서 한다.

③ 경찰공무원 고충심사위원회의 구성, 심사 절차 및 운영에 필요한 사항은 대통령령으로 정한다.

제26조(징계위원회) ① 경무관 이상의 경찰공무원에 대한 징계의결은 「국가공무원법」에 따라 국무총리 소속으로 설치된 징계위원회에서 한다.

② 총경 이하의 경찰공무원에 대한 징계의결을 하기 위하여 대통령령으로 정하는 경찰기관 및 해양경찰관서에 경찰공무원 징계위원회를 둔다.

③ 경찰공무원 징계위원회의 구성·관할·운영, 징계의결의 요구 절차, 그 밖에 필요한 사항은 대통령령으로 정한다.

제27조(징계의 절차) 경찰공무원의 징계는 징계위원회의 의결을 거쳐 징계위원회가 설치된 소속 기관의 장이 하되, 「국가공무원법」에 따라 국무총리 소속으로 설치된 징계위원회에서 의결한 징계는 경찰청장 또는 해양경찰청장이 한다. 다만, 파면·해임·강등 및 정직은 징계위원회의 의결을 거쳐 해당 경찰공무원의 임용권자가 하되, 경무관 이상의 강등 및 정직과 경정 이상의 파면 및 해임은 경찰청장 또는 해양경찰청장의 제청으로 행정안전부장관 또는 해양수산부장관과 국무총리를 거쳐 대통령이 하고, 총경 및 경정의 강등 및 정직은 경찰청장 또는 해양경찰청장이 한다.

제28조(행정소송의 피고) 징계처분, 휴직처분, 면직처분, 그 밖에 의사에 반하는 불리한 처분에 대한 행정소송의 경우에는 경찰청장 또는 해양경찰청장을 피고로 한다. 다만, 제6조제3항에 따라 임용권을 위임한 경우에는 그 위임을 받은 자를 피고로 한다.

제29조(경찰간부후보생의 보수 등) 교육 중인 경찰간부후보생에게는 대통령령으로 정

하는 바에 따라 보수와 그 밖의 실비(實費)를 지급한다.

제30조(「국가공무원법」과의 관계) ① 경찰공무원에 대하여는 「국가공무원법」 제73조
의4, 제76조제2항부터 제5항까지의 규정을 적용하지 아니하며, 치안총감과 치안정감
에 대하여는 「국가공무원법」 제68조 본문을 적용하지 아니한다.

② 「국가공무원법」을 경찰공무원에게 적용할 때에는 다음 각 호에 따른다.

1. 「국가공무원법」 제32조의5 및 제43조 중 "직급"은 "계급"으로 본다.

2. 「국가공무원법」 제42조제2항, 제85조제1항 및 제2항 중 "인사혁신처장"은 "경찰청
   장 또는 해양경찰청장"으로 본다.

3. 「국가공무원법」 제67조, 제68조, 제78조제1항제1호 및 제2항, 제80조제7항 및 제8
   항 중 "이 법"은 "이 법 및 「국가공무원법」"으로 본다.

4. 「국가공무원법」 제71조제2항제3호 중 "중앙인사관장기관의 장"은 "경찰청장 또는
   해양경찰청장"으로 본다.

제31조(벌칙) ① 경찰공무원으로서 전시·사변, 그 밖에 이에 준하는 비상사태이거나
작전 수행 중인 경우에 제18조제2항 또는 제19조, 「국가공무원법」 제58조제1항을 위
반한 사람은 3년 이상의 징역이나 금고에 처하며, 제18조제1항, 「국가공무원법」 제57
조를 위반한 사람은 7년 이하의 징역이나 금고에 처한다.

② 제1항의 경우 외에 집단 살상의 위급 사태가 발생한 경우에 제18조 또는 제19조,
「국가공무원법」 제57조 및 제58조제1항을 위반한 사람은 7년 이하의 징역이나 금고
에 처한다.

③ 경찰공무원으로서 「국가공무원법」 제65조를 위반한 사람은 3년 이하의 징역과 3
년 이하의 자격정지에 처하고, 그 죄에 대한 공소시효의 기간은 「형사소송법」 제249
조제1항에도 불구하고 10년으로 한다.

④ 경찰공무원으로서 「국가공무원법」 제44조 또는 제45조를 위반한 사람은 1년 이하
의 징역 또는 100만원 이하의 벌금에 처하고, 같은 법 제66조를 위반한 사람은 2년
이하의 징역 또는 200만원 이하의 벌금에 처한다.

부칙 〈제15522호, 2018. 3. 20.〉 (공무원 재해보상법)

제1조(시행일) 이 법은 공포 후 6개월이 경과한 날부터 시행한다. <단서 생략>

제2조부터 **제28조**까지 생략

제29조(다른 법률의 개정) ① 생략

② 경찰공무원법 일부를 다음과 같이 개정한다.

제8조제3항제1호 중 "「공무원연금법」에 따른 공무상 질병 또는 부상"을 "「공무원 재해보상법」에 따른 공무상 부상 또는 질병"으로 한다.

③부터 ⑰까지 생략

제30조 생략

경찰관 직무집행법

[시행 2018. 4. 17.] [법률 제15565호, 2018. 4. 17, 일부개정]

제1조(목적) ① 이 법은 국민의 자유와 권리를 보호하고 사회공공의 질서를 유지하기 위한 경찰관(국가경찰공무원만 해당한다. 이하 같다)의 직무 수행에 필요한 사항을 규정함을 목적으로 한다.

② 이 법에 규정된 경찰관의 직권은 그 직무 수행에 필요한 최소한도에서 행사되어야 하며 남용되어서는 아니 된다.

제2조(직무의 범위) 경찰관은 다음 각 호의 직무를 수행한다. <개정 2018. 4. 17.>

1. 국민의 생명·신체 및 재산의 보호
2. 범죄의 예방·진압 및 수사

2의2. 범죄피해자 보호

3. 경비, 주요 인사(人士) 경호 및 대간첩·대테러 작전 수행
4. 치안정보의 수집·작성 및 배포
5. 교통 단속과 교통 위해(危害)의 방지
6. 외국 정부기관 및 국제기구와의 국제협력
7. 그 밖에 공공의 안녕과 질서 유지

제3조(불심검문) ① 경찰관은 다음 각 호의 어느 하나에 해당하는 사람을 정지시켜 질문할 수 있다.

1. 수상한 행동이나 그 밖의 주위 사정을 합리적으로 판단하여 볼 때 어떠한 죄를 범하였거나 범하려 하고 있다고 의심할 만한 상당한 이유가 있는 사람
2. 이미 행하여진 범죄나 행하여지려고 하는 범죄행위에 관한 사실을 안다고 인정되는 사람

② 경찰관은 제1항에 따라 같은 항 각 호의 사람을 정지시킨 장소에서 질문을 하는 것이 그 사람에게 불리하거나 교통에 방해가 된다고 인정될 때에는 질문을 하기 위하여 가까운 경찰서·지구대·파출소 또는 출장소(지방해양경찰관서를 포함하며, 이하 "경찰관서"라 한다)로 동행할 것을 요구할 수 있다. 이 경우 동행을 요구받은 사람은

그 요구를 거절할 수 있다.

③ 경찰관은 제1항 각 호의 어느 하나에 해당하는 사람에게 질문을 할 때에 그 사람이 흉기를 가지고 있는지를 조사할 수 있다.

④ 경찰관은 제1항이나 제2항에 따라 질문을 하거나 동행을 요구할 경우 자신의 신분을 표시하는 증표를 제시하면서 소속과 성명을 밝히고 질문이나 동행의 목적과 이유를 설명하여야 하며, 동행을 요구하는 경우에는 동행 장소를 밝혀야 한다.

⑤ 경찰관은 제2항에 따라 동행한 사람의 가족이나 친지 등에게 동행한 경찰관의 신분, 동행 장소, 동행 목적과 이유를 알리거나 본인으로 하여금 즉시 연락할 수 있는 기회를 주어야 하며, 변호인의 도움을 받을 권리가 있음을 알려야 한다.

⑥ 경찰관은 제2항에 따라 동행한 사람을 6시간을 초과하여 경찰관서에 머물게 할 수 없다.

⑦ 제1항부터 제3항까지의 규정에 따라 질문을 받거나 동행을 요구받은 사람은 형사소송에 관한 법률에 따르지 아니하고는 신체를 구속당하지 아니하며, 그 의사에 반하여 답변을 강요당하지 아니한다.

제4조(보호조치 등) ① 경찰관은 수상한 행동이나 그 밖의 주위 사정을 합리적으로 판단해 볼 때 다음 각 호의 어느 하나에 해당하는 것이 명백하고 응급구호가 필요하다고 믿을 만한 상당한 이유가 있는 사람(이하 "구호대상자"라 한다)을 발견하였을 때에는 보건의료기관이나 공공구호기관에 긴급구호를 요청하거나 경찰관서에 보호하는 등 적절한 조치를 할 수 있다.

1. 정신착란을 일으키거나 술에 취하여 자신 또는 다른 사람의 생명·신체·재산에 위해를 끼칠 우려가 있는 사람

2. 자살을 시도하는 사람

3. 미아, 병자, 부상자 등으로서 적당한 보호자가 없으며 응급구호가 필요하다고 인정되는 사람. 다만, 본인이 구호를 거절하는 경우는 제외한다.

② 제1항에 따라 긴급구호를 요청받은 보건의료기관이나 공공구호기관은 정당한 이유 없이 긴급구호를 거절할 수 없다.

③ 경찰관은 제1항의 조치를 하는 경우에 구호대상자가 휴대하고 있는 무기·흉기 등 위험을 일으킬 수 있는 것으로 인정되는 물건을 경찰관서에 임시로 영치(領置)하여 놓을 수 있다.

④ 경찰관은 제1항의 조치를 하였을 때에는 지체 없이 구호대상자의 가족, 친지 또는 그 밖의 연고자에게 그 사실을 알려야 하며, 연고자가 발견되지 아니할 때에는 구호대상자를 적당한 공공보건의료기관이나 공공구호기관에 즉시 인계하여야 한다.

322 부 록 Ⅱ

⑤ 경찰관은 제4항에 따라 구호대상자를 공공보건의료기관이나 공공구호기관에 인계하였을 때에는 즉시 그 사실을 소속 경찰서장이나 해양경찰서장에게 보고하여야 한다.

⑥ 제5항에 따라 보고를 받은 소속 경찰서장이나 해양경찰서장은 대통령령으로 정하는 바에 따라 구호대상자를 인계한 사실을 지체 없이 해당 공공보건의료기관 또는 공공구호기관의 장 및 그 감독행정청에 통보하여야 한다.

⑦ 제1항에 따라 구호대상자를 경찰관서에서 보호하는 기간은 24시간을 초과할 수 없고, 제3항에 따라 물건을 경찰관서에 임시로 영치하는 기간은 10일을 초과할 수 없다.

제5조(위험 발생의 방지 등) ① 경찰관은 사람의 생명 또는 신체에 위해를 끼치거나 재산에 중대한 손해를 끼칠 우려가 있는 천재(天災), 사변(事變), 인공구조물의 파손이나 붕괴, 교통사고, 위험물의 폭발, 위험한 동물 등의 출현, 극도의 혼잡, 그 밖의 위험한 사태가 있을 때에는 다음 각 호의 조치를 할 수 있다.

1. 그 장소에 모인 사람, 사물(事物)의 관리자, 그 밖의 관계인에게 필요한 경고를 하는 것

2. 매우 긴급한 경우에는 위해를 입을 우려가 있는 사람을 필요한 한도에서 억류하거나 피난시키는 것

3. 그 장소에 있는 사람, 사물의 관리자, 그 밖의 관계인에게 위해를 방지하기 위하여 필요하다고 인정되는 조치를 하게 하거나 직접 그 조치를 하는 것

② 경찰관서의 장은 대간첩 작전의 수행이나 소요(騷擾) 사태의 진압을 위하여 필요하다고 인정되는 상당한 이유가 있을 때에는 대간첩 작전지역이나 경찰관서 · 무기고 등 국가중요시설에 대한 접근 또는 통행을 제한하거나 금지할 수 있다.

③ 경찰관은 제1항의 조치를 하였을 때에는 지체 없이 그 사실을 소속 경찰관서의 장에게 보고하여야 한다.

④ 제2항의 조치를 하거나 제3항의 보고를 받은 경찰관서의 장은 관계 기관의 협조를 구하는 등 적절한 조치를 하여야 한다.

제6조(범죄의 예방과 제지) 경찰관은 범죄행위가 목전(目前)에 행하여지려고 하고 있다고 인정될 때에는 이를 예방하기 위하여 관계인에게 필요한 경고를 하고, 그 행위로 인하여 사람의 생명 · 신체에 위해를 끼치거나 재산에 중대한 손해를 끼칠 우려가 있는 긴급한 경우에는 그 행위를 제지할 수 있다.

제7조(위험 방지를 위한 출입) ① 경찰관은 제5조제1항 · 제2항 및 제6조에 따른 위험한 사태가 발생하여 사람의 생명 · 신체 또는 재산에 대한 위해가 임박한 때에 그 위해를 방지하거나 피해자를 구조하기 위하여 부득이하다고 인정하면 합리적으로 판단하여 필요한 한도에서 다른 사람의 토지 · 건물 · 배 또는 차에 출입할 수 있다.

② 흥행장(興行場), 여관, 음식점, 역, 그 밖에 많은 사람이 출입하는 장소의 관리자나 그에 준하는 관계인은 경찰관이 범죄나 사람의 생명·신체·재산에 대한 위해를 예방하기 위하여 해당 장소의 영업시간이나 해당 장소가 일반인에게 공개된 시간에 그 장소에 출입하겠다고 요구하면 정당한 이유 없이 그 요구를 거절할 수 없다.

③ 경찰관은 대간첩 작전 수행에 필요할 때에는 작전지역에서 제2항에 따른 장소를 검색할 수 있다.

④ 경찰관은 제1항부터 제3항까지의 규정에 따라 필요한 장소에 출입할 때에는 그 신분을 표시하는 증표를 제시하여야 하며, 함부로 관계인이 하는 정당한 업무를 방해해서는 아니 된다.

제8조(사실의 확인 등) ① 경찰관서의 장은 직무 수행에 필요하다고 인정되는 상당한 이유가 있을 때에는 국가기관이나 공사(公私) 단체 등에 직무 수행에 관련된 사실을 조회할 수 있다. 다만, 긴급한 경우에는 소속 경찰관으로 하여금 현장에 나가 해당 기관 또는 단체의 장의 협조를 받아 그 사실을 확인하게 할 수 있다.

② 경찰관은 다음 각 호의 직무를 수행하기 위하여 필요하면 관계인에게 출석하여야 하는 사유·일시 및 장소를 명확히 적은 출석 요구서를 보내 경찰관서에 출석할 것을 요구할 수 있다.

1. 미아를 인수할 보호자 확인
2. 유실물을 인수할 권리자 확인
3. 사고로 인한 사상자(死傷者) 확인
4. 행정처분을 위한 교통사고 조사에 필요한 사실 확인

제8조의2(국제협력) 경찰청장 또는 해양경찰청장은 이 법에 따른 경찰관의 직무수행을 위하여 외국 정부기관, 국제기구 등과 자료 교환, 국제협력 활동 등을 할 수 있다.

제9조(유치장) 법률에서 정한 절차에 따라 체포·구속된 사람 또는 신체의 자유를 제한하는 판결이나 처분을 받은 사람을 수용하기 위하여 경찰서와 해양경찰서에 유치장을 둔다.

제10조(경찰장비의 사용 등) ① 경찰관은 직무수행 중 경찰장비를 사용할 수 있다. 다만, 사람의 생명이나 신체에 위해를 끼칠 수 있는 경찰장비(이하 이 조에서 "위해성 경찰장비"라 한다)를 사용할 때에는 필요한 안전교육과 안전검사를 받은 후 사용하여야 한다.

② 제1항 본문에서 "경찰장비"란 무기, 경찰장구(警察裝具), 최루제(催涙劑)와 그 발사장치, 살수차, 감식기구(鑑識機具), 해안 감시기구, 통신기기, 차량·선박·항공기 등 경찰이 직무를 수행할 때 필요한 장치와 기구를 말한다.

③ 경찰관은 경찰장비를 함부로 개조하거나 경찰장비에 임의의 장비를 부착하여 일반적인 사용법과 달리 사용함으로써 다른 사람의 생명·신체에 위해를 끼쳐서는 아니 된다.

④ 위해성 경찰장비는 필요한 최소한도에서 사용하여야 한다.

⑤ 경찰청장은 위해성 경찰장비를 새로 도입하려는 경우에는 대통령령으로 정하는 바에 따라 안전성 검사를 실시하여 그 안전성 검사의 결과보고서를 국회 소관 상임위원회에 제출하여야 한다. 이 경우 안전성 검사에는 외부 전문가를 참여시켜야 한다.

⑥ 위해성 경찰장비의 종류 및 그 사용기준, 안전교육·안전검사의 기준 등은 대통령령으로 정한다.

제10조의2(경찰장구의 사용) ① 경찰관은 다음 각 호의 직무를 수행하기 위하여 필요하다고 인정되는 상당한 이유가 있을 때에는 그 사태를 합리적으로 판단하여 필요한 한도에서 경찰장구를 사용할 수 있다.

1. 현행범이나 사형·무기 또는 장기 3년 이상의 징역이나 금고에 해당하는 죄를 범한 범인의 체포 또는 도주 방지

2. 자신이나 다른 사람의 생명·신체의 방어 및 보호

3. 공무집행에 대한 항거(抗拒) 제지

② 제1항에서 "경찰장구"란 경찰관이 휴대하여 범인 검거와 범죄 진압 등의 직무 수행에 사용하는 수갑, 포승(捕繩), 경찰봉, 방패 등을 말한다.

제10조의3(분사기 등의 사용) 경찰관은 다음 각 호의 직무를 수행하기 위하여 부득이한 경우에는 현장책임자가 판단하여 필요한 최소한의 범위에서 분사기(「총포·도검·화약류 등의 안전관리에 관한 법률」에 따른 분사기를 말하며, 그에 사용하는 최루 등의 작용제를 포함한다. 이하 같다) 또는 최루탄을 사용할 수 있다.

1. 범인의 체포 또는 범인의 도주 방지

2. 불법집회·시위로 인한 자신이나 다른 사람의 생명·신체와 재산 및 공공시설 안전에 대한 현저한 위해의 발생 억제

제10조의4(무기의 사용) ① 경찰관은 범인의 체포, 범인의 도주 방지, 자신이나 다른 사람의 생명·신체의 방어 및 보호, 공무집행에 대한 항거의 제지를 위하여 필요하다고 인정되는 상당한 이유가 있을 때에는 그 사태를 합리적으로 판단하여 필요한 한도에서 무기를 사용할 수 있다. 다만, 다음 각 호의 어느 하나에 해당할 때를 제외하고는 사람에게 위해를 끼쳐서는 아니 된다.

1. 「형법」에 규정된 정당방위와 긴급피난에 해당할 때

2. 다음 각 목의 어느 하나에 해당하는 때에 그 행위를 방지하거나 그 행위자를 체포

하기 위하여 무기를 사용하지 아니하고는 다른 수단이 없다고 인정되는 상당한 이유가 있을 때

　가. 사형·무기 또는 장기 3년 이상의 징역이나 금고에 해당하는 죄를 범하거나 범하였다고 의심할 만한 충분한 이유가 있는 사람이 경찰관의 직무집행에 항거하거나 도주하려고 할 때

　나. 체포·구속영장과 압수·수색영장을 집행하는 과정에서 경찰관의 직무집행에 항거하거나 도주하려고 할 때

　다. 제3자가 가목 또는 나목에 해당하는 사람을 도주시키려고 경찰관에게 항거할 때

　라. 범인이나 소요를 일으킨 사람이 무기·흉기 등 위험한 물건을 지니고 경찰관으로부터 3회 이상 물건을 버리라는 명령이나 항복하라는 명령을 받고도 따르지 아니하면서 계속 항거할 때

　3. 대간첩 작전 수행 과정에서 무장간첩이 항복하라는 경찰관의 명령을 받고도 따르지 아니할 때

② 제1항에서 "무기"란 사람의 생명이나 신체에 위해를 끼칠 수 있도록 제작된 권총·소총·도검 등을 말한다.

③ 대간첩·대테러 작전 등 국가안전에 관련되는 작전을 수행할 때에는 개인화기(個人火器) 외에 공용화기(共用火器)를 사용할 수 있다.

제11조(사용기록의 보관) 제10조제2항에 따른 살수차, 제10조의3에 따른 분사기, 최루탄 또는 제10조의4에 따른 무기를 사용하는 경우 그 책임자는 사용 일시·장소·대상, 현장책임자, 종류, 수량 등을 기록하여 보관하여야 한다.

제11조의2(손실보상) ① 국가는 경찰관의 적법한 직무집행으로 인하여 다음 각 호의 어느 하나에 해당하는 손실을 입은 자에 대하여 정당한 보상을 하여야 한다.

　1. 손실발생의 원인에 대하여 책임이 없는 자가 재산상의 손실을 입은 경우(손실발생의 원인에 대하여 책임이 없는 자가 경찰관의 직무집행에 자발적으로 협조하거나 물건을 제공하여 재산상의 손실을 입은 경우를 포함한다)

　2. 손실발생의 원인에 대하여 책임이 있는 자가 자신의 책임에 상응하는 정도를 초과하는 재산상의 손실을 입은 경우

② 제1항에 따른 보상을 청구할 수 있는 권리는 손실이 있음을 안 날부터 3년, 손실이 발생한 날부터 5년간 행사하지 아니하면 시효의 완성으로 소멸한다.

③ 제1항에 따른 손실보상신청 사건을 심의하기 위하여 손실보상심의위원회를 둔다.

④ 제1항에 따른 손실보상의 기준, 보상금액, 지급절차 및 방법, 손실보상심의위원회

의 구성 및 운영, 그 밖에 필요한 사항은 대통령령으로 정한다.

제11조의3(보상금 지급) ① 경찰청장, 지방경찰청장 또는 경찰서장은 다음 각 호의 어느 하나에 해당하는 사람에게 보상금을 지급할 수 있다.

1. 범인 또는 범인의 소재를 신고하여 검거하게 한 사람
2. 범인을 검거하여 경찰공무원에게 인도한 사람
3. 테러범죄의 예방활동에 현저한 공로가 있는 사람
4. 그 밖에 제1호부터 제3호까지의 규정에 준하는 사람으로서 대통령령으로 정하는 사람

② 경찰청장, 지방경찰청장 및 경찰서장은 제1항에 따른 보상금 지급의 심사를 위하여 대통령령으로 정하는 바에 따라 각각 보상금심사위원회를 설치·운영하여야 한다.

③ 제2항에 따른 보상금심사위원회는 위원장 1명을 포함한 5명 이내의 위원으로 구성한다.

④ 제2항에 따른 보상금심사위원회의 위원은 소속 경찰공무원 중에서 경찰청장, 지방경찰청장 또는 경찰서장이 임명한다.

⑤ 경찰청장, 지방경찰청장 또는 경찰서장은 제2항에 따른 보상금심사위원회의 심사·의결에 따라 보상금을 지급하고, 거짓 또는 부정한 방법으로 보상금을 받은 사람에 대하여는 해당 보상금을 환수한다.

⑥ 보상 대상, 보상금의 지급 기준 및 절차, 보상금심사위원회의 구성 및 심사사항, 그 밖에 필요한 사항은 대통령령으로 정한다.

제12조(벌칙) 이 법에 규정된 경찰관의 의무를 위반하거나 직권을 남용하여 다른 사람에게 해를 끼친 사람은 1년 이하의 징역이나 금고에 처한다.

제13조 삭제 <2014. 5. 20.>

부칙 〈제15565호, 2018. 4. 17.〉

이 법은 공포한 날부터 시행한다.

경찰법

[시행 2018. 4. 17.] [법률 제15566호, 2018. 4. 17, 일부개정]

제1장 총칙

제1조(목적) 이 법은 국가경찰의 민주적인 관리·운영과 효율적인 임무수행을 위하여 국가경찰의 기본조직 및 직무 범위와 그 밖에 필요한 사항을 규정함을 목적으로 한다.

제2조(국가경찰의 조직) ① 치안에 관한 사무를 관장하게 하기 위하여 행정안전부장관 소속으로 경찰청을 둔다.

② 경찰청의 사무를 지역적으로 분담하여 수행하게 하기 위하여 특별시장·광역시장 및 도지사(이하 "시·도지사"라 한다) 소속으로 지방경찰청을 두고, 지방경찰청장 소속으로 경찰서를 둔다. 이 경우 인구, 행정구역, 면적, 지리적 특성, 교통 및 그 밖의 조건을 고려하여 시·도지사 소속으로 2개의 지방경찰청을 둘 수 있다.

제3조(국가경찰의 임무) 국가경찰의 임무는 다음 각 호와 같다. <개정 2014. 5. 20., 2018. 4. 17.>

1. 국민의 생명·신체 및 재산의 보호

2. 범죄의 예방·진압 및 수사

2의2. 범죄피해자 보호

3. 경비·요인경호 및 대간첩·대테러 작전 수행

4. 치안정보의 수집·작성 및 배포

5. 교통의 단속과 위해의 방지

6. 외국 정부기관 및 국제기구와의 국제협력

7. 그 밖의 공공의 안녕과 질서유지

제4조(권한남용의 금지) 국가경찰은 그 직무를 수행할 때 헌법과 법률에 따라 국민의 자유와 권리를 존중하고, 국민 전체에 대한 봉사자로서 공정·중립을 지켜야 하며, 부여된 권한을 남용하여서는 아니 된다.

제2장 경찰위원회

제5조(경찰위원회의 설치) ① 경찰행정에 관하여 제9조제1항 각 호의 사항을 심의·의결하기 위하여 행정안전부에 경찰위원회(이하 "위원회"라 한다)를 둔다.

② 위원회는 위원장 1명을 포함한 7명의 위원으로 구성하되, 위원장 및 5명의 위원은 비상임(非常任)으로 하고, 1명의 위원은 상임(常任)으로 한다.

③ 제2항에 따른 위원 중 상임위원은 정무직으로 한다.

제6조(위원의 임명 및 결격사유) ① 위원은 행정안전부장관의 제청으로 국무총리를 거쳐 대통령이 임명한다.

② 행정안전부장관은 위원 임명을 제청할 때 국가경찰의 정치적 중립이 보장되도록 하여야 한다.

③ 위원 중 2명은 법관의 자격이 있는 사람이어야 한다.

④ 다음 각 호의 어느 하나에 해당하는 사람은 위원이 될 수 없다.

1. 당적(黨籍)을 이탈한 날부터 3년이 지나지 아니한 사람
2. 선거에 의하여 취임하는 공직에서 퇴직한 날부터 3년이 지나지 아니한 사람
3. 경찰, 검찰, 국가정보원 직원 또는 군인의 직(職)에서 퇴직한 날부터 3년이 지나지 아니한 사람
4. 「국가공무원법」 제33조 각 호의 어느 하나에 해당하는 사람

제7조(위원의 임기 및 신분보장) ① 위원의 임기는 3년으로 하며, 연임(連任)할 수 없다. 이 경우 보궐위원의 임기는 전임자 임기의 남은 기간으로 한다.

② 위원은 정당에 가입하거나 제6조제4항제2호 또는 제3호의 직에 취임 또는 임용되거나 제4호에 해당하게 된 때에는 당연히 퇴직된다.

③ 위원은 중대한 신체상 또는 정신상의 장애로 직무를 수행할 수 없게 된 경우를 제외하고는 그 의사에 반하여 면직되지 아니한다.

제8조(「국가공무원법」의 준용) 위원에 대하여는 「국가공무원법」 제60조 및 제65조를 준용한다.

제9조(위원회의 심의·의결 사항) ① 다음 각 호의 사항은 위원회의 심의·의결을 거쳐야 한다.

1. 국가경찰의 인사, 예산, 장비, 통신 등에 관한 주요정책 및 국가경찰 업무 발전에 관한 사항
2. 인권보호와 관련되는 국가경찰의 운영·개선에 관한 사항
3. 국가경찰의 부패 방지와 청렴도 향상에 관한 주요 정책사항

4. 국가경찰 임무 외에 다른 국가기관으로부터의 업무협조 요청에 관한 사항

5. 제주특별자치도의 자치경찰에 대한 국가경찰의 지원·협조 및 협약체결의 조정 등에 관한 주요 정책사항

6. 그 밖에 행정안전부장관 및 경찰청장이 중요하다고 인정하여 위원회의 회의에 부친 사항

② 행정안전부장관은 제1항에 따라 심의·의결된 내용이 적정하지 아니하다고 판단할 때에는 재의(再議)를 요구할 수 있다.

제10조(위원회의 운영 등) ① 위원회의 사무는 경찰청에서 수행한다.

② 위원회의 회의는 재적위원 과반수의 출석과 출석위원 과반수의 찬성으로 의결한다.

③ 이 법에 규정된 것 외에 위원회의 운영 및 제9조제1항 각 호에 따른 심의·의결 사항의 구체적 범위, 재의 요구 등에 필요한 사항은 대통령령으로 정한다.

제3장 경찰청

제11조(경찰청장) ① 경찰청에 경찰청장을 두며, 경찰청장은 치안총감(治安總監)으로 보한다.

② 경찰청장은 경찰위원회의 동의를 받아 행정안전부장관의 제청으로 국무총리를 거쳐 대통령이 임명한다. 이 경우 국회의 인사청문을 거쳐야 한다.

③ 경찰청장은 국가경찰에 관한 사무를 총괄하고 경찰청 업무를 관장하며 소속 공무원 및 각급 국가경찰기관의 장을 지휘·감독한다.

④ 삭제 <2003. 12. 31.>

⑤ 경찰청장의 임기는 2년으로 하고, 중임(重任)할 수 없다.

⑥ 경찰청장이 직무를 집행하면서 헌법이나 법률을 위배하였을 때에는 국회는 탄핵소추를 의결할 수 있다.

[2003. 12. 31. 법률 제7035호에 의하여 1999. 12. 23. 헌법재판소에서 위헌 결정된 이 조를 삭제함.]

제12조(차장) ① 경찰청에 차장을 두며, 차장은 치안정감(治安正監)으로 보한다.

② 차장은 경찰청장을 보좌하며, 경찰청장이 부득이한 사유로 직무를 수행할 수 없을 때에는 그 직무를 대행한다.

제13조(하부조직) ① 경찰청의 하부조직은 국(局) 또는 부(部) 및 과(課)로 한다.

② 경찰청장·차장·국장 또는 부장 밑에 정책의 기획이나 계획의 입안(立案) 및 연구·조사를 통하여 그를 직접 보좌하는 담당관을 둘 수 있다.

③ 경찰청의 하부조직의 명칭 및 분장 사무와 공무원의 정원은 「정부조직법」 제2조제4항 및 제5항을 준용하여 대통령령 또는 행정안전부령으로 정한다.

제4장 지방경찰

제14조(지방경찰청장) ① 지방경찰청에 지방경찰청장을 두며, 지방경찰청장은 치안정감·치안감(治安監) 또는 경무관(警務官)으로 보한다.

② 지방경찰청장은 경찰청장의 지휘·감독을 받아 관할구역의 국가경찰사무를 관장하고 소속 공무원 및 소속 국가경찰기관의 장을 지휘·감독한다.

제15조(차장) ① 지방경찰청에 차장을 둘 수 있다.

② 차장은 지방경찰청장을 보좌하여 소관 사무를 처리하고 지방경찰청장이 부득이한 사유로 직무를 수행할 수 없을 때에는 그 직무를 대행한다.

제16조(치안행정협의회) ① 지방행정과 치안행정의 업무조정과 그 밖에 필요한 사항을 협의·조정하기 위하여 시·도지사(제주특별자치도지사는 제외한다) 소속으로 치안행정협의회를 둔다.

② 치안행정협의회의 조직·운영과 그 밖에 필요한 사항은 대통령령으로 정한다.

제17조(경찰서장) ① 경찰서에 경찰서장을 두며, 경찰서장은 경무관, 총경(總警) 또는 경정(警正)으로 보한다.

② 경찰서장은 지방경찰청장의 지휘·감독을 받아 관할구역의 소관 사무를 관장하고 소속 공무원을 지휘·감독한다.

③ 경찰서장 소속으로 지구대 또는 파출소를 두고, 그 설치기준은 치안수요·교통·지리 등 관할구역의 특성을 고려하여 행정안전부령으로 정한다. 다만, 필요한 경우에는 출장소를 둘 수 있다.

제18조(직제) 지방경찰청 및 경찰서의 명칭, 위치, 관할구역, 하부조직, 공무원의 정원, 그 밖에 필요한 사항은 「정부조직법」 제2조제4항 및 제5항을 준용하여 대통령령 또는 행정안전부령으로 정한다.

제5장 삭제

제19조 삭제 <1996. 8. 8.>

제20조 삭제 <1996. 8. 8.>

제21조 삭제 <1996. 8. 8.>

제22조 삭제 <1996. 8. 8.>

제6장 국가경찰공무원

제23조(국가경찰공무원) ① 국가경찰공무원의 계급은 치안총감·치안정감·치안감·경무관·총경·경정·경감(警監)·경위(警衛)·경사(警査)·경장(警長)·순경(巡警)으로 한다.

② 국가경찰공무원의 임용·교육훈련·복무·신분보장 등에 관한 사항은 따로 법률로 정한다.

제24조(직무수행) ① 국가경찰공무원은 상관의 지휘·감독을 받아 직무를 수행하고, 그 직무수행에 관하여 서로 협력하여야 한다.

② 국가경찰공무원은 구체적 사건수사와 관련된 제1항의 지휘·감독의 적법성 또는 정당성에 대하여 이견이 있을 때에는 이의를 제기할 수 있다.

③ 국가경찰공무원의 직무수행에 필요한 사항은 따로 법률로 정한다.

제7장 비상사태 시의 특별조치

제25조(비상사태 시 자치경찰에 대한 지휘·명령) ① 경찰청장은 전시·사변, 천재지변, 그 밖에 이에 준하는 국가 비상사태, 대규모의 테러 또는 소요사태가 발생하였거나 발생할 우려가 있어 전국적인 치안유지를 위하여 긴급한 조치가 필요하다고 인정할 만한 충분한 사유가 있는 경우에는 제2항에 따라 제주특별자치도의 자치경찰공무원(이하 "자치경찰공무원"이라 한다)을 직접 지휘·명령할 수 있다. 다만, 제주특별자치도 지역 단위의 치안유지를 위하여 필요한 경우에는 제주특별자치도지방경찰청장이 지휘·명령할 수 있다.

② 경찰청장 또는 제주특별자치도지방경찰청장은 제1항에 따른 조치가 필요한 경우에는 미리 제주특별자치도지사에게 자치경찰공무원을 직접 지휘·명령하려는 사유 및 내용 등을 구체적으로 제시하여 통보하여야 한다. 이 경우 제주특별자치도지사는 정당한 사유가 없으면 즉시 소속 자치경찰공무원에게 경찰청장 또는 제주특별자치도지방경찰청장의 지휘·명령을 받을 것을 명하여야 한다.

③ 경찰청장 또는 제주특별자치도지방경찰청장이 제1항에 따라 지휘·명령권을 인수한 경우에는 경찰청장은 경찰위원회에 즉시 보고하여야 하고, 제주특별자치도지방경찰청장은 「제주특별자치도 설치 및 국제자유도시 조성을 위한 특별법」 제94조에 따른

관할 치안행정위원회에 즉시 통보하여야 한다.

④ 제3항에 따라 자치경찰공무원에 대한 지휘·명령권자가 변동된 사실을 보고받은 경찰위원회는 제1항에 규정된 사유에 해당되지 아니한다고 인정하면 그 지휘·명령권을 반환할 것을 의결할 수 있으며, 같은 사실을 통보받은 치안행정위원회는 제1항에 규정된 사유에 해당되지 아니한다고 인정하면 경찰청장 또는 제주특별자치도지방경찰청장에게 그 지휘·명령권의 반환을 건의할 수 있다.

⑤ 경찰청장 또는 제주특별자치도지방경찰청장은 제1항에 따라 경찰청장 또는 제주특별자치도지방경찰청장이 자치경찰공무원을 지휘·명령할 수 있는 사유가 해소된 때에는 자치경찰공무원에 대한 지휘·명령권을 즉시 제주특별자치도지사에게 반환하여야 한다.

⑥ 제1항 및 제2항에 따라 제주특별자치도의 자치경찰공무원이 경찰청장 또는 제주특별자치도지방경찰청장의 지휘·명령을 받는 경우 그 지휘·명령의 범위에서는 국가경찰공무원으로 본다.

제8장   치안분야의 과학기술진흥

제26조(치안에 필요한 연구개발의 지원 등) ① 경찰청장은 치안에 필요한 연구·실험·조사·기술개발(이하 "연구개발사업"이라 한다) 및 전문인력 양성 등 치안분야의 과학기술진흥을 위한 시책을 마련하여 추진하여야 한다.

② 경찰청장은 연구개발사업을 효율적으로 추진하기 위하여 다음 각 호의 어느 하나에 해당하는 기관 또는 단체 등과 협약을 맺어 연구개발사업을 실시하게 할 수 있다.

1. 국공립 연구기관
2. 「특정연구기관 육성법」 제2조에 따른 특정연구기관
3. 「과학기술분야 정부출연연구기관 등의 설립·운영 및 육성에 관한 법률」에 따라 설립된 과학기술분야 정부출연연구기관
4. 「고등교육법」에 따른 대학·산업대학·전문대학 및 기술대학
5. 「민법」이나 다른 법률에 따라 설립된 법인으로서 치안분야 연구기관 또는 법인 부설 연구소
6. 「기초연구진흥 및 기술개발지원에 관한 법률」 제14조의2제1항에 따라 인정받은 기업부설연구소 또는 기업의 연구개발전담부서
7. 그 밖에 대통령령으로 정하는 치안분야 관련 연구·조사·기술개발 등을 수행하는 기관 또는 단체

③ 경찰청장은 제2항 각 호의 기관 또는 단체 등에 대하여 연구개발사업을 실시하는 데 필요한 경비의 전부 또는 일부를 출연하거나 보조할 수 있다.

④ 제2항에 따른 연구개발사업의 실시와 제3항에 따른 출연금의 지급·사용 및 관리 등에 필요한 사항은 대통령령으로 정한다.

부칙 〈제15566호, 2018. 4. 17.〉

이 법은 공포한 날부터 시행한다.

국가공무원법

[시행 2018. 9. 21.] [법률 제15522호, 2018. 3. 20, 타법개정]

제1장 총칙

제1조(목적) 이 법은 각급 기관에서 근무하는 모든 국가공무원에게 적용할 인사행정의 근본 기준을 확립하여 그 공정을 기함과 아울러 국가공무원에게 국민 전체의 봉사자로서 행정의 민주적이며 능률적인 운영을 기하게 하는 것을 목적으로 한다.

제2조(공무원의 구분) ① 국가공무원(이하 "공무원"이라 한다)은 경력직공무원과 특수경력직공무원으로 구분한다.

② "경력직공무원"이란 실적과 자격에 따라 임용되고 그 신분이 보장되며 평생 동안(근무기간을 정하여 임용하는 공무원의 경우에는 그 기간 동안을 말한다) 공무원으로 근무할 것이 예정되는 공무원을 말하며, 그 종류는 다음 각 호와 같다.

1. 일반직공무원: 기술·연구 또는 행정 일반에 대한 업무를 담당하는 공무원
2. 특정직공무원: 법관, 검사, 외무공무원, 경찰공무원, 소방공무원, 교육공무원, 군인, 군무원, 헌법재판소 헌법연구관, 국가정보원의 직원과 특수 분야의 업무를 담당하는 공무원으로서 다른 법률에서 특정직공무원으로 지정하는 공무원
3. 삭제 <2012. 12. 11.>

③ "특수경력직공무원"이란 경력직공무원 외의 공무원을 말하며, 그 종류는 다음 각 호와 같다.

1. 정무직공무원
   가. 선거로 취임하거나 임명할 때 국회의 동의가 필요한 공무원
   나. 고도의 정책결정 업무를 담당하거나 이러한 업무를 보조하는 공무원으로서 법률이나 대통령령(대통령비서실 및 국가안보실의 조직에 관한 대통령령만 해당한다)에서 정무직으로 지정하는 공무원
2. 별정직공무원: 비서관·비서 등 보좌업무 등을 수행하거나 특정한 업무 수행을 위하여 법령에서 별정직으로 지정하는 공무원
3. 삭제 <2012. 12. 11.>

4. 삭제 <2011. 5. 23.>

④ 제3항에 따른 별정직공무원의 채용조건·임용절차·근무상한연령, 그 밖에 필요한 사항은 국회규칙, 대법원규칙, 헌법재판소규칙, 중앙선거관리위원회규칙 또는 대통령령(이하 "대통령령등"이라 한다)으로 정한다.

제2조의2(고위공무원단) ① 국가의 고위공무원을 범정부적 차원에서 효율적으로 인사관리하여 정부의 경쟁력을 높이기 위하여 고위공무원단을 구성한다.

② 제1항의 "고위공무원단"이란 직무의 곤란성과 책임도가 높은 다음 각 호의 직위(이하 "고위공무원단 직위"라 한다)에 임용되어 재직 중이거나 파견·휴직 등으로 인사관리되고 있는 일반직공무원, 별정직공무원 및 특정직공무원(특정직공무원은 다른 법률에서 고위공무원단에 속하는 공무원으로 임용할 수 있도록 규정하고 있는 경우만 해당한다)의 군(群)을 말한다.

1. 「정부조직법」제2조에 따른 중앙행정기관의 실장·국장 및 이에 상당하는 보좌기관

2. 행정부 각급 기관(감사원은 제외한다)의 직위 중 제1호의 직위에 상당하는 직위

3. 「지방자치법」제110조제2항·제112조제5항 및 「지방교육자치에 관한 법률」제33조제2항에 따라 국가공무원으로 보하는 지방자치단체 및 지방교육행정기관의 직위 중 제1호의 직위에 상당하는 직위

4. 그 밖에 다른 법령에서 고위공무원단에 속하는 공무원으로 임용할 수 있도록 정한 직위

③ 인사혁신처장은 고위공무원단에 속하는 공무원이 갖추어야 할 능력과 자질을 설정하고 이를 기준으로 고위공무원단 직위에 임용되려는 자를 평가하여 신규채용·승진임용 등 인사관리에 활용할 수 있다.

④ 제2항에 따른 인사관리의 구체적인 범위, 제3항에 따른 능력과 자질의 내용, 평가대상자의 범위, 평가 방법 및 평가 결과의 활용 등에 필요한 사항은 대통령령으로 정한다.

제3조(적용 범위) ① 특수경력직공무원에 대하여는 이 법 또는 다른 법률에 특별한 규정이 없으면 제33조, 제43조제1항, 제44조부터 제59조까지, 제59조의2, 제60조부터 제67조까지, 제69조, 제84조 및 제84조의2에 한정하여 이 법을 적용한다.

② 제1항에도 불구하고 제2조제3항제1호의 정무직공무원에 대하여는 제33조와 제69조를 적용하지 아니하고, 대통령령으로 정하는 특수경력직공무원에 대하여는 제65조와 제66조를 적용하지 아니한다.

③ 제26조의2와 제26조의3은 대통령령등으로 정하는 공무원에게만 적용한다.

④ 제26조의5에 따라 근무기간을 정하여 임용하는 공무원에 대하여는 이 법 또는 다른 법률에 특별한 규정이 없으면 제28조의2, 제28조의3, 제32조의2, 제32조의4, 제40조, 제40조의2부터 제40조의4까지, 제41조, 제73조의4, 제74조 및 제74조의2를 적용하지 아니한다.

제4조(일반직공무원의 계급 구분 등) ① 일반직공무원은 1급부터 9급까지의 계급으로 구분하며, 직군(職群)과 직렬(職列)별로 분류한다. 다만, 고위공무원단에 속하는 공무원은 그러하지 아니하다.

② 다음 각 호의 공무원에 대하여는 대통령령등으로 정하는 바에 따라 제1항에 따른 계급 구분이나 직군 및 직렬의 분류를 적용하지 아니할 수 있다.

1. 특수 업무 분야에 종사하는 공무원

2. 연구 · 지도 · 특수기술 직렬의 공무원

3. 인사관리의 효율성과 기관성과를 높이기 위하여 제1항의 계급 구분이나 직군 및 직렬의 분류를 달리 적용하는 것이 특히 필요하다고 인정되는 기관에 속한 공무원

③ 삭제 <2010. 6. 8.>

④ 제1항 및 제2항에 따른 각 계급의 직무의 종류별 명칭은 대통령령등으로 정한다.

제5조(정의) 이 법에서 사용하는 용어의 뜻은 다음과 같다.

1. "직위(職位)"란 1명의 공무원에게 부여할 수 있는 직무와 책임을 말한다.

2. "직급(職級)"이란 직무의 종류 · 곤란성과 책임도가 상당히 유사한 직위의 군을 말한다.

3. "정급(定級)"이란 직위를 직급 또는 직무등급에 배정하는 것을 말한다.

4. "강임(降任)"이란 같은 직렬 내에서 하위 직급에 임명하거나 하위 직급이 없어 다른 직렬의 하위 직급으로 임명하거나 고위공무원단에 속하는 일반직공무원(제4조제2항에 따라 같은 조 제1항의 계급 구분을 적용하지 아니하는 공무원은 제외한다)을 고위공무원단 직위가 아닌 하위 직위에 임명하는 것을 말한다.

5. "전직(轉職)"이란 직렬을 달리하는 임명을 말한다.

6. "전보(轉補)"란 같은 직급 내에서의 보직 변경 또는 고위공무원단 직위 간의 보직 변경(제4조제2항에 따라 같은 조 제1항의 계급 구분을 적용하지 아니하는 공무원은 고위공무원단 직위와 대통령령으로 정하는 직위 간의 보직 변경을 포함한다)을 말한다.

7. "직군(職群)"이란 직무의 성질이 유사한 직렬의 군을 말한다.

8. "직렬(職列)"이란 직무의 종류가 유사하고 그 책임과 곤란성의 정도가 서로 다른 직급의 군을 말한다.

9. "직류(職類)"란 같은 직렬 내에서 담당 분야가 같은 직무의 군을 말한다.
10. "직무등급"이란 직무의 곤란성과 책임도가 상당히 유사한 직위의 군을 말한다.

제2장 중앙인사관장기관

제6조(중앙인사관장기관) ① 인사행정에 관한 기본 정책의 수립과 이 법의 시행·운영에 관한 사무는 다음 각 호의 구분에 따라 관장(管掌)한다.
1. 국회는 국회사무총장
2. 법원은 법원행정처장
3. 헌법재판소는 헌법재판소사무처장
4. 선거관리위원회는 중앙선거관리위원회사무총장
5. 행정부는 인사혁신처장
② 중앙인사관장기관의 장(행정부의 경우에는 인사혁신처장을 말한다. 이하 같다)은 각 기관의 균형적인 인사 운영을 도모하고 인력의 효율적인 활용과 능력 개발을 위하여 법령으로 정하는 바에 따라 인사관리에 관한 총괄적인 사항을 관장한다.
③ 중앙인사관장기관의 장은 다음 각 호의 어느 하나에 해당하는 경우에는 그 초과된 현원을 총괄하여 관리할 수 있다. 이 경우 결원이 있는 기관의 장은 중앙인사관장기관의 장과 협의하여 결원을 보충하여야 한다.
1. 조직의 개편 등으로 현원이 정원을 초과하는 경우
2. 행정기관별로 고위공무원단에 속하는 공무원의 현원이 정원을 초과하는 경우
④ 행정부 내 각급 기관은 공무원의 임용·인재개발·보수 등 인사 관계 법령(특정직공무원의 인사 관계 법령을 포함하되, 총리령·부령을 제외한다)의 제정 또는 개폐 시에는 인사혁신처장과 협의하여야 한다.
제7조 삭제 <2008. 2. 29.>
제8조 삭제 <2008. 2. 29.>
제8조의2 삭제 <2008. 2. 29.>
제8조의3(관계 기관 등에 대한 협조 요청) ① 인사혁신처장은 소관 업무를 수행하기 위하여 필요하면 행정기관·공공단체, 그 밖의 관련 기관에 자료·정보의 제공이나 의견 제출 등의 협조를 요청할 수 있다.
② 제1항에 따라 협조를 요청받은 기관은 특별한 사유가 없으면 이에 따라야 한다.
제8조의4 삭제 <2008. 2. 29.>
제9조(소청심사위원회의 설치) ① 행정기관 소속 공무원의 징계처분, 그 밖에 그 의사

에 반하는 불리한 처분이나 부작위에 대한 소청을 심사·결정하게 하기 위하여 인사혁신처에 소청심사위원회를 둔다.

② 국회, 법원, 헌법재판소 및 선거관리위원회 소속 공무원의 소청에 관한 사항을 심사·결정하게 하기 위하여 국회사무처, 법원행정처, 헌법재판소사무처 및 중앙선거관리위원회사무처에 각각 해당 소청심사위원회를 둔다.

③ 국회사무처, 법원행정처, 헌법재판소사무처 및 중앙선거관리위원회사무처에 설치된 소청심사위원회는 위원장 1명을 포함한 위원 5명 이상 7명 이하의 비상임위원으로 구성하고, 인사혁신처에 설치된 소청심사위원회는 위원장 1명을 포함한 5명 이상 7명 이하의 상임위원과 상임위원 수의 2분의 1 이상인 비상임위원으로 구성하되, 위원장은 정무직으로 보한다.

④ 제1항에 따라 설치된 소청심사위원회는 다른 법률로 정하는 바에 따라 특정직공무원의 소청을 심사·결정할 수 있다.

⑤ 소청심사위원회의 조직에 관하여 필요한 사항은 대통령령등으로 정한다.

제10조(소청심사위원회위원의 자격과 임명) ① 소청심사위원회의 위원(위원장을 포함한다. 이하 같다)은 다음 각 호의 어느 하나에 해당하고 인사행정에 관한 식견이 풍부한 자 중에서 국회사무총장, 법원행정처장, 헌법재판소사무처장, 중앙선거관리위원회사무총장 또는 인사혁신처장의 제청으로 국회의장, 대법원장, 헌법재판소장, 중앙선거관리위원회위원장 또는 대통령이 임명한다. 이 경우 인사혁신처장이 위원을 임명제청하는 때에는 국무총리를 거쳐야 하고, 인사혁신처에 설치된 소청심사위원회의 위원 중 비상임위원은 제1호 및 제2호의 어느 하나에 해당하는 자 중에서 임명하여야 한다.

1. 법관·검사 또는 변호사의 직에 5년 이상 근무한 자
2. 대학에서 행정학·정치학 또는 법률학을 담당한 부교수 이상의 직에 5년 이상 근무한 자
3. 3급 이상 공무원 또는 고위공무원단에 속하는 공무원으로 3년 이상 근무한 자

② 소청심사위원회의 상임위원의 임기는 3년으로 하며, 한 번만 연임할 수 있다.

③ 삭제 <1973. 2. 5.>

④ 소청심사위원회의 상임위원은 다른 직무를 겸할 수 없다.

⑤ 소청심사위원회의 공무원이 아닌 위원은 「형법」이나 그 밖의 법률에 따른 벌칙을 적용할 때 공무원으로 본다.

제10조의2(소청심사위원회위원의 결격사유) ① 다음 각 호의 어느 하나에 해당하는 자는 소청심사위원회의 위원이 될 수 없다.

1. 제33조 각 호의 어느 하나에 해당하는 자
2. 「정당법」에 따른 정당의 당원
3. 「공직선거법」에 따라 실시하는 선거에 후보자로 등록한 자

② 소청심사위원회위원이 제1항 각 호의 어느 하나에 해당하게 된 때에는 당연히 퇴직한다.

제11조(소청심사위원회위원의 신분 보장) 소청심사위원회의 위원은 금고 이상의 형벌이나 장기의 심신 쇠약으로 직무를 수행할 수 없게 된 경우 외에는 본인의 의사에 반하여 면직되지 아니한다.

제12조(소청심사위원회의 심사) ① 소청심사위원회는 이 법에 따른 소청을 접수하면 지체 없이 심사하여야 한다.

② 소청심사위원회는 제1항에 따른 심사를 할 때 필요하면 검증(檢證)·감정(鑑定), 그 밖의 사실조사를 하거나 증인을 소환하여 질문하거나 관계 서류를 제출하도록 명할 수 있다.

③ 소청심사위원회가 소청 사건을 심사하기 위하여 징계 요구 기관이나 관계 기관의 소속 공무원을 증인으로 소환하면 해당 기관의 장은 이에 따라야 한다.

④ 소청심사위원회는 필요하다고 인정하면 소속 직원에게 사실조사를 하게 하거나 특별한 학식·경험이 있는 자에게 검증이나 감정을 의뢰할 수 있다.

⑤ 소청심사위원회가 증인을 소환하여 질문할 때에는 대통령령등으로 정하는 바에 따라 일당과 여비를 지급하여야 한다.

제13조(소청인의 진술권) ① 소청심사위원회가 소청 사건을 심사할 때에는 대통령령등으로 정하는 바에 따라 소청인 또는 제76조제1항 후단에 따른 대리인에게 진술 기회를 주어야 한다.

② 제1항에 따른 진술 기회를 주지 아니한 결정은 무효로 한다.

제14조(소청심사위원회의 결정) ① 소청 사건의 결정은 재적 위원 3분의 2 이상의 출석과 출석 위원 과반수의 합의에 따르되, 의견이 나뉠 경우에는 출석 위원 과반수에 이를 때까지 소청인에게 가장 불리한 의견에 차례로 유리한 의견을 더하여 그 중 가장 유리한 의견을 합의된 의견으로 본다.

② 소청심사위원회의 위원은 그 위원회에 계류(繫留)된 소청 사건의 증인이 될 수 없으며, 다음 각 호의 사항에 관한 소청 사건의 심사·결정에서 제척된다.

1. 위원 본인과 관계있는 사항
2. 위원 본인과 친족 관계에 있거나 친족 관계에 있었던 자와 관계있는 사항

③ 소청 사건의 당사자는 다음 각 호의 어느 하나에 해당하는 때에는 그 이유를 구체

적으로 밝혀 그 위원에 대한 기피를 신청할 수 있고, 소청심사위원회는 해당 위원의 기피 여부를 결정하여야 한다. 이 경우 기피신청을 받은 위원은 그 기피 여부에 대한 결정에 참여할 수 없다.

1. 소청심사위원회의 위원에게 제2항 각 호의 사항이 있는 경우

2. 심사·결정의 공정을 기대하기 어려운 사정이 있는 경우

④ 소청심사위원회 위원은 제3항 각 호의 어느 하나에 해당하는 때에는 스스로 그 사건의 심사·결정에서 회피할 수 있다.

⑤ 소청심사위원회의 결정은 다음과 같이 구분한다.

1. 심사 청구가 이 법이나 다른 법률에 적합하지 아니한 것이면 그 청구를 각하(却下)한다.

2. 심사 청구가 이유 없다고 인정되면 그 청구를 기각(棄却)한다.

3. 처분의 취소 또는 변경을 구하는 심사 청구가 이유 있다고 인정되면 처분을 취소 또는 변경하거나 처분 행정청에 취소 또는 변경할 것을 명한다.

4. 처분의 효력 유무 또는 존재 여부에 대한 확인을 구하는 심사 청구가 이유 있다고 인정되면 처분의 효력 유무 또는 존재 여부를 확인한다.

5. 위법 또는 부당한 거부처분이나 부작위에 대하여 의무 이행을 구하는 심사 청구가 이유 있다고 인정되면 지체 없이 청구에 따른 처분을 하거나 이를 할 것을 명한다.

⑥ 소청심사위원회의 취소명령 또는 변경명령 결정은 그에 따른 징계나 그 밖의 처분이 있을 때까지는 종전에 행한 징계처분 또는 제78조의2에 따른 징계부가금(이하 "징계부가금"이라 한다) 부과처분에 영향을 미치지 아니한다.

⑦ 소청심사위원회가 징계처분 또는 징계부가금 부과처분(이하 "징계처분등"이라 한다)을 받은 자의 청구에 따라 소청을 심사할 경우에는 원징계처분보다 무거운 징계 또는 원징계부가금 부과처분보다 무거운 징계부가금을 부과하는 결정을 하지 못한다.

⑧ 소청심사위원회의 결정은 그 이유를 구체적으로 밝힌 결정서로 하여야 한다.

⑨ 소청의 제기·심리 및 결정, 그 밖에 소청 절차에 필요한 사항은 대통령령등으로 정한다.

제14조의2(임시위원의 임명) ① 제14조제2항부터 제4항까지의 규정에 따른 소청심사위원회 위원의 제척·기피 또는 회피 등으로 심사·결정에 참여할 수 있는 위원 수가 3명 미만이 된 경우에는 3명이 될 때까지 국회사무총장, 법원행정처장, 헌법재판소사무처장, 중앙선거관리위원회사무총장 또는 인사혁신처장은 임시위원을 임명하여 해당 사건의 심사·결정에 참여하도록 하여야 한다.

② 임시위원의 자격 등에 관하여는 제10조제1항 각 호 및 같은 조제5항을, 결격사유

에 관하여는 제10조의2를 준용한다.

제15조(결정의 효력) 제14조에 따른 소청심사위원회의 결정은 처분 행정청을 기속(羈束)한다.

제16조(행정소송과의 관계) ① 제75조에 따른 처분, 그 밖에 본인의 의사에 반한 불리한 처분이나 부작위(不作爲)에 관한 행정소송은 소청심사위원회의 심사·결정을 거치지 아니하면 제기할 수 없다.

② 제1항에 따른 행정소송을 제기할 때에는 대통령의 처분 또는 부작위의 경우에는 소속 장관(대통령령으로 정하는 기관의 장을 포함한다. 이하 같다)을, 중앙선거관리위원회위원장의 처분 또는 부작위의 경우에는 중앙선거관리위원회사무총장을 각각 피고로 한다.

제17조(인사에 관한 감사) ① 인사혁신처장은 대통령령으로 정하는 바에 따라 행정기관의 인사행정 운영의 적정 여부를 정기 또는 수시로 감사할 수 있으며, 필요하면 관계 서류를 제출하도록 요구할 수 있다.

② 국회·법원·헌법재판소 및 선거관리위원회 소속 공무원의 인사 사무에 대한 감사는 국회의장, 대법원장, 헌법재판소장 또는 중앙선거관리위원회위원장의 명을 받아 국회사무총장, 법원행정처장, 헌법재판소사무처장 및 중앙선거관리위원회사무총장이 각각 실시한다.

③ 제1항과 제2항에 따른 감사 결과 위법 또는 부당한 사실이 발견되면 지체 없이 관계 기관의 장에게 그 시정(是正)과 관계 공무원의 징계를 요구하여야 하며, 관계 기관의 장은 지체 없이 시정하고 관계 공무원을 징계처분하여야 한다.

제18조(통계 보고) ① 국회사무총장, 법원행정처장, 헌법재판소사무처장, 중앙선거관리위원회사무총장 또는 인사혁신처장은 국회·법원·헌법재판소·선거관리위원회 또는 행정 각 기관의 인사에 관한 통계보고 제도를 정하여 실시하고 정기 또는 수시로 필요한 보고를 받을 수 있다.

② 제1항의 인사에 관한 통계보고 제도에 관한 사항은 대통령령등으로 정한다.

제19조(인사기록) ① 국가기관의 장은 그 소속 공무원의 인사기록을 작성·유지·보관하여야 한다.

② 제1항의 인사기록에 관한 사항은 대통령령등으로 정한다.

제19조의2(인사관리의 전자화) ① 국회사무총장, 법원행정처장, 헌법재판소사무처장, 중앙선거관리위원회사무총장 및 인사혁신처장은 공무원의 인사관리를 과학화하기 위하여 공무원의 인사기록을 데이터베이스화하여 관리하고 인사 업무를 전자적으로 처리할 수 있는 시스템을 구축하여 운영할 수 있다.

② 제1항에 따른 시스템의 구축·운영 등에 필요한 사항은 대통령령등으로 정한다.

제19조의3(공직후보자 등의 관리) ① 인사혁신처장은 정무직공무원(선거로 취임하는 공무원은 제외한다), 국가고시 시험 위원, 위원회 위원 등의 직위를 희망하거나 그 직위에 관한 일정한 자격을 갖춘 후보자(이하 "공직후보자"라 한다)를 체계적으로 관리하기 위하여 공직후보자에 관한 정보를 수집하여 관리할 수 있다.

② 인사혁신처장은 제1항에 따라 공직후보자에 관한 정보를 수집·관리하는 경우 미리 서면이나 전자 매체로 본인의 동의를 받아야 하며, 본인이 요구하면 관리하는 정보를 폐기하여야 한다. 다만, 본인이 직접 제공한 기관 외의 다른 기관에 제공하는 것을 동의한 정보와 공공 기록물, 출판물, 인터넷 및 언론 보도 등으로 일반에게 공개되고 불특정 다수인이 구입하여 열람할 수 있는 정보는 그러하지 아니하다.

③ 인사혁신처장은 제2항에도 불구하고 공직후보자의 관리를 위하여 필요하면「개인정보 보호법」제2조제6호에 따른 공공기관에 재직 중인 자이거나 재직하였던 자에 관한 인사 또는 성과평가 등에 관한 자료를 해당 공공기관에 요청할 수 있다.

④ 인사혁신처장은 국가기관이나 지방자치단체 등이 인사상 목적으로 제1항의 공직후보자에 관한 정보를 요청하면「개인정보 보호법」등 관계 법령에 위배되지 아니하는 범위에서 해당 정보를 제공할 수 있다.

⑤ 인사혁신처장은 공직후보자에 관한 정보를 수집하는 경우 그 목적에 필요한 최소한의 범위에서 수집하여야 하며 목적 외의 용도로 활용하여서는 아니 된다.

⑥ 제1항부터 제4항까지의 규정에 따른 수집 정보의 범위, 정보수집 절차 및 수집된 정보의 활용·보호 등에 필요한 사항은 대통령령으로 정한다.

제19조의4(인사업무의 전문성 확보) ① 소속 장관은 각 기관의 직무 및 인력 특성을 반영한 전략적 인사운영을 위하여 인사업무 담당 조직의 전문성이 확보될 수 있는 방안을 마련하여야 한다.

② 소속 장관은 인사혁신처장이 정하는 바에 따라 인사 담당 공무원의 보직기준 등 필요한 인사관리기준을 정하여 인사업무에 대한 전문성 및 자격을 갖춘 사람을 인사 담당 공무원으로 임용하여야 한다.

제20조(권한 위탁) 국회사무총장, 법원행정처장, 헌법재판소사무처장, 중앙선거관리위원회사무총장 또는 인사혁신처장은 이 법에 따른 권한의 일부를 대통령령등으로 정하는 바에 따라 다른 기관에 위탁할 수 있다.

제3장 직위분류제

제21조(직위분류제의 확립) 직위분류제에 관하여는 이 법에 규정한 것 외에는 대통령령으로 정한다.

제22조(직위분류제의 원칙) 직위분류를 할 때에는 모든 대상 직위를 직무의 종류와 곤란성 및 책임도에 따라 직군·직렬·직급 또는 직무등급별로 분류하되, 같은 직급이나 같은 직무등급에 속하는 직위에 대하여는 동일하거나 유사한 보수가 지급되도록 분류하여야 한다.

제22조의2(직무분석) ① 중앙인사관장기관의 장 또는 소속 장관은 합리적인 인사관리를 위하여 필요하면 직무분석을 실시할 수 있다. 다만, 행정부의 경우 인사혁신처장은 법률에 따라 새로 설치되는 기관의 직위에 대하여 직무분석을 실시하는 등 대통령령으로 정하는 경우에는 그 실시대상 직위 및 실시방법 등에 대하여 행정안전부장관과 협의하여야 한다.

② 제1항에 따른 직무분석의 실시와 그 결과의 활용 등에 필요한 사항은 대통령령등으로 정한다.

제23조(직위의 정급) ① 국회사무총장, 법원행정처장, 헌법재판소사무처장, 중앙선거관리위원회사무총장 또는 인사혁신처장은 법령(국회규칙, 대법원규칙, 헌법재판소규칙 및 중앙선거관리위원회규칙을 포함한다)으로 정하는 바에 따라 직위분류제의 적용을 받는 모든 직위를 어느 하나의 직급 또는 직무등급에 배정하여야 한다.

② 국회사무총장, 법원행정처장, 헌법재판소사무처장, 중앙선거관리위원회사무총장 또는 인사혁신처장은 법령(국회규칙, 대법원규칙, 헌법재판소규칙 및 중앙선거관리위원회규칙을 포함한다)으로 정하는 바에 따라 제1항에 따른 정급(定級)을 재심사하고, 필요하다고 인정하면 이를 개정하여야 한다.

③ 행정부의 경우 인사혁신처장은 제1항 및 제2항에 따라 정급을 실시하거나 재심사·개정하는 경우에는 대통령령으로 정하는 바에 따라 행정안전부장관과 협의하여야 한다.

제24조(직위분류제의 실시) 직위분류제는 대통령령으로 정하는 바에 따라 그 실시가 쉬운 기관, 직무의 종류 및 직위부터 단계적으로 실시할 수 있다.

제25조 삭제 <1973. 2. 5.>

제4장 임용과 시험

제26조(임용의 원칙) 공무원의 임용은 시험성적·근무성적, 그 밖의 능력의 실증에 따라 행한다. 다만, 국가기관의 장은 대통령령등으로 정하는 바에 따라 장애인·이공계 전공자·저소득층 등에 대한 채용·승진·전보 등 인사관리상의 우대와 실질적인 양성 평등을 구현하기 위한 적극적인 정책을 실시할 수 있다.

제26조의2(근무시간의 단축 임용) 국가기관의 장은 업무의 특성이나 기관의 사정 등을 고려하여 소속 공무원을 대통령령등으로 정하는 바에 따라 통상적인 근무시간보다 짧게 근무하는 공무원으로 임용할 수 있다.

제26조의3(외국인과 복수국적자의 임용) ① 국가기관의 장은 국가안보 및 보안·기밀에 관계되는 분야를 제외하고 대통령령등으로 정하는 바에 따라 외국인을 공무원으로 임용할 수 있다.

② 국가기관의 장은 다음 각 호의 어느 하나에 해당하는 분야로서 대통령령등으로 정하는 분야에는 복수국적자(대한민국 국적과 외국 국적을 함께 가진 사람을 말한다. 이하 같다)의 임용을 제한할 수 있다.

1. 국가의 존립과 헌법 기본질서의 유지를 위한 국가안보 분야
2. 내용이 누설되는 경우 국가의 이익을 해하게 되는 보안·기밀 분야
3. 외교, 국가 간 이해관계와 관련된 정책결정 및 집행 등 복수국적자의 임용이 부적합한 분야

제26조의4(지역 인재의 추천 채용 및 수습근무) ① 임용권자는 우수한 인재를 공직에 유치하기 위하여 학업 성적 등이 뛰어난 고등학교 이상 졸업자나 졸업 예정자를 추천·선발하여 3년의 범위에서 수습으로 근무하게 하고, 그 근무기간 동안 근무성적과 자질이 우수하다고 인정되는 자는 6급 이하의 공무원(제4조제2항에 따라 같은 조 제1항의 계급 구분이나 직군 및 직렬의 분류를 적용하지 아니하는 공무원 중 6급 이하에 상당하는 공무원을 포함한다. 이하 같다)으로 임용할 수 있다.

② 제33조 각 호의 어느 하나에 해당하는 사람은 제1항에 따른 수습근무를 할 수 없으며, 수습으로 근무 중인 사람이 제33조 각 호의 어느 하나에 해당하게 된 때에는 수습으로 근무할 수 있는 자격을 상실한다.

③ 제1항에 따라 수습으로 근무하는 자를 공무원으로 임용할 때에는 행정 분야와 기술 분야별로 적정한 구성을 유지하고 지역별 균형을 이루도록 하여야 한다.

④ 제1항에 따라 수습으로 근무하는 자는 직무상 행위를 하거나 「형법」, 그 밖의 법률에 따른 벌칙을 적용할 때 공무원으로 본다.

⑤ 제1항에 따른 추천·선발 방법, 수습근무 기간, 임용 직급 등에 관한 사항은 대통령령으로 정한다.

제26조의5(근무기간을 정하여 임용하는 공무원) ① 임용권자는 전문지식·기술이 요구되거나 임용관리에 특수성이 요구되는 업무를 담당하게 하기 위하여 경력직공무원을 임용할 때에 일정기간을 정하여 근무하는 공무원(이하 "임기제공무원"이라 한다)을 임용할 수 있다.

② 임기제공무원의 임용요건, 임용절차, 근무상한연령 및 그 밖에 필요한 사항은 대통령령등으로 정한다.

제27조(결원 보충 방법) 국가기관의 결원은 신규채용·승진임용·강임·전직 또는 전보의 방법으로 보충한다.

제28조(신규채용) ① 공무원은 공개경쟁 채용시험으로 채용한다.

② 제1항에도 불구하고 다음 각 호의 어느 하나에 해당하는 경우에는 경력 등 응시요건을 정하여 같은 사유에 해당하는 다수인을 대상으로 경쟁의 방법으로 채용하는 시험(이하 "경력경쟁채용시험"이라 한다)으로 공무원을 채용할 수 있다. 다만, 제1호, 제3호, 제4호, 제5호, 제7호, 제11호의 어느 하나에 해당하는 경우 중 다수인을 대상으로 시험을 실시하는 것이 적당하지 아니하여 대통령령등으로 정하는 경우에는 다수인을 대상으로 하지 아니한 시험으로 공무원을 채용할 수 있다. <개정 2010. 3. 22., 2011. 5. 23., 2012. 10. 22., 2012. 12. 11., 2013. 3. 23., 2014. 11. 19., 2015. 5. 18., 2018. 3. 20.>

1. 제70조제1항제3호의 사유로 퇴직하거나 제71조제1항제1호의 휴직 기간 만료로 퇴직한 경력직공무원을 퇴직한 날부터 3년(「공무원 재해보상법」에 따른 공무상 부상 또는 질병으로 인한 휴직의 경우에는 5년) 이내에 퇴직 시에 재직한 직급(고위공무원단에 속하는 공무원은 퇴직 시에 재직한 직위와 곤란성과 책임도가 유사한 직위를 말한다. 이하 이 호에서 같다)의 경력직공무원으로 재임용하는 경우 또는 경력직공무원으로 재직하던 중 특수경력직공무원이나 다른 종류의 경력직공무원이 되기 위하여 퇴직한 자를 퇴직 시에 재직한 직급의 경력직공무원으로 재임용하는 경우

2. 공개경쟁 채용시험으로 임용하는 것이 부적당한 경우에 같은 종류의 직무에 관한 자격증 소지자를 임용하는 경우

3. 임용예정 직급·직위와 같은 직급·직위(고위공무원단에 속하는 일반직공무원은 임용예정 직위와 곤란성·책임도가 유사한 직위를 말한다)에서의 근무경력 또는 임용예정 직급·직위에 상응하는 근무기간이나 연구 경력이 대통령령등으로 정하

는 기간 이상인 사람을 임용하는 경우

4. 임용 예정직에 관련된 특수 목적을 위하여 설립된 학교(대학원을 포함한다) 중 대통령령으로 정하는 학교의 졸업자로서 각급 기관에서 실무 수습을 마친 자를 임용하는 경우

5. 1급 공무원을 임용하거나 제23조에 따라 배정된 직무등급이 가장 높은 등급의 직위에 고위공무원단에 속하는 일반직공무원을 임용하는 경우

6. 공개경쟁 채용시험으로 결원을 보충하기 곤란한 특수한 직무분야·환경 또는 섬, 외딴 곳 등 특수한 지역에 근무할 자를 임용하는 경우

7. 지방공무원을 그 직급·직위에 해당하는 국가공무원(고위공무원단에 속하는 일반직공무원으로 임용하는 경우에는 해당 직위와 곤란성과 책임도가 유사한 직위의 국가공무원을 말한다)으로 임용하는 경우

8. 외국어에 능통하고 국제적 소양과 전문 지식을 지닌 자를 임용하는 경우

9. 임용 예정직에 관련된 전문계·예능계 및 사학계(史學系)의 고등학교·전문대학 및 대학(대학원을 포함한다)의 학과 중 대통령령으로 정하는 학과의 졸업자로서 인사혁신처장이 정하는 바에 따라 해당 학교장의 추천을 받은 자를 연구 또는 기술 직렬의 공무원으로 임용하는 경우

10. 대통령령등으로 정하는 임용 예정직에 관련된 과학기술 분야 또는 공개경쟁 채용시험으로 결원 보충이 곤란한 특수 전문 분야의 연구나 근무경력이 있는 자를 임용하는 경우

11. 제26조의4에 따라 수습근무를 마친 자와 제85조에 따라 재학 중 장학금을 받고 졸업한 자를 임용하는 경우

12. 연고지나 그 밖에 지역적 특수성을 고려하여 일정한 지역에 거주하는 자를 그 지역에 소재하는 기관에 임용하는 경우

13. 「국적법」 제4조 및 제8조에 따라 대한민국 국적을 취득한 사람 또는 「북한이탈주민의 보호 및 정착지원에 관한 법률」 제2조제1호에 따른 북한이탈주민을 임용하는 경우

③ 삭제 <2011. 5. 23.>

④ 경력경쟁채용시험 및 제2항 각 호 외의 부분 단서에 따른 시험(이하 이 조에서 "경력경쟁채용시험등"이라 한다)의 경우에는 제70조제1항제3호의 사유로 퇴직한 사람을 우선하여 채용할 수 있으며, 경력경쟁채용시험등으로 임용할 수 있는 공무원의 직급 또는 직위, 직급별 또는 직위별 응시 자격 및 시험 등에 필요한 사항은 대통령령등으로 정한다.

⑤ 제2항제6호·제8호 또는 제12호에 따라 경력경쟁채용시험으로 채용된 자는 정원 조정·직제개편 등 대통령령등으로 정하는 경우 외에는 5년간 전직이나 해당 기관 외의 기관으로 전보될 수 없으며, 5년 이내에 퇴직하면 그 근무경력은 제2항제3호의 경력경쟁채용시험 응시에 필요한 근무 또는 연구 실적에 넣어 계산하지 아니한다.

제28조의2(전입) 국회, 법원, 헌법재판소, 선거관리위원회 및 행정부 상호 간에 다른 기관 소속 공무원을 전입하려는 때에는 시험을 거쳐 임용하여야 한다. 이 경우 임용자격 요건 또는 승진소요최저연수·시험과목이 같을 때에는 대통령령등으로 정하는 바에 따라 그 시험의 일부나 전부를 면제할 수 있다.

제28조의3(전직) 공무원을 전직 임용하려는 때에는 전직시험을 거쳐야 한다. 다만, 대통령령등으로 정하는 전직의 경우에는 시험의 일부나 전부를 면제할 수 있다.

제28조의4(개방형 직위) ① 임용권자나 임용제청권자는 해당 기관의 직위 중 전문성이 특히 요구되거나 효율적인 정책 수립을 위하여 필요하다고 판단되어 공직 내부나 외부에서 적격자를 임용할 필요가 있는 직위에 대하여는 개방형 직위로 지정하여 운영할 수 있다. 이 경우 「정부조직법」 등 조직 관계 법령에 따라 1급부터 3급까지의 공무원 또는 이에 상당하는 공무원으로 보할 수 있는 직위(고위공무원단 직위를 포함하며, 실장·국장 밑에 두는 보조기관 또는 이에 상당하는 직위는 제외한다) 중 임기제공무원으로도 보할 수 있는 직위(대통령령으로 정하는 직위는 제외한다)는 개방형 직위로 지정된 것으로 본다.

② 임용권자나 임용제청권자는 제1항에 따른 개방형 직위에 대하여는 직위별로 직무의 내용·특성 등을 고려하여 직무수행요건을 설정하고 그 요건을 갖춘 자를 임용하거나 임용제청하여야 한다.

③ 삭제 <2008. 12. 31.>

④ 개방형 직위의 운영 등에 필요한 사항은 대통령령등으로 정한다.

제28조의5(공모 직위) ① 임용권자나 임용제청권자는 해당 기관의 직위 중 효율적인 정책 수립 또는 관리를 위하여 해당 기관 내부 또는 외부의 공무원 중에서 적격자를 임용할 필요가 있는 직위에 대하여는 공모 직위(公募 職位)로 지정하여 운영할 수 있다.

② 임용권자나 임용제청권자는 제1항에 따른 공모 직위에 대하여는 직위별로 직무의 내용·특성 등을 고려하여 직무수행요건을 설정하고 그 요건을 갖춘 자를 임용하거나 임용제청하여야 한다.

③ 삭제 <2008. 12. 31.>

④ 중앙인사관장기관의 장은 공모 직위를 운영할 때 각 기관간 인력의 이동과 배치가 적절한 균형을 유지할 수 있도록 관계 기관의 장과 협의하여 이를 조정할 수 있다.

⑤ 공모 직위의 운영 등에 필요한 사항은 대통령령등으로 정한다.

제28조의6(고위공무원단에 속하는 공무원으로의 임용 등) ① 고위공무원단에 속하는 공무원의 채용과 고위공무원단 직위로의 승진임용, 고위공무원으로서 적격한지 여부 및 그 밖에 고위공무원 임용 제도와 관련하여 대통령령으로 정하는 사항을 심사하기 위하여 인사혁신처에 고위공무원임용심사위원회를 둔다.

② 고위공무원임용심사위원회는 위원장을 포함하여 5명 이상 9명 이하의 위원으로 구성하며, 위원장은 인사혁신처장이 된다.

③ 임용권자 또는 임용제청권자는 고위공무원단에 속하는 공무원의 채용 또는 고위공무원단 직위로 승진임용하고자 하는 경우 임용대상자를 선정하여 고위공무원임용심사위원회의 심사를 거쳐 임용 또는 임용제청하여야 한다. 다만, 고위공무원단에 속하는 공무원의 채용에 있어서는 임용절차 간소화, 직무의 특수성 등을 고려하여 경력직 고위공무원을 특수경력직 또는 다른 경력직 고위공무원으로 채용하는 경우 등 대통령령으로 정하는 경우에는 고위공무원임용심사위원회의 심사를 생략할 수 있다.

④ 제1항부터 제3항까지에 따른 고위공무원임용심사위원회의 구성 및 운영, 위원자격 등에 관하여 필요한 사항은 대통령령으로 정한다.

제29조(시보 임용) ① 5급 공무원(제4조제2항에 따라 같은 조 제1항의 계급 구분이나 직군 및 직렬의 분류를 적용하지 아니하는 공무원 중 5급에 상당하는 공무원을 포함한다. 이하 같다)을 신규 채용하는 경우에는 1년, 6급 이하의 공무원을 신규 채용하는 경우에는 6개월간 각각 시보(試補)로 임용하고 그 기간의 근무성적 · 교육훈련성적과 공무원으로서의 자질을 고려하여 정규 공무원으로 임용한다. 다만, 대통령령등으로 정하는 경우에는 시보 임용을 면제하거나 그 기간을 단축할 수 있다.

② 휴직한 기간, 직위해제 기간 및 징계에 따른 정직이나 감봉 처분을 받은 기간은 제1항의 시보 임용 기간에 넣어 계산하지 아니한다.

③ 시보 임용 기간 중에 있는 공무원이 근무성적 · 교육훈련성적이 나쁘거나 이 법 또는 이 법에 따른 명령을 위반하여 공무원으로서의 자질이 부족하다고 판단되는 경우에는 제68조와 제70조에도 불구하고 면직시키거나 면직을 제청할 수 있다. 이 경우 구체적인 사유 및 절차 등에 필요한 사항은 대통령령등으로 정한다.

제30조 삭제 <1981. 4. 20.>

제31조(경쟁시험 합격자의 우선임용 및 결원 보충의 조정) ① 임용권자나 임용제청권자는 결원을 보충할 때 공개경쟁 채용시험 합격자와 공개경쟁 승진시험 합격자를 우선하여 임용하거나 임용제청하여야 한다.

② 중앙인사관장기관의 장은 각급 기관의 5급 이상 공무원(제4조제2항에 따라 같은

조 제1항의 계급 구분을 적용하지 아니하는 공무원 중 5급 이상에 상당하는 공무원을 포함한다. 이하 같다)의 결원을 보충할 때 공개경쟁 채용시험 합격자, 공개경쟁 승진시험 합격자 및 일반 승진시험 합격자의 보충임용이 적절한 균형을 유지할 수 있도록 조정하고 규제하여야 한다.

제31조의2(국무위원 임명 전 인사청문 실시) 대통령이 국무위원을 임명하려면 미리 국회의 인사청문을 거쳐야 한다.

제32조(임용권자) ① 행정기관 소속 5급 이상 공무원 및 고위공무원단에 속하는 일반직공무원은 소속 장관의 제청으로 인사혁신처장과 협의를 거친 후에 국무총리를 거쳐 대통령이 임용하되, 고위공무원단에 속하는 일반직공무원의 경우 소속 장관은 해당 기관에 소속되지 아니한 공무원에 대하여도 임용제청할 수 있다. 이 경우 국세청장은 국회의 인사청문을 거쳐 대통령이 임명한다.

② 소속 장관은 소속 공무원에 대하여 제1항 외의 모든 임용권을 가진다.

③ 대통령은 대통령령으로 정하는 바에 따라 제1항에 따른 임용권의 일부를 소속 장관에게 위임할 수 있으며, 소속 장관은 대통령령으로 정하는 바에 따라 제2항에 따른 임용권의 일부와 대통령으로부터 위임받은 임용권의 일부를 그 보조기관 또는 소속 기관의 장에게 위임하거나 재위임할 수 있다.

④ 국회 소속 공무원은 국회의장이 임용하되, 국회규칙으로 정하는 바에 따라 그 임용권의 일부를 소속 기관의 장에게 위임할 수 있다.

⑤ 법원 소속 공무원은 대법원장이 임용하되, 대법원규칙으로 정하는 바에 따라 그 임용권의 일부를 소속 기관의 장에게 위임할 수 있다.

⑥ 헌법재판소 소속 공무원은 헌법재판소장이 임용하되, 헌법재판소규칙으로 정하는 바에 따라 그 임용권의 일부를 헌법재판소사무처장에게 위임할 수 있다.

⑦ 선거관리위원회 소속 5급 이상 공무원은 중앙선거관리위원회의 의결을 거쳐 중앙선거관리위원회위원장이 임용하고, 6급 이하의 공무원은 중앙선거관리위원회사무총장이 임용한다. 이 경우 중앙선거관리위원회위원장은 중앙선거관리위원회규칙으로 정하는 바에 따라 중앙선거관리위원회 상임위원·사무총장 및 시·도선거관리위원회위원장에게, 중앙선거관리위원회사무총장은 시·도선거관리위원회위원장에게 그 임용권의 일부를 각각 위임할 수 있다.

제32조의2(인사교류) 인사혁신처장은 행정기관 상호간, 행정기관과 교육·연구기관 또는 공공기관 간에 인사교류가 필요하다고 인정하면 인사교류계획을 수립하고, 국무총리의 승인을 받아 이를 실시할 수 있다.

제32조의3(겸임) 직위와 직무 내용이 유사하고 담당 직무 수행에 지장이 없다고 인정

하면 대통령령등으로 정하는 바에 따라 일반직공무원을 대학 교수 등 특정직공무원이나 특수 전문 분야의 일반직공무원 또는 대통령령으로 정하는 관련 교육·연구기관, 그 밖의 기관·단체의 임직원과 서로 겸임하게 할 수 있다.

제32조의4(파견근무) ① 국가기관의 장은 국가적 사업의 수행 또는 그 업무 수행과 관련된 행정 지원이나 연수, 그 밖에 능력 개발 등을 위하여 필요하면 소속 공무원을 다른 국가기관·공공단체·정부투자기관·국내외의 교육기관·연구기관, 그 밖의 기관에 일정 기간 파견근무하게 할 수 있으며, 국가적 사업의 공동 수행 또는 전문성이 특히 요구되는 특수 업무의 효율적 수행 등을 위하여 필요하면 국가기관 외의 기관·단체의 임직원을 파견받아 근무하게 할 수 있다.

② 파견권자는 파견 사유가 소멸하거나 파견 목적이 달성될 가망이 없으면 그 공무원을 지체 없이 원래의 소속 기관에 복귀시켜야 한다.

③ 제1항에 따라 국가기관 외의 기관·단체에서 파견된 임직원은 직무상 행위를 하거나 「형법」, 그 밖의 법률에 따른 벌칙을 적용할 때 공무원으로 본다.

④ 공무원을 파견근무하게 하거나 국가기관 외의 기관·단체의 임직원을 파견받아 근무하게 하는 경우 그 사유·기간·절차, 파견된 자의 인사교류를 위한 신규 채용, 파견된 자의 승진임용, 파견근무 중 복무, 그 밖에 필요한 사항은 대통령령등으로 정한다.

제32조의5(보직관리의 원칙) ① 임용권자나 임용제청권자는 법령으로 따로 정하는 경우 외에는 소속 공무원의 직급과 직류를 고려하여 그 직급에 상응하는 일정한 직위를 부여하여야 한다. 다만, 고위공무원단에 속하는 일반직공무원과 제4조제2항제1호에 따른 공무원 중 계급 구분 및 직군·직렬의 분류가 적용되지 아니하는 공무원에 대하여는 자격·경력 등을 고려하여 그에 상응하는 일정한 직위를 부여하여야 한다.

② 소속 공무원을 보직할 때에는 그 공무원의 전공분야·훈련·근무경력·전문성·적성 등을 고려하여 적격한 직위에 임용하여야 한다. 이 경우 보직관리 기준에 필요한 사항은 대통령령등으로 정한다.

제33조(결격사유) 다음 각 호의 어느 하나에 해당하는 자는 공무원으로 임용될 수 없다.

1. 피성년후견인 또는 피한정후견인
2. 파산선고를 받고 복권되지 아니한 자
3. 금고 이상의 실형을 선고받고 그 집행이 종료되거나 집행을 받지 아니하기로 확정된 후 5년이 지나지 아니한 자
4. 금고 이상의 형을 선고받고 그 집행유예 기간이 끝난 날부터 2년이 지나지 아니한 자
5. 금고 이상의 형의 선고유예를 받은 경우에 그 선고유예 기간 중에 있는 자

6. 법원의 판결 또는 다른 법률에 따라 자격이 상실되거나 정지된 자

6의2. 공무원으로 재직기간 중 직무와 관련하여 「형법」 제355조 및 제356조에 규정된 죄를 범한 자로서 300만원 이상의 벌금형을 선고받고 그 형이 확정된 후 2년이 지나지 아니한 자

6의3. 「형법」 제303조 또는 「성폭력범죄의 처벌 등에 관한 특례법」 제10조에 규정된 죄를 범한 사람으로서 300만원 이상의 벌금형을 선고받고 그 형이 확정된 후 2년이 지나지 아니한 사람

7. 징계로 파면처분을 받은 때부터 5년이 지나지 아니한 자

8. 징계로 해임처분을 받은 때부터 3년이 지나지 아니한 자

제33조의2(벌금형의 분리 선고) 「형법」 제38조에도 불구하고 제33조제6호의2 또는 제6호의3에 규정된 죄와 다른 죄의 경합범(競合犯)에 대하여 벌금형을 선고하는 경우에는 이를 분리 선고하여야 한다.

제34조(시험 실시기관) ① 행정기관 소속 공무원의 채용시험·승진시험, 그 밖의 시험은 인사혁신처장 또는 인사혁신처장이 지정하는 소속기관의 장이 실시한다. 다만, 인사혁신처장 또는 그 소속기관의 장이 단독으로 실시하기 곤란하면 관계 기관과 공동으로 실시할 수 있으며, 인사혁신처장은 대통령령으로 정하는 바에 따라 그 시험의 일부를 다른 행정기관의 장에게 위임하여 실시할 수 있다.

② 삭제 <2004. 3. 11.>

③ 국회 및 법원 소속 공무원의 채용시험·승진시험, 그 밖의 시험은 국회사무처 또는 법원행정처에서 실시한다. 이 경우 국회사무총장 또는 법원행정처장은 국회규칙 또는 대법원규칙으로 정하는 바에 따라 그 시험의 일부를 소속 기관에 위임하여 실시할 수 있다.

④ 헌법재판소 소속 공무원의 채용시험·승진시험, 그 밖의 시험은 헌법재판소사무처에서 실시한다. 다만, 헌법재판소사무처장은 그 시험의 전부나 일부를 인사혁신처장 또는 법원행정처장에게 위탁하여 실시할 수 있다.

⑤ 선거관리위원회 소속 공무원의 채용시험·승진시험, 그 밖의 시험은 중앙선거관리위원회사무처에서 실시하되, 중앙선거관리위원회규칙으로 정하는 바에 따라 그 시험의 일부를 시·도선거관리위원회에 위임하여 실시할 수 있다. 다만, 중앙선거관리위원회사무총장은 시험의 전부나 일부를 인사혁신처장에게 위탁하여 실시하거나 인사혁신처장이 실시한 공개경쟁 채용시험에 합격한 자를 선거관리위원회에서 실시한 공개경쟁 채용시험에 합격한 자로 보아 임용할 수 있다.

제35조(평등의 원칙) 공개경쟁에 따른 채용시험은 같은 자격을 가진 모든 국민에게 평

등하게 공개하여야 하며 시험의 시기와 장소는 응시자의 편의를 고려하여 결정한다.

제36조(응시 자격) 각종 시험에 있어서 담당할 직무 수행에 필요한 최소한도의 자격요건은 대통령령등으로 정한다.

제36조의2(채용시험의 가점) ① 다음 각 호의 어느 하나에 해당하는 사람이 공무원 채용시험에 응시하면 일정한 점수를 가산할 수 있다.

1. 「국가기술자격법」이나 그 밖의 법령에 따른 자격을 취득한 사람

2. 「의사상자 등 예우 및 지원에 관한 법률」 제2조제2호에 따른 의사자의 배우자 또는 자녀

3. 「의사상자 등 예우 및 지원에 관한 법률」 제2조제3호에 따른 의상자 및 그 배우자 또는 자녀

② 제1항에 따라 가산할 수 있는 구체적 대상, 가산 점수, 가산 방법 등에 필요한 사항은 대통령령등으로 정한다.

제37조(시험의 공고) ① 공개경쟁 채용시험, 공개경쟁 승진시험 또는 경력경쟁채용시험을 실시할 때에는 임용예정 직급·직위, 응시 자격, 선발 예정 인원, 시험의 방법·시기·장소, 그 밖에 필요한 사항을 대통령령등으로 정하는 바에 따라 공고하여야 한다. 다만, 제28조제2항 단서에 따라 다수인을 대상으로 하지 아니한 시험의 경우에는 공고하지 아니할 수 있다.

② 원활한 결원 보충을 위하여 필요하면 근무예정 지역 또는 근무예정 기관을 미리 정하여 공개경쟁 채용시험을 실시할 수 있다. 이 경우 그 시험에 따라 채용된 공무원은 대통령령등으로 정하는 기간 동안 해당 근무 지역 또는 근무 기관에 근무하여야 한다.

제38조(채용후보자 명부) ① 시험 실시기관의 장은 공개경쟁 채용시험에 합격한 사람을 대통령령등으로 정하는 바에 따라 채용후보자 명부에 등재하여야 한다.

② 제28조제1항에 따른 공무원 공개경쟁 채용시험에 합격한 사람의 채용후보자 명부의 유효기간은 2년의 범위에서 대통령령등으로 정한다. 다만, 시험 실시기관의 장은 필요에 따라 1년의 범위에서 그 기간을 연장할 수 있다.

③ 다음 각 호의 기간은 제2항에 따른 기간에 넣어 계산하지 아니한다.

1. 공개경쟁 채용시험 합격자가 채용후보자 명부에 등재된 후 그 유효기간 내에 「병역법」에 따른 병역 복무를 위하여 군에 입대한 경우(대학생 군사훈련 과정 이수자를 포함한다)의 의무복무 기간

2. 대통령령등으로 정하는 사유로 임용되지 못한 기간

④ 제2항에 따라 시험 실시기관의 장이 채용후보자 명부의 유효기간을 연장하기로

결정하면 지체 없이 이를 공고하여야 한다.

제39조(채용후보자의 임용 절차) ① 시험 실시기관의 장은 채용후보자 명부에 등재된 채용후보자를 대통령령등으로 정하는 바에 따라 임용권이나 임용제청권을 갖는 기관에 추천하여야 한다. 다만, 공개경쟁 채용시험 합격자의 우선임용을 위하여 필요하면 인사혁신처장이 채용후보자를 제32조제1항부터 제3항까지의 규정에도 불구하고 근무할 기관을 지정하여 임용하거나 임용제청할 수 있다.

② 각 임용권자나 임용제청권자는 제1항에 따라 추천받은 채용후보자를 임용한 때에는 그 결과를 시험 실시기관의 장에게 지체 없이 알려야 한다.

③ 채용후보자가 다음 각 호의 어느 하나에 해당하면 채용후보자로서의 자격을 잃는다.

1. 제1항에 따라 추천받은 기관의 임용 또는 임용제청에 따르지 아니한 경우
2. 제50조에 따른 시보 공무원이 될 자에 대한 교육훈련에 따르지 아니한 경우
3. 훈련 성적이 나쁘거나 본인의 귀책사유로 교육훈련을 계속 받을 수 없게 되는 등 공무원으로서 직무를 수행하기 곤란하다고 판단되는 경우. 이 경우 구체적인 사유 및 절차 등에 필요한 사항은 대통령령등으로 정한다.

④ 임용권자는 채용후보자에 대하여 임용 전에 실무 수습을 실시할 수 있다. 이 경우 실무 수습 중인 채용후보자는 그 직무상 행위를 하거나 「형법」 또는 그 밖의 법률에 따른 벌칙을 적용할 때에는 공무원으로 본다.

제40조(승진) ① 승진임용은 근무성적평정·경력평정, 그 밖에 능력의 실증에 따른다. 다만, 1급부터 3급까지의 공무원으로의 승진임용 및 고위공무원단 직위로의 승진임용의 경우에는 능력과 경력 등을 고려하여 임용하며, 5급 공무원으로의 승진임용의 경우에는 승진시험을 거치도록 하되, 필요하다고 인정하면 대통령령등으로 정하는 바에 따라 승진심사위원회의 심사를 거쳐 임용할 수 있다.

② 6급 이하 공무원으로의 승진임용의 경우 필요하다고 인정하면 대통령령등으로 정하는 바에 따라 승진시험을 병용(竝用)할 수 있다.

③ 승진에 필요한 계급별 최저 근무연수, 승진 제한, 그 밖에 승진에 필요한 사항은 대통령령등으로 정한다.

제40조의2(승진임용의 방법) ① 1급 공무원으로의 승진은 바로 하급 공무원 중에서, 2급 및 3급 공무원으로의 승진은 같은 직군 내의 바로 하급 공무원 중에서 각각 임용하거나 임용제청하며, 고위공무원단 직위로의 승진임용은 대통령령으로 정하는 자격·경력 등을 갖춘 자 중에서 임용하거나 임용제청한다.

② 승진시험에 따른 승진은 승진시험 합격자 중에서 대통령령등으로 정하는 승진임용 순위에 따라 임용하거나 임용제청한다. 다만, 공개경쟁 승진시험에 합격하여 승진

후보자 명부에 등재된 자의 임용방법에 관하여는 제39조제1항과 제2항을 준용한다.

③ 제1항과 제2항 외의 승진은 같은 직렬의 바로 하급 공무원 중에서 임용하되, 임용하려는 결원의 수에 대하여 승진후보자 명부의 높은 순위에 있는 자부터 차례로 대통령령등으로 정하는 범위에서 임용하거나 임용제청하여야 한다.

④ 각급 기관의 장은 대통령령등으로 정하는 바에 따라 근무성적·경력평정, 그 밖에 능력의 실증에 따른 순위에 따라 직급별로 승진후보자 명부를 작성한다.

⑤ 5급 공무원 공개경쟁 승진시험에 합격한 자의 승진후보자 명부는 국회사무총장, 법원행정처장, 헌법재판소사무처장, 중앙선거관리위원회사무총장 또는 인사혁신처장이 작성한다.

제40조의3(승진 심사) ① 제40조의2제1항·제3항 또는 제40조의4제1항제1호부터 제3호까지의 규정에 따라 임용하거나 임용제청을 할 때에는 미리 승진심사위원회의 심사를 거쳐야 한다.

② 제1항에 따른 승진 심사를 위하여 국회사무총장, 법원행정처장, 헌법재판소사무처장 또는 중앙선거관리위원회사무총장 소속으로 중앙승진심사위원회를 두고, 행정부 소속 공무원의 승진 심사는 제28조의6제3항에 따라 고위공무원임용심사위원회가 담당하며, 각 임용권자나 임용제청권자 단위별로 보통승진심사위원회를 둔다.

③ 승진심사위원회의 구성·권한 및 운영, 그 밖에 필요한 사항은 대통령령등으로 정한다.

제40조의4(우수 공무원 등의 특별승진) ① 공무원이 다음 각 호의 어느 하나에 해당하면 제40조 및 제40조의2에도 불구하고 특별승진임용하거나 일반 승진시험에 우선 응시하게 할 수 있다.

1. 청렴하고 투철한 봉사 정신으로 직무에 모든 힘을 다하여 공무 집행의 공정성을 유지하고 깨끗한 공직 사회를 구현하는 데에 다른 공무원의 귀감(龜鑑)이 되는 자
2. 직무수행 능력이 탁월하여 행정 발전에 큰 공헌을 한 자
3. 제53조에 따른 제안의 채택·시행으로 국가 예산을 절감하는 등 행정 운영 발전에 뚜렷한 실적이 있는 자
4. 재직 중 공적이 특히 뚜렷한 자가 제74조의2에 따라 명예퇴직 할 때
5. 재직 중 공적이 특히 뚜렷한 자가 공무로 사망한 때

② 특별승진의 요건, 그 밖에 필요한 사항은 대통령령등으로 정한다.

제41조(승진시험 방법) ① 승진시험은 일반 승진시험과 공개경쟁 승진시험으로 구분한다.

② 일반 승진시험은 승진후보자 명부의 높은 순위에 있는 자부터 차례로 임용하려는

결원 또는 결원과 예상 결원을 합한 총결원의 2배수 이상 5배수 이내 범위의 자에 대하여 실시하며, 시험성적 점수와 승진후보자 명부에 따른 평정 점수를 합산한 종합성적에 따라 합격자를 결정한다. 다만, 유능한 공무원을 발탁하기 위하여 승진기회의 확대가 필요한 경우에는 대통령령으로 정하는 바에 따라 배수의 범위를 달리하여 시험을 실시할 수 있다.

③ 공개경쟁 승진시험은 5급 공무원 승진에 한정하되, 기관간 승진기회의 균형을 유지하고 유능한 공무원을 발탁하기 위하여 필요한 경우에 실시하며, 시험성적에 따라 합격자를 결정한다.

④ 제2항과 제3항에 따른 승진시험의 응시 대상자, 응시 방법, 합격자 결정 방법, 합격의 효력, 그 밖에 승진시험에 필요한 사항은 대통령령등으로 정한다.

제42조(국가유공자 우선 임용) ① 공무원을 임용할 때에 법령으로 정하는 바에 따라 국가유공자를 우선 임용하여야 한다.

② 제1항에 따른 우선 임용에 관한 사항은 국회사무총장, 법원행정처장, 헌법재판소사무처장, 중앙선거관리위원회사무총장 또는 인사혁신처장이 관장한다. 다만, 그 임용에 관한 법령의 제정·개폐 또는 중요 정책에 관하여는 국가보훈처장과 협의한다.

제43조(휴직·파견 등의 결원보충 등) ① 공무원이 제71조제1항제1호·제3호·제5호·제6호, 제71조제2항 또는 제73조의2에 따라 6개월 이상 휴직하면 휴직일부터 그 휴직자의 직급·직위 또는 상당 계급(고위공무원단에 속하는 공무원은 해당 휴직자의 직위와 곤란성과 책임도가 유사한 직위를 말한다)에 해당하는 정원이 따로 있는 것으로 보고 결원을 보충할 수 있다. 다만, 제71조제2항제4호에 따라 휴직하는 경우에는 대통령령등으로 정하는 경우에 한하여 3개월 이상 휴직하는 경우에도 결원을 보충할 수 있고, 출산휴가와 육아휴직을 연속하여 사용하는 경우에는 출산휴가일부터 후임자를 보충할 수 있다.

② 공무원을 제32조의4에 따라 파견하는 경우에는 대통령령등으로 정하는 바에 따라 파견 기간 중 그 파견하는 직급(고위공무원단에 속하는 일반직공무원은 그 파견하는 직위와 곤란성과 책임도가 유사한 직위를 말한다. 이하 이 조에서 같다)에 해당하는 정원이 따로 있는 것으로 보고 결원을 보충할 수 있다. 다만, 남은 파견기간이 2개월 이하인 경우에는 그러하지 아니하다.

③ 파면처분·해임처분·면직처분 또는 강등처분에 대하여 소청심사위원회나 법원에서 무효나 취소의 결정 또는 판결을 하면 그 파면처분·해임처분·면직처분 또는 강등처분에 따라 결원을 보충하였던 때부터 파면처분·해임처분·면직처분 또는 강등처분을 받은 사람의 처분 전 직급·직위에 해당하는 정원이 따로 있는 것으로 본다.

④ 제78조의4제2항에 따라 직위를 부여하지 아니하는 경우에는 직위해제된 자의 직급·직위 또는 상당 계급(고위공무원단에 속하는 공무원은 해당 직위해제된 자의 직위와 곤란성과 책임도가 유사한 직위를 말한다)에 해당하는 정원이 따로 있는 것으로 보고 결원을 보충할 수 있다.

⑤ 제1항부터 제3항까지의 규정에 따른 정원은 다음 각 호의 어느 하나에 해당하는 사유가 발생한 이후 그 직급·직위에 최초로 결원이 발생한 때에 각각 소멸된 것으로 본다. 다만, 제1항에 따른 특수경력직공무원의 정원은 제1호의 사유가 발생한 때에 소멸된 것으로 본다.

1. 휴직자의 복직

2. 파견된 자의 복귀

3. 파면·해임·면직된 사람의 복귀 또는 강등된 사람의 처분 전 직급 회복

제43조의2 삭제 <1978. 12. 5.>

제43조의3 삭제 <1978. 12. 5.>

제44조(시험 또는 임용의 방해행위 금지) 누구든지 시험 또는 임용에 관하여 고의로 방해하거나 부당한 영향을 주는 행위를 하여서는 아니 된다.

제45조(인사에 관한 부정행위 금지) 누구든지 채용시험·승진·임용, 그 밖에 인사기록에 관하여 거짓이나 부정하게 진술·기재·증명·채점 또는 보고하여서는 아니 된다.

제45조의2(채용시험 등 부정행위자에 대한 조치) ① 시험실시기관의 장은 채용시험·승진시험, 그 밖의 시험에서 다른 사람에게 대신하여 응시하게 하는 행위 등 대통령령으로 정하는 부정행위를 한 사람에 대하여 대통령령으로 정하는 바에 따라 해당 시험의 정지·무효 또는 합격 취소 처분을 할 수 있다. 이 경우 처분을 받은 사람에 대하여는 처분이 있은 날부터 5년의 범위에서 대통령령으로 정하는 기간 동안 채용시험·승진시험, 그 밖의 시험의 응시자격을 정지할 수 있다.

② 시험실시기관의 장은 제1항에 따른 처분(시험의 정지는 제외한다)을 하려는 때에는 미리 그 처분 내용과 사유를 당사자에게 통지하여 소명할 기회를 주어야 한다.

제5장 보수

제46조(보수 결정의 원칙) ① 공무원의 보수는 직무의 곤란성과 책임의 정도에 맞도록 계급별·직위별 또는 직무등급별로 정한다. 다만, 다음 각 호의 어느 하나에 해당하는 공무원의 보수는 따로 정할 수 있다.

1. 직무의 곤란성과 책임도가 매우 특수하거나 결원을 보충하는 것이 곤란한 직무에

종사하는 공무원

2. 제4조제2항에 따라 같은 조 제1항의 계급 구분이나 직군 및 직렬의 분류를 적용하지 아니하는 공무원

3. 임기제공무원

② 공무원의 보수는 일반의 표준 생계비, 물가 수준, 그 밖의 사정을 고려하여 정하되, 민간 부문의 임금 수준과 적절한 균형을 유지하도록 노력하여야 한다.

③ 경력직공무원 간의 보수 및 경력직공무원과 특수경력직공무원 간의 보수는 균형을 도모하여야 한다.

④ 공무원의 보수 중 봉급에 관하여는 법률로 정한 것 외에는 대통령령으로 정한다.

⑤ 이 법이나 그 밖의 법률에 따른 보수에 관한 규정에 따르지 아니하고는 어떠한 금전이나 유가물(有價物)도 공무원의 보수로 지급할 수 없다.

제47조(보수에 관한 규정) ① 공무원의 보수에 관한 다음 각 호의 사항은 대통령령으로 정한다.

1. 봉급·호봉 및 승급에 관한 사항

2. 수당에 관한 사항

3. 보수 지급 방법, 보수의 계산, 그 밖에 보수 지급에 관한 사항

② 제1항에도 불구하고 특수 수당과 제51조제2항에 따른 상여금(賞與金)의 지급 또는 특별승급에 관한 사항은 대통령령등으로 정한다.

③ 제1항에 따른 보수를 거짓이나 그 밖의 부정한 방법으로 수령한 경우에는 수령한 금액의 2배의 범위에서 가산하여 징수할 수 있다.

④ 제3항에 따라 가산하여 징수할 수 있는 보수의 종류, 가산금액 등에 관한 사항은 대통령령으로 정한다.

제48조(실비 변상 등) ① 공무원은 보수 외에 대통령령등으로 정하는 바에 따라 직무 수행에 필요한 실비(實費) 변상을 받을 수 있다.

② 공무원이 소속 기관장의 허가를 받아 본래의 업무 수행에 지장이 없는 범위에서 담당 직무 외의 특수한 연구과제를 위탁받아 처리하면 그 보상을 지급받을 수 있다.

③ 제1항 및 제2항에 따른 실비 변상이나 보상을 거짓이나 그 밖의 부정한 방법으로 수령한 경우에는 수령한 금액의 2배의 범위에서 가산하여 징수할 수 있다.

④ 제3항에 따라 가산하여 징수할 수 있는 실비 변상 및 보상의 종류, 가산금액 등에 관한 사항은 대통령령으로 정한다.

제49조(국가기관 외의 기관 등에서 파견된 자의 보수) 제32조의4제1항에 따라 국가기관 외의 기관·단체에서 파견된 임직원의 보수는 파견한 기관이 지급하며, 파견받은

기관은 제48조를 준용하여 실비 변상 등을 할 수 있다. 다만, 특히 필요한 경우 파견받은 기관은 파견한 기관과 협의하여 보수를 지급할 수 있다.

제6장　능률

제50조(인재개발) ① 모든 공무원과 시보 공무원이 될 사람은 국민 전체에 대한 봉사자로서 갖추어야 할 공직가치를 확립하고, 담당 직무를 효과적으로 수행할 수 있는 미래지향적 역량과 전문성을 배양하기 위하여 법령으로 정하는 바에 따라 교육훈련을 받고 자기개발 학습을 하여야 한다.

② 국회사무총장, 법원행정처장, 헌법재판소사무처장, 중앙선거관리위원회사무총장 또는 인사혁신처장은 각 기관의 협조를 받아 인재개발에 관한 종합적인 기획 및 조정을 한다.

③ 각 기관의 장과 관리직위에 있는 공무원은 지속적인 인재개발을 통하여 소속 직원의 공직가치를 확립하고 미래지향적 역량과 전문성을 향상시킬 책임을 진다.

④ 교육훈련 실적은 인사관리에 반영하여야 한다.

제51조(근무성적의 평정) ① 각 기관의 장은 정기 또는 수시로 소속 공무원의 근무성적을 객관적이고 엄정하게 평정하여 인사관리에 반영하여야 한다.

② 제1항에 따른 근무성적평정 결과 근무성적이 우수한 자에 대하여는 상여금을 지급하거나 특별승급시킬 수 있다.

③ 제1항의 근무성적평정에 관한 사항은 대통령령등으로 정한다.

제52조(능률 증진을 위한 실시사항) ①중앙인사관장기관의 장은 공무원의 근무능률을 높이기 위하여 공무원의 보건·휴양·안전·후생, 그 밖에 필요한 사항에 대한 기준을 설정하여야 하며, 각 기관의 장은 이를 실시하여야 한다.

② 중앙인사관장기관의 장은 장애인공무원의 원활한 직무수행을 위하여 근로지원인(장애인공무원의 직무수행을 지원하는 사람을 말한다)의 배정 또는 보조공학기기·장비의 지급 등 필요한 지원을 할 수 있다.

③ 중앙인사관장기관의 장은 제2항에 따른 지원업무를 효율적으로 추진하기 위하여 전문기관을 지정하여 수행하게 할 수 있고, 그 지원업무 수행에 필요한 경비의 전부 또는 일부를 출연하거나 보조할 수 있다.

④ 제2항에 따른 지원의 세부내용 및 방법 등과 제3항에 따른 전문기관의 지정 기준, 지정 및 지정취소의 절차 등에 필요한 사항은 대통령령등으로 정한다.

제53조(제안 제도) ① 행정 운영의 능률화와 경제화를 위한 공무원의 창의적인 의견이

나 고안(考案)을 계발하고 이를 채택하여 행정 운영의 개선에 반영하도록 하기 위하여 제안 제도를 둔다.

② 제안이 채택되고 시행되어 국가 예산을 절약하는 등 행정 운영 발전에 뚜렷한 실적이 있는 자에게는 상여금을 지급할 수 있으며 특별승진이나 특별승급을 시킬 수 있다.

③ 제2항에 따른 상여금이나 그 밖에 제안 제도의 운영에 필요한 사항은 대통령령으로 정한다.

제54조(상훈 제도) ① 공무원으로서 직무에 힘을 다하거나 사회에 공헌한 공적이 뚜렷한 자에게는 훈장 또는 포장을 수여하거나 표창을 한다.

② 제1항에 따른 훈장·포장 및 표창에 관한 사항은 법률로 정한 것 외에는 대통령령으로 정한다. 다만, 표창에 관한 사항은 국회규칙, 대법원규칙, 헌법재판소규칙 또는 중앙선거관리위원회규칙으로도 정할 수 있다.

제7장 복무

제55조(선서) 공무원은 취임할 때에 소속 기관장 앞에서 대통령령등으로 정하는 바에 따라 선서(宣誓)하여야 한다. 다만, 불가피한 사유가 있으면 취임 후에 선서하게 할 수 있다.

제56조(성실 의무) 모든 공무원은 법령을 준수하며 성실히 직무를 수행하여야 한다.

제57조(복종의 의무) 공무원은 직무를 수행할 때 소속 상관의 직무상 명령에 복종하여야 한다.

제58조(직장 이탈 금지) ① 공무원은 소속 상관의 허가 또는 정당한 사유가 없으면 직장을 이탈하지 못한다.

② 수사기관이 공무원을 구속하려면 그 소속 기관의 장에게 미리 통보하여야 한다. 다만, 현행범은 그러하지 아니하다.

제59조(친절·공정의 의무) 공무원은 국민 전체의 봉사자로서 친절하고 공정하게 직무를 수행하여야 한다.

제59조의2(종교중립의 의무) ① 공무원은 종교에 따른 차별 없이 직무를 수행하여야 한다.

② 공무원은 소속 상관이 제1항에 위배되는 직무상 명령을 한 경우에는 이에 따르지 아니할 수 있다.

제60조(비밀 엄수의 의무) 공무원은 재직 중은 물론 퇴직 후에도 직무상 알게 된 비밀을 엄수(嚴守)하여야 한다.

제61조(청렴의 의무) ① 공무원은 직무와 관련하여 직접적이든 간접적이든 사례·증여 또는 향응을 주거나 받을 수 없다.

② 공무원은 직무상의 관계가 있든 없든 그 소속 상관에게 증여하거나 소속 공무원으로부터 증여를 받아서는 아니 된다.

제62조(외국 정부의 영예 등을 받을 경우) 공무원이 외국 정부로부터 영예나 증여를 받을 경우에는 대통령의 허가를 받아야 한다.

제63조(품위 유지의 의무) 공무원은 직무의 내외를 불문하고 그 품위가 손상되는 행위를 하여서는 아니 된다.

제64조(영리 업무 및 겸직 금지) ① 공무원은 공무 외에 영리를 목적으로 하는 업무에 종사하지 못하며 소속 기관장의 허가 없이 다른 직무를 겸할 수 없다.

② 제1항에 따른 영리를 목적으로 하는 업무의 한계는 대통령령등으로 정한다.

제65조(정치 운동의 금지) ① 공무원은 정당이나 그 밖의 정치단체의 결성에 관여하거나 이에 가입할 수 없다.

② 공무원은 선거에서 특정 정당 또는 특정인을 지지 또는 반대하기 위한 다음의 행위를 하여서는 아니 된다.

1. 투표를 하거나 하지 아니하도록 권유 운동을 하는 것
2. 서명 운동을 기도(企圖)·주재(主宰)하거나 권유하는 것
3. 문서나 도서를 공공시설 등에 게시하거나 게시하게 하는 것
4. 기부금을 모집 또는 모집하게 하거나, 공공자금을 이용 또는 이용하게 하는 것
5. 타인에게 정당이나 그 밖의 정치단체에 가입하게 하거나 가입하지 아니하도록 권유 운동을 하는 것

③ 공무원은 다른 공무원에게 제1항과 제2항에 위배되는 행위를 하도록 요구하거나, 정치적 행위에 대한 보상 또는 보복으로서 이익 또는 불이익을 약속하여서는 아니 된다.

④ 제3항 외에 정치적 행위의 금지에 관한 한계는 대통령령등으로 정한다.

제66조(집단 행위의 금지) ① 공무원은 노동운동이나 그 밖에 공무 외의 일을 위한 집단 행위를 하여서는 아니 된다. 다만, 사실상 노무에 종사하는 공무원은 예외로 한다.

② 제1항 단서의 사실상 노무에 종사하는 공무원의 범위는 대통령령등으로 정한다.

③ 제1항 단서에 규정된 공무원으로서 노동조합에 가입된 자가 조합 업무에 전임하려면 소속 장관의 허가를 받아야 한다.

④ 제3항에 따른 허가에는 필요한 조건을 붙일 수 있다.

제67조(위임 규정) 공무원의 복무에 관하여 필요한 사항은 이 법에 규정한 것 외에는 대통령령등으로 정한다.

제8장 신분 보장

제68조(의사에 반한 신분 조치) 공무원은 형의 선고, 징계처분 또는 이 법에서 정하는 사유에 따르지 아니하고는 본인의 의사에 반하여 휴직·강임 또는 면직을 당하지 아니한다. 다만, 1급 공무원과 제23조에 따라 배정된 직무등급이 가장 높은 등급의 직위에 임용된 고위공무원단에 속하는 공무원은 그러하지 아니하다.

제69조(당연퇴직) 공무원이 다음 각 호의 어느 하나에 해당할 때에는 당연히 퇴직한다.

1. 제33조 각 호의 어느 하나에 해당하는 경우. 다만, 제33조제2호는 파산선고를 받은 사람으로서 「채무자 회생 및 파산에 관한 법률」에 따라 신청기한 내에 면책신청을 하지 아니하였거나 면책불허가 결정 또는 면책 취소가 확정된 경우만 해당하고, 제33조제5호는 「형법」 제129조부터 제132조까지, 제303조 또는 「성폭력범죄의 처벌 등에 관한 특례법」 제10조 및 직무와 관련하여 「형법」 제355조 또는 제356조에 규정된 죄를 범한 사람으로서 금고 이상의 형의 선고유예를 받은 경우만 해당한다.

2. 임기제공무원의 근무기간이 만료된 경우

제70조(직권 면직) ① 임용권자는 공무원이 다음 각 호의 어느 하나에 해당하면 직권으로 면직시킬 수 있다.

1. 삭제 <1991. 5. 31.>

2. 삭제 <1991. 5. 31.>

3. 직제와 정원의 개폐 또는 예산의 감소 등에 따라 폐직(廢職) 또는 과원(過員)이 되었을 때

4. 휴직 기간이 끝나거나 휴직 사유가 소멸된 후에도 직무에 복귀하지 아니하거나 직무를 감당할 수 없을 때

5. 제73조의3제3항에 따라 대기 명령을 받은 자가 그 기간에 능력 또는 근무성적의 향상을 기대하기 어렵다고 인정된 때

6. 전직시험에서 세 번 이상 불합격한 자로서 직무수행 능력이 부족하다고 인정된 때

7. 병역판정검사·입영 또는 소집의 명령을 받고 정당한 사유 없이 이를 기피하거나 군복무를 위하여 휴직 중에 있는 자가 군복무 중 군무(軍務)를 이탈하였을 때

8. 해당 직급·직위에서 직무를 수행하는데 필요한 자격증의 효력이 없어지거나 면허가 취소되어 담당 직무를 수행할 수 없게 된 때

9. 고위공무원단에 속하는 공무원이 제70조의2에 따른 적격심사 결과 부적격 결정을

받은 때

② 임용권자는 제1항제3호부터 제8호까지의 규정에 따라 면직시킬 경우에는 미리 관할 징계위원회의 의견을 들어야 한다. 다만, 제1항제5호에 따라 면직시킬 경우에는 징계위원회의 동의를 받아야 한다.

③ 임용권자나 임용제청권자는 제1항제3호에 따라 소속 공무원을 면직시킬 때에는 임용 형태, 업무 실적, 직무수행 능력, 징계처분 사실 등을 고려하여 면직 기준을 정하여야 한다.

④ 제3항에 따른 면직 기준을 정하거나 제1항제3호에 따라 면직 대상자를 결정할 때에는 임용권자 또는 임용제청권자(임용권자나 임용제청권자가 분명하지 아니하면 중앙인사관장기관의 장을 말한다)별로 심사위원회를 구성하여 그 심사위원회의 심의·의결을 거쳐야 한다.

⑤ 제4항에 따른 심사위원회의 위원장은 임용권자 또는 임용제청권자가 되며, 위원은 면직 대상자보다 상위 계급자 또는 고위공무원단에 속하는 일반직공무원 중에서 위원장이 지명하는 5명 이상 7명 이하로 구성하되, 면직 대상자의 상위 계급자 또는 고위공무원단에 속하는 일반직공무원을 우선하여 지명하여야 한다. 다만, 상위 계급자 또는 고위공무원단에 속하는 일반직공무원이 부족하면 4명 이내로 구성할 수 있다.

⑥ 제1항제4호에 따른 직권 면직일은 휴직 기간이 끝난 날 또는 휴직 사유가 소멸한 날로 한다.

제70조의2(적격심사) ① 고위공무원단에 속하는 일반직공무원은 다음 각 호의 어느 하나에 해당하면 고위공무원으로서 적격한지 여부에 대한 심사(이하 "적격심사"라 한다)를 받아야 한다.

1. 삭제 <2014. 1. 7.>

2. 근무성적평정에서 최하위 등급의 평정을 총 2년 이상 받은 때. 이 경우 고위공무원단에 속하는 일반직공무원으로 임용되기 전에 고위공무원단에 속하는 별정직공무원으로 재직한 경우에는 그 재직기간 중에 받은 최하위등급의 평정을 포함한다.

3. 대통령령으로 정하는 정당한 사유 없이 직위를 부여받지 못한 기간이 총 1년에 이른 때

4. 다음 각 목의 경우에 모두 해당할 때

　　가. 근무성적평정에서 최하위 등급을 1년 이상 받은 사실이 있는 경우. 이 경우 고위공무원단에 속하는 일반직공무원으로 임용되기 전에 고위공무원단에 속하는 별정직공무원으로 재직한 경우에는 그 재직기간 중에 받은 최하위 등급을 포함한다.

　　나. 대통령령으로 정하는 정당한 사유 없이 6개월 이상 직위를 부여받지 못한 사
　　　실이 있는 경우

5. 제3항 단서에 따른 조건부 적격자가 교육훈련을 이수하지 아니하거나 연구과제를
　　수행하지 아니한 때

② 적격심사는 제1항 각 호의 어느 하나에 해당하게 된 때부터 6개월 이내에 실시하
여야 한다.

③ 적격심사는 근무성적, 능력 및 자질의 평정에 따르되, 고위공무원의 직무를 계속
수행하게 하는 것이 곤란하다고 판단되는 사람을 부적격자로 결정한다. 다만, 교육훈
련 또는 연구과제 등을 통하여 근무성적 및 능력의 향상이 기대되는 사람은 조건부
적격자로 결정할 수 있다.

④ 제3항 단서에 따른 조건부 적격자의 교육훈련 이수 및 연구과제 수행에 관한 확인
방법ㆍ절차 등 필요한 사항은 대통령령으로 정한다.

⑤ 제1항부터 제3항까지의 규정에 따른 적격심사는 제28조의6제1항에 따른 고위공무
원임용심사위원회에서 실시한다.

⑥ 소속 장관은 소속 공무원이 제1항 각 호의 어느 하나에 해당되면 지체 없이 인사
혁신처장에게 적격심사를 요구하여야 한다.

제71조(휴직) ① 공무원이 다음 각 호의 어느 하나에 해당하면 임용권자는 본인의 의사
에도 불구하고 휴직을 명하여야 한다.

1. 신체ㆍ정신상의 장애로 장기 요양이 필요할 때

2. 삭제 <1978. 12. 5.>

3. 「병역법」에 따른 병역 복무를 마치기 위하여 징집 또는 소집된 때

4. 천재지변이나 전시ㆍ사변, 그 밖의 사유로 생사(生死) 또는 소재(所在)가 불명확하
　　게 된 때

5. 그 밖에 법률의 규정에 따른 의무를 수행하기 위하여 직무를 이탈하게 된 때

6. 「공무원의 노동조합 설립 및 운영 등에 관한 법률」 제7조에 따라 노동조합 전임자
　　로 종사하게 된 때

② 임용권자는 공무원이 다음 각 호의 어느 하나에 해당하는 사유로 휴직을 원하면
휴직을 명할 수 있다. 다만, 제4호의 경우에는 대통령령으로 정하는 특별한 사정이
없으면 휴직을 명하여야 한다.

1. 국제기구, 외국 기관, 국내외의 대학ㆍ연구기관, 다른 국가기관 또는 대통령령으로
　　정하는 민간기업, 그 밖의 기관에 임시로 채용될 때

2. 국외 유학을 하게 된 때

3. 중앙인사관장기관의 장이 지정하는 연구기관이나 교육기관 등에서 연수하게 된 때

4. 만 8세 이하 또는 초등학교 2학년 이하의 자녀를 양육하기 위하여 필요하거나 여성공무원이 임신 또는 출산하게 된 때

5. 사고나 질병 등으로 장기간 요양이 필요한 조부모, 부모(배우자의 부모를 포함한다), 배우자, 자녀 또는 손자녀를 간호하기 위하여 필요한 때. 다만, 조부모나 손자녀의 간호를 위하여 휴직할 수 있는 경우는 본인 외에는 간호할 수 있는 사람이 없는 등 대통령령등으로 정하는 요건을 갖춘 경우로 한정한다.

6. 외국에서 근무·유학 또는 연수하게 되는 배우자를 동반하게 된 때

7. 대통령령등으로 정하는 기간 동안 재직한 공무원이 직무 관련 연구과제 수행 또는 자기개발을 위하여 학습·연구 등을 하게 된 때

③ 임기제공무원에 대하여는 제1항제1호·제3호 및 제2항제4호에 한정하여 제1항 및 제2항을 적용한다. 이 경우 제2항제4호는 휴직을 시작하려는 날부터 남은 근무기간이 6개월 이상인 경우로 한정한다.

④ 임용권자는 제2항제4호에 따른 휴직을 이유로 인사에 불리한 처우를 하여서는 아니 된다.

⑤ 제1항부터 제4항까지의 규정에 따른 휴직 제도 운영에 관하여 필요한 사항은 대통령령등으로 정한다.

제72조(휴직 기간) 휴직 기간은 다음과 같다. <개정 2011. 5. 23., 2013. 8. 6., 2015. 5. 18., 2015. 12. 24., 2018. 3. 20.>

1. 제71조제1항제1호에 따른 휴직기간은 1년 이내로 하되, 부득이한 경우 1년의 범위에서 연장할 수 있다. 다만, 다음 각 목의 어느 하나에 해당하는 공무상 질병 또는 부상으로 인한 휴직기간은 3년 이내로 한다.
   가. 「공무원 재해보상법」 제22조제1항에 따른 요양급여 지급 대상 부상 또는 질병
   나. 「산업재해보상보험법」 제40조에 따른 요양급여 결정 대상 질병 또는 부상

2. 제71조제1항제3호와 제5호에 따른 휴직 기간은 그 복무 기간이 끝날 때까지로 한다.

3. 제71조제1항제4호에 따른 휴직 기간은 3개월 이내로 한다.

4. 제71조제2항제1호에 따른 휴직 기간은 그 채용 기간으로 한다. 다만, 민간기업이나 그 밖의 기관에 채용되면 3년 이내로 한다.

5. 제71조제2항제2호와 제6호에 따른 휴직 기간은 3년 이내로 하되, 부득이한 경우에는 2년의 범위에서 연장할 수 있다.

6. 제71조제2항제3호에 따른 휴직 기간은 2년 이내로 한다.

7. 제71조제2항제4호에 따른 휴직 기간은 자녀 1명에 대하여 3년 이내로 한다.

8. 제71조제2항제5호에 따른 휴직 기간은 1년 이내로 하되, 재직 기간 중 총 3년을 넘을 수 없다.

9. 제71조제1항제6호에 따른 휴직 기간은 그 전임 기간으로 한다.

10. 제71조제2항제7호에 따른 휴직 기간은 1년 이내로 한다.

제73조(휴직의 효력) ① 휴직 중인 공무원은 신분은 보유하나 직무에 종사하지 못한다.

② 휴직 기간 중 그 사유가 없어지면 30일 이내에 임용권자 또는 임용제청권자에게 신고하여야 하며, 임용권자는 지체 없이 복직을 명하여야 한다.

③ 휴직 기간이 끝난 공무원이 30일 이내에 복귀 신고를 하면 당연히 복직된다.

제73조의2(특수경력직공무원의 휴직) ① 정무직공무원에 대하여는 제71조제1항제3호, 같은 조 제2항제4호, 같은 조 제4항, 제72조제2호·제7호 및 제73조를 준용한다.

② 별정직공무원에 대하여는 제71조제1항제1호·제3호·제4호, 같은 조 제2항제4호·제5호, 같은 조 제4항, 제72조제1호부터 제3호까지, 같은 조 제7호·제8호 및 제73조를 준용한다.

③ 삭제 <2012. 12. 11.>

④ 특수경력직공무원의 휴직에 대하여 다른 법률에 특별한 규정이 있는 경우에는 그 규정에 따른다.

제73조의3(직위해제) ① 임용권자는 다음 각 호의 어느 하나에 해당하는 자에게는 직위를 부여하지 아니할 수 있다.

1. 삭제 <1973. 2. 5.>

2. 직무수행 능력이 부족하거나 근무성적이 극히 나쁜 자

3. 파면·해임·강등 또는 정직에 해당하는 징계 의결이 요구 중인 자

4. 형사 사건으로 기소된 자(약식명령이 청구된 자는 제외한다)

5. 고위공무원단에 속하는 일반직공무원으로서 제70조의2제1항제2호부터 제5호까지의 사유로 적격심사를 요구받은 자

6. 금품비위, 성범죄 등 대통령령으로 정하는 비위행위로 인하여 감사원 및 검찰·경찰 등 수사기관에서 조사나 수사 중인 자로서 비위의 정도가 중대하고 이로 인하여 정상적인 업무수행을 기대하기 현저히 어려운 자

② 제1항에 따라 직위를 부여하지 아니한 경우에 그 사유가 소멸되면 임용권자는 지체 없이 직위를 부여하여야 한다.

③ 임용권자는 제1항제2호에 따라 직위해제된 자에게 3개월의 범위에서 대기를 명한다.

④ 임용권자 또는 임용제청권자는 제3항에 따라 대기 명령을 받은 자에게 능력 회복

이나 근무성적의 향상을 위한 교육훈련 또는 특별한 연구과제의 부여 등 필요한 조치를 하여야 한다.

⑤ 공무원에 대하여 제1항제2호의 직위해제 사유와 같은 항 제3호·제4호 또는 제6호의 직위해제 사유가 경합(競合)할 때에는 같은 항 제3호·제4호 또는 제6호의 직위해제 처분을 하여야 한다.

제73조의4(강임) ① 임용권자는 직제 또는 정원의 변경이나 예산의 감소 등으로 직위가 폐직되거나 하위의 직위로 변경되어 과원이 된 경우 또는 본인이 동의한 경우에는 소속 공무원을 강임할 수 있다.

② 제1항에 따라 강임된 공무원은 상위 직급 또는 고위공무원단 직위에 결원이 생기면 제40조·제40조의2·제40조의4 및 제41조에도 불구하고 우선 임용된다. 다만, 본인이 동의하여 강임된 공무원은 본인의 경력과 해당 기관의 인력 사정 등을 고려하여 우선 임용될 수 있다.

제74조(정년) ① 공무원의 정년은 다른 법률에 특별한 규정이 있는 경우를 제외하고는 60세로 한다.

② 삭제 <2008. 6. 13.>

③ 삭제 <1998. 2. 24.>

④ 공무원은 그 정년에 이른 날이 1월부터 6월 사이에 있으면 6월 30일에, 7월부터 12월 사이에 있으면 12월 31일에 각각 당연히 퇴직된다.

제74조의2(명예퇴직 등) ① 공무원으로 20년 이상 근속(勤續)한 자가 정년 전에 스스로 퇴직(임기제공무원이 아닌 경력직공무원이 임기제공무원으로 임용되어 퇴직하는 경우로서 대통령령으로 정하는 경우를 포함한다)하면 예산의 범위에서 명예퇴직 수당을 지급할 수 있다.

② 직제와 정원의 개폐 또는 예산의 감소 등에 따라 폐직 또는 과원이 되었을 때에 20년 미만 근속한 자가 정년 전에 스스로 퇴직하면 예산의 범위에서 수당을 지급할 수 있다.

③ 제1항에 따라 명예퇴직수당을 지급받은 자가 다음 각 호의 어느 하나에 해당하는 경우에는 명예퇴직수당을 지급한 국가기관의 장이 그 명예퇴직 수당을 환수하여야 한다. 다만, 제2호에 해당하는 경우로서 국가공무원으로 재임용된 경우에는 재임용한 국가기관의 장이 환수하여야 한다.

1. 재직 중의 사유로 금고 이상의 형을 받은 경우

1의2. 재직 중에 「형법」 제129조부터 제132조까지에 규정된 죄를 범하여 금고 이상의 형의 선고유예를 받은 경우

1의3. 재직 중에 직무와 관련하여 「형법」 제355조 또는 제356조에 규정된 죄를 범하여 300만원 이상의 벌금형을 선고받고 그 형이 확정되거나 금고 이상의 형의 선고유예를 받은 경우

2. 경력직공무원, 그 밖에 대통령령등으로 정하는 공무원으로 재임용되는 경우

3. 명예퇴직 수당을 초과하여 지급받거나 그 밖에 명예퇴직 수당의 지급 대상이 아닌 자가 지급받은 경우

④ 제3항에 따라 환수금을 내야할 사람이 기한 내에 내지 아니하면 국세 체납처분의 예에 따라 환수금을 징수할 수 있다.

⑤ 제1항에 따른 명예퇴직 수당과 제2항에 따른 수당의 지급대상범위 · 지급액 · 지급절차와 제3항 및 제4항에 따른 명예퇴직 수당의 환수액 · 환수절차 등에 필요한 사항은 대통령령등으로 정한다.

제74조의3(별정직공무원의 자진퇴직에 따른 수당) ① 다른 법률에 특별한 규정이 있는 경우 외에는 별정직공무원(비서관 · 비서는 제외한다)이 직제와 정원의 개폐 또는 예산의 감소 등으로 폐직 또는 과원이 되었을 때에 스스로 퇴직하면 예산의 범위에서 수당을 지급할 수 있다.

② 제1항에 따른 수당의 지급대상범위 · 지급액 · 지급절차 등에 필요한 사항은 대통령령등으로 정한다.

제9장 권익의 보장

제75조(처분사유 설명서의 교부) 공무원에 대하여 징계처분등을 할 때나 강임 · 휴직 · 직위해제 또는 면직처분을 할 때에는 그 처분권자 또는 처분제청권자는 처분사유를 적은 설명서를 교부(交付)하여야 한다. 다만, 본인의 원(願)에 따른 강임 · 휴직 또는 면직처분은 그러하지 아니하다.

제76조(심사청구와 후임자 보충 발령) ① 제75조에 따른 처분사유 설명서를 받은 공무원이 그 처분에 불복할 때에는 그 설명서를 받은 날부터, 공무원이 제75조에서 정한 처분 외에 본인의 의사에 반한 불리한 처분을 받았을 때에는 그 처분이 있은 것을 안 날부터 각각 30일 이내에 소청심사위원회에 이에 대한 심사를 청구할 수 있다. 이 경우 변호사를 대리인으로 선임할 수 있다.

② 본인의 의사에 반하여 파면 또는 해임이나 제70조제1항제5호에 따른 면직처분을 하면 그 처분을 한 날부터 40일 이내에는 후임자의 보충발령을 하지 못한다. 다만, 인력 관리상 후임자를 보충하여야 할 불가피한 사유가 있고, 제3항에 따른 소청심사

위원회의 임시결정이 없는 경우에는 국회사무총장, 법원행정처장, 헌법재판소사무처장, 중앙선거관리위원회사무총장 또는 인사혁신처장과 협의를 거쳐 후임자의 보충발령을 할 수 있다.

③ 소청심사위원회는 제1항에 따른 소청심사청구가 파면 또는 해임이나 제70조제1항제5호에 따른 면직처분으로 인한 경우에는 그 청구를 접수한 날부터 5일 이내에 해당 사건의 최종 결정이 있을 때까지 후임자의 보충발령을 유예하게 하는 임시결정을 할 수 있다.

④ 제3항에 따라 소청심사위원회가 임시결정을 한 경우에는 임시결정을 한 날부터 20일 이내에 최종 결정을 하여야 하며 각 임용권자는 그 최종 결정이 있을 때까지 후임자를 보충발령하지 못한다.

⑤ 소청심사위원회는 제3항에 따른 임시결정을 한 경우 외에는 소청심사청구를 접수한 날부터 60일 이내에 이에 대한 결정을 하여야 한다. 다만, 불가피하다고 인정되면 소청심사위원회의 의결로 30일을 연장할 수 있다.

⑥ 공무원은 제1항의 심사청구를 이유로 불이익한 처분이나 대우를 받지 아니한다.

제76조의2(고충 처리) ① 공무원은 누구나 인사·조직·처우 등 각종 직무 조건과 그 밖에 신상 문제에 대하여 인사 상담이나 고충 심사를 청구할 수 있으며, 이를 이유로 불이익한 처분이나 대우를 받지 아니한다.

② 제1항에 따라 청구를 받은 중앙인사관장기관의 장, 임용권자 또는 임용제청권자는 이를 제3항에 따른 고충심사위원회에 부쳐 심사하게 하거나 소속 공무원에게 상담하게 하고, 그 결과에 따라 고충의 해소 등 공정한 처리를 위하여 노력하여야 한다.

③ 공무원의 고충을 심사하기 위하여 중앙인사관장기관에 중앙고충심사위원회를, 임용권자 또는 임용제청권자 단위로 보통고충심사위원회를 두되, 중앙고충심사위원회의 기능은 소청심사위원회에서 관장한다.

④ 중앙고충심사위원회는 보통고충심사위원회의 심사를 거친 재심청구와 5급 이상 공무원 및 고위공무원단에 속하는 일반직공무원의 고충을, 보통고충심사위원회는 소속 6급 이하의 공무원의 고충을 각각 심사한다. 다만, 6급 이하의 공무원의 고충은 임용권자를 달리하는 둘 이상의 기관에 관련된 경우에는 중앙고충심사위원회에서, 원소속 기관의 보통고충심사위원회에서 고충을 심사하는 것이 부적당하다고 인정될 경우에는 직근 상급기관의 보통고충심사위원회에서 각각 심사할 수 있다.

⑤ 이 법의 적용을 받는 자와 다른 법률의 적용을 받는 자가 서로 관련되는 고충의 심사청구에 대하여는 이 법의 규정에 따라 설치된 고충심사위원회가 대통령령등으로 정하는 바에 따라 심사할 수 있다.

⑥ 중앙인사관장기관의 장, 임용권자 또는 임용제청권자는 심사 결과 필요하다고 인정되면 처분청이나 관계 기관의 장에게 그 시정을 요청할 수 있으며, 요청받은 처분청이나 관계 기관의 장은 특별한 사유가 없으면 이를 이행하고, 그 처리 결과를 알려야 한다. 다만, 부득이한 사유로 이행하지 못하면 그 사유를 알려야 한다.

⑦ 고충심사위원회의 구성·권한·심사절차, 그 밖에 필요한 사항은 대통령령등으로 정한다.

제76조의3(특수경력직공무원의 고충 처리) 다른 법률에 특별한 규정이 있는 경우 외에는 특수경력직공무원에 대하여도 대통령령등으로 정하는 바에 따라 제76조의2를 준용할 수 있다.

제77조(사회보장) ① 공무원이 질병·부상·폐질(廢疾)·퇴직·사망 또는 재해를 입으면 본인이나 유족에게 법률로 정하는 바에 따라 적절한 급여를 지급한다.

② 제1항의 법률에는 다음 각 호의 사항을 규정하여야 한다.

1. 공무원이 상당한 기간 근무하여 퇴직하거나 사망한 경우에 본인이나 그 유족에게 연금 또는 일시금을 지급하는 사항

2. 공무로 인한 부상이나 질병으로 인하여 사망하거나 퇴직한 공무원 또는 그 유족에게 연금 또는 보상을 지급하는 사항

3. 공무상의 부상·질병으로 인하여 요양하는 동안 소득 능력에 장애를 받을 경우 공무원이 받는 손실 보상에 관한 사항

4. 공무로 인하지 아니한 사망·폐질·부상·질병·출산, 그 밖의 사고에 대한 급여 지급 사항

③ 정부는 제2항 외에 법률로 정하는 바에 따라 공무원의 복리와 이익의 적절하고 공정한 보호를 위하여 그 대책을 수립·실시하여야 한다.

제10장   징계

제78조(징계 사유) ① 공무원이 다음 각 호의 어느 하나에 해당하면 징계 의결을 요구하여야 하고 그 징계 의결의 결과에 따라 징계처분을 하여야 한다.

1. 이 법 및 이 법에 따른 명령을 위반한 경우

2. 직무상의 의무(다른 법령에서 공무원의 신분으로 인하여 부과된 의무를 포함한다)를 위반하거나 직무를 태만히 한 때

3. 직무의 내외를 불문하고 그 체면 또는 위신을 손상하는 행위를 한 때

② 징계에 관하여 다른 법률의 적용을 받는 공무원이 이 법의 징계에 관한 규정을 적

용받는 공무원으로 임용된 경우에 임용 이전의 다른 법률에 따른 징계 사유는 그 사유가 발생한 날부터 이 법에 따른 징계 사유가 발생한 것으로 본다.

③ 특수경력직공무원이 경력직공무원으로 임용된 경우에 임용 전의 해당 특수경력직 공무원의 징계를 규율하는 법령상의 징계 사유는 그 사유가 발생한 날부터 이 장(章) 에 따른 징계 사유가 발생한 것으로 본다.

④ 제1항의 징계 의결 요구는 5급 이상 공무원 및 고위공무원단에 속하는 일반직공 무원은 소속 장관이, 6급 이하의 공무원은 소속 기관의 장 또는 소속 상급기관의 장 이 한다. 다만, 국무총리·인사혁신처장 및 대통령령등으로 정하는 각급 기관의 장은 다른 기관 소속 공무원이 징계 사유가 있다고 인정하면 관계 공무원에 대하여 관할 징계위원회에 직접 징계를 요구할 수 있다.

제78조의2(징계부가금) ① 제78조에 따라 공무원의 징계 의결을 요구하는 경우 그 징 계 사유가 다음 각 호의 어느 하나에 해당하는 경우에는 해당 징계 외에 다음 각 호 의 행위로 취득하거나 제공한 금전 또는 재산상 이득(금전이 아닌 재산상 이득의 경 우에는 금전으로 환산한 금액을 말한다)의 5배 내의 징계부가금 부과 의결을 징계위 원회에 요구하여야 한다.

1. 금전, 물품, 부동산, 향응 또는 그 밖에 대통령령으로 정하는 재산상 이익을 취득 하거나 제공한 경우

2. 다음 각 목에 해당하는 것을 횡령(橫領), 배임(背任), 절도, 사기 또는 유용(流用) 한 경우

    가. 「국가재정법」에 따른 예산 및 기금

    나. 「지방재정법」에 따른 예산 및 「지방자치단체 기금관리기본법」에 따른 기금

    다. 「국고금 관리법」 제2조제1호에 따른 국고금

    라. 「보조금 관리에 관한 법률」 제2조제1호에 따른 보조금

    마. 「국유재산법」 제2조제1호에 따른 국유재산 및 「물품관리법」 제2조제1항에 따른 물품

    바. 「공유재산 및 물품 관리법」 제2조제1호 및 제2호에 따른 공유재산 및 물품

    사. 그 밖에 가목부터 바목까지에 준하는 것으로서 대통령령으로 정하는 것

② 징계위원회는 징계부가금 부과 의결을 하기 전에 징계부가금 부과 대상자가 제1 항 각 호의 어느 하나에 해당하는 사유로 다른 법률에 따라 형사처벌을 받거나 변상 책임 등을 이행한 경우(몰수나 추징을 당한 경우를 포함한다) 또는 다른 법령에 따른 환수나 가산징수 절차에 따라 환수금이나 가산징수금을 납부한 경우에는 대통령령으 로 정하는 바에 따라 조정된 범위에서 징계부가금 부과를 의결하여야 한다.

③ 징계위원회는 징계부가금 부과 의결을 한 후에 징계부가금 부과 대상자가 형사처벌을 받거나 변상책임 등을 이행한 경우(몰수나 추징을 당한 경우를 포함한다) 또는 환수금이나 가산징수금을 납부한 경우에는 대통령령으로 정하는 바에 따라 이미 의결된 징계부가금의 감면 등의 조치를 하여야 한다.

④ 제1항에 따라 징계부가금 부과처분을 받은 사람이 납부기간 내에 그 부가금을 납부하지 아니한 때에는 처분권자(대통령이 처분권자인 경우에는 처분 제청권자)는 국세 체납처분의 예에 따라 징수할 수 있다. 다만, 체납액 징수가 사실상 곤란하다고 판단되는 경우에는 징수를 관할 세무서장에게 의뢰하여야 한다.

⑤ 처분권자(대통령이 처분권자인 경우에는 처분 제청권자)는 제4항 단서에 따라 관할 세무서장에게 징계부가금 징수를 의뢰한 후 체납일부터 5년이 지난 후에도 징수가 불가능하다고 인정될 때에는 관할 징계위원회에 징계부가금 감면의결을 요청할 수 있다.

제78조의3(재징계의결 등의 요구) ① 처분권자(대통령이 처분권자인 경우에는 처분 제청권자)는 다음 각 호에 해당하는 사유로 소청심사위원회 또는 법원에서 징계처분등의 무효 또는 취소(취소명령 포함)의 결정이나 판결을 받은 경우에는 다시 징계 의결 또는 징계부가금 부과 의결(이하 "징계의결등"이라 한다)을 요구하여야 한다. 다만, 제3호의 사유로 무효 또는 취소(취소명령 포함)의 결정이나 판결을 받은 감봉·견책처분에 대하여는 징계의결을 요구하지 아니할 수 있다.

1. 법령의 적용, 증거 및 사실 조사에 명백한 흠이 있는 경우
2. 징계위원회의 구성 또는 징계의결등, 그 밖에 절차상의 흠이 있는 경우
3. 징계양정 및 징계부가금이 과다(過多)한 경우

② 처분권자는 제1항에 따른 징계의결등을 요구하는 경우에는 소청심사위원회의 결정 또는 법원의 판결이 확정된 날부터 3개월 이내에 관할 징계위원회에 징계의결등을 요구하여야 하며, 관할 징계위원회에서는 다른 징계사건에 우선하여 징계의결등을 하여야 한다.

제78조의4(퇴직을 희망하는 공무원의 징계사유 확인 등) ① 임용권자 또는 임용제청권자는 공무원이 퇴직을 희망하는 경우에는 제78조제1항에 따른 징계사유가 있는지 여부를 감사원과 검찰·경찰, 그 밖의 수사기관에 확인하여야 한다.

② 제1항에 따른 확인 결과 파면, 해임, 강등 또는 정직에 해당하는 징계사유가 있는 경우 제78조제4항에 따른 소속 장관 등은 지체 없이 징계의결등을 요구하여야 한다. 이 경우 임용권자는 제73조의3제1항제3호에 따라 해당 공무원에게 직위를 부여하지 아니할 수 있다.

③ 관할 징계위원회는 제2항에 따라 징계의결등이 요구된 경우 다른 징계사건에 우선하여 징계의결등을 하여야 한다.

제79조(징계의 종류) 징계는 파면·해임·강등·정직(停職)·감봉·견책(譴責)으로 구분한다.

제80조(징계의 효력) ① 강등은 1계급 아래로 직급을 내리고(고위공무원단에 속하는 공무원은 3급으로 임용하고, 연구관 및 지도관은 연구사 및 지도사로 한다) 공무원신분은 보유하나 3개월간 직무에 종사하지 못하며 그 기간 중 보수는 전액을 감한다. 다만, 제4조제2항에 따라 계급을 구분하지 아니하는 공무원과 임기제공무원에 대해서는 강등을 적용하지 아니한다.

② 제1항에도 불구하고 이 법의 적용을 받는 특정직공무원 중 외무공무원과 교육공무원의 강등의 효력은 다음 각 호와 같다.

1. 외무공무원의 강등은 「외무공무원법」 제20조의2에 따라 배정받은 직무등급을 1등급 아래로 내리고(14등급 외무공무원은 고위공무원단 직위로 임용하고, 고위공무원단에 속하는 외무공무원은 9등급으로 임용하며, 8등급부터 6등급까지의 외무공무원은 5등급으로 임용한다) 공무원신분은 보유하나 3개월간 직무에 종사하지 못하며 그 기간 중 보수는 전액을 감한다.

2. 교육공무원의 강등은 「교육공무원법」 제2조제10항에 따라 동종의 직무 내에서 하위의 직위에 임명하고, 공무원신분은 보유하나 3개월간 직무에 종사하지 못하며 그 기간 중 보수는 전액을 감한다. 다만, 「고등교육법」 제14조에 해당하는 교원 및 조교에 대하여는 강등을 적용하지 아니한다.

③ 정직은 1개월 이상 3개월 이하의 기간으로 하고, 정직 처분을 받은 자는 그 기간 중 공무원의 신분은 보유하나 직무에 종사하지 못하며 보수는 전액을 감한다.

④ 감봉은 1개월 이상 3개월 이하의 기간 동안 보수의 3분의 1을 감한다.

⑤ 견책(譴責)은 전과(前過)에 대하여 훈계하고 회개하게 한다.

⑥ 공무원으로서 징계처분을 받은 자에 대하여는 그 처분을 받은 날 또는 그 집행이 끝난 날부터 대통령령등으로 정하는 기간 동안 승진임용 또는 승급할 수 없다. 다만, 징계처분을 받은 후 직무수행의 공적으로 포상 등을 받은 공무원에 대하여는 대통령령등으로 정하는 바에 따라 승진임용이나 승급을 제한하는 기간을 단축하거나 면제할 수 있다.

⑦ 징계에 관하여 다른 법률의 적용을 받는 공무원이 이 법의 징계에 관한 규정을 적용받는 공무원이 된 경우에는 다른 법률에 따라 받은 징계처분은 그 처분일부터 이 법에 따른 징계처분을 받은 것으로 본다. 다만, 제79조에서 정한 징계의 종류 외의

징계처분의 효력에 관하여는 대통령령등으로 정한다.

⑧ 특수경력직공무원이 경력직공무원으로 임용된 경우에는 해당 특수경력직공무원의 징계를 규율하는 법령에 따라 받은 징계처분은 그 처분일부터 이 법에 따른 징계처분을 받은 것으로 본다. 다만, 제79조에서 정한 징계의 종류 외의 징계처분의 효력에 관하여는 대통령령등으로 정한다.

제81조(징계위원회의 설치) ① 공무원의 징계처분등을 의결하게 하기 위하여 대통령령등으로 정하는 기관에 징계위원회를 둔다.

② 징계위원회의 종류·구성·권한·심의절차 및 징계 대상자의 진술권에 필요한 사항은 대통령령등으로 정한다.

③ 징계의결등에 관하여는 제13조제2항을 준용한다.

제82조(징계 등 절차) ① 공무원의 징계처분등은 징계위원회의 의결을 거쳐 징계위원회가 설치된 소속 기관의 장이 하되, 국무총리 소속으로 설치된 징계위원회(국회·법원·헌법재판소·선거관리위원회에 있어서는 해당 중앙인사관장기관에 설치된 상급 징계위원회를 말한다. 이하 같다)에서 한 징계의결등에 대하여는 중앙행정기관의 장이 한다. 다만, 파면과 해임은 징계위원회의 의결을 거쳐 각 임용권자 또는 임용권을 위임한 상급 감독기관의 장이 한다.

② 징계의결등을 요구한 기관의 장은 징계위원회의 의결이 가볍다고 인정하면 그 처분을 하기 전에 직근 상급기관에 설치된 징계위원회(직근 상급기관이 없는 징계위원회의 의결에 대하여는 그 징계위원회)에 심사나 재심사를 청구할 수 있다. 이 경우 소속 공무원을 대리인으로 지정할 수 있다.

제83조(감사원의 조사와의 관계 등) ① 감사원에서 조사 중인 사건에 대하여는 제3항에 따른 조사개시 통보를 받은 날부터 징계 의결의 요구나 그 밖의 징계 절차를 진행하지 못한다.

② 검찰·경찰, 그 밖의 수사기관에서 수사 중인 사건에 대하여는 제3항에 따른 수사개시 통보를 받은 날부터 징계 의결의 요구나 그 밖의 징계 절차를 진행하지 아니할 수 있다.

③ 감사원과 검찰·경찰, 그 밖의 수사기관은 조사나 수사를 시작한 때와 이를 마친 때에는 10일 내에 소속 기관의 장에게 그 사실을 통보하여야 한다.

제83조의2(징계 및 징계부가금 부과 사유의 시효) ① 징계의결등의 요구는 징계 등의 사유가 발생한 날부터 3년(제78조의2제1항 각 호의 어느 하나에 해당하는 경우에는 5년)이 지나면 하지 못한다.

② 제83조제1항 및 제2항에 따라 징계 절차를 진행하지 못하여 제1항의 기간이 지나

거나 그 남은 기간이 1개월 미만인 경우에는 제1항의 기간은 제83조제3항에 따른 조사나 수사의 종료 통보를 받은 날부터 1개월이 지난 날에 끝나는 것으로 본다.

③ 징계위원회의 구성·징계의결등, 그 밖에 절차상의 흠이나 징계양정 및 징계부가금의 과다(過多)를 이유로 소청심사위원회 또는 법원에서 징계처분등의 무효 또는 취소의 결정이나 판결을 한 경우에는 제1항의 기간이 지나거나 그 남은 기간이 3개월 미만인 경우에도 그 결정 또는 판결이 확정된 날부터 3개월 이내에는 다시 징계의결등을 요구할 수 있다.

제83조의3(특수경력직공무원의 징계) 다른 법률에 특별한 규정이 있는 경우 외에는 특수경력직공무원에 대하여도 대통령령등으로 정하는 바에 따라 이 장을 준용할 수 있다.

제11장 벌칙

제84조(정치 운동죄) ① 제65조를 위반한 자는 3년 이하의 징역과 3년 이하의 자격정지에 처한다.

② 제1항에 규정된 죄에 대한 공소시효의 기간은 「형사소송법」 제249조제1항에도 불구하고 10년으로 한다.

제84조의2(벌칙) 제44조·제45조 또는 제66조를 위반한 자는 다른 법률에 특별히 규정된 경우 외에는 1년 이하의 징역 또는 1천만원 이하의 벌금에 처한다.

제12장 보칙

제85조(장학금의 지급) ① 국회사무총장, 법원행정처장, 헌법재판소사무처장, 중앙선거관리위원회사무총장 또는 인사혁신처장은 우수한 공무원을 확보하기 위하여 필요하면 「초·중등교육법」, 「고등교육법」, 그 밖에 다른 법률에 따라 설치된 각급 학교(기능대학과 학위과정이 설치된 교육기관을 포함한다)의 재학생으로서 공무원으로 임용되기를 원하는 자에게 장학금을 지급하고 졸업 후 일정한 의무복무 기간을 부과하여 공무원으로 근무하게 할 수 있다.

② 국회사무총장, 법원행정처장, 헌법재판소사무처장, 중앙선거관리위원회사무총장 또는 인사혁신처장은 제1항에 따라 장학금을 지급받은 자가 본인에게 책임이 있는 사유로 그 지급이 중단되거나 공무원으로 임용되지 아니한 때 또는 의무복무 기간을 마치지 아니하고 퇴직한 때에는 본인이나 연대 보증인에게 지급한 장학금의 전부 또는 일부의 반납을 명할 수 있으며 이를 이행하지 아니하면 국세 체납처분의 예에 따

라 징수할 수 있다. 다만, 대통령령등으로 정하는 불가피한 사유가 있으면 그러하지
아니하다.

③ 장학금으로 지급될 학비의 범위, 그 지급 대상, 의무복무 기간, 의무 불이행 시 환
수할 금액, 그 밖에 필요한 사항은 대통령령등으로 정한다. 이 경우 의무복무 기간은
장학금을 지급받은 기간의 두 배 내에서 정하여야 한다.

제85조의2(수수료) ① 제28조에 따라 공무원 신규 채용시험에 응시하려는 사람은 대통
령령등으로 정하는 바에 따라 수수료를 내야 한다. 이 경우 수수료 금액은 실비의 범
위에서 정하여야 한다.

② 수수료를 과오납한 경우 등 대통령령등으로 정하는 경우에는 제1항에 따라 납부
한 수수료를 반환받을 수 있다.

③ 시험실시기관의 장은 제1항에도 불구하고 「국민기초생활 보장법」에 따른 수급자
등 대통령령등으로 정하는 사람에 대하여는 수수료를 감면할 수 있다.

부칙 〈제15522호, 2018. 3. 20.〉 (공무원 재해보상법)

제1조(시행일) 이 법은 공포 후 6개월이 경과한 날부터 시행한다. ＜단서 생략＞

제2조부터 제28조까지 생략

제29조(다른 법률의 개정) ①부터 ⑤까지 생략

⑥ 국가공무원법 일부를 다음과 같이 개정한다.

제28조제2항제1호 중 "「공무원연금법」에 따른 공무상 질병 또는 부상"을 "「공무원 재
해보상법」에 따른 공무상 부상 또는 질병"으로 한다.

제72조제1호가목을 다음과 같이 한다.

　　가. 「공무원 재해보상법」 제22조제1항에 따른 요양급여 지급 대상 부상 또는 질병

⑦부터 ⑰까지 생략

제30조 생략

저자 약력

現 중원대학교 경찰행정학과 교수
동국대학교 경찰학박사 · 강원대학교 행정학박사
미국 워싱턴 디시 아메리칸대학교 초빙교수
독일 슈파이어대행정 대학원 객원 연구원(visiting scholar)
한국학중앙연구원 연구교수
국민권익위원회 청렴강사
국민권익위원회 자문교수
국가청렴위원회 전문위원
부패방지위원회 전문위원
경찰공무원시험 출제 면접위원
소방공무원시험 출제 면접위원
행정직 · 기술직 공무원시험 면접위원 등 역임

경찰인사론

초판발행   2018년 8월 30일

지은이   김 택
펴낸이   안종만

편 집   조보나
기획/마케팅   김한유
표지디자인   조아라
제 작   우인도 · 고철민

펴낸곳   (주) 박영사
              서울특별시 종로구 새문안로3길 36, 1601
              등록 1959. 3. 11. 제300-1959-1호(倫)

전 화   02)733-6771
f a x   02)736-4818
e-mail   pys@pybook.co.kr
homepage   www.pybook.co.kr
ISBN   979-11-303-0637-7   93350

정 가   27,000원